*Não penses mal dos que procedem
mal; pensa somente que estão equivocados.*

Sócrates

*No mundo tereis aflições, mas tende bom ânimo!
Eu venci o mundo.*

Jesus (João, 16.33)

PORTUGUÊS
QUESTÕES COMENTADAS

PORTUGUÊS
QUESTÕES COMENTADAS

3ª edição

- ✓ 500 questões de concursos por bancas
- ✓ 500 testes rápidos
- ✓ Sinopse da gramática
- ✓ Assuntos polêmicos
- ✓ Dúvidas mais frequentes

RENATO AQUINO

Niterói, RJ
2018

© 2018, Editora Impetus Ltda.

Editora Impetus Ltda.
Rua Alexandre Moura, 51 – Gragoatá – Niterói – RJ
CEP: 24210-200 – Telefax: (21) 2621-7007

Conselho Editorial
Ana Paula Caldeira • Benjamin Cesar de Azevedo Costa
Ed Luiz Ferrari • Eugênio Rosa de Araújo
Fábio Zambitte Ibrahim • Fernanda Pontes Pimentel
Izequias Estevam dos Santos • Marcelo Leonardo Tavares
Renato Monteiro de Aquino • Rogério Greco
Vitor Marcelo Aranha Afonso Rodrigues • William Douglas

Projeto Gráfico: Editora Impetus Ltda.
Editoração Eletrônica: SBNigri Artes e Textos Ltda.
Capa: Editora Impetus Ltda.
Revisão de Português: Do Autor
Impressão e encadernação: Edelbra Editora e Indústria Gráfica Ltda.

A669p

    Aquino, Renato
        Português : questões comentadas / Renato Aquino. – 3ª ed.
    Niterói, RJ : Impetus, 2018.
        464 p. ; 24 x 17 cm.

    ISBN 978-85-7626-986-1

    1. Serviço público - Brasil – Concursos. 2. Língua
portuguesa - Problemas, questões, exercícios. I. Título.

                                        CDD- 351.81076

Jose Carlos dos Santos Macedo Bibliotecário CRB7 nº 3575

O autor é seu professor; respeite-o: não faça cópia ilegal.
TODOS OS DIREITOS RESERVADOS – É proibida a reprodução, salvo pequenos trechos, mencionando-se a fonte. A violação dos direitos autorais (Lei nº 9.610/98) é crime (art. 184 do Código Penal). Depósito legal na Biblioteca Nacional, conforme Decreto nº 1.825, de 20/12/1907.

A Editora Impetus informa que se responsabiliza pelos defeitos gráficos da obra. Quaisquer vícios do produto concernentes aos conceitos doutrinários, às concepções ideológicas, às referências, à originalidade e à atualização da obra são de total responsabilidade do autor/atualizador.

www.impetus.com.br

DEDICATÓRIA

À família querida, com a qual posso contar em todos os momentos da vida, principalmente naqueles em que as forças parecem extinguir-se ao vento forte das dificuldades; aos amigos, que não deixam de estimular-me a prosseguir; mas sobretudo a Deus, Pai Criador de todos nós, sem cuja presença não é possível prosseguir com dignidade, amor e esperança em um mundo melhor.

O AUTOR

Renato Monteiro de Aquino

- Mestre em Letras (Filologia Românica) pela UFRJ
- Ex-professor de Língua Portuguesa e Literatura Brasileira do Colégio Militar do Rio de Janeiro
- Ex-professor de Língua Portuguesa da Secretaria de Estado de Educação do Rio de Janeiro
- Ex-professor de Língua Portuguesa da Secretaria Municipal de Educação do Rio de Janeiro
- Fiscal de atividades econômicas aposentado do município do Rio de Janeiro
- Professor de cursos preparatórios para concursos públicos

Outras obras do autor

- *Português para Concursos*. 30ª ed. Editora Impetus
- *Interpretação de Textos*. 16ª ed. Editora Impetus
- *Redação para Concursos*. 15ª ed. Editora Impetus
- *Gramática Objetiva da Língua Portuguesa*. 5ª ed. Editora Campus/Elsevier
- *Dicionário de Gramática*. 3ª ed. Editora Impetus
- *Manual de Português e Redação Jurídica*. 6ª ed. Editora Impetus
- *Amor e Luz* (poesias). Editora Pongetti
- *Espelho da Alma* (sonetos, trovas e outros poemas). Editora Impetus

APRESENTAÇÃO

Chega às suas mãos uma obra prática e de leitura agradável. Com mil testes de português, todos comentados, visa, acima de tudo, a adestrar os leitores em geral no estudo da língua portuguesa. Aliás, não se aprende português sem um treinamento seguro e eficaz.

O livro inclui uma sinopse da gramática, ideal para quem dispõe de menos tempo, ou que já tenha estudado a matéria de outras maneiras. Dentro dela, destacam-se os casos polêmicos da língua e situações que os estudantes costumam apresentar como particularmente difíceis, como a diferença entre adjunto adnominal e complemento nominal, entre outras bastante conhecidas e destacadas em sala de aula.

Quanto aos exercícios, é importante observar que os primeiros quinhentos são mais curtos, para fixação de toda a teoria apresentada, constituindo-se num excelente e necessário treinamento. Depois, com o devido embasamento, o leitor tem à sua disposição quinhentas questões retiradas de concursos públicos, distribuídas por oito importantes bancas do País. É, pois, fundamental que se obedeça à ordem dos exercícios: primeiro os testes rápidos; depois, as questões de concursos.

Permitam-me dizer, também, que o estudo da língua portuguesa não é importante apenas para quem se dispõe a fazer um concurso público. Aprendê-la bem, com dedicação e força de vontade, é preparar-se para o relacionamento em sociedade, pois, afinal de contas, ela é o maior instrumento da nossa cultura. Além, diga-se de passagem, do bem-estar e da alegria que seu conhecimento pode proporcionar a todos nós.

SUMÁRIO

Parte 1 – Sinopse da Gramática

Classes de palavras..1

Concordância nominal..18

Concordância verbal...21

Regência verbal...25

Crase...30

Ortografia..32

Semântica..42

Colocação pronominal..45

Pontuação..48

Termos da oração..52

Classificação das orações...54

Tipologia textual...57

Figuras de linguagem...59

Estrutura das palavras..61

Formação das palavras...63

Emprego de palavras..65

Casos polêmicos...68

Explicações especiais..72

Parte 2 – Testes

Testes Rápidos...83

Questões de Concursos... 146

    NCE – Núcleo de Computação Eletrônica...................................146

    FCC – Fundação Carlos Chagas 167

    ESAF – Escola de Administração Fazendária 189

    CESGRANRIO – Centro de Ensino Superior do Grande Rio.......232

    FEC – Fundação Euclides da Cunha 246

    FJG – Fundação João Goulart..262

    VUNESP – Fundação para o Vestibular da Unesp......................277

    CESPE – Centro de Seleção e Promoção de Eventos..................290

Parte 3 – Gabaritos e Comentários

Gabarito dos Testes Rápidos 315

Comentários dos Testes Rápidos 319

Gabarito das Questões de Concursos 363

Comentários das Questões de Concursos..366

Bibliografia 449

Parte 1

SINOPSE DA GRAMÁTICA

CLASSES DE PALAVRAS

I) Quanto à flexão:
1. Variáveis: substantivo, adjetivo, artigo, pronome, numeral, verbo.
2. Invariáveis: advérbio, preposição, conjunção, interjeição.

II) Quanto ao valor:
1. Básicas: substantivo, verbo.
2. Dependentes:
    a) do substantivo: artigo, adjetivo, pronome adjetivo, numeral.
    b) do verbo: advérbio.
3. De ligação: preposição, conjunção.

Nota: A interjeição não se enquadra em nenhum grupo.

SUBSTANTIVO

Designação dos seres em geral:
menino, pedra, camisa, Antônio, Chile

Classificação

1. Concreto: existência independente:
árvore, comida, lata, joia, ar, Deus, espírito

2. Abstrato: existência dependente:
amor (alguém tem de ter amor)
saudade (alguém tem de sentir saudade)
casamento (alguém tem de casar-se)

3. Comum: as espécies em geral; inicial minúscula:
homem, país, empresa

4. Próprio: um ser em especial; inicial maiúscula:
Fernando, França, Petrobras

5. Coletivo: reunião de seres:

arquipélago (ilhas)

alcateia (lobos)

antologia (textos selecionados)

cáfila (camelos)

cardume (peixes)

constelação (estrelas)

enxame (abelhas)

matilha (cães de caça)

multidão (pessoas)

ninhada (pintos)

réstia (cebolas ou alhos)

súcia (desonestos)

vara (porcos)

tropa (soldados, animais)

6. Simples: um só radical:
mesinha, luz, beleza

7. Composto: mais de um radical:
beija-flor, passatempo

8. Primitivo: primeira palavra da família:
dedo, folha, flor

9. Derivado: proveniente de um outro (o primitivo):
dedinho, folhagem, florista

Flexão

1. Número: singular ou plural
   - acréscimo de S:
     livro – livros, passeio – passeios

   - acréscimo de ES:
     chin**ês** – chineses, l**uz** – luzes, éter – éteres

   - oxítonas em L → plural em ais, éis, is, óis:
     cana**l** → can**ais**
     carrete**l** – carret**éis**
     barri**l** – bar**ris**
     caraco**l** – carac**óis**

   - paroxítonas em L→ plural em eis:
     túne**l** – túneis
     fóssi**l** – fósseis

   - sem variação:
     tóra**x** – os tórax
     clíma**x** – os clímax

   - sem variação:
     têni**s** – os tênis
     ônibu**s** – os ônibus

     Nota: As oxítonas ganham ES:
     anan**ás** – ananases

- com avanço da sílaba tônica:
  júnior – juni**o**res
  car**á**ter – carac**te**res

- mais de um plural:
  mel – meles ou méis
  cal – cales ou cais
  fel – feles ou féis
  gol – goles ou gois (ambas caindo em desuso)
  cós – cós ou coses

- palavras em ão: plural em ÃOS, ÃES ou ÕES

só um plural	mais de um plural
cristão – cristãos	anão – anões ou anãos
cidadão – cidadãos	corrimão – corrimões ou corrimãos
pagão – pagãos	verão – verões ou verãos
escrivão – escrivães	guardião – guardiões ou guardiães
tabelião – tabeliães	cirurgião – cirurgiões ou cirurgiães
capelão – capelães	refrão – refrãos ou refrães
tubarão – tubarões	ancião – anciões, anciãos ou anciães
gavião – gaviões	
formão – formões	

2. Gênero: masculino e feminino:
   menino – menina

Masculinos e femininos que trazem dúvidas

anfitrião	–	anfitriã ou anfitrioa
ateu	–	ateia
bispo	–	episcopisa
cavaleiro	–	amazona
cavalheiro	–	dama
cônego	–	canonisa
elefante	–	elefanta ou aliá (apenas uma espécie)
faquir	–	faquiresa
frade	–	freira
frei	–	sóror
hebreu	–	hebreia
judeu	–	judia
marajá	–	marani
monge	–	monja
pavão	–	pavoa
poeta	–	poetisa
rajá	–	rani
sultão	–	sultana

Substantivos uniformes

a) Comuns de dois gêneros: mudam o artigo:

o artista	–	a artista
o estudante	–	a estudante
o intérprete	–	a intérprete
o jovem	–	a jovem
o patriota	–	a patriota
o selvagem	–	a selvagem
o servente	–	a servente

b) Sobrecomuns: um só artigo para os dois sexos:

a criança

a testemunha

o carrasco

a vítima

o cônjuge

c) Epicenos: um só artigo para macho e fêmea:

o jacaré

o polvo

a cobra

o besouro

a onça

Substantivos de gênero duvidoso

a) masculinos:

o telefonema

o dó

o milhar

o champanha

o grama (peso)

o eclipse

o mármore

b) femininos:

a alface

a libido

a cal

a omoplata

a aguardente

a musse

a faringe

Substantivos com dois gêneros

      o diabetes, a diabetes

      o personagem, a personagem

      o laringe, a laringe

      o usucapião, a usucapião

      o sabiá, a sabiá

3. Grau

    a)   Normal ou positivo: casa

    b)   Diminutivo
- sintético: casinha
- analítico: casa pequena

    c)   Aumentativo
- sintético: casarão
- analítico: casa grande

ADJETIVO

Qualidade, característica ou estado do substantivo:

roupa <u>bonita</u>, rapaz <u>alto</u>, pessoa <u>triste</u>

Flexão

1. Número: singular e plural: rua <u>clara,</u>

ruas <u>claras</u> trabalho <u>útil,</u>

trabalhos <u>úteis</u>

Nota: Aplicam-se as mesmas regras do substantivo.

2. Gênero: masculino e feminino:

cavalo <u>manso,</u> égua <u>mansa</u>

Nota: Alguns são invariáveis:

    homem <u>inteligente,</u> mulher <u>inteligente</u>

    bairro <u>grande,</u> cidade <u>grande</u>

3. Grau

    a)   Normal ou positivo: Pedro é forte.

    b)   Comparativo
- de superioridade: Pedro é **mais forte que** Rui. (ou do que)
- de inferioridade: Pedro é **menos forte que Rui**. (ou do que)
- de igualdade: Pedro é **tão forte quanto** Rui. (ou como)

c) Superlativo

- relativo
  - de superioridade: Pedro é o mais forte do grupo.
  - de inferioridade: Pedro é o menos forte do grupo.
- absoluto
  - sintético: fortíssimo
  - analítico: muito forte

Atenção!

O gato é **menor** do que o cão. (mais pequeno): comparativo de superioridade

Superlativos absolutos sintéticos eruditos

agudo – acutíssimo

amargo – amaríssimo

antigo – antiquíssmo

capaz – capacíssimo

doce – dulcíssimo

fiel – fidelíssimo

frágil – fragílimo

frio – frigidíssimo

humilde – humílimo

jovem – juveníssimo

livre – libérrimo

magro – macérrimo (não existe magérrimo)

miserável – miserabilíssimo

negro – nigérrimo

pobre – paupérrimo

provável – probabilíssimo

sábio – sapientíssimo

sério – seriíssimo

soberbo – superbíssimo

terrível – terribilíssimo

voraz – voracíssimo

ARTIGO

Determinante do substantivo.

1. Definidos: o, a, os, as:

   o copo, a caneca, os livros, as árvores

2. Indefinidos: um, uma, uns, umas:

   um doce, uma jarra, uns quadros, umas portas

   Nota: Um doce é o mesmo que "algum doce" ou "um certo doce".

NUMERAL

Palavra que indica os números.

1. Cardinal: a quantidade:

   um quilo, três homens, dez postes
   Nota: Em **um quilo**, **um** expressa a quantidade de quilos; não é artigo indefinido.

2. Ordinal: a ordem:

   primeiro trabalho, oitavo candidato

3. Multiplicativo: a multiplicação:

   perigo duplo, vantagem tríplice

4. Fracionário: a fração:

   um meio da laranja, três quintos do projeto
   Nota: **Um** e **três** são numerais cardinais.

PRONOME

Substituto ou acompanhante do substantivo.

I) Pronome substantivo: substitui um substantivo:

   Alguém narrou a história. (Paulo narrou a história)

II) Pronome adjetivo: acompanha um substantivo:

   Minha camisa é nova.

Classificação

1. Pessoais

   a) Retos: atuam como sujeito ou predicativo:

      Eu pedi desculpas.
      Ele disse a verdade.

   b) Oblíquos: atuam como complementos.

      - Átonos: não são precedidos por preposição (me, te, lhe, nos etc.):
        Marta me comunicou o fato.
        O vizinho nos avisou.

      - Tônicos: antecedidos por preposição (comigo, mim, ti, conosco, ele etc.):
        Acreditaram em mim.
        Não quis conversar comigo. (a preposição está unida: com)

      - Reflexivos: indicam que o sujeito pratica e sofre a ação (me, si, consigo, vos etc.):
        Eu me machuquei.
        Ninguém sabe de si.

      Nota: Ele, nós e vós podem ser retos ou oblíquos:
      Ele trouxe a escada. (reto, pois é o sujeito)
      Mostre a ele o resultado. (oblíquo, pois é o complemento)

Pronomes de tratamento

Pronomes especiais, que podem ser retos ou oblíquos.

a) Vossa Excelência (V. Exª): para altas autoridades do governo.

b) Vossa Senhoria (V. Sª): para funcionários públicos graduados.

c) Vossa Alteza (V. A): para príncipes duque e arquiduques.

d) Vossa Majestade (V. M.): para reis e imperadores.

e) Vossa Eminência (V. Emª): para cardeais.

f) Vossa Santidade (V. S.): para os papas.

g) Vossa Magnificência (V. Magª): para reitores de universidades.

h) Você: para um seu igual.

Nota 1: Pedem verbos e nomes na terceira pessoa:

Vossa Excelência precisa descansar.

Vossa Senhoria e sua família estavam viajando.

Você entenderá logo.

Nota 2: Quando se fala sobre a pessoa, o pronome é **Sua**, e não **Vossa**.

2. Possessivos: meu, teu, seu, nosso, vosso (e flexões):

Encontrei <u>meu</u> casaco.

A responsabilidade é <u>sua.</u>

Veja as <u>nossas</u> tarefas.

3. Indefinidos

a) Variáveis: algum, nenhum, muito, pouco, bastante etc.

<u>Algum</u> dia irei à cidade.

Tenho <u>pouco</u> dinheiro.

Há <u>bastantes</u> moedas no cofre.

b) Invariáveis: tudo, nada, alguém, ninguém etc.

Eles viram <u>tudo.</u>

<u>Alguém</u> está lá fora.

<u>Ninguém</u> quis colaborar.

4. Demonstrativos

a) Sempre demonstrativos: isto, isso, aquilo; este, esse, aquele (e flexões):

Deixe <u>isso</u> no armário.

<u>Este</u> dia é especial.

<u>Aquela</u> mulher te procurou.

b) Eventualmente demonstrativos: o, mesmo, semelhante, tal (e flexões):

<u>O</u> que fiz está correto. (isso)

<u>Semelhante</u> fato me ajudou. (este)

5. Relativos
   a) Sempre relativos: o qual e cujo (e flexões):
      Encontrei minha irmã, a qual estava sem dinheiro.
      Entrevistaram o autor cujo livro foi premiado.

   b) Eventualmente relativos: que, quem, onde, como, quanto (e flexões) e quando:
      Achei a carta que ele me enviara. (a qual)
      A pessoa de quem falei vai sair. (da qual)
      A casa onde moro é nova. (na qual)

   Nota: O pronome relativo tem sempre um antecedente, geralmente um substantivo.

6. Interrogativos: que?, quem?, qual?, quanto?
   a) Interrogação direta:
      Qual foi o resultado?

   b) Interrogação indireta:
      Não sabemos qual foi o resultado. (origina-se da direta)

ADVÉRBIO

Modificador do verbo e, mais raramente, do adjetivo ou de outro advérbio.
1. De lugar: aqui, aí, lá, além etc.:
   Deixarei aqui a minha revista.

2. De tempo: agora, cedo, nunca, jamais, ontem etc.:
   Todos saíram cedo.

3. De modo: assim, depressa, bem, tranquilamente etc.:
   As pessoas caminhavam depressa.

4. De intensidade: muito, pouco, bastante, bem etc.:
   As mulheres comeram bastante.

5. De afirmação: realmente, certamente, mesmo etc.:
   Nós iremos mesmo.

6. De negação: não:
   Não me explicaram o problema.

7. De dúvida: talvez, possivelmente, provavelmente etc.:
   Você provavelmente acertará.

Atenção!
   Ele fala muito. (adv. intensidade: modifica verbo)
   Ele é muito alto. (adv. intensidade: modifica adjetivo)
   Ele fala muito bem. (adv. intensidade: modifica advérbio)
   Ele recebeu muito apoio. (pron. indef.: acompanha substantivo)

Advérbios interrogativos

1. De causa: por que?

   Por que ele voltou?

   Ignoro por que ele voltou.

2. De lugar: onde?

   Onde está a gravata?

   Não me disseram onde está a gravata.

3. De modo: como?

   Como ele fez isso?

   Não sei como ele fez isso.

4. De tempo: quando?

   Quando aconteceu o acidente?

   Eles não disseram quando aconteceu o acidente.

5. De preço ou valor: quanto?

   Quanto custou o aparelho?

   Ninguém sabe quanto custou o aparelho.

VERBO

Ação, estado ou fenômeno:

falar, ser, chover

Classificação

1. Regular: radical não se altera durante a conjugação:

   andar → **and**o, **and**ei, **and**arás, **and**ássemos

2. Irregular: radical se altera:

   Dizer → **dig**o, **diss**este

   Dormir → **durm**o

3. Anômalo: com mais de um radical (apenas dois: ser e ir).

4. Defectivo: não se conjuga em todas as pessoas. Principais: abolir, colorir, reaver, precaver-se, falir, remir, adequar, doer, banir.

5. Abundante: com formas variantes, geralmente no particípio: Principais: acender, fritar, ganhar, pagar, expulsar, eleger, aceitar, imprimir, prender, entregar.

6. Auxiliar: o primeiro de uma locução verbal:

   estou estudando, **quero** sair, **tenho** falado

7. Principal: o segundo da locução, sempre no infinitivo, gerúndio ou particípio:

   devemos **perdoar,** estavas **falando,** tinham **voltado**

Flexão

1. Número: singular e plural:

   quero, queres, quer (singular)

   queremos, quereis, querem (plural)

2. Pessoas: são três (quem fala → eu, nós; com quem se fala → tu, vós; de quem se fala → ele, eles).

3. Modos: são três:

   a) Indicativo: fato apresentado de maneira indubitável:

      compro, compraremos

   b) Subjuntivo: fato apresentado de maneira duvidosa:

      que eu compre, se eu comprasse

   c) Imperativo: fato como objeto de uma ordem:

      compre, não compres

4. Tempos: são três (presente, pretérito e futuro).

   a) No indicativo:

      - presente: ando
      - pretérito: andei (perfeito), andava (imperfeito), andara (mais-que-perfeito)
      - futuro: andarei (fut. do presente), andaria (fut. do pretérito)

   b) No subjuntivo (sempre com palavra de apoio):

      - presente: que eu ande
      - pretérito imperfeito: se eu andasse
      - futuro: quando eu andar

5. Vozes: são três:

   a) Ativa: sujeito pratica a ação:

      Celso <u>leu</u> o jornal.

   b) Passiva: sujeito sofre a ação; pode ser:

      - analítica ou verbal: verbo **ser** e particípio:
        O jornal <u>foi lido</u> por Celso. (por Celso→ agente da passiva)
      - sintética ou pronominal: com **se**, pronome apassivador:
        <u>Leu-se</u> o jornal. (o jornal → sujeito)

   c) Reflexiva: sujeito pratica e sofre a ação verbal;
      Eu <u>me feri.</u> (me → pronome reflexivo)
      Carlos <u>se penteou.</u> (se → pronome reflexivo)

Variedades

1. Formas nominais: infinitivo, gerúndio e particípio.

2. Conjugações: são três:
   a) Primeira: vogal temática **a**:

   chor**a**r, louv**a**r, par**a**r

   b) Segunda: vogal temática **e**:

   venc**e**r, ced**e**r, l**e**r

   c) Terceira: vogal temática **i**:

   sorr**i**r, dorm**i**r, presum**i**r

   Nota: **Pôr** e derivados → segunda conjugação (sem vogal temática no infinitivo).

3. Formas rizotônicas e arrizotônicas
   a) Rizotônicas: vogal tônica dentro do radical:

   fa**ç**/o, esc**o**lh/es, d**o**rm/em

   b) Arrizotônicas: vogal tônica fora do radical:

   pul/**a**va, perceb/**e**mos, corr/**i**am

4. Formação do imperativo
   a) Afirmativo: TU e VÓS saem do presente do indicativo menos o S; VOCÊ, NÓS e VOCÊS, do presente do subjuntivo:

   cantar → canta (tu), cante (você), cantemos (nós), cantai (vós), cantem (vocês)

   b) Negativo forma-se do presente do subjuntivo com acréscimo de NÃO:

   cantar → não cantes (tu), não cante (você), não cantemos (nós), não canteis (vós), não cantem (vocês)

   Nota: No imperativo não existe a primeira pessoa (eu).

5. Conjugação de verbos problemáticos

   CRER
   a) Pretérito perfeito: cri, creste, creu...
   b) Pretérito imperfeito do indicativo: cria, crias, cria...

   POLIR
   a) Presente do indicativo: pulo, pules, pule, polimos, polis, pulem
   b) Presente do subjuntivo: pula, pulas, pula, pulamos, pulais, pulam

   CABER
   a) Presente do indicativo: caibo, cabes, cabe...
   b) Pretérito perfeito: coube, coubeste, coube
   c) Futuro do subjuntivo: couber, couberes, couber...

   MOBILIAR
   a) Presente do indicativo: mobílio, mobílias, mobília, mobiliamos, mobiliais, mobíliam
   b) Presente do subjuntivo: mobílie, mobílies, mobílie, mobiliemos, mobilieis, mobíliem

REQUERER
a) Presente do indicativo: requeiro, requeres, requer...
b) Pretérito perfeito: requeri, requereste, requereu...
c) Presente do subjuntivo: requeira, requeiras, requeira...

ESTOURAR (e outros com o ditongo ou)
a) Presente do indicativo: estouro, estouras, estoura... Está errado estóro, estóras etc.
b) Presente do subjuntivo: estoure, estoures, estoure... Está errado estóre, estóres etc.

INTEIRAR (e outros com o ditongo ei)
a) Presente do indicativo: inteiro, inteiras, inteira... Está errado intéra, intéras etc.
b) Presente do subjuntivo: inteire, inteires, inteira... Está errado intére, intéres etc.

ADERIR (também competir, divergir, gerir, impelir, repelir, preterir, discernir)
a) Presente do indicativo: adiro, aderes, adere, aderimos, aderis, aderem
b) Presente do subjuntivo: adira, adiras, adira, adiramos, adirais, adiram

PASSEAR (e todos os outros terminados em ear): ditongo **ei** nas formas rizotônicas
a) Presente do indicativo: pass**ei**o, pass**ei**as, pass**ei**a, passeamos, passeais, pass**ei**am
b) Presente do subjuntivo: pass**ei**e, pass**ei**es, pass**ei**e, passeemos, passeeis, pass**ei**em

ANUNCIAR (e todos os outros terminados em iar)
a) Presente do indicativo: anuncio, anuncias, anuncia...
b) Presente do subjuntivo: anuncie, anuncies, anuncie...
Nota: São verbos regulares.

MEDIAR (também ansiar, remediar, incendiar e odiar)
a) Presente do indicativo: med**ei**o, med**ei**as, med**ei**a, mediamos, mediais, med**ei**am
b) Presente do subjuntivo: med**ei**e, med**ei**es, med**ei**e, mediemos, medieis, med**ei**em

Nota: Não seguem a norma do grupo (verbos terminados em iar). Apresentam o ditongo **ei** nas formas rizotônicas.

REAVER (defectivo)
a) Presente do indicativo: reavemos, reaveis
b) Pretérito perfeito: reouve, reouveste, reouve...
c) Futuro do subjuntivo: reouver, reouveres, reouver...
d) Presente do subjuntivo: não há

ABOLIR (defectivo: também colorir, banir, feder, brandir, retorquir)
a) Presente do indicativo: aboles, abole, abolimos, abolis, abolem
b) Presente do subjuntivo: não há

REPOR (também compor, impor, depor, expor etc.): segue a conjugação de **pôr**.

a) Presente do indicativo: reponho, repões, repõe, repomos, repondes, repõem

b) Pretérito perfeito: repus, repuseste, repôs, repusemos, repusestes, repuseram

c) Futuro do subjuntivo: repuser, repuseres, repuser, repusermos, repuserdes, repuserem

INTERVIR (também convir, advir, provir etc.): segue a conjugação de **vir**.

a) Presente do indicativo: intervenho, intervéns, intervém, intervimos, intervindes, intervêm

b) Pretérito perfeito: intervim, intervieste, interveio; interviemos, interviestes, intervieram

c) Imperfeito do subjuntivo: interviesse, interviesses, interviesse, interviéssemos, interviésseis, interviessem

d) Futuro do subjuntivo: intervier, intervieres, intervier, interviermos, intervierdes, intervierem

RETER (também conter, manter etc.): segue a conjugação de **ter**.

a) Presente do indicativo: retenho, reténs, retém, retemos, retendes, retêm

b) Pretérito perfeito: retive, retiveste, reteve, retivemos, retivestes, retiveram

c) Futuro do subjuntivo: retiver, retiveres, retiver, retivermos, retiverdes, retiverem

REVER (também prever, antever etc.): segue a conjugação de **ver**.

a) Presente do indicativo: revejo, revês, revê, revemos, revedes, reveem

b) Pretérito perfeito: revi, reviste, reviu, revimos, revistes, reviram

c) Futuro do subjuntivo: revir, revires, revir, revirmos, revirdes, revirem

PREPOSIÇÃO

Liga duas palavras numa expressão ou oração.

1. Simples ou essenciais: a, ante, após, até, com, contra, de, desde, em, entre, para, perante, por, sem, sob, sobre e trás:

   Gota <u>a</u> gota. Lutemos <u>contra</u> os vícios. Estava <u>sob</u> a cama.

2. Acidentais (às vezes ligam palavras, como as preposições simples): que, conforme, segundo, como, durante etc.

   Tenho <u>que</u> voltar. Agi <u>conforme</u> a situação. Leio <u>durante</u> o dia.

CONJUNÇÃO

Liga duas orações no período.

1. Coordenativas

   a) Aditivas: e, nem, não só... mas também etc.:

      Correu <u>e</u> pediu ajuda.

b) Adversativas: mas, porém, contudo, todavia etc.:

Fui até lá, <u>mas</u> não o vi.

c) Conclusivas: logo, portanto, pois (entre vírgulas) etc.:

Ele estuda, <u>portanto</u> aprende.

d) Alternativas: ou.. ou, ora... ora, quer... quer etc.:

<u>Ora</u> corria, <u>ora</u> nadava.

e) Explicativas: pois, porque, que etc.:

Não diga isso, <u>porque</u> fico triste.

2. Subordinativas

a) Causais: porque, pois, como, já que etc.:

Fez o trabalho <u>porque</u> tem boa vontade.

b) Comparativas: que, como, quanto etc.:

Você é tão importante <u>quanto</u> ele.

c) Concessivas: embora, ainda que, mesmo que etc.:

<u>Embora</u> fosse tarde, não queria sair.

d) Condicionais: se, caso, desde que etc.:

<u>Caso</u> permitam, farei um relatório.

e) Conformativas: conforme, como, segundo etc.:

<u>Segundo</u> me disseram, o treinamento foi um sucesso.

f) Consecutiva: que (sempre depois de tão, tal, tanto, tamanho):

É tão forte <u>que</u> levou o piano.

g) Finais: para que, a fim de que etc.:

Trouxe o caderno <u>para que</u> a professora o rubricasse.

h) Integrantes: que e se (sua oração equivale a **isto**):

Espero <u>que</u> ele compreenda. (espero isto)

i) Proporcionais: à proporção que, à medida que etc.:

Ficaremos melhores, <u>à medida que</u> ajudarmos as pessoas.

j) Temporais: quando, logo que, assim que, enquanto etc.:

<u>Quando</u> a luz voltou, todos se calaram.

Nota: A conjunção integrante inicia oração subordinada substantiva; todas as outras, orações subordinadas adverbiais.

INTERJEIÇÃO

Palavra exclamativa com que demonstramos certos sentimentos:

Puxa! Bis! Ai!

PALAVRA DENOTATIVA

Grupo à parte, que não se encaixa em nenhuma classe. É semelhante ao advérbio.

1. De designação: eis
2. De exclusão: menos, fora, exceto, só etc.
3. De explicação: por exemplo, a saber etc.
4. De inclusão: inclusive, também, até etc.
5. De retificação: ou melhor, isto é etc.

LOCUÇÃO

Grupo de palavras com valor de uma só.

1. Adjetiva

   dia de festa (festivo)
   amor de mãe (materno)
   água de chuva (pluvial)
   aspecto de águia (aquilino)
   uivo de lobo (lupino)
   veneno de serpente (ofídico)
   ar da manhã (matutino) ato
   da vontade (volitivo) trânsito
   da cidade (urbano) paisagem
   de sonho (onírica) gosto
   de noz (nucular) trejeito
   de macaco (simiesco)
   problema de dinheiro (pecuniário)
   voo de andorinha (hirundino)
   doença de fígado (hepática)

2. Adverbial

   Cheguei de trem. (de meio)
   Saímos apesar do frio. (de concessão)
   Tremia de medo. (de causa)
   Feriu-se com a faca. (de instrumento)
   Saiu com o pai. (de companhia)
   Sem dinheiro, não irei. (de condição)
   Fiz tudo conforme o pedido. (de conformidade)

3. Prepositiva

   Estava à espera de uma solução.
   Ficarei à frente de tudo.
   Fiz o curso à custa de muito esforço.

Não falaremos <u>a respeito de</u> trabalho.

Estávamos <u>de acordo com</u> essa teoria.

<u>Graças a você,</u> estou bem.

<u>Em que pese a</u> tantos problemas, não desistirei.

Tudo se perdeu <u>por causa de</u> sua intransigência.

Vim a conhecê-lo <u>por intermédio de</u> um amigo.

Analisei o astro <u>por meio de</u> uma luneta.

Consegui vê-lo <u>através de</u> uma janela.

4. Verbal

<u>Preciso escrever</u> uma carta.

<u>Tinha pedido</u> um adiantamento.

O garotinho <u>ficou brincando.</u>

<u>Começa rei a explica r</u> a situação.

Meu pai <u>havia chegado</u> há pouco.

Ele <u>queria socorrer</u> o vizinho.

<u>Temos de comprar</u> mais comida.

CONCORDÂNCIA NOMINAL

Regra geral

Palavra que se liga ao substantivo concorda com ele:

a sala, um disco, algum dinheiro, algumas casas, moças altas

Principais casos

1. Concordância gramatical ou lógica: com todos os termos:

   carro e caminhão lentos bicicleta e carroça lentas

   carro e bicicleta lentos (prevalece o masculino)

   bicicleta e carro lentos (prevalece o masculino)

2. Concordância atrativa: com o mais próximo:

   carro e caminhão lento

   bicicleta e carroça lenta

   carro e bicicleta lenta

   bicicleta e carro lento

   Nota: Vindo imediatamente antes, o adjetivo concorda com o mais próximo:

   bela camisa e paletó

   belo paletó e camisa

   Mas: Os inteligentes Augusto e Maurício (nomes de pessoas)

   As simpáticas tia e sobrinha (nomes de parentesco)

3. Alerta e menos: invariáveis:

   Todos estavam alerta.

   Tenho menos dificuldades.

4. Bastante: variável ou invariável:

   Eles falaram bastante.

   Estavam bastante alegres.

   Falavam bastante bem.

   Bastantes pessoas se esconderam.

   Nota: Nos três primeiros, advérbio; no último, pronome indefinido (concorda com o substantivo).

5. Mesmo e próprio: variáveis ou invariáveis:

   Elas mesmas consertaram.

   Elas próprias consertaram.

   Elas fizeram a mesma comida.

   Elas fizeram a própria comida.

   Elas fizeram mesmo comida.

   Nota: Na última, é advérbio (igual a realmente): invariável.

6. Um e outro, nem um nem outro: substantivo no singular, adjetivo no plural:

Um e outro menino levados.

Nem um nem outro funcionário experientes.

7. É proibido, é necessário, é bom: se o substantivo tem artigo **a**, o adjetivo vai ao feminino:

É proibido conversa. (certo)

É proibid<u>a a</u> conversa. (certo)

É proibido a conversa (errado)

É proibida conversa. (errado)

Música é bom: (certo)

<u>A</u> música é b<u>oa.</u> (certo)

8. Só: variável ou invariável:

Só eles faltaram. (somente → invariável)

Eles ficaram sós. (sozinhos → variável)

Eles ficaram a sós. (com a preposição **a** → sempre no plural)

9. Possível:

Viagens <u>as</u> mais agradáveis <u>possíveis.</u>

Viagens <u>o</u> mais agradáveis <u>possível.</u>

Viagens <u>quanto</u> <u>possível</u> agradáveis.

10. Tal qual: **tal** concorda com o primeiro elemento; **qual**, com o segundo:

Ele é tal qual o irmão.

Eles são tais qual o irmão.

Ele é tal quais os irmãos.

Eles são tais quais os irmãos.

11. Meio: variável ou invariável:

Comi meio melão.

Comi meia jaca.

Ela está meio triste.

Nota: Nas duas primeiras, acompanha substantivo, concordando com ele. Na terceira, é advérbio, portanto invariável. Há bons gramáticos, no entanto, que aceitam o feminino: é uma questão discutível.

12. Todo: como advérbio, admite variação:

Ele está todo machucado.

Ela está toda machucada.

Ela está todo machucada. (menos usado)

Nota: É invariável em todo-poderoso:

Chegaram os todo-poderosos.

Chegou a todo-poderosa.

13. Anexo, obrigado, quite e leso: variáveis:

Anexo envio um documento.

Anexas envio as cópias.

Obrigado, disse ele.

Obrigada, disse ela.

Obrigados, disseram eles.

Ele está quite com a secretaria.

Eles estão quites com a secretaria.

Crime de leso-patriotismo.

Crime de lesa-pátria.

14. Nenhum: variável:

Não tenho nenhum projeto.

Não tenho nenhuns projetos.

15. Cores: adjetivo se flexiona: substantivo, não:

blusas brancas

blusas abóbora

blusas azul-claras (dois adjetivos: o segundo varia)

blusas azul-piscina (adjetivo e substantivo → invariável)

blusas cinza-claro (substantivo e adjetivo → invariável)

Nota: Azul-marinho e azul-celeste são invariáveis.

CONCORDÂNCIA VERBAL

Regra geral

O verbo concorda com o sujeito em número e pessoa:

O homem saiu. Os homens saíram. Chegou o trem. Chegaram os trens.

Principais casos

1. Sujeito composto: verbo no plural:

O cavalo e o boi pastavam no prado.

   Nota: Se o sujeito aparece depois do predicado, pode haver concordância atrativa:
   Pastavam no prado o cavalo e o boi. (gramatical)
   Pastava no prado o cavalo e o boi. (atrativa)

2. Haver: impessoal significando "existir"; não vai ao plural:

Havia muitos avisos. Existiam muitos avisos.
    obj. direto   sujeito

Deve haver muitos avisos. Devem existir muitos avisos.
        obj. direto   sujeito

   Nota: Como se vê, o auxiliar de **haver** também não se flexiona.

3. Fazer e haver indicando tempo: impessoais:

Faz meses que não estudo. Há meses que não estudo.
Deve fazer meses que não estudo. Deve haver meses que não estudo.

   Nota: Como se vê, os auxiliares também não se flexionam.

4. Palavra SE

Vendem-se tratores. (tratores são vendidos)
        sujeito

Precisa-se de tratores.
        obj. ind.

Trabalha-se muito ali.

   O primeiro **se** é pronome apassivador, pois o verbo é transitivo direto. O segundo é índice de indeterminação do sujeito, pois o verbo pede preposição. O terceiro é índice de indeterminação do sujeito, pois o verbo é intransitivo.

5. Dar, bater, soar e tocar:

Já deu uma hora.
        sujeito

Já deram três horas.
        sujeito

<u>O relógio</u> já deu <u>uma hora.</u>
   sujeito   obj. dir.

<u>No relógio</u> já deram <u>duas horas.</u>
  adj. adv.   sujeito

Não se esqueça! O verbo deve concordar com seu sujeito.

6. Pessoas gramaticais diferentes:

   Eu, tu e ele trabalharemos. (o mesmo que **nós**)

   Tu e ele trabalhareis. (o mesmo que **vós**)

   Tu e ele trabalharão. (variante da segunda)

7. Que e quem:

   Sou <u>eu</u> que <u>falarei.</u>

   Sou <u>eu</u> quem <u>falarei.</u>

   Sou eu <u>quem</u> <u>falará.</u>

8. Concordância com o artigo:

   <u>Os</u> Sertões <u>foram escritos</u> por Euclides da Cunha.

   <u>As</u> Minas Gerais <u>produzem</u> muito café.

   <u>Minas Gerais</u> produz muito café. (sem o artigo → singular)

   Nota: Com o verbo **ser** e o predicativo **livro** (e semelhantes) → singular ou plural:

       Os Sertões <u>é</u> um ótimo <u>livro.</u> <u>Os</u> Sertões <u>são</u> um ótimo livro.

9. Pronome interrogativo ou indefinido mais pronome pessoal:

   <u>Qual</u> de nós <u>escreverá?</u>

   Quais de <u>nós</u> <u>escreveremos?</u>

   <u>Quais</u> de nós <u>escreverão?</u>

   Nota: Primeiro pronome no singular → verbo no singular.

10. Um e outro, um dos que:

    Um e outro político discursou. (ou discursaram)

    Era um dos que mais sorria. (ou sorriam)

11. Nem um nem outro, um ou outro:

    Um ou outro aluno participará.

    Nem um nem outro cavalo venceu.

    Nota: Alguns admitem o plural, no caso de **nem um nem outro**. É polêmico.

12. A maioria de, a maior parte de, grande parte de:

    A <u>maioria</u> do assistentes <u>aplaudiu.</u>

    A maioria dos <u>assistentes</u> <u>aplaudiram.</u>

Nota: Sem palavra no plural, só cabe o singular:

A maioria da turma aplaudiu.
A maioria aplaudiu.

13. Verbo ser

a) Tudo, nada, isto, isso, aquilo:

Tudo <u>são rosas</u> em sua vida.
<u>Tudo é</u> rosas em sua vida.

b) Indicação de tempo: concordância com o numeral:

Já <u>é uma</u> hora.
Já <u>são dez</u> horas.
<u>São quinze</u> para o meio-dia.
Hoje <u>é primeiro</u> de agosto.
Hoje <u>são dois</u> de agosto.

Nota: Com a palavra **dia**, verbo no singular:
Hoje <u>é dia</u> dois de agosto.

c) Quantidade, preço, distância: verbo no singular:

Vinte reais é pouco.
Quinze litros é muito.
Cinquenta reais é o preço.
Cem quilômetros é a distância.

d) Concorda com a pessoa e o pronome pessoal:

<u>Ele era</u> as esperança da casa. As esperanças da casa <u>era ele.</u>
<u>Lúcia</u> sempre <u>foi</u> as alegrias da família. As alegrias da família sempre <u>foi Lúcia.</u>

e) Cerca de, perto de: singular ou plural:

Cerca de dez pessoas é do lugar. (ou são)

Nota: Com outros verbos, concordância com o numeral:
Cerca de <u>dez</u> pessoas faltaram.
Cerca de <u>uma</u> centena faltou.

14. Verbo parecer:

Parecem brincar <u>as crianças.</u> (locução verbal)
    sujeito

Parece / brincarem <u>as crianças.</u> (duas orações)
    sujeito

Parece/ que brincam <u>as crianças.</u> (duas orações)
    sujeito

Parecem brincarem as crianças. (errado)

Parecem que brincam as crianças. (errado)

Nota 1: No segundo e no terceiro exemplos, a segunda oração é o sujeito de **parece**.

Nota 2: Os dois verbos não podem ir ao plural ao mesmo tempo.

15. Mais de um / mais de dois: concordância com o numeral:

Mais de <u>um</u> interessado <u>apareceu.</u> Mais de <u>dez</u> interessados <u>apareceram.</u>

Nota: Repetido ou indicando reciprocidade, **mais de um** pede plural:

Mais de um participante se desentenderam.

Mais de um aluno, mais de um professor foram à festa.

REGÊNCIA VERBAL

Predicação verbal

1. Transitivo direto: complemento sem preposição obrigatória:

   Eles lavaram <u>a cortina.</u>
   obj. dir.

   Coloquei-<u>o</u> ali.
   obj. dir.

   Puxou <u>da cadeira.</u> (o verbo não exige a preposição)
   obj. dir. prep.

2. Transitivo indireto: complemento com preposição exigida pelo verbo:

   Preciso <u>de ajuda.</u>
   obj. indir.

   Obedeço-<u>lhes.</u> (preposição subentendida: a eles)
   obj. indir.

3. Transitivo direto e indireto: dois complementos:

   Ofereci <u>uma flor</u> <u>à minha namorada.</u>
   obj. dir.   obj. indir.

   Veja a troca por pronomes átonos.
   Ofereci-<u>a</u> <u>à minha namorada.</u>
   Ofereci-<u>lhe</u> <u>uma flor</u>.

   Nota: Os dois pronomes podem fundir-se:
   Ofereci-<u>lha.</u>

4. Intransitivo: sem objeto direto ou indireto; pode pedir adjunto adverbial:

   O homem chorou.
   Ele irá <u>ao Amazonas.</u>
   adj. adv. lugar

5. De ligação: verbo de estado ou mudança de estado, acompanhado de predicativo do sujeito:

   Somos estudantes.
   Estavam animados.
   A mulher ficou preocupada.
   O rapaz continua esperançoso.
   O corredor acha-se limpo.

Cuidado!

Ele está feliz. (feliz: predicativo → verbo de ligação)
Ele está no jardim. (no jardim: adj. adv. lugar → verbo intransitivo)

Regência de alguns verbos

1. Assistir:

   Assisti <u>o doente.</u> (dar assistência)
        obj. dir.

   Assisti <u>ao doente.</u> (dar assistência)
        obj. indir.

   Assisti <u>ao jogo.</u> (ver; preposição obrigatória)
        obj. ind.

   Assisti <u>em Cuiabá.</u> (morar)
        adj. adv. lugar

2. Aspirar:

   Aspirei <u>o perfume das rosas.</u> (inspirar, sorver)
        obj. dir.

   Aspirei <u>ao sucesso.</u> (desejar)
        obj. indir.

3. Visar:

   Visamos <u>o alvo.</u> (mirar)
        obj. dir.

   Visamos <u>o caderno.</u> (rubricar)
        obj. dir.

   Visamos <u>ao bem comum.</u> (desejar)
        obj. indir.

4. Perdoar e pagar: coisa → objeto direto; pessoa → objeto indireto (preposição **a**)

   Perdoei <u>a ofensa.</u>
        obj. dir.

   Perdoei <u>ao amigo.</u>
        obj. indir.

   Perdoei <u>a ofensa</u> <u>ao amigo.</u>
        obj. dir.   obj. indir.

   Nota: Com a preposição **de**, o verbo é transitivo direto:
        Perdoei <u>a ofensa do amigo.</u>
             obj. dir.

5. Preferir:

   Prefiro mais o futebol do que o basquete. (errado)
   Prefiro <u>o basquete</u> <u>ao futebol.</u> (certo)
        obj. dir.   obj. indir.

   Prefiro <u>futebol</u> <u>a basquete.</u> (certo)
        obj. dir.   obj. indir.

   Nota: Usa-se artigo com os dois substantivos, ou com nenhum.

6. Chamar:

   a) Significando "convocar":

   Chamei o funcionário ao escritório.
          obj. dir.

   Chamei-o ao escritório.
        obj. dir.

   Nota: É transitivo direto: não aceita **lhe**.
     Chamei-lhe ao escritório.

   b) Significando "qualificar":

   Chamei-o louco.

   Chamei-o de louco.

   Chamei-lhe louco.

   Chamei-lhe de louco.

   Nota: Admite as quatro construções dos exemplos: transitivo direto ou indireto, com predicativo (louco) preposicionado ou não.

7. Esquecer, lembrar, recordar:

   Esqueci o encontro. Lembrei o encontro. Recordei o encontro.
       obj. dir.   obj. dir.   obj. dir.

   Nota: Como pronominais, pedem objeto indireto:
     Esqueci-me do encontro.
           obj. ind.

Cuidado!

Sem pronome, não há preposição:
  Esqueci do encontro. (errado)

8. Avisar, informar, prevenir, certificar, cientificar:

   Avisei o motorista do acidente.
       obj. dir.   obj. indir.

   Avisei-o do acidente.
    obj. dir. obj. indir.

   Avisei ao motorista o acidente.
       obj. indir.   obj. dir.

   Avisei-lhe o acidente.
    obj. indir. obj. dir.

Cuidado!

Não se usam os dois objetos indiretos:
  Avisei-lhe do acidente.

9. Responder:

Respondi que iria. (é a resposta dada)
      obj. dir.

Respondi à carta. (é a coisa à qual se dá uma resposta)
      obj. indir.

10. Implicar:

Implicou com o colega. (perturbar)
      obj. indir.

Isso não implica desrespeito a ninguém. (acarretar, pressupor)
      obj. dir.

Nota: Não se usa a preposição **em**:
    Isso não implica em desrespeito a ninguém. (errado)

11. Proceder:

Ele procede bem. (agir)

O barco procede de Belém. (vir)

Isto não procede. (não ter cabimento)

O professor procedeu à leitura das notas. (dar início)
      obj. indir.

O professor procedeu a leitura das notas. (errado: falta a preposição **a**)

12. Custar:

O quadro custou dois mil reais.
      adj. adv. preço

Custou ao jovem entender a situação. (ser custoso, difícil)
    obj. indir.   sujeito

Nota: É errado atribuir à pessoa a função de sujeito:
    O jovem custou a entender a situação. (errado)

13. Usufruir, desfrutar:

Vamos desfrutar as férias.
      obj. dir.

Vamos desfrutar das férias. (errado: não se usa a preposição **de**)

14. Amar, adorar, estimar, louvar, detestar, odiar, abençoar, respeitar:

Respeito os vizinhos.
      obj. dir.

Adoro meus filhos.
    obj. dir.

Estimamos os colegas.
      obj. dir.

Nota: Com a palavra **Deus** (e outras desse campo semântico), pode aparecer a preposição **a**:

Amo <u>Deus.</u> Amo <u>a Deus.</u>
    obj. dir.   obj. dir. prep.

Louvo <u>Jesus.</u> Louvo <u>a Jesus.</u>
    obj. dir.   obj. dir. prep.

Adoro <u>Maria de Nazaré.</u> Adoro <u>a Maria de Nazaré.</u>
    obj. dir.   obj. dir. prep.

15. Ajudar, presidir, satisfazer:

Ajudei <u>o amigo.</u> Ajudei <u>ao amigo.</u>
    obj. dir.   obj. indir.

Presidi <u>o encontro.</u> Presidi <u>ao encontro.</u>
    obj. dir.   obj. indir.

Satisfiz <u>as exigências.</u> Satisfiz <u>às exigências.</u>
    obj. dir.   obj. indir.

Variedades

1. Onde / aonde:

   Onde você está? (estar **em**: onde)

   Aonde você vai? (ir **a**: aonde)

2. Antes de o presidente falar, houve tumulto. (e não do)

   Nota: O artigo que acompanha o sujeito não pode aglutinar-se à preposição.

3. O filme foi assistido por muita gente. (errado)

   Muita gente assistiu ao filme. (certo)

   Nota: Verbo transitivo indireto não vai para a voz passiva, com exceção de obedecer, desobedecer e responder.

CRASE

Com nomes comuns

Trocar feminino por masculino. Aparecendo **ao**, existe crase:

Irei **à** fazenda. (**ao** sítio)
Comprei **a** casa. (**o** apartamento)

Com topônimos

Trocar o verbo por um que peça preposição que não seja **a**. Aparecendo **da**, **na** etc., há crase:

Fomos **à** Paraíba. (viemos **da**, estivemos **na**)
Fomos **a** Cuiabá. (viemos **de**, estivemos **em**)

CASOS OBRIGATÓRIOS

1. Em certas locuções formadas por palavras femininas.

    a) Adverbiais:

        Ele saiu às escondidas. Foi levado à força. Comi às pressas.

    b) Prepositivas (começam por **a** e terminam por **de**):

        Fiquei à frente de tudo. Estou à disposição de vocês.

    c) Conjuntivas (apenas duas):

        Progredirei à medida que me esforçar. (ou à proporção que)

    Nota: Evite-se o acento de crase nas locuções adverbiais de instrumento, bem como em **a vista** (contrário de **a prazo**), embora haja algumas opiniões em contrário:

    Escreveu o bilhete a caneta. Comprou os móveis a vista.

2. Com a palavra **hora**, clara ou oculta, indicando o momento em que algo ocorre:

    Cheguei às duas horas. Regressaremos às quatro.

    Nota: Palavras como **moda**, **rua**, **avenida**, **editora** etc. às vezes ficam ocultas:

    Ele discursava à Rui Barbosa. (à moda)
    Irei à Presidente Vargas. (à Avenida)

3. Com **aquele**, **aquela**, **aquilo**:

    Mostre o documento àquele funcionário. (a aquele)

4. Com o demonstrativo **a**:

    Refiro-me à que ficou no balcão. (**ao** que ficou, **a aquela** que ficou)

    Nota: Há sempre um substantivo oculto: refiro-me à **camisa** que)

5. Com o relativo **à qual**:

    Minha filha, à qual dediquei minha vida, casou-se ontem. (meu filho, **ao qual** dediquei)

CASOS FACULTATIVOS

1. Com pronomes adjetivos possessivos no singular: Mandei o pacote à sua amiga. (ou **a** sua)

   Nota: Com possessivo no plural, temos:
   a) Crase obrigatória:
      Mandei o pacote às suas amigas.
   b) Crase proibida:
      Mandei o pacote a suas amigas. (somente a preposição)

2. Antes de nome de mulher:
   Explicamos tudo à Raquel. (ou **a** Raquel)

3. Depois da preposição **até**:
   Levei-o até à rua. (ou a rua)

4. Antes de Europa, África, Ásia, França, Espanha, Inglaterra, Escócia e Holanda: Ele viajará à Espanha. (ou a Espanha)

CASOS PROIBITIVOS

1. Antes de **casa** (sem determinação), **distância** (sem especificação) e **terra** (oposto a bordo):
   Irei a casa logo mais. Irei à casa nova logo mais.
   Fiquei a distância. Fiquei à distância de cinquenta metros.
   Os marujos foram a terra. Ele foi à terra dos avós.

2. Antes de palavras que não admitam o artigo **a**:
   Estou a caminho de casa. (masculino) Comecei a estudar. (verbo)
   Diga a ela que estou aqui. (pronome pessoal)
   Mostrarei a V.Sa meu trabalho. (pronome de tratamento)
   Aspirava a uma posição melhor. (artigo indefinido)
   Pedi explicações a certa pessoa da casa. (pronome indefinido)

3. Com palavras repetidas:
   Eles ficaram cara a cara.

4. Com **a** diante de plural:
   Dirigi-me a pessoas do laboratório.

5. Antes de nomes de vultos históricos, a menos que estejam determinados:
   Aludiu a Anita Garibaldi. Aludiu à forte Anita Garibaldi.

6. Depois de preposição, com exceção de **até**, que torna a crase facultativa.
   Estava lá desde as nove horas. Irei até à fonte. (ou a)

ORTOGRAFIA

I) ACENTUAÇÃO GRÁFICA

Prosódia

1. Oxítonas: última sílaba tônica:

   carre**tel**, jaca**ré**, cida**dão**

2. Paroxítonas: penúltima sílaba tônica:

   gran**de**za, **bol**sa, juven**tu**de

3. Proparoxítonas: antepenúltima sílaba tônica:

   lógica, aro**má**tico, i**dên**tico

Regras de acentuação

I) Regras gerais

1. Oxítonas: terminadas em a(s), e(s), o(s), em, ens:

   vatapá, atrás, boné, cafés, jiló, após, armazém, parabéns

2. Paroxítonas: terminadas em l, n, r, x, i(s), us, um, uns, om, ons, ã(s), ps, ditongo:

   ágil, pólen, éter, clímax, júri, júris, vírus, fórum, álbuns, rádom, prótons, órfã, órfãs, lírio, lírios

3. Proparoxítona: todas:

   rápido, ótimo, válido

4. Monossílabos tônicos: terminados em a(s), e(s), o(s):

   pá, pás, pé, pés, só, sós

   Nota: Na ênclise e na mesóclise, temos:
   a) vendê-lo (vendê: oxítona terminada em **e**)
   b) comprá-lo-ás (comprá: oxítona terminada em **a**; ás: monossílabo tônico terminado em **a**)

II) Casos especiais

1. Ditongos abertos **éi**, **éu** e **ói** no final da palavra:

   anéis, troféu, herói

   Mas: ideia, joia (no meio: sem acento)

2. Letras **i** e **u**, segunda vogal de um hiato:

   ruído, miúdo (sozinhos na sílaba)
   faísca, balaústre (com **s** na sílaba)

Ficam sem acento:

- moinho: seguida de **nh**.
- cairmos: faz sílaba com letra que não é **s**.
- xiita: letra repetida.
- **boi**una: antecedida de ditongo.

    Nota: Com acento, se no final:

    Pia**uí**

3. Ter e vir (e derivados): 3ª p. p. do pres. ind.:

    eles têm, eles detêm eles vêm, eles revêm

4. Trema: só em palavras estrangeiras ou delas derivadas:

    Müller → mülleriano

5. Acentos diferenciais:

    - pôr (verbo) → de intensidade; obrigatório
    - pôde (pret. perf. de poder) → de timbre; obrigatório
    - fôrma → de timbre; facultativo

Prosódia duvidosa

1. Oxítonas: condor, Nobel, novel, ruim, ureter
2. Paroxítonas: avaro, aziago, batavo, decano, dúplex, filantropo, ibero, látex, misantropo, pudico, rubrica
3. Proparoxítonas: ágape, álacre, álcali, arquétipo, bávaro, biótipo, crisântemo, ínterim, lêvedo, monólito, ômega, protótipo, zênite

Dupla prosódia

acrobata ou acróbata

hieroglifo ou hieróglifo

Madagascar ou Madagáscar

nefelibata ou nefelíbata

Oceania ou Oceânia

projétil ou projetil

réptil ou reptil

sóror ou soror

zangão ou zângão

Observe as sílabas tônicas

algara**vi**a, barba**ri**a, bar**bá**rie, estra**té**gia, **flui**do (s.), flu**í**do (v.), for**tui**to, gra**tui**to, Lombar**di**a, maquina**ri**a, maqui**ná**rio, necrop**si**a, Norman**di**a, quiroman**ci**a

II) EMPREGO DE LETRAS

1. EZA (EZ) → substantivos abstratos derivados de adjetivos:

   belo – beleza, estúpido – estupidez

   ESA (ISA) → formação de feminino:

   duque – duquesa, poeta – poetisa

2. IZAR → verbos derivados de nomes:

   canal – canalizar, suave – suavizar

   Nota: pesquisar → com **s**, por causa de **pesquisa**.

3. Depois de ditongo → S:

   coisa, Sousa

4. Depois de ditongo → X:

   caixa, peixe

   Exceções: caucho e derivados

5. Depois de ditongo → Ç:

   eleição, afeição

6. Depois de EN → X

   enxada, enxoval

   Exceções: verbo **encher** e derivados; certas palavras derivadas, como encharcar (de charco)

7. S, J e Z → conservam-se nas derivadas:

   lápis – lapiseira, laranja – laranjeira, cruz – cruzeiro

8. Depois de ME → X:

   México, mexer

   Exceções: mecha (cabelo), mechar, mechoação

9. T → Ç:

   projetar – projeção, exceto – exceção

10. TER e derivados → Ç:

    reter – retenção, conter – contenção

11. ND, RG, RT → S:

    suspender – suspensão, aspergir – aspersão, reverter – reversão

12. CED, MET, GRED, PRIM → SS:

    ceder – cessão, remeter – remessa, agredir – agressor, comprimir – compressão

13. TIR (quando desaparece) → SS:

    emitir – emissão, repercutir – repercussão

III) DIVISÃO SILÁBICA

1. Não se separam os ditongos e trigongos:

    pei-xe, i-guais

2. Separam-se os hiatos:

    sa-ú-de

3. Separam-se os dígrafos rr, ss, sc, sç, xc:

    cor-rer, pas-so, cres-cer, des-ça, ex-ce-to

4. Separam-se os encontros consonantais impróprios (a segunda consoante não é **l** nem **r**):

    dig-no, rit-mo, pac-to, subs-tân-cia

    Nota: Como se vê no último exemplo, havendo mais de duas consoantes, a última se destaca do grupo.

5. As letras **r** e **s** dos prefixos formam sílaba com a vogal seguinte, quando ela existe:

    su-pe-ra-li-men-ta-do, bi-sa-vô

    Nota: Seguindo-se consoante, elas não se destacam:
    su-per-mer-ca-do, bis-ne-to

6. A letra **b** do prefixo **sub** forma sílaba com a vogal seguinte, quando ela existe:

    su-ba-é-reo, su-bo-fi-ci-al

    Nota: Seguindo-se consoante, ela não se destaca:
    sub-so-lo, sub-li-nhar

7. Palavras com elementos vocálicos no final têm tratamentos variados:

    sa-bi-a (hiato, pois um deles é tônico)
    sa-bi-á (hiato, pois um deles é tônico)
    sá-bia (ditongo, pois os dois são átonos)
    cons-tru-í-a (dois hiatos simultâneos)
    rai-o (ditongo seguido de vogal)

8. Não há sílaba sem vogal:

    pneu, psi-có-lo-go, gno-se

IV) EMPREGO DO HÍFEN

1. Na ênclise e na mesóclise:

    Deixei-o. Encontrá-lo-ás.

2. Na ligação de palavras que formam uma cadeia na frase:

    Trafegava pela rodovia Rio-São Paulo.

3. Em palavras compostas por justaposição:

guarda-roupa, beija-flor

Nota: Algumas não têm hífen:

girassol, mandachuva, paraquedas, passatempo, passaporte

4. Em palavras com prefixos e falsos prefixos (radicais gregos ou latinos usados como prefixos).

a) Regras gerais

- Todos pedem hífen antes de h:

anti-higiênico, ante-história

- Prefixos terminados por vogal pedem hífen diante da mesma vogal:

infra-assinado, micro-ondas, arqui-inimigo

Nota 1: Sem hífen se as vogais são diferentes:

infraestrutura, microeconomia, arquiavô

Nota 2: Sem hífen se estão seguidas de **r** ou **s**, devendo tais letras ser dobradas:

autorretrato, suprassumo

b) Casos especiais

- Super, inter e hiper: antes de h ou r:

super-hidratação, inter-helênico, hiper-realismo

- Circun e pan: antes de h, vogal, m ou n:

circum-hospitalar, circum-axial, pan-mítico, pan-negrismo

- Mal: antes de h, vogal ou l:

mal-humorado, mal-encarado, mal-limpo

- Ab, ob, sob e sub: antes de h, b ou r:

ab-rogável, ob-repção, sob-rojar, sub-horizonte, sub-base

- Ad: antes de h, d ou r:

ad-rogar, ad-digital

- Pré, pró e pós: sempre com hífen:

pré-militar, pró-germânico, pós-floração

- Além, aquém e recém: sempre com hífen:

além-túmulo, aquém-mar, recém-plantado

Exceções: Alentejo (região de Portugal) e alentejano.

- Vice, vizo, ex (o que deixou de ser), sota e soto: sempre com hífen:

vice-prefeito, vizo-rei, ex-diretor, sota-proa, soto-patrão

- Bem e sem: sempre com hífen:

bem-vindo, sem-terra

Nota: Há várias palavras em que **bem** se liga sem hífen, passando a **ben**:

benquisto, benfeito, benfeitor

- Co, re, pre, pro, pos, des e in: sempre sem hífen:

reeleição, coerdeiro, preencher, prolabial, pospor, desonesto, inabitual

V) MAIÚSCULAS E MINÚSCULAS

Maiúsculas

1. Nos substantivos próprios em geral:

Ronaldo, Ferreira, México, Deus, Órion, Minerva

2. No início de um período ou de uma citação:

Os bois passavam lentamente.
Disse Sófocles: "A coisa mais bela consiste em ser útil ao próximo."

3. Nos pronomes e expressões de tratamento:

Vossa Excelência, Ilustríssimo Senhor

4. Nos nomes que designam atos das autoridades governamentais, quando seguidos do numeral:

A Lei nº 510, a Portaria 119
Mas: A lei foi publicada. O decreto não diz isso.

5. Nos nomes de épocas notáveis e eras históricas:

Renascimento, Quinhentos, Idade Média

6. Nos nomes dos pontos cardeais, quando designam regiões:

Os países do Leste

7. Nos títulos de jornais, livros, revistas, produções artísticas, literárias ou científicas:

O Globo, A Divina Comédia, Época, Os Comedores de Batatas

8. Nos nomes de festas religiosas:

Páscoa, Natal

9. Nos nomes de instituições científicas, religiosas, políticas, de ensino etc.

Instituto Osvaldo Cruz, Igreja do Bonfim, Organização dos Estados Americanos, Universidade Federal Fluminense

Minúsculas

1. Nos nomes dos dias da semana, dos meses e das estações do ano:

domingo, setembro, inverno

2. Nos nomes de festas pagãs:

carnaval, entrudo

3. Nos nomes dos pontos cardeais, quando designam simples direções ou limites geográficos:

   Caminhei de norte a sul pela cidade.

4. Nos nomes de acidentes geográficos:

   rio Negro, oceano Pacífico, lagoa Rodrigo de Freitas

5. Nos nomes de idiomas:

   Ele fala japonês.

Maiúsculas ou minúsculas

1. Nos nomes de vias públicas, mesmo que abreviados:

   Trabalhavam na Rua do Matoso. (ou rua)

   O encontro será na Travessa do Ouvidor. (ou travessa)

   Andei pela Av. Rio Branco. (ou av.)

2. Nas expressões que designam altos postos, dignidades ou cargos:

   Ministro da Saúde (ou ministro)

   Presidente da República (ou presidente)

   Secretário da Educação (ou secretário)

3. Nos nomes que designam ciências ou disciplinas escolares:

   A Astronomia explica o fenômeno. (ou astronomia)

   Tirou nota dez em Português. (ou português)

VI) ABREVIATURAS

A. – autor

AA. – autores

a. C. – antes de Cristo

a. m. – *ante meridiem* (antes do meio-dia)

am°, **amª** – amigo, amiga

ap. ou **apart.** – apartamento

cm – centímetro(s)

dr., **drª** – doutor, doutora

E. – editor

EE. – editores

ex. – exemplo(s)

exc. – exceto ou exceção

f., **fl.** ou **fol.** – folha

fls. ou **fols.** – folhas

h – hora(s)

i. é – isto é

i. e. – *id est* (isto é)

l., lº ou **liv.** – livro **m** – metro(s)

m ou min – minuto(s)

mª – minha ou mesma

mm – milímetro(s)

mº – maior e mesmo

m.-q.-perf. – mais-que-perfeito

p. ou **pág.** – página

pp. ou **págs.** – páginas

p. ex. – por exemplo

p. m. – *post meridiem* (depois do meio-dia; depois da morte)

p.p. – próximo passado; por procuração

prof. – professor

profª – professora

q. – que

qdo. – quando

s. d. – sem dada

sr. – senhor

srª – senhora

tb. – também

u. e. – uso externo

u. i. – uso interno

v. g. – *verbi gratia* (por exemplo)

VII) SIGLAS

a) Estados brasileiros

AC – Acre

AL – Alagoas

AM – Amazonas

AP – Amapá

BA – Bahia

CE – Ceará

DF – Distrito Federal

ES – Espírito Santo

GO – Goiás

MA – Maranhão

MG – Minas Gerais

MS – Mato Grosso do Sul

MT – Mato Grosso

PA – Pará

PB – Paraíba

PE – Pernambuco

PI – Piauí

PR – Paraná

RJ – Rio de Janeiro

RN – Rio Grande do Norte

RO – Rondônia

RR – Roraima

RS – Rio Grande do Sul

SC – Santa Catarina

SE – Sergipe

SP – São Paulo

TO – Tocantins

b) Siglas diversas

ABI – Associação Brasileira de Imprensa

ABL – Academia Brasileira de Letras

Anatel – Agência Nacional de Telecomunicações

Bovespa – Bolsa de Valores do Estado de São Paulo

CEP – Código de Endereçamento Postal

Cesgranrio – Centro de Ensino Superior do Grande Rio

Cespe – Centro de Seleção e de Promoção de Eventos

CIC – Cartão de Inscrição do Contribuinte

CLT – Consolidação das leis Trabalhistas

CNPJ – Cadastro Nacional de Pessoas Jurídicas

Copom – Comitê de Política Monetária

CPF – Cadastro de Pessoas Físicas

Detran – Departamento Estadual de Trânsito

ECT – Empresa Brasileira de Correios e Telégrafos

Enem – Exame Nacional do Ensino Médio

Esaf – Escola de Administração Fazendária

FCC – Fundação Carlos Chagas

FGTS – Fundo de Garantia do Tempo de Serviço

FGV – Fundação Getúlio Vargas

Fiocruz – Fundação Instituto Osvaldo Cruz

FMI – Fundo Monetário Internacional

Funai – Fundação Nacional do Índio

IBGE – Fundação Instituto Brasileiro de Geografia e Estatística

Ibope – Instituto Brasileiro de Opinião Pública e Estatística

Incra – Instituto Nacional de Colonização e Reforma Agrária

INSS – Instituto Nacional do Seguro Social

IPTU – Imposto Predial e Territorial Urbano

IPVA – Imposto sobre a Propriedade de Veículos Automotores

Masp – Museu de Arte de São Paulo

NGB – Nomenclatura Gramatical Brasileira

OAB – Ordem dos Advogados do Brasil

OEA – Organização dos Estados Americanos

ONU – Organização das Nações Unidas

OTAN – Organização do Tratado do Atlântico Norte

Petrobras – Petróleo Brasileiro S. A.

PUC – Pontifícia Universidade Católica

STF – Supremo Tribunal Federal

TCU – Tribunal de Contas da União

UFRJ – Universidade Federal do Rio de Janeiro

UnB – Universidade Federal de Brasília

USP – Universidade de São Paulo

SEMÂNTICA

1. Denotação/ conotação

   a) Denotação: sentido real, dicionarizado:

   Comprei uma joia.

   b) Conotação: sentido especial, figurado:

   Essa criança é uma joia.

   Nota: Se a conotação parte de uma comparação, como a do exemplo, constitui uma figura de linguagem conhecida como metáfora. Veja: Essa criança é preciosa como uma joia (comparação); essa criança é uma joia (metáfora).

2. Significação das palavras

   a) Sinônimos: mesmo sentido:

   desejar, almejar

   b) Antônimos: sentido oposto:

   claro, escuro

   c) Homônimos:

   - homófonos: mesmo som:
     sela, cela
   - homógrafos: mesma grafia:
     ele (pronome), ele (nome da letra)
   - perfeitos: mesmo som e mesma grafia:
     pena (pluma), pena (castigo)

   d) Parônimos (palavras bem parecidas):

   ratificar, retificar

   Relação de homônimos e parônimos

   Apóstrofe – interpelação
   Apóstrofo – tipo de sinal gráfico

   Asado – com asas
   Azado – oportuno

   Assoar – limpar (o nariz)
   Assuar – vaiar

   Caçar – perseguir
   Cassar – anular

   Cavaleiro – que anda a cavalo
   Cavalheiro – educado

   Cegar – tornar cego
   Segar – ceifar

Censo – recenseamento
Senso – juízo, raciocínio

Cerração – nevoeiro, neblina
Serração – ato de serrar

Cessão – ato de ceder
Sessão – reunião
Seção – departamento

Cidra – tipo de fruta
Sidra – tipo de bebida

Comprimento – extensão
Cumprimento – saudação; ato de cumprir

Concerto – harmonia
Conserto – reparo

Conjetura – hipótese
Conjuntura – situação

Descrição – ato de descrever
Discrição – qualidade de discreto

Descriminar – inocentar
Discriminar – separar

Despercebido – sem ser notado
Desapercebido – desprevenido

Emergir – vir à tona, sair
Imergir – mergulhar

Eminente – destacado
Iminente – prestes a ocorrer

Estada – permanência de alguém
Estadia – permanência de veículo

Flagrante – evidente
Fragrante – perfumado

Incipiente – que está no início
Insipiente – ignorante

Infligir – aplicar (pena)
Infringir – desrespeitar, violar

Mandado – ordem judicial
Mandato – procuração

Pleito – disputa
Preito – homenagem

Ratificar – confirmar
Retificar – corrigir

Soar – produzir som
Suar – transpirar

Vultoso – volumoso
Vultuoso – vermelho e inchado

3. Polissemia: vários sentidos de uma palavra:

O maior sentimento é o amor.
Meu amor chegou. Ela é um amor.

4. Campos semânticos: ligação de palavras por um detalhe semântico qualquer:

flor, jardim, terra, lírio, perfume

COLOCAÇÃO PRONOMINAL

Próclise

Pronome átono antes do verbo:

Não **lhe** pedi nada.

Ênclise

Pronome átono depois do verbo:

Estudei-**o** bastante.

Mesóclise

Pronome átono dentro do verbo:

Mandá-**lo**-ei imediatamente.

PRÓCLISE

1. Com advérbio sem pausa:

   Ontem me encontrei com ela.

   Mas: Ontem, encontrei-me com ela.

2. Com pronomes indefinidos, relativos e interrogativos:

   Alguém te chamou. O livro que lhe dei é ótimo. Quem se apresentou?

3. Com conjunções subordinativas (iniciam orações subordinadas):

   Espero que o encontre. Quando nos viram, ficaram mudos.

4. Com gerúndio antecedido por **em**:

   Em se falando de política...

5. Com as frases optativas (exprimem desejo do falante):

   Deus te ajude!

ÊNCLISE

1. No início da frase:

   Pediu-me atenção.

2. Com o imperativo afirmativo:

   Mário, diga-me a verdade.

3. Com orações reduzidas de gerúndio:

   Falou logo com o colega, explicando-lhe a situação.

MESÓCLISE

Só ocorre com o verbo no futuro do presente ou futuro do pretérito, desde que não haja palavra que exija a próclise:

> Mostrar-te-ei o resultado. Mostrar-te-ia o resultado.
> Não te mostrarei o resultado. (prevalece a próclise)

Próclise facultativa

1. Com substantivos:

   A mulher se penteou. A mulher penteou-se.

2. Com pronomes pessoais demonstrativos:

   Ela se apresentou. Ela apresentou-se.

   Isto me ajudará. Isto ajudar-me-á.

3. Com conjunções coordenativas (iniciam orações coordenadas):

   Falei pouco, porém me cansei. Falei pouco, porém cansei-me.

4. Com o infinitivo precedido de preposição ou palavra negativa:

   Fiz tudo para não o atrapalhar. Fiz tudo para não atrapalhá-lo.

Colocação nas locuções verbais

1. Com infinitivo ou gerúndio:

   Quero levar-te. (certo)

   Quero-te levar. (certo)

   Quero te levar. (discutível)

   Não quero levar-te. (certo)

   Não quero-te levar. (errado)

   Não quero te levar. (discutível)

   Não te quero levar. (certo)

   Nota 1: A colocação do pronome átono solto entre os dois verbos é considerada correta por alguns, errada por outros. A tendência maior, hoje em dia, sem dúvida, é considerá-la correta.

   Nota 2: Tudo o que se disse vale também para o gerúndio.

2. Com o particípio:

   Tenho levado-te. (errado)

   Tenho-te levado. (certo)

   Tenho te levado. (discutível)

   Não tenho levado-te. (errado)

Não tenho-te levado. (errado)

Não tenho te levado. (discutível)

Não te tenho levado. (certo)

Nota 1: O mesmo que se disse na nota 1 anterior.

Nota 2: O particípio, como se vê nos exemplos, não admire ênclise.

Observação final

Chama-se apossínclise a colocação do pronome átono entre duas palavras atrativas. É um tipo especial de próclise:

Talvez lhe não diga nada. (ou: talvez não lhe diga nada)

PONTUAÇÃO

VÍRGULA

1. No interior da oração
   - Para separar o aposto explicativo:

     Laura, grande amiga de minha mãe, virá visitar-nos.
   - Para separar o vocativo:

     Paulo, veja a lagoa. Veja, Paulo, a lagoa. Veja a lagoa, Paulo.
   - Para separar termos deslocados ou intercalados, lidos com pausa:

     Ele fez, para alegria de todos, uma ótima prova.
   - Para separar complementos verbais antecipados, quando há um termo pleonástico:

     Meus sapatos, alguém os tirou daqui. (os: objeto pleonástico)
   - Para separar termos de mesmo valor em coordenação:

     Trouxemos lápis, borrachas, cadernos, livros.
   - Nas datações:

     Rio, 14 de agosto de 1997.
   - Para substituir o verbo que já foi citado (caso de zeugma):

     Estudei Matemática e Português; ela, Geografia.

2. Entre orações:
   - Coordenadas

     Exigem vírgula, com exceção das aditivas.

     Eu me apressei, porém perdi o jogo. (adversativa)

     Fizeram a sua parte, portanto estão tranquilos. (conclusiva)

     Ora ria, ora chorava. (alternativa)

     Volte cedo, que vai chover. (explicativa)

     Nota 1: As orações adversativas e as conclusivas admitem mais de uma pontuação:

     Eu me apressei. Porém perdi o jogo.

     Eu me apressei. Porém, perdi o jogo.

     Eu me apressei; porém perdi o jogo.

     Eu me apressei; porém, perdi o jogo.

     Eu me apressei. Perdi, porém, o jogo.

     Eu me apressei; perdi, porém, o jogo.

     Nota 2: As aditivas iniciadas por **e** só admitem vírgula quando o sujeito é diferente:

     Manuel foi ao mercado e encontrou o vizinho. (Manuel/Manuel)

     Manuel foi ao mercado, e Pedro ficou no escritório. (Manuel/Pedro)

- Subordinadas

Substantivas: sem vírgulas:

Ele disse que voltaria. (objetiva direta) É bom que sejam breves. (subjetiva)

Tem medo de que o prejudiquem. (completiva nominal)

Adverbiais: vírgula facultativa na ordem direta; obrigatória, na inversa:

O rapaz ficou feliz, quando viu a namorada.

O rapaz ficou feliz quando viu a namorada.

Quando viu a namorada, o rapaz ficou feliz.

Adjetivas: vírgula apenas com as explicativas (semelhantes a um aposto):

A fruta que eu comi estava doce. (restritiva)

Gostava das rosas, que têm cores variadas. (explicativa)

Observação final:

Não se usa vírgula entre o verbo e seu sujeito ou complemento, porque não há pausa:

O trem noturno, chegou muito atrasado. (errado)

Todos escutaram, aquela voz. (errado)

Se houver termo intercalado, aparecerão as <u>duas</u> vírgulas:

O trem noturno, vindo de São Paulo, chegou muito atrasado.

Todos escutaram, apreensivos, aquela voz.

PONTO

1. No fim de um período:

   Jogaremos futebol no domingo.

2. Na maioria das abreviaturas:

   adj., máq., doc., séc.

PONTO E VÍRGULA

1. Separa grupos de termos em coordenação:

   Ela ganhou flores, livros e um anel; seu irmão, roupas e calçados.

2. Separa orações coordenadas quando a conjunção está deslocada:

   Fez um excelente trabalho; estava, portanto, confiante.

3. Separa os itens de uma enumeração:

   O funcionário deve fazer três coisas:

   a) não se atrasar;

   b) atender a todos com educação;

   c) deixar sua mesa sempre organizada.

4. Separa orações adversativas ou conclusivas, quando se deseja criar uma pausa maior (também se admite o ponto):

Encontrei muitas dificuldades no trabalho; todavia segui em frente com dedicação.

DOIS-PONTOS

1. Introduz aposto ou oração apositiva:

Preciso de uma coisa: tua presença.

Só esperava algo: que o compreendessem.

2. Introduz uma citação:

Disse Jesus: "Eu sou a luz do mundo."

3. Introduz uma nota, um exemplo, uma observação:

Nota: Convém não esquecer...

Ex.: Cheguei cedo e...

Obs.: É obrigatório o emprego...

4. Introduz uma enumeração:

Temos o seguinte: caixas, barbante, linhas e cola.

Temos: caixas, barbante, linhas e cola.

Nota: No segundo exemplo, é dispensável, por se tratar de um objeto direto.

RETICÊNCIAS

Basicamente, servem para indicar algum tipo de interrupção na frase:

Olhei atentamente pela janela e... é melhor calar a boca.

PONTO DE EXCLAMAÇÃO

1. Nas frases exclamativas:

Cuidado com o buraco!

2. Nas interjeições:

Puxa! Ai! Bis!

PONTO DE INTERROGAÇÃO

1. Nas interrogações diretas:

Qual foi o resultado? (interrogação direta)

Diga-me qual foi o resultado. (interrogação indireta)

2. Ao lado de palavras sobre as quais se tenha dúvida:

Avistamos um tigre(?) junto às árvores. (não há certeza se era um tigre)

TRAVESSÃO

1. Nos diálogos, introduz a fala dos interlocutores:

   – Estou com sede.

   – Vou buscar água.

2. Para destacar uma palavra, expressão ou oração na frase; substitui a vírgula:

   Aquele trabalho – uma tese de Doutorado – pode ajudar.

   Marcos – que todos admiram – dirigirá a empresa.

APÓSTROFO

Indica supressão de letra:

   caixa d'água

ASPAS

1. Numa citação ou transcrição:

   Na faixa, lia-se "sejam bem-vindos".

2. Em gírias, neologismos e estrangeirismos:

   Ele é uma pessoa "grudenta".

   Tocava muito mal: era um "musicida".

   Aproveitou-se do "boom" imobiliário.

3. Na indicação de um erro gramatical:

   Ela é "marvada".

TERMOS DA ORAÇÃO

TERMOS ESSENCIAIS

1. Sujeito: ser do qual se declara alguma coisa.

   - Simples: um só núcleo:

     A árvore está florida.

     Chegou um novo carregamento.

     Alguém está lá fora.

     Escreveu-se a carta. (com o **se**, pronome apassivador)

     Esperamos uma solução. (nós)

   - Composto: mais de um núcleo:

     Eu e meu irmão ficamos contentes.

     Álvaro e Carla precisam de ajuda.

   - Indeterminado: existe, mas não se pode precisar qual é:

     Chamam por você. (verbo na 3ª pessoa do plural)

     Gosta-se desse bairro. (com **se**, índice de indeterminação)

     Nota: **Desse bairro** não é o sujeito, pois está introduzido por preposição.

   - Oração sem sujeito: existe apenas o predicado:

     Há muitos problemas. (**haver** igual a **existir**)

     Faz dias que não saio. (**fazer** indicando tempo)

     Venta muito na cidade. (verbo de fenômeno da natureza)

     São quatro horas. (**ser** indicando tempo)

2. Predicado: o que se declara do sujeito.

   - Nominal: com verbo de ligação e um predicativo do sujeito:

     Maria está animada. (núcleo: animada)

   - Verbal: com verbo transitivo ou intransitivo:

     Maria fez os salgadinhos. (núcleo: fez)

   - Verbo-nominal: com verbo transitivo ou intransitivo e um predicativo:

     Maria fez os salgadinhos animada. (núcleos: fez e animada)

     Nota: Predicativo é qualidade ou estado do sujeito ou do objeto:

     Almir ficou feliz. (predicativo do sujeito)

     Deixe limpa a varanda. (predicativo do objeto direto)

TERMOS INTEGRANTES

1. Objeto direto: complemento do verbo transitivo direto:

   Fizemos o reparo.

   Deixe-a naquele canto.

   A camisa, comprei-a ontem. (pleonástico)

   Amo a Deus. (preposicionado, pois **amar** é transitivo direto)

2. Objeto indireto: complemento do verbo transitivo indireto:

Ele se queixou ao gerente.

Isto não lhe agradou.

Ao amigo, não lhe obedeci. (pleonástico)

3. Complemento nominal: complemento de um substantivo abstrato, adjetivo ou advérbio:

Não tenho dúvida de seu apoio.

Estou confiante nisso.

Atuei favoravelmente a você.

Observe: Dúvida de quê? Confiante em quê? Favoravelmente a quem?

4. Agente da passiva: quem pratica a ação na voz passiva analítica:

O trabalho foi analisado por um grupo.

Nota: Na mudança para a ativa, passa a sujeito:

Um grupo analisou o trabalho.

TERMOS ACESSÓRIOS

1. Adjunto adnominal: determinante, modificador do substantivo, geralmente concreto. Pode indicar qualidade, posse, parte de, matéria etc.:

O cão mordeu meu colega.

Tenho cinco canetas bonitas.

Moro em uma casa de pedra.

O carro de Alfredo está sujo.

2. Adjunto adverbial: modificador do verbo, do adjetivo e do advérbio. Indica circunstâncias variadas, como tempo, modo, lugar etc.:

Não estarei em casa no domingo. (negação, lugar e tempo)

Passeava calmamente com a namorada. (modo e companhia)

Talvez estivesse bem nervoso. (dúvida e intensidade)

Tremia de medo ao viajar de avião. (causa e meio)

Apesar da timidez, vivia para o bem de todos. (concessão e finalidade)

3. Aposto: termo de natureza explicativa que se liga ao sujeito:

Carlos, meu colega de turma, está doente. (explicativo)

Só quero algo: a tua presença. (explicativo)

Fama, poder, dinheiro, tudo passa. (resumitivo)

O livro Iracema é ótimo. (apelativo ou especificativo)

Conquistou duas coisas: minha amizade e o respeito de todos. (distributivo)

Vocativo: Termo de natureza exclamativa com que interpelamos alguém ou alguma coisa. É independente, não pertencendo nem ao sujeito nem ao predicado:

Sérgio, preciso falar contigo.

CLASSIFICAÇÃO DAS ORAÇÕES

1. Absoluta: única oração do período simples:

Estava conversando com um amigo.

2. Coordenada: a que se liga, sem vínculo sintático, a uma outra, também dita coordenada:

Estava preocupado, mas não deixei de trabalhar.
 Assindética   sindética

Nota: Assindética: sem conjunção; **sindética**: introduzida por conjunção (e, mas, porém, portanto, ou, porque etc.).

3. Subordinada: a que representa um termo sintático (sujeito, objeto direto, adjunto adverbial etc.) de uma outra, dita principal:

Ele pediu que ficássemos em silêncio.
 principal   subordinada

Nota: A segunda oração é subordinada porque representa um termo (objeto direto) da primeira, que é a principal do período.

4. Desenvolvida: oração, coordenada ou subordinada, iniciada por conjunção:

Se estudasse mais, ele passaria.

5. Reduzida: oração sem conjunção e com o verbo numa forma nominal (infinitivo, gerúndio ou particípio):

Estudando mais, ele passaria.

ORAÇÕES COORDENADAS SINDÉTICAS

Começam por conjunção coordenativa:

1. Aditivas (e, nem etc.):

Pegou o material e foi para a escola.

2. Adversativas (mas, porém, contudo etc.):

Falou alto, mas ninguém escutou.

3. Conclusivas (logo, portanto etc.):

Ele é esforçado, logo pode ter esperança.

4. Alternativas (ou, ou... ou, ora... ora etc.):

Ora andava, ora corria.

5. Explicativas (porque, pois etc.):

Faça exercícios, porque vai melhorar.

ORAÇÕES SUBORDINADAS

1. **Adjetivas:** funcionam como adjunto adnominal da principal; começam geralmente por pronome relativo (que, o qual, cujo etc.).

   - Restritivas: sem vírgula antes do pronome relativo:

     A camisa <u>que peguei</u> está molhada.

   - Explicativas: com vírgula; assemelha-se a um aposto:

     Márcia, <u>cuja fala me acalma,</u> estava presente.

2. **Substantivas:** exercem variadas funções sintáticas; começam por conjunção integrante (que ou se) ou palavra interrogativa (advérbio ou pronome); admitem a troca por **isto**.

   - Subjetivas: sujeito da principal:

     É importante <u>que tudo seja explicado.</u> (é importante isto)
     Parece <u>que ele faltou.</u> (parece isto)
     Espera-se <u>que ela não chore.</u> (espera-se isto)

     Nota: No último exemplo, o **se** é pronome apassivador.

   - Objetivas diretas: objeto direto da principal:

     Espero que ela não chore. (espero isto)

   - Objetivas indiretas: objeto indireto da principal:

     Esqueci-me <u>de que haveria prova.</u> (esqueci-me disto)

   - Completivas nominais: complemento nominal da principal:

     Tenho certeza <u>de que ele é meu amigo.</u> (tenho certeza disto)

   - Predicativas: predicativo da principal; sempre depois do verbo **ser**:

     A verdade é <u>que todos aprovaram.</u> (a verdade é isto)

   - Apositivas: aposto da principal; geralmente depois de dois-pontos:

     Queria uma coisa: <u>que o apoiassem.</u> (queria uma coisa: isto)

3. **Adverbiais:** adjunto adverbial da principal; começam por conjunção subordinativa (causal, temporal etc.).

   - Causais (como, porque, já que etc.): a causa da principal:

     <u>Como ia chover</u>, pegou o guarda-chuva.

   - Comparativas (como, que etc.): comparação com a principal:

     Ele é bom <u>como o pai.</u> (é)

     Nota: É comum o verbo estar subentendido.

   - Concessivas (embora, mesmo que, ainda que etc.): oposição à principal:

     <u>Embora fizesse calor</u>, pegou o agasalho.

   - Condicionais (se, caso etc.): condição para a principal:

     <u>Se não houver engarrafamento,</u> chegarei cedo.

   - Conformativas (conforme, como, consoante etc.): acordo, conformidade:

     Fez tudo <u>conforme a mãe pediu.</u>

- Consecutivas (que, depois de tão, tal, tanto, tamanho): consequência:

  Comeu tanto que passou mal.
- Finais (para que, a fim de que etc.): finalidade da principal:

  Preparou um roteiro para que não esquecesse algo.
- Proporcionais (à proporção que, à medida que): proporção:

  Ficarei melhor à proporção que me esforçar.
- Temporais: (quando, enquanto, logo que): tempo:

  Quando amanheceu, eles partiram.

Algumas orações reduzidas
- Coordenada aditiva reduzida de gerúndio:

  Trouxe o livro, entregando-o ao professor.
- Subordinada adverbial temporal reduzida de infinitivo:

  Ao chegar, falou com todos.
- Subordinada adverbial final reduzida de infinitivo:

  Abriu a janela para respirar melhor.
- Subordinada adverbial causal reduzida de infinitivo:

  Por ser muito inteligente, fez o curso em apenas um ano.
- Subordinada adverbial temporal reduzida de particípio:

  Terminada a prova, todos se retiraram.
- Subordinada adverbial condicional reduzida de gerúndio:

  Falando menos, você teria se concentrado.
- Subordinada adjetiva restritiva reduzida de gerúndio:

  Encontramos um homem cozinhando.
- Subordinada substantiva subjetiva reduzida de infinitivo:

  É preferível ficar calado.
- Subordinada substantiva objetiva direta reduzida de infinitivo:

  Deixei o menino falar.
- Subordinada substantiva completiva nominal reduzida de infinitivo:

  Tenho medo de ser reprovado.

TIPOLOGIA TEXTUAL

DESCRIÇÃO

Texto centrado no objeto; mostra detalhes físicos, psicológicos, morais etc.:

Havia folhas secas sobre o chão de barro. Mesmo a leve brisa que soprava delicadamente deslocava-as como plumas coloridas ou pequenas bolhas de sabão.

Joana exasperava-se com facilidade. Suas bochechas tornavam-se mais vermelhas e tremiam sem parar. Porém o que mais demonstrava fisicamente esse triste estado da alma era o estranho faiscar de seus belos olhos azuis.

NARRAÇÃO

Texto centrado no fato, no acontecimento. Narrar alguma coisa é dizer o que acontece num determinado lugar e num certo momento:

Eduardo sabia que, no domingo seguinte, encontraria Sara no parque da cidade. Enquanto seguia para o trabalho, observava as pessoas apressadas, no vaivém interminável das grandes cidades. Parecia ver em cada rosto feminino o da namorada querida, que há tanto não apertava em seus braços.

A narração apresenta certos elementos, mostrados a seguir.

1. Narrador: aquele que conta, que narra um acontecimento.

2. Personagens: aqueles que participam da trama, geralmente pessoas.

   Às vezes, um dos personagens é o narrador. Trata-se do narrador-personagem, e a linguagem é em primeira pessoa.

   Quando os personagens se comunicam, temos o discurso, que pode ser de três tipos.

   - Direto: apresenta diretamente a fala do personagem; graficamente, é marcado por dois-pontos e travessão:

     Meu irmão disse: – Também quero jogar.

   - Indireto: o narrador incorpora a fala do personagem; não há dois-pontos nem travessão:

     Meu irmão disse que também queria jogar.

   - Indireto livre: praticamente, uma mistura dos anteriores; o narrador passa a falar como se, momentaneamente, fosse o personagem:

     O homem pobre e sujo seguia cambaleante por um caminho íngreme. Preciso chegar lá, preciso. Mas havia muitos obstáculos a vencer.

3. Enredo: aquilo que ocorre e é contado pelo narrador.

4. Tempo: o momento, a época em que se desenrolam os fatos.

5. Ambiente: o lugar onde tudo acontece.

DISSERTAÇÃO

Texto centrado na ideia. É argumentativo, opinativo:

Viver não é apenas comer, beber e dormir. Tampouco é passear e divertir-se com os amigos, ou assistir à vitória do seu time de futebol. Viver é muito, muito mais que isso. É projetar-se ao infinito, ao cosmo, por meio de atitudes seguras e equilibradas de amor e serviço ao próximo. O resto, como tudo o que foi dito, é apenas um complemento em nossas vidas.

Uma dissertação completa se constitui de três partes distintas.

1. Introdução: período inicial, curto, em que se lança a ideia ou ideias a serem defendidas adiante.

2. Desenvolvimento ou corpo: parágrafo ou parágrafos, curtos ou longos, de acordo com a necessidade, em que se defendem, explicitam, aprofundam as ideias. É a fase da argumentação.

3. Conclusão ou fecho: parágrafo final, de pouca extensão, com que se encerra a dissertação. Deve ser forte, marcante, especial, que convença o leitor a respeito das colocações feitas no desenvolvimento.

Nota importante: De um modo geral, os textos são de tipologia mista, ou seja, não são apenas de um tipo. O que ocorre é que há sempre, talvez até em função do tema, a prevalência de um sobre os outros. Por exemplo, há narrações com traços descritivos, dissertações com traços narrativos etc.

COESÃO E COERÊNCIA

Coesão é a ligação, a união entre as partes de um texto. É preciso haver coesão entre as palavras, entre as orações, entre os parágrafos. Por isso são muito importantes os conectivos, bem como qualquer palavra ou expressão que se refira a algo que passou ou passará no texto:

Ele falava bem o inglês, porém não entendia seu vizinho americano. Observe que o ato de falar inglês levaria a pessoa normalmente a compreender o vizinho americano, que naturalmente também fala inglês. Como essa compreensão, por qualquer motivo, não se deu, foi empregada a conjunção adversativa porém, que se presta a ligar ideias adversas, contrárias. Pode-se dizer que há coesão textual. Se, por outro lado, fosse usada uma conjunção como **portanto**, conclusiva, estaria faltando coesão e, consequentemente, coerência, que é o sentido lógico do texto.

ANÁFORA E CATÁFORA

Anáfora é o emprego de um termo, chamado anafórico, em ligação com outro, anterior a ele no texto, que é o seu referente:

Ele fez muitas bobagens. Isso o prejudicou bastante.

A palavra **isso** refere-se ao ato de fazer bobagens; o pronome **o**, à palavra **ele**. Os dois são anafóricos.

Catáfora é o emprego de um termo, chamado catafórico, em ligação com outro, posterior a ele no texto, que é o seu referente:

Isto não pode ser esquecido: a valentia de todos vocês.

A palavra **isto** refere-se ao termo **valentia**, que aparece adiante. Diz-se que ela tem valor catafórico.

FIGURAS DE LINGUAGEM

1. Metáfora: comparação sem o conectivo e o elemento comum:

   Tua prima é uma flor.

   Nota: Se disséssemos "Tua prima é bonita como uma flor", teríamos comparação ou símile.

2. Metonímia: troca de palavras:

   Ele só lê Jorge Amado. (obra/autor)
   Buscava um teto onde ficar. (todo/parte)
   Respeitem a juventude. (concreto/abstrato)
   Comeu mais um prato e saiu. (conteúdo/continente)
   Ganhou tudo com seu suor. (causa/efeito)
   Sua luz acorda os campos. (pessoas/lugar)

3. Hipérbole: exagero:

   Estou morrendo de rir.

4. Eufemismo: suavização:

   Pegou o que não lhe pertence. (roubou)

5. Prosopopeia ou personificação: características humanas passadas às coisas ou aos animais:

   As plantas ficaram felizes.

6. Pleonasmo: repetição de ideia ou termo:

   Peguei tudo com as próprias mãos.
   O amor, todos precisam senti-lo.

7. Anacoluto: quebra da estrutura frasal, que deixa um termo sem análise:

   Eu, ninguém me disse nada. (a palavra **eu** não tem função)

8. Antítese: ideias opostas:

   Em seu caminho, alternavam-se luz e trevas.

9. Silepse: concordância anormal, ideológica.

   - De número:

     O grupo chegou. Falavam muito alto.

   - De pessoa:

     Os artistas somos sentimentais.

   - De gênero:

     O que dizer dessa criança? Talvez que esteja assustado.

   - De número e gênero:

     A família está esperando. Parecem preocupados.

10. Sinestesia: fusão de sentidos:

Vinha de longe aquele som gostoso. (audição e paladar)

11. Catacrese: emprego de um termo em virtude da falta ou desconhecimento de um mais apropriado:

Embarcou no trem. (embarcar é entrar no barco)

O céu da boca estava vermelho. (palato)

12. Assíndeto: ausência do conectivo aditivo:

Brincava, sonhava, vivia.

13. Polissíndeto: excesso de conectivos aditivos:

Brincava, e sonhava, e vivia.

14. Elipse: omissão de um termo:

Gosto de todos. (eu)

Voltei tarde, o coração apertado. (com)

15. Zeugma: omissão do verbo utilizado anteriormente:

João estuda Astronomia; Alice, Comunicação.

16. Enálage: troca de tempos verbais:

Se eu tivesse dinheiro, levava você ao cinema.

17. Hipálage: adjetivação de um termo em vez de outro:

Veja o sorriso triste da jovem. (a jovem é que é triste)

18. Apóstrofe: chamamento:

Meu filho, tenha mais cuidado.

19. Perífrase: uso de muitas palavras em vez de poucas ou apenas uma:

Teve medo do rei dos animais. (leão)

20. Hipérbato: inversão da ordem das palavras ou orações:

Todas aquelas frutas compramos no mercado da esquina.

21. Anástrofe: tipo de hipérbato em que o termo preposicionado se antecipa:

Senti da brisa o frescor.

ESTRUTURA DAS PALAVRAS

1. Radical → a parte principal:

bola, **bol**inha, **bol**ada

Às vezes se altera (alomorfe):

pedra, **petr**ificar

2. Afixos → criam palavras novas.

    a)   Prefixo → antes do radical:

       reler, **in**feliz

    b)   Sufixo → depois do radical:

       lev**eza**, fam**oso**

3. Desinências → estabelecem a flexão.

    a)   Nominais → A (gênero); S (número):

       menin**a**, carro**s**

    b)   Verbais

        • Número-pessoais → indicam o número e a pessoa:

          compra**s** (2ª do singular)

          compra**mos** (1ª do plural)

        • Modo-temporais → indicam o tempo e o modo em que o verbo se acha:

          anda**sse** (imperfeito do subjuntivo

          fala**va**m (imperfeito do indicativo)

          fala**rá**s (futuro do presente)

          volt**e**m (presente do subjuntivo)

          estuda**ría**mos (futuro do pretérito)

       Nota 1: O presente do indicativo não tem desinência modo-temporal.

       Nota 2: As desinências do pretérito perfeito (i, ste, u, mos, stes e ram) podem ser consideradas número-pessoais ou acumulativas, ou seja, ao mesmo tempo número-pessoais e modo-temporais.

4. Vogal temática → constitui com o radical o tema da palavra.

    a)   Nominais → A, E, O (átonas e no fim da palavra):

       fac**a**, doc**e**, pont**o**

       Nota: Se tônica, pertence ao radical:

          rajá, bebê, cipó

    b)   Verbais → A, E, I (distinguem as três conjugações). Aparecem durante a conjugação, logo após o radical:

       volt**a**r, volt**a**vam, volt**a**sse

       beb**e**r, beb**e**ram, beb**e**rei

       part**i**r, part**i**as, part**i**ria

Nota 1: Podem aparecer em palavras derivadas:

casar – casamento, salvar – salvação

Nota 2: Podem sofrer alterações (alomorfes):

partes, parte, partem (I → E)

sabia, sabias, sabia (E → I)

Nota 3: O presente do subjuntivo não tem vogal temática (é atemático). Sua vogal é desinência modo-temporal:

louve, louves; faça, façamos

5. Vogal e consoante de ligação → ligam certos elementos da palavra e facilitam a pronúncia:

alvinegro (dois radicais: alv + negr)

cafeteira (radical e sufixo)

FORMAÇÃO DAS PALAVRAS

Existem palavras:

a) simples → só um radical:

bola, **grand**eza

b) compostas: mais de um radical:

couve-**flor**, **pont**iagud**o**

c) primitivas: não se formam de outras:

dente, crer

d) derivadas: formam-se de outras:

dentinho, descrer

DERIVAÇÃO

1. Por prefixação (prefixal) → com prefixo:

desleal, **com**por

2. Por sufixação (sufixal) → com sufixo:

leal**dade**, folh**agem**

3. Por prefixação e sufixação (prefixal e sufixal) → com prefixo e sufixo:

desleal**dade**, **in**feliz**mente**

4. Por parassíntese (parassintética) → com prefixo e sufixo simultâneos; só podem ser retirados ao mesmo tempo:

desalm**ado**, **a**noit**ecer**

5. Regressiva (ou deverbal) → diminuição da palavra:

canto (de cantar), combate (de combater)

COMPOSIÇÃO

1. Por justaposição → sem perda ou acréscimo de fonemas; mantém-se a acentuação tônica de cada um:

girassol, guarda-chuva

2. Por aglutinação → com perda ou acréscimo de fonemas; sempre sem hífen:

pontiagudo, pernalta

OUTROS PROCESSOS

1. Abreviação → emprego de parte da palavra:

   cine, moto

2. Reduplicação ou redobro → reduplicação do elemento:

   reco-reco, papai

3. Conversão ou derivação imprópria → mudança da classe ou subclasse:

   Não penses apenas no <u>agora.</u> (de advérbio a substantivo)
   Meu amigo <u>Pereira</u> saiu. (de substantivo comum a próprio)

4. Hibridismo → elementos de línguas diferentes:

   cosmonauta (grego e latim), decímetro (latim e grego), burocracia (francês e grego)

EMPREGO DE PALAVRAS

1. Porque, por quê, porque, porquê

   a) Por que

   - Igual a "por que motivo", no início ou meio da frase:

     Por que chove tanto?

     Não sabemos por que chove tanto.

   - Igual a "pelo qual":

     É justo o ideal por que ele tanto lutou.

   b) Por quê: igual a "por que motivo", no final da frase:

   Chove tanto por quê?

   c) Porque: igual a "pois" ou "para que":

   O cachorro latiu porque escutou alguma coisa.

   Sempre me esforcei porque ela fosse feliz.

   d) Porquê: substantivo:

   Aí está o porquê de tudo.

2. Acerca de, a cerca de, há cerca de

   a) Acerca de: o mesmo que "a respeito de":

   Os jovens conversavam acerca de concursos.

   b) A cerca de: o mesmo que "a aproximadamente":

   Parei o carro a cerca de um quilômetro do lugar.

   c) Há cerca de: o mesmo que "há aproximadamente":

   Estou na firma há cerca de seis meses. (faz)

   No sítio há cerca de duzentas árvores. (existem)

3. Em princípio, a princípio

   a) Em princípio: em tese, teoricamente:

   Em princípio, todos são capazes.

   b) A princípio: no início:

   A princípio só apareceram dez candidatos.

4. Ao encontro de, de encontro a

   a) Ao encontro de: a favor:

   Isso vem ao encontro das minhas ideias.

   b) De encontro a: contrariamente:

   Isso vem de encontro às minhas ideias.

   Cuidado ao usar essas expressões. Você pode dizer o contrário do que pretende.

5. Mau, mal

   a) Mau: antônimo de bom:

      Ele não é mau colega.

   b) Mal: todos os outros casos:

      Falaram mal de você. (antônimo de bem)
      Mal cheguei, fui ao banheiro. (assim que)
      Ele mal conseguiu me ouvir. (quase não)

6. Em vez de, ao invés de

   a) Em vez de: simples substituição:

      Em vez de vinho, comprou suco.

   b) Ao invés de: oposição:

      Ao invés de trabalhar, ficou sem fazer nada.

7. Mais, mas, más

   a) Mais

      • Antônimo de menos:
        Tenho mais livros que você.

      • Ideia de tempo:
        Não lerei mais o jornal.

   b) Mas

      • O mesmo que porém:
        É inteligente, mas não se esforça.

      • Sinônimo de como:
        Não apenas nada, mas também joga tenis.

   c) Más: Antônimo de **boas**:

      Teve notas más.

8. Tampouco, tão pouco

   a) Tampouco: também não, nem:

      Não frequenta teatros, tampouco vai a cinemas.

   b) Tão pouco: advérbio de intensidade mais um pronome ou advérbio:

      Não sabíamos que ele ganhava tão pouco.

9. Sobre, sob

   a) Sobre

      • A respeito de:
        Falemos sobre coisas boas.

      • Acima de:
        O jarro está sobre a mesa.

      • Relação de dominância:
        Tem grande influência sobre os parentes.

b) Sob

- Embaixo de:
  Os chinelos estão sob a cama.
- Influenciado, envolvido:
  Estava sob uma desagradável pressão.
- Durante:
  O fato se deu sob o governo de Getúlio Vargas.
- De acordo com:
  Comprou sapatos sob medida.

CASOS POLÊMICOS

Quem faz concursos públicos pode deparar-se com situações em que os gramáticos têm opiniões diferentes. Tal discordância, na medida do possível, é evitada. Às vezes, por acidente, as bancas deixam passar alguma coisa nesse sentido, o que pode prejudicar os candidatos. O conselho é que se faça a questão por eliminação, ou seja, pula-se a alternativa polêmica e se examinam as demais: se todas estiverem certas (ou todas erradas, dependendo do que se pede), fica-se com ela.

1. MEIO

Como advérbio, em princípio, a palavra não se flexiona. Porém, para alguns bom gramáticos, isso é possível, havendo exemplos em escritores consagrados:

A mulher estava meio confusa.

A mulher estava meia confusa.

A preferência, sem dúvida, é para a primeira. Numa redação jamais flexione esse advérbio. Porém, em questões objetivas, é preferível usar o critério da eliminação, como dissemos atrás.

2. A VISTA

Como antônima de **a prazo**, a expressão, segundo grande parte dos autores, não admite o acento de crase. Contudo, há os que defendem esse acento, o que não pode ser desconsiderado pelo candidato:

Comprei a geladeira a vista.

Comprei a geladeira à vista.

3. A FACA

Tradicionalmente, as locuções adverbiais de instrumento não se usam com **a** craseado. Existem, sem dúvida alguma, opiniões contrárias, algumas levando em conta razões históricas, outras que se baseiam em possíveis ambiguidades que precisariam ser desfeitas. Parece-me preferível não empregar o acento nesse tipo de locução:

Ele foi ferido a faca.

Ele foi ferido à faca.

4. NEM UM NEM OUTRO

Em concordância verbal, costuma-se dizer que a expressão exige verbo no singular. Existem aqueles, no entanto, que creem ser possível também a concordância no plural. Deduz-se, então, que o emprego do verbo no singular é rigorosamente correto, sendo polêmico apenas seu uso no plural:

Nem um nem outro animal conseguiria fugir. (indiscutível)

Nem um nem outro animal conseguiriam fugir. (polêmico)

Nota: O substantivo que acompanha o grupo é sempre singular.

5. QUEM

Observe a frase seguinte:

Quem faz o bem é sempre feliz.

Na análise sintática, há duas posições distintas entre os principais gramáticos da língua. Para alguns, a primeira oração é subordinada substantiva subjetiva, sendo o **quem** um pronome indefinido. Parece-me a melhor análise, pois alguma coisa tem de ser o sujeito de **é**, na segunda oração. Veja: quem é sempre feliz? Quem faz o bem, que é o seu sujeito.

Preferem alguns, no entanto, desdobrar o **quem** em "aquele que", considerando esse **que** um pronome relativo e, consequentemente, adjetiva a sua oração:

[Aquele [que faz o bem] é sempre feliz.]

Oração principal: Aquele é sempre feliz.

Oração subordinada adjetiva restritiva: que faz o bem.

6. QUERO LHE FALAR

A gramática tradicional sempre considerou errado o emprego do pronome átono solto entre os dois verbos de uma locução. Atualmente, vários gramáticos (a maioria, diria eu), considera correta semelhante colocação:

Quero falar-lhe.

Quero lhe falar.

7. IMPLICAR

Significando "acarretar" ou "pressupor", é verbo transitivo direto, não devendo ser usado com objeto introduzido por **em**. Contudo, atualmente, sua regência vem sendo questionada por alguns, que já admitem o emprego dessa preposição. Mas não há dúvida de que a construção preferível, inclusive em concursos públicos, é com objeto direto:

Sua atitude implica grande desrespeito aos mais velhos. (preferível)

Sua atitude implica em grande desrespeito aos mais velhos.

8. OS LUSÍADAS PERTENCEM À LITERATURA UNIVERSAL

Quando o sujeito da oração é um nome próprio (países, cidades, obras literárias etc.) usado com artigo plural, o verbo vai ao plural, concordando com esse artigo. É, pode-se afirmar, a norma culta da língua. Alguns, hoje em dia, por sentirem oculta a palavra **livro**, admitem também o singular. Também aqui não há dúvida de que a forma ideal, normalmente cobrada em provas, é a do plural:

Os Lusíadas pertencem à literatura universal. (preferível)

Os Lusíadas pertence à literatura universal.

9. VOGAL TEMÁTICA O

Numa palavra como **livro**, a vogal átona final é considerada uma vogal temática nominal. Também o é numa palavra como **aluno**. Neste caso, no entanto, em que existe uma oposição com o feminino **aluna**, alguns consideram esse **o** final uma desinência de gênero, da mesma forma que o **a** final:

livr**o** (vogal temática, indiscutivelmente)

alun**o** (vogal temática ou desinência de gênero)

10. DESINÊNCIAS DO PRETÉRITO PERFEITO

Observe atentamente o exemplo abaixo.

compre**i**

compra**ste**

compro**u**

compra**mos**

compra**stes**

compra**ram**

Foram colocadas em negrito as desinências número-pessoais do verbo, conjugado no pretérito perfeito. Alguns gramáticos entendem que, por serem típicas desse tempo (com exceção de **-mos**, que aparece em todos os tempos), devem ser consideradas acumulativas, ou seja, ao mesmo tempo número-pessoais e modo-temporais.

11. ONDE

Observe a frase seguinte.

Moro onde houve o acidente.

Há duas orações no período, sendo a segunda iniciada pela palavra **onde**. Existem controvérsias quanto à análise da segunda oração.

a) **Onde** é um advérbio interrogativo de lugar e inicia uma oração adverbial locativa: onde houve o acidente; a primeira é a principal.

b) **Onde** é um pronome relativo com o antecedente subentendido (lugar). Assim, a frase passaria a ser *Moro no lugar onde houve o acidente*, sendo a oração do **onde** subordinada adjetiva restritiva.

Nota: O que levou alguns gramáticos a tal análise deve ter sido o fato de que a oração adverbial locativa não consta na NGB (Nomenclatura Gramatical Brasileira). Parece-me mais aceitável a primeira análise, mas a questão, como em qualquer caso polêmico, deve ser resolvida por eliminação.

12. FAZER

Veja a frase abaixo.

Faz dias que não trabalho.

Há possibilidades diferentes de análise para esse período.

a) **Que** é uma palavra expletiva, ou seja, pode ser retirada da frase sem qualquer alteração. Nesse caso, *Não trabalho* é a oração principal, e a oração *faz dias* se classifica como adverbial temporal (justaposta, por não ter conectivo).

b) **Que** é uma conjunção integrante, sendo a sua oração subordinada substantiva subjetiva (equivale a isto), e a primeira é a oração principal. Se aceitarmos tal análise, o verbo **fazer** deixará de ser impessoal, já que seu sujeito é a oração seguinte.

13. SUJEITO COM PALAVRAS SINÔNIMAS OU EM GRADAÇÃO

Tradicionalmente, quando o sujeito composto é formado por sinônimos ou palavras em gradação, o verbo fica no singular:

Paz e tranquilidade dominava o lugar.

No entanto, autores há que admitem o plural, embora não seja essa a melhor opção em um concurso público:

Paz e tranquilidade dominava o ambiente. (preferível)

Paz e tranquilidade dominavam o ambiente.

EXPLICAÇÕES ESPECIAIS

Existem dúvidas famosas, históricas, envolvendo certos fatos gramaticais. É comum em sala de aula o aluno perguntar ao professor a diferença entre conjunção causal e conjunção explicativa (porque, pois, porquanto), ou a diferença entre adjunto adnominal e complemento nominal. Você, leitor, tem aqui uma boa quantidade dessas situações. Aproveite bem.

1. PRONOME APASSIVADOR / ÍNDICE DE INDETERMINAÇÃO DO SUJEITO

A palavra **se**, quando equivale a **alguém**, pode ser pronome apassivador ou índice de indeterminação do sujeito. Importante para detectar a diferença é observar o verbo.

a) Pronome apassivador (ou partícula apassivadora)

Só aparece com verbos transitivos diretos sem preposição no complemento. Diz-se que a voz é passiva pronominal ou sintética:

Aguarda-se uma resposta.

Entende-se: alguém aguarda uma resposta e não se sabe quem. **Aguardar** é transitivo direto (aguardar alguma coisa) e **uma resposta** (que não é introduzido por preposição) é o sujeito da oração, e não o objeto direto como parece. Pode-se passar para a voz passiva analítica ou verbal: uma resposta é aguardada.

Sendo, então, **uma resposta** o sujeito da oração, se ele for ao plural, o mesmo se dará com o verbo:

Aguardam-se respostas. (respostas são aguardadas)

Veja a seguir outros exemplos, com singular e plural.

Pediu-se desculpa.

Pediram-se desculpas.

Pintou-se a parede.

Pintaram-se as paredes.

Vendia-se jornal.

Vendiam-se jornais.

Estudar-se-á a matéria.

Estudar-se-ão as matérias.

Colocar-se-ia a tabuleta.

Colocar-se-iam as tabuletas.

b) Índice de indeterminação do sujeito (ou símbolo)

Com verbos intransitivos, transitivos indiretos e de ligação. Não se admite a troca pela voz passiva analítica, como ocorre com o exemplo acima. O sujeito da oração é indeterminado:

Fala-se muito.

Gosta-se de verduras.

Ficou-se triste.

Observe que no segundo exemplo, com verbo transitivo indireto, verduras está no plural; o verbo não concorda com essa palavra pois ela é o objeto indireto, e não o sujeito. Aliás, sujeito não pode ser introduzido por preposição.

Nota: Haverá índice de indeterminação do sujeito com verbo transitivo direto, se o objeto for preposicionado:

Ama-se a Deus.

Compare com atenção as frases abaixo.

Comeu-**se** o bolo. (partícula apassivadora)

Comeu-**se** do bolo. (índice de indeterminação do sujeito)

Na primeira frase, **o bolo** é o sujeito; na segunda, temos sujeito indeterminado, sendo **do bolo** o objeto direto preposicionado.

2. CONJUNÇÃO SUBORDINATIVA CAUSAL / CONJUNÇÃO COORDENATIVA EXPLICATIVA

Eis uma dúvida clássica da língua portuguesa, que envolve as conjunções **porque**, **pois** e **que**.

a) Conjunção subordinativa causal

Quando a oração por ela iniciada corresponde à causa do que ocorre na outra oração:

O rapaz ficou feliz porque conseguiu o emprego.

Raciocine da seguinte maneira: o fato de conseguir o emprego fez com que o rapaz ficasse feliz? Sim. Então, a palavra **porque** é conjunção causal.

b) Conjunção coordenativa explicativa.

Quando a oração por ela iniciada equivale a uma simples explicação ou justificativa do que ocorre na outra oração:

A criança comeu o doce, porque sua boca está suja.

Observe que o fato de a boca estar suja não fez com que a criança comesse o doce; trata-se de uma simples explicação ou justificativa para o que se afirma na outra oração, e não a sua causa.

Nota: Se o verbo estiver no imperativo, a conjunção será sempre explicativa:

Fale logo, porque preciso sair.

3. OBJETO INDIRETO / COMPLEMENTO NOMINAL

Em certas frases, esses dois termos da oração se confundem.

a) O objeto indireto é o complemento de um verbo transitivo indireto:

Necessito de ajuda.

Necessito é verbo, portanto **de ajuda** é seu objeto indireto.

b) O complemento nominal é complemento de um nome (substantivo, adjetivo ou advérbio):

Tenho necessidade de ajuda.

Necessidade é um substantivo, portanto **de ajuda** é seu complemento nominal. Veja abaixo outros exemplos desses dois termos:

Confiava no colega. (objeto indireto)

Tinha confiança no colega. (complemento nominal)

Duvidava de sua capacidade. (objeto indireto)

Não há dúvida de sua capacidade. (complemento nominal)

4. ADJUNTO ADNOMINAL / COMPLEMENTO NOMINAL

Quando o adjunto adnominal é introduzido por preposição, pode confundir-se com o complemento nominal.

a) Substantivo concreto pede adjunto adnominal, e não complemento:

Ele comprou uma camisa de linho.

b) Adjetivo e advérbio pedem complemento nominal:

O copo estava cheio de água.

Relativamente a seu caso, não haverá problemas.

c) Se o termo não puder ser retirado da frase, por ficar ela sem sentido ou com o sentido alterado, será complemento nominal:

Tinha sede de justiça.

d) Em palavras derivadas de verbo, deve-se observar o seguinte:

- Se o termo é ativo, trata-se de adjunto adnominal:

  A explicação da criança não convenceu a mãe. (a criança explicou)

- Se o termo é passivo, trata-se de complemento nominal:

  A explicação da falta não convenceu a mãe. (a falta foi explicada)

5. ADJUNTO ADNOMINAL / PREDICATIVO DO OBJETO

Existem alguns tipos de frases em que os dois termos se confundem. Observe os dois exemplos abaixo:

Comprem uma casa bonita.

Deixem o quintal limpo.

Os adjetivos **bonita** e **limpo** ligam-se diretamente aos substantivos **casa** e **quintal**. Aparentemente, são ambos adjuntos adnominais. No entanto, isso não ocorre.

a) Se o adjetivo, ao ser deslocado para a frente, ficar ligado diretamente ao substantivo, será adjunto adnominal:

Comprem uma casa bonita. Comprem uma bonita casa.

bonita: adjunto adnominal da palavra **casa**.

b) Se o adjetivo, ao ser deslocado para a frente, ficar afastado do substantivo, será predicativo do objeto direto:

Deixem o quintal limpo.

Deixem limpo o quintal. (o artigo **o** separa as duas palavras)

limpo: predicativo do objeto direto.

6. COM NÓS, COM VÓS / CONOSCO, CONVOSCO

Ao contrário do que muita gente pensa, é correto dizer **com nós** e **com vós**. Isso ocorre quando o pronome pessoal está reforçado por palavras como **dois**, **ambos**, **mesmos**, **próprios**, **todos** etc.:

Sairão com nós mesmos. Sairão conosco.

Eles conversaram com nós dois. Eles conversaram conosco.

Quero falar com vós todos. Quero falar convosco.

7. ONDE / AONDE

a) Usa-se **onde** com verbos que exigem a preposição **em**:

Onde faremos a reunião? (fazer em)

Diga-me onde está o martelo. (estar em)

A rua onde moramos é arborizada. (morar em)

b) Usa-se **aonde** com verbos de movimento, ou seja, que exijam a preposição **a**:

Aonde levaram o cachorro? (levar a)

Não sei aonde chegaremos. (chegar a)

A rua aonde ele irá é arborizada. (ir a)

8. SUBSTANTIVO CONCRETO / SUBSTANTIVO ABSTRATO

a) Concreto

É o substantivo que designa os seres em geral e tem existência própria, independentemente de outros seres:

carro, pedra, comida, ar, luz, árvore, capim

Nota: Parte-se da ideia de que o ser existe, mesmo que seja fictício, lendário, folclórico. Assim, uma pedra não depende de ninguém ou nada para existir ou continuar a existir. São, portanto, concretos, substantivos como saci, fada, gnomo, Pato Donald etc. Também são concretos Deus, alma, espírito, fantasma etc., por representarem igualmente seres independentes.

b) Abstrato

É o substantivo que designa as qualidades, estados, ações, características; é dependente de outro, para existir:

beleza, honra, doçura, saúde, salvação

Nota: Para haver beleza, honra etc., é necessário que exista alguém que possua tais qualidades.

9. PRÉ / PRE

É compreensível a confusão que se faz entre os dois prefixos. Vejam abaixo uma relação de palavras com ambos. Vale dizer que a forma acentuada exige hífen.

a) Pré

pré-ajustar	pré-escolhido
pré-aviso	pré-fabricado
pré-conciliar	pré-formar
pré-consciente	pré-leitura
pré-contrato	pré-moldado
pré-cozido	pré-natal
pré-dissociação	pré-qualificar
pré-escolar	

b) Pre

preanunciar	predefinir
preaquecer	predeterminar
precautelar	predispor
precitado	preestabelecer
precognição	preexistir
preconceber	prefigurar
preconceito	prefloração
precondição	preopinar

10. OBJETO INDIRETO / ADJUNTO ADVERBIAL

a) O objeto indireto é um complemento verbal introduzido por preposição.

Liga-se a verbo transitivo indireto ou transitivo direto e indireto. Destituído de significação, é o ponto final da ação verbal:

> Precisamos <u>de ajudantes.</u>
> Ele resistiu <u>à tentação.</u>
> Mandei as fotos <u>ao empresário.</u>

b) O adjunto adverbial pode ligar-se a verbos transitivos, intransitivos ou de ligação. Quando introduzido por preposição, confunde-se com o objeto indireto. A diferença é que ele não completa o sentido do verbo, mas indica-lhe uma circunstância qualquer (tempo, modo, causa, concessão etc.). Assim, se a expressão tiver por si só um sentido, será adjunto adverbial:

> Ele foi <u>a Recife.</u> (lugar)
> Fiz o trabalho <u>de manhã.</u> (tempo)
> Tremia <u>de frio.</u> (causa)
> Cortou-se <u>com a faca.</u> (instrumento)
> Não vivemos <u>sem água.</u> (condição)
> Ele lavou as escadas <u>apesar da escuridão.</u> (concessão)
> Ela fica triste <u>naquela casa.</u> (lugar)

Nota: Ficar é de ligação, pois está usado com um predicativo do sujeito.

11. MAIS PEQUENO

Expressão correta. O que não se diz é <u>mais grande:</u>

O cão é mais pequeno que o cavalo. (ou menor)

O cavalo é maior que o cão. (e não mais grande)

Nota: A palavra **menor** forma graus de superioridade, por corresponder a **mais pequeno**:
A sala é <u>menor</u> que o quarto. (comparativo de superioridade)
Ele é o <u>menor</u> da turma. (superlativo relativo de superioridade)

12. OXÍTONAS / PAROXÍTONAS

Observe as regras de acentuação a seguir.

a) Oxítonas

Acentuam-se as que terminam por a(s), e(s), o(s), em, ens:
tamanduá, boné, após, vinténs

b) Paroxítonas

Acentuam-se as que terminam por l, n, r, x, i(s), us, um, uns, om, ons, ps, ã, ditongo:
éter, bônus, álbum, bíceps, sério

Um "macete" interessante para gravar as duas regras é memorizar as cinco terminações das oxítonas mostradas na letra **a**. Se a palavra for paroxítona, terá de ter uma terminação diferente delas, para ser acentuada:

folha → paroxítona terminada em **a**: sem acento, pois o **a** pertence à regra das oxítonas.

táxi → paroxítona terminada em **i**: com acento, pois o **i** não pertence à regra das oxítonas.

Como se observa, a regra das oxítonas se opõe à das paroxítonas. Cuidado apenas com os ditongos, que devem ser levados em conta, não apenas a vogal final:

lírio → paroxítona terminada por ditongo, e não pela vogal **o**.

13. COMPRÁ-LO / COMPREMO-LO

Nas formas verbais com pronome enclítico, retire o pronome e analise o verbo como uma palavra independente. Assim, temos:

a) Comprá-lo

comprá → com acento por ser oxítona terminada em **a**.

b) Compremo-lo

compremo → sem acento, por ser paroxítona terminada em **o**.

14. ADVÉRBIO DE INTENSIDADE / PRONOME INDEFINIDO

Palavras como **muito, pouco, mais, menos, bastante** etc. costumam ser classificadas, precipitadamente, como advérbios de intensidade. Veja a diferença.

a) Advérbio de intensidade

Acompanha verbo, adjetivo ou outro advérbio; é invariável:

Ele fala muito. Eles falam muito.

Ela é muito alta. Elas são muito altas.

Ele fala muito bem. Eles falam muito bem.

b) Pronome adjetivo indefinido

Acompanha substantivo, concordando com ele:

Ele tem muito dinheiro. Ele tem muita paciência.

Há muito erro. Há muitos erros.

Tenho bastante força. Tenho bastantes amigos.

Nota: **Menos** e **mais** são invariáveis:

Tenho menos dinheiro.

Tenho menos paciência.

Recebi mais ajuda.

Recebi mais livros.

15. ORAÇÕES SUBORDINADAS SUBSTANTIVAS

Maneira prática de reconhecer a oração substantiva é trocá-la por **isto**:

Sabíamos <u>que haveria dificuldades.</u> (sabíamos isto)

Necessitamos <u>de que sejam breves.</u> (necessitamos disto)

Tenho certeza <u>de que ele virá.</u> (certeza disto)

Para classificar a oração substantiva, basta classificar o pronome **isto**. Nos exemplos dados, **isto** desempenha, respectivamente, as funções de objeto direto, objeto indireto e complemento nominal. Logo, as orações substantivas sublinhadas são objetiva direta, objetiva indireta e completiva nominal.

16. CLASSES GRAMATICAIS / TERMOS DA ORAÇÃO

a) Classes gramaticais

Normalmente, a palavra, por sua natureza, pertence a uma classe gramatical, só excepcionalmente dependendo de alguma particularidade do texto. **Pedra**, por exemplo, é substantivo, não precisando de um texto em que isso se comprove; **alegre** é adjetivo; **ventar** é verbo; **de** é preposição etc. São classes gramaticais: substantivo, adjetivo, artigo, pronome, numeral, verbo, advérbio, conjunção, preposição e interjeição.

b) Termos da oração

Só podem ser definidos em função do texto. Dissemos que **pedra** é, basicamente, substantivo. Contudo, não se poderia dizer, sem a frase, que é um sujeito ou objeto direto. Isso ocorre porque, para ser sujeito, tem de haver o predicado; para ser objeto direto, a frase deverá conter um verbo transitivo direto etc.:

A pedra é bonita. (sujeito)

Achei a pedra. (objeto direto)

Gosto da pedra. (objeto indireto.

Tenho amor pela pedra. (complemento nominal)

Isso é uma pedra. (predicativo)

São termos da oração: sujeito, predicado, predicativo, objeto direto, objeto indireto, complemento nominal, agente da passiva, adjunto adnominal, adjunto adverbial, aposto e vocativo.

17. ARTIGO INDEFINIDO / NUMERAL CARDINAL

A classificação da palavra **um** (e flexões) tem trazido problema para os estudantes. Vejamos algo prático.

a) Artigo indefinido

Transmite a um substantivo uma indefinição, correspondendo ao pronome indefinido **algum**. Outra maneira de reconhecê-lo é pôr após o substantivo a palavra **qualquer**:

Um aluno te espera no pátio.

(Algum aluno te espera no pátio. Um aluno qualquer te espera no pátio.)

b) Numeral cardinal

Refere-se à quantidade de seres. Aparece frequentemente em relação a palavras como quilo, metro, litro etc., em que é nítido tal sentido:

Comprou um quilo de batatas.

Observe que não é possível a troca por **algum**, nem a introdução da palavra **qualquer**.

Nota: Também será numeral se antecedido de **só** (e sinônimos) ou houver oposição a outro numeral na frase. Voltemos, pois, ao exemplo da letra **a**:

Só um aluno te espera no pátio.

Um aluno te espera no pátio, e dois na secretaria.

Não há dúvida de que **um** é numeral nas duas frases.

18. MUDANÇA DE VOZ

Existe um cruzamento quando se passa da voz ativa para a passiva analítica. O sujeito passa a agente da passiva; o objeto direto, a sujeito; o verbo da voz ativa, para o verbo da voz passiva (verbo ser mais particípio):

Os operários construíram a varanda.
sujeito   v. voz ativa   obj. dir.

A varanda foi construída pelos operários.
sujeito   v. voz passiva   ag. da passiva

19. FUNÇÕES SINTÁTICAS DO PRONOME RELATIVO QUE

Substitua o pronome **que** pelo antecedente. A função que couber ao antecedente é a função do pronome **que**:

[O carro [que partiu] é novo].

Observe bem a oração *que partiu*. Trocando **que** por **o carro**, temos *o carro partiu*, onde **o carro** funciona como sujeito. Logo, **que** é sujeito de **partiu**.

Veja outros exemplos:

[O lápis [que usei] estava apontado]. (usei o lápis)

que → objeto direto

[A fruta [de que mais gosto] é goiaba]. (gosto da fruta)

de que → objeto indireto

[O assunto [de que tenho dúvida] é este]. (dúvida do assunto)

de que → complemento nominal

Nota: O mesmo se faz com os pronomes relativos **o qual** e **quem**, quando a frase permitir seu uso.

20. PRONOME RELATIVO CUJO

Só pode ser empregado quando equivale a um pronome possessivo. O truque é justamente trocá-lo por um possessivo. Se, após a troca, a frase estiver correta, está bem empregado o **cujo**:

[O restaurante [cujo dono é meu amigo] fica no Centro].

Diz-se *seu dono é meu amigo*; logo, está correto o emprego de **cujo**.

Veja outros exemplos:

[O jovem [cujo irmão conheci] viajou]. (conheci seu irmão)

[O homem [em cujas ideias acredito] é meu pai]. (acredito em suas ideias)

[O rio [de cujas águas precisamos] está secando]. (precisamos de suas águas)

21. ESTE / AQUELE

Pode-se usar esses pronomes para evitar repetição de dois termos. **Este** (e flexões) é usado em relação ao termo mais próximo; **aquele**, em relação ao mais afastado. Não se usa o pronome **esse**:

O cão e a vaca permaneciam no sítio. Aquele perseguia as galinhas; esta pastava tranquilamente.

Aquele → o cão

esta → a vaca

22. AGENTE DA PASSIVA NÃO EXISTE NA VOZ PASSIVA SINTÉTICA

Alguém escondeu as chaves. (voz ativa)

As chaves foram escondidas por alguém. (passiva analítica)

Esconderam-se as chaves. (passiva sintética ou pronominal)

Observe que o agente da passiva (por alguém) não pode aparecer na última frase, cujo verbo está na passiva sintética. Ou seja, seria errado dizer "Esconderam-se as chaves por alguém".

23. VERBOS DERIVADOS

Para conjugar um verbo derivado, retire o prefixo e conjugue o verbo primitivo.

Depois, reponha o prefixo. É um excelente truque de conjugação. Digamos que eu queira usar o verbo **intervir** numa determinada frase. Se houver dúvida, conjugue o primitivo (vir) e reponha o prefixo **inter-**:

Quando ele ...., tudo se ajeitará.

(Quando ele vier → quando ele intervier)

Então: Quando ele intervier, tudo se ajeitará.

Há uma grande quantidade de verbos que se derivam de outros por meio de prefixos. Só não use esse "macete com os verbos **prover** e **requerer**, que não seguem integralmente os seus primitivos" (ver e querer).

24. APAZIGUE / DILUI

A letra **e** aparece em verbos da primeira conjugação (apaziguar, averiguar, obliquar, etc.), no presente do subjuntivo; **i**, em verbos da terceira conjugação (diluir, contribuir, atribuir, arguir etc.), no presente do indicativo. A pronúncia tem confundido muita gente:

Espero que ele averigue tudo.

Ele sempre argui seus alunos.

25. PLEONASMO / ANACOLUTO

Há um tipo de pleonasmo que se confunde com o anacoluto:

A seu filho, ninguém lhe perguntaria isso.

O pronome **lhe** é um objeto indireto pleonástico, uma vez que se trata da repetição do objeto indireto, que é **A seu filho**. O "macete" é substituir o objeto indireto pleonástico pelo objeto indireto: ninguém perguntaria isso a seu filho. Veja que a troca foi perfeita, ficando a frase bem construída e lógica.

Analisemos agora o exemplo abaixo.

Seu filho, ninguém lhe perguntaria isso.

Não é possível, aqui, trocar *lhe* por *Seu filho*: ninguém perguntaria isso seu filho. Então, temos um anacoluto, e não um pleonasmo.

Outros exemplos:

A mim, tudo me parece normal. (pleonasmo)

Eu, tudo me parece normal. (anacoluto)

De meu amigo, todos gostam dele. (pleonasmo)

Meu amigo, todos gostam dele. (anacoluto)

26. VERBO DE LIGAÇÃO / VERBO INTRANSITIVO

Há um famoso grupo de verbos conhecidos como de ligação: ser, estar, parecer, ficar, continuar etc. No entanto, deve-se tomar cuidado, pois nem sempre eles recebem tal classificação, como muitos pensam. Para ser verbo de ligação, é necessária a presença de um predicativo do sujeito. Se o acompanhante for um adjunto adverbial, o verbo será intransitivo:

Eles ficaram <u>felizes.</u> (ficaram: verbo de ligação)
pred.

Eles ficaram <u>no apartamento.</u> (ficaram: verbo intransitivo)
adj. adv. lugar

27. SÍMBOLOS TÉCNICOS

As abreviaturas dos símbolos técnicos devem ser grafadas com letras minúsculas, sem ponto e s de plural, quando for o caso:

1 h, 9 h, 10 km, 20 l, 14 min, 13 cm, 80 kg

Nota: Haverá, evidentemente, o ponto se a palavra estiver encerrando um período: Ele chegou às 14 h.

28. NUMERAL ORDINAL / NUMERAL CARDINAL

a) Com relação a anos, papas, soberanos, séculos e divisões de uma obra, deve-se empregar os ordinais até **décimo** (algarismos romanos):

Ano III (terceiro)
João Paulo II (segundo)
Dom João VI (sexto)
Século X (décimo)
Capítulo IX (nono)

De 11 em diante, empregam-se os cardinais:

Século XV (quinze)
Capítulo XX (vinte)

b) Com relação a artigos de leis, decretos e portarias, deve-se empregar os ordinais até **nono** (algarismos arábicos):

Artigo 6º (sexto)
Artigo 9º (nono)

De dez em diante, usam-se os cardinais:

Artigo 10 (dez)
Artigo 13 (treze)

29. NO-LO / VO-LO

Os pronomes átonos **nos** e **vos** podem unir-se ao pronome átono **o**, dando origem a essas formas diferentes, pouco usadas na atualidade:

Eles no-lo apresentaram.

Entenda-se: eles **nos** apresentaram **o** (por exemplo, o diretor), o que nos levaria a desdobrar a frase do exemplo em Eles nos apresentaram o diretor.

30. SIGLAS

Algumas siglas são grafadas com todas as letras maiúsculas; outras, só com a inicial. Embora haja algumas exceções, pode-se entender o problema com algumas regras bem práticas.

a) Escrevem-se com maiúsculas as siglas de até 3 letras:

RJ, OAB, FGV, PUC

Nota: A sigla da Universidade de Brasília tem a segunda letra minúscula: UnB.

b) Se a sigla tiver quatro letras ou mais:

- sendo pronunciada como uma pal avra, terá apenas a inicial maiúscula:

  Anvisa, Copom, Funart, Unicamp

- se não for pronunciada como uma palavra, todas as letras serão maiúsculas:

  CNPJ, DNER, FGTS

Parte 2

TESTES

TESTES RÁPIDOS

1) Era um homem <u>dinâmico.</u>

   a) substantivo

   b) adjetivo

   c) advérbio

2) Eles falam <u>baixo.</u>

   a) adjetivo

   b) substantivo

   c) advérbio

3) O <u>bem</u> vencerá.

   a) advérbio

   b) substantivo

   c) pronome

4) Ele trouxe <u>um</u> metro de tecido.

   a) numeral cardinal

   b) artigo indefinido

   c) numeral ordinal

5) Não a quero em minha casa.

   a) pronome átono

   b) artigo definido

   c) preposição

6) Tudo que pedi ele conseguiu.

   a) demonstrativo e relativo

   b) indefinido e relativo

   c) indefinido e demonstrativo

7) Graças a você, ele está bem saudável.

   a) pronome de tratamento – advérbio de modo

   b) pronome indefinido – advérbio de intensidade

   c) pronome de tratamento – advérbio de intensidade

8) Ela conseguiu muito apoio.

   a) advérbio de intensidade

   b) adjetivo

   c) pronome adjetivo indefinido

9) Fez tudo às claras. Locução:

   a) pronominal

   b) adverbial

   c) prepositiva

10) Não posso seguir sem ajuda.

   a) preposição – substantivo

   b) advérbio – adjetivo

   c) preposição – adjetivo

11) Não diga tal coisa a ela.

   a) pronome demonstrativo – pronome pessoal oblíquo

   b) pronome demonstrativo – pronome pessoal reto

   c) pronome indefinido – pronome pessoal oblíquo

12) Onde está sua toalha?

   a) pronome interrogativo – pronome possessivo

   b) advérbio interrogativo – pronome demonstrativo

   c) advérbio interrogativo – pronome possessivo

13) Marque a frase sem advérbio.

a) Chorei muito.

b) Há bastante trabalho.

c) Além existe uma ilha.

14) Quando me viu, foi embora.

a) advérbio

b) conjunção

c) pronome

15) Tenho que sair cedo.

a) preposição acidental

b) conjunção

c) palavra expletiva

16) Aponte o substantivo concreto.

a) espírito

b) dignidade

c) paz

17) Aponte o substantivo abstrato.

a) comida

b) Deus

c) salvação

18) Erro no feminino:

a) elefante – elefoa

b) marajá – marani

c) hebreu – hebreia

19) Erro no feminino:

a) monge – monja

b) frei – freira

c) ilhéu – ilhoa

20) Erro no superlativo absoluto sintético:

a) frio – frigidíssimo

b) humilde – humílimo

c) magro – magérrimo

21) Erro no superlativo absoluto sintético:

a) nobre – nobríssimo

b) pobre – paupérrimo

c) loquaz – loquacíssimo

22) Alcateia e cáfila são coletivos de:

a) lobos – cabras

b) ilhas – camelos

c) lobos – camelos

23) Vara é coletivo de:

a) quadros

b) abelhas

c) porcos

24) Ela é a mais <u>esforçada</u> da turma. Adjetivo no grau:

a) comparativo de superioridade

b) superlativo relativo de superioridade

c) normal

25) Erro na formação do plural:

a) reptil – répteis

b) júnior – juniores

c) leãozinho – leõezinhos

26) Há erro de plural em uma palavra. Anote a alternativa.

a) balão – balões, alemão – alemães, órgão – órgãos

b) capelão – capelães, cidadão – cidadões, pagão – pagãos

c) botão – botões, tabelião – tabeliães, cristão – cristãos

27) Substantivo masculino:

a) cal

b) eclipse

c) musse

28) Substantivo feminino:

a) dó

b) milhar

c) omoplata

29) Vossa Magnificência é tratamento devido a:

a) reitores de universidades

b) cardeais

c) reis

30) Verbo regular:

a) dizer

b) pôr

c) falar

31) Verbo irregular:

a) ficar

b) colher

c) dormir

32) Verbo flexionado no imperfeito do subjuntivo:

a) berrava

b) pedissem

c) olhe

33) Verbo flexionado no futuro do pretérito:

a) dirás

b) esconderíamos

c) correra

34) O jardineiro molhava as plantas. Na voz passiva, temos a forma verbal:

a) eram molhadas

b) foram molhadas

c) são molhadas

35) Assinale a frase na voz passiva pronominal.

a) Precisa-se de comida.

b) Pede-se silêncio.

c) A grama foi aparada.

36) O menino se penteou. Voz:

a) ativa

b) passiva

c) reflexiva

37) Verbos defectivos:

a) colorir – reaver

b) precaver-se – polir

c) adequar – sorrir

38) Erro de flexão verbal:

a) Ele pole a fivela do cinto.

b) A bomba sempre estoura na minha mão.

c) Eu não cri no que disseste.

39) Erro de flexão verbal:

a) Quando ele ver o que fiz, ficará feliz.

b) Quando ele compuser a música, tocará para todos.

c) Quando ele obtiver sucesso, voltará para a empresa.

40) Flexão verbal correta:

a) Espero que você se <u>precavenha.</u>

b) Espero que você <u>mobilie</u> o apartamento.

c) Espero que você <u>compita</u> com lealdade.

41) Flexão verbal correta:

a) Não receiemos nada.

b) Ele medeia entre uma coisa e outra.

c) Ele já tinha freiado o carro.

42) PORQUE é conjunção causal em:

a) Fale alto, porque não estou ouvindo.

b) Ela chorou, porque os olhos estão vermelhos.

c) A criança ficou com medo porque a luz se apagou.

43) QUE é conjunção integrante em:

a) É bom que colaborem.

b) Que desejas aqui?

c) Perdi o livro que você me deu.

44) Erro de concordância nominal:

a) carro e carroça lentos

b) poema e crônica realista

c) bermuda, calça e camisa novos

45) Eles têm ..... paciência, por isso estão .....

a) menos – só

b) menas – sós

c) menos – sós

46) É .... a presença de todos. Permaneçamos ......

a) necessária – alerta

b) necessário – alerta

c) necessária – alertas

47) Camisas o mais escuras.........

a) possíveis

b) possível

c) possível ou possíveis

48) Os meninos eram .... o pai.

a) tal qual

b) tais quais

c) tais qual

49) .... ao requerimento, enviamos algumas certidões.

a) Anexo

b) Anexas

c) Anexos

50) Elas são as ....

a) todas-poderosas

b) todo-poderosas

c) toda-poderosas

51) Não falarei com .... pessoas.

a) quaisquer

b) qualquer

c) qualquer ou quaisquer

52) Problemas .... me impediriam. Maçã é .... para isso.

a) nenhum – bom

b) nenhuns – bom

c) nenhum – boa

53) Marque o erro de concordância nominal.

a) Animadas, a mãe a filha e o filho deram a entrevista.

b) A foto segue anexa.

c) Só os homens puderam entrar.

54) Há erro de concordância nominal em:

a) Os livros estão caros.

b) Histórias quanto possíveis bonitas.

c) Pastel e empada gostosa.

55) Não há erro de concordância nominal em:

a) É proibido a entrada.

b) Eles são tal qual a mãe.

c) Não me venha com meias palavras.

56) Há .... copos na mesa.

a) bastante

b) bastantes

c) bastante ou bastantes

57) Um e outro .... faltou. Elas estavam em........

a) funcionários – anexo

b) funcionário – anexas

c) funcionário – anexo

58) Elas .... fizeram a comida. Tenho queixas............

a) mesmas – bastante

b) mesmo – bastantes

c) mesmas – bastantes

59) Indique o erro no plural da cor.

a) blusas rosas

b) roupas abóbora

c) roupas marrons

60) Marque o erro no plural da cor.

a) camisas vermelho-escuras

b) calças verde-garrafa

c) sapatos vermelho-sangues

61) Sempre .... sonhadores. Não completa a frase:

a) existirão

b) haverão

c) surgirão

62) .... existir poucos erros. Não completa a frase:

a) Hão de

b) Pode

c) Costumam

63) Erro de concordância verbal:

a) Aconteceram coisas desagradáveis.

b) Deve haver novas informações.

c) Deve existirem dificuldades.

64) Já .... da Europa o jornalista e o músico. Completa-se a frase com:

a) retornou ou retornaram

b) apenas retornaram

c) apenas retornou

65) Ontem, ... as tarefas. Completa-se a frase com:

a) realizaram-se

b) realizou-se

c) realizaram-se ou realizou-se

66) Concordância verbal correta:

a) Dali se observava os pássaros.

b) Voltei apenas eu e ele.

c) Ainda podem haver alguns ajustes.

67) Concordância verbal errada:

a) Doaram-se os órgãos.

b) Não existiriam tantos obstáculos.

c) Já fazem alguns anos que não nos vemos.

68) Concordância verbal errada:

a) Fui eu quem gritou.

b) Fui eu que gritou.

c) Fui eu quem gritei.

69) Já .... três horas. O sino da igreja já .... sete horas.

a) deu – bateu

b) deram – bateu

c) deram – bateram

70) Os Estados Unidos .... o tratado.

a) assinaram

b) assinou

c) assinou ou assinaram

71) Minas Gerais ...... um belo estado. As Minas Gerais ...... um belo estado.

a) são – são

b) é – são

c) é – é

72) Concordância verbal errada:

a) Os Lusíadas pertencem à literatura mundial.

b) No relógio da praça, já deram oito horas.

c) Devem fazer meses que não viajo.

73) Concordância verbal correta:

a) Vendeu-se os jornais.

b) Liberou-se as verbas.

c) Procedeu-se aos exames.

74) Algum de nós .... comparecer à solenidade.

a) poderíamos

b) poderia

c) poderiam

75) Quais dentre vós .... participar?

a) desejais ou desejam

b) apenas desejais

c) apenas desejam

76) Já .... meio-dia e meia.

a) apenas era

b) apenas eram

c) era ou eram

77) Tudo ali .... novidades.

   a) seriam

   b) seria ou seriam

   c) seria

78) Concordância verbal errada:

   a) Hoje são quatro de abril.

   b) Já é uma hora e cinquenta minutos.

   c) Mais de um funcionário reclamaram.

79) Concordância verbal inadequada:

   a) Parece brotarem as plantinhas.

   b) Parecem brotar as plantinhas.

   c) Parecem brotarem as plantinhas.

80) Eu e tu .... a situação.

   a) analisarão

   b) analisaremos

   c) analisarás ou analisaremos

81) Faz-se salgadinhos. Os Sertões foram escritos por Euclides da Cunha. Não podem haver enganos. Respectivamente, a concordância verbal está:

   a) C, C, E

   b) E, E, C

   c) E, C, E

82) Aponte o verbo de ligação.

   a) Ele continuava agitado.

   b) Ele continuava no quarto.

   c) Ele continuava a caminhar.

83) O verbo FALAR é intransitivo na frase:

   a) Falei a verdade.

   b) Falei pouco.

   c) Falei com o amigo.

84) Deixei-o em casa e fui à praia. Respectivamente, os verbos são:

   a) transitivo direto – intransitivo

   b) transitivo direto – transitivo indireto

   c) intransitivo – intransitivo

85) Marque o verbo transitivo indireto.

a) Viajou de avião.

b) Tremi de medo.

c) Carecia de afeto.

86) Regência verbal incorreta:

a) Assisti o enfermo.

b) Assisti o jogo.

c) Assisti ao enfermo.

87) Regência verbal incorreta:

a) Ele aspira um ar puro.

b) Aspirávamos a paz.

c) Aspirei o perfume da rosa.

88) Pagamos ...... bicicleta. Perdoei .... empregado.

a) a – ao

b) a – o

c) à – ao

89) Prefiro o leite ...... vinho. Prefiro massa .... carne.

a) ao – a

b) ao – à

c) a – à

90) O barco procedia ...... Manaus. Ele procedeu ...... interrogatório.

a) a – ao

b) de – o

c) de – ao

91) Regência verbal incorreta:

a) Respondi o telegrama.

b) Respondemos à questão.

c) Respondi que traria o contrato.

92) Regência verbal correta:

a) Já paguei a empregada.

b) Prefiro mais estudar do que trabalhar.

c) Tua atitude implica profundo desrespeito à família.

93) Custa-me crer nisso. A frase está:

a) correta

b) errada

c) correta, mas também poderia ser "Eu custo a crer nisso".

94) Adoro a Deus. A frase está:

a) errada

b) certa, mas também poderia ser "Adoro Deus".

c) certa

95) Nós .... estimamos. Nós .... obedecemos.

a) o – o

b) o – lhe

c) lhe – lhe

96) Alguém .... percebeu as intenções.

a) o ou lhe

b) o

c) lhe

97) Frase errada, pois o verbo não poderia estar na voz passiva:

a) O filme será assistido por muita gente.

b) Seu erro foi perdoado.

c) O passaporte foi visado pelo agente.

98) Frase errada quanto à regência verbal:

a) Informei-lhe de que era muito tarde.

b) Avisei-o do perigo que corria.

c) cientifiquei-lhe que a audiência fora adiada.

99) Nós ..... chamamos ao gabinete. Nós ...... chamamos de desonesto.

a) lhe – o

b) o – lhe

c) o – lhe ou o

100) Ele presidiu ...... reunião. Ele satisfez ..... regulamento

a) a – o

b) a ou à – o ou ao

c) à – ao

101) Frase errada quanto à regência verbal:

a) Esqueci do encontro.

b) Esqueci o encontro.

c) Esqueci-me do encontro.

102) Marque a frase que não admite a variante colocada nos parênteses.

a) Assistimos ao espetáculo. (Assistimos o espetáculo.)

b) Ajudei o lojista. (Ajudei ao lojista.)

c) Nós o certificamos de que havia um erro. (Nós lhe certificamos que havia um erro.)

103) Frase errada quanto à regência:

a) O carro a que me referi é nacional.

b) A disciplina que eu gosto é História do Brasil.

c) A colega que mais estimo vai viajar.

104) O cargo ..... você aspira é muito procurado.

a) de que

b) que

c) a que

105) O homem ...... rosto não me esqueci é inocente.

a) cujo

b) a cujo

c) de cujo

106) Erro de crase:

a) Irás a fazenda de meu tio.

b) Irás a Porto Alegre.

c) Irás a muitos lugares.

107) Erro de crase:

a) Dirija-se à escola.

b) Dirija-se à alguma escola.

c) Dirija-se a cada escola.

108) Crase correta:

a) Fiz alusão a essa jovem.

b) Fiz alusão aquela jovem.

c) Fiz alusão à isto.

109) Crase correta:

a) Ele se adaptou a situação.

b) Resistimos à dor.

c) Obedeci a lei.

110) Iremos .... Dinamarca e ..... Suécia.

a) a – à

b) à – a

c) à – à

111) Iremos ..... Paraíba e ..... Santa Catarina.

a) à – a

b) a – a

c) à – à

112) Mostre o roteiro .... essa diretora e não ......

a) à – aquela

b) a – aquela

c) a – àquela

113) Erro de crase:

a) Voltaremos à uma hora.

b) Voltaremos às quatro horas.

c) Voltaremos após às quatro horas.

114) Crase correta:

a) Respondi à pergunta inteligente.

b) Respondi à uma pergunta.

c) Respondi à certa pergunta.

115) Ele irá ... nossa loja.

a) apenas a

b) a ou à

c) apenas à

116) Crase facultativa:

a) Resolvi os exercícios à tarde.

b) Dirigi a palavra à Juliana.

c) Levei-o à varanda.

117) Crase facultativa:

a) Seu organismo reagiu à doença.

b) Fiz um pedido à médica.

c) Iríamos até à fonte.

118) Fiz tudo ...... claras. Foi levado ...... força.

a) às – à

b) às – a

c) as – à

119) Estou .... frente de tudo. Temos um caminhão ..... frete.

a) à – a

b) à – à

c) a – à

120) Os adversários ficaram cara ..... cara.

a) apenas à

b) a ou à

c) apenas a

121) Quando encontrou ...... namorada, começou ...... sorrir.

a) a – à

b) a – a

c) à – a

122) Direi ...... Sua Excelência que ...... reunião será .... noite.

a) à – a – à

b) a – à – a

c) a – a – à

123) Graças ...... avó, ele conseguiu ir ...... Itália.

a) à – a

b) à – à

c) a – à

124) Já estávamos .... caminho quando me referi ...... prima de Janete.

a) a – à

b) a – a

c) à – à

125) Erro de crase:

a) Estou à disposição de todos.

b) Vamos aquela casa.

c) Encontrei a Mônica.

126) Erro de crase:

a) Comprou móveis à Luís XV.

b) Lembrei à ela que ia chover.

c) Não aludi àquilo.

127) Irei ..... Cuiabá. Irei .... quente Cuiabá.

a) a – a

b) à – à

c) a – à

128) ...... partir de agora, só farei menção ...... que está no cofre.

a) A – à

b) A – a

c) À – a

129) Erro de crase:

a) Eis a tela a que me referi ontem.

b) Encaminhe-se à de cima.

c) Ela é semelhante a que eu te mostrei.

130) Erro de crase:

a) Às vezes passeávamos por lá.

b) O carro entrou a direita.

c) Eles conversavam a respeito de futebol.

131) Erro de acentuação gráfica:

a) café

b) bambú

c) pajé

132) Erro de acentuação gráfica:

a) caquí

b) carijó

c) patuá

133) Erro de acentuação gráfica:

a) alguém

b) algum

c) apos

134) Erro de acentuação gráfica:

a) íon

b) tótens

c) bíceps

135) Acentuação gráfica correta:

a) enrêdo

b) patria

c) clímax

136) Acentuação gráfica correta:

a) cancer

b) docil

c) tênis

137) Erro de acentuação gráfica:

a) hífens

b) pólen

c) décimo

138) Monossílabo que deve levar acento gráfico:

a) le

b) me

c) lhe

139) Acentuação gráfica correta:

a) enjôo

b) aí

c) crêem

140) Acentuação gráfica correta:

a) ilheu

b) joia

c) assembléia

141) As duas palavras estão corretas quanto à acentuação gráfica:

a) juíz – graudo

b) reúne – aínda

c) rainha – baú

142) As duas palavras estão erradas quanto à acentuação gráfica:

a) alaúde – ruído

b) Piaui – feiúra

c) saírem – saírmos

143) Marque a frase com erro de acentuação.

a) Eles não têm dúvidas.

b) Ele vem cedo para casa.

c) As redações contém erros.

144) Sílaba tônica mal destacada (os acentos foram retirados):

a) prototi̲p̲o

b) necrop̲s̲i̲a̲

c) o̲m̲ega

145) Sílaba tônica mal destacada (os acentos foram retirados):

a) z̲e̲n̲ite

b) barb̲a̲r̲ie

c) c̲o̲n̲d̲or

146) Sílaba tônica mal destacada (os acentos foram retirados):

a) d̲u̲p̲lex

b) i̲n̲t̲erim

c) fila̲n̲t̲ropo

147) Tem dupla prosódia:

a) álibi

b) decano

c) projetil

148) Não tem dupla prosódia:

a) ruim

b) zangão

c) sóror

149) Não tem dupla prosódia:
   a) Oceania
   b) ímprobo
   c) acrobata

150) Frase com palavra mal acentuada:
   a) Ele para o carro ali todo mês.
   b) Márcio comprou um quartzo roseo.
   c) Antônio é jogador de polo.

151) Frase que tem palavra com acento diferencial:
   a) Você pôs a faca na gaveta.
   b) Ninguém aqui é herói.
   c) Vamos pôr o tempero na comida.

152) Erro de acentuação gráfica:
   a) partí-lo
   b) mostrá-los
   c) compô-la

153) Erro de acentuação gráfica:
   a) estuda-lo-ás
   b) vê-lo-ia
   c) enviar-te-íamos

154) Palavra que no plural perde o acento:
   a) amêndoa
   b) véu
   c) pólen

155) Palavra que no plural ganha acento:
   a) caju
   b) raiz
   c) nuvem

156) Erro de ortografia:
   a) atraso
   b) êxtase
   c) lazanha

157) Erro de ortografia:

a) através

b) balisa

c) gaze

158) Erro de ortografia:

a) graniso

b) topázio

c) vazar

159) Ortografia correta:

a) beringela

b) éjide

c) megera

160) Ortografia correta:

a) lambusar

b) artezanato

c) manjedoura

161) Ortografia correta:

a) jiboia

b) genipapo

c) lojística

162) Completa-se com X, e não CH:

a) ca...imbo

b) capi...aba

c) mo...ila

163) Completa-se com CH, e não X:

a) ...arque

b) en...oval

c) en...ada

164) Completa-se com SS, e não Ç:

a) argama...a

b) a...afrão

c) maci...o

165) Completa-se com X, e não S:

a) e...gotar

b) e...plêndido

c) e...tirpar

166) Completa-se com S, e não X:

a) e...travagante

b) mi...to

c) e...tenuar

167) Completa-se com E, e não I:

a) cas...mira

b) heterogên...o

c) crân...o

168) Completa-se com I, e não E:

a) pr...vilégio

b) ...mbutir

c) cad...ado

169) Completa-se com O, e não U:

a) b...teco

b) b...eiro

c) reb...liço

170) Completa-se com U, e não com O:

a) búss...la

b) fem...ral

c) jab...ti

171) Escreve-se sem H inicial:

a) hindu

b) homoplata

c) húmus

172) Escreve-se sem H inicial:

a) hervanário

b) histrião

c) heureca

173) Opção com erro de ortografia:

a) pretensão – soçobrar

b) efígie – caxumba

c) bazar – ogeriza

174) Opção com erro de ortografia:

a) rijeza – jaez

b) laxante – impingir

c) exdrúxulo – idiossincrasia

175) Opção com erro de ortografia:

a) côdea – expiação

b) ombridade – elucubração

c) estrambótico – tessitura

176) Opção com erro de ortografia:

a) girândola – muchocho

b) xodó – cuscuz

c) ultraje – dispêndio

177) Opção sem erro de ortografia:

a) hastear – cochicho

b) sextilha – distorsão

c) aziago – paralizia

178) Opção sem erro de ortografia:

a) gerimum – sazonar

b) agiotagem – rasura

c) analizar – jérsei

179) Opção sem erro de ortografia:

a) capuxo – insosso

b) juxtapor – passoca

c) irrequieto – burburinho

180) Opção sem erro de ortografia:

a) erisipela – tregeito

b) abiu – babaçu

c) miçanga – tijela

181) Erro de separação silábica:

a) bo-ia-da

b) au-fe-rir

c) a-breu-gra-fi-a

182) Erro de separação silábica:

a) bal-ne-á-rio

b) a-ds-tra-to

c) ab-du-zi-do

183) Erro de divisão silábica:

a) i-í-di-che

b) har-mo-nia

c) dis-so-ci-ar

184) Erro de divisão silábica:

a) goi-a-ba

b) jo-ei-rar

c) eu-ca-li-pto

185) Erro de divisão silábica:

a) trans-a-tlân-ti-co

b) felds-pa-to

c) hi-gi-e-ni-za-ção

186) Erro de divisão silábica:

a) sa-biá

b) im-pug-nar

c) zo-o-tec-nis-ta

187) Erro de divisão silábica:

a) sub-li-nhar

b) sub-se-ção

c) sub-o-fi-ci-al

188) Não admite divisão silábica a palavra:

a) rio

b) puir

c) pneu

189) As duas palavras estão com as sílabas bem separadas em:

a) mio-só-tis – su-a-vi-zas-sem

b) ex-cep-ci-o-nal – con-sump-ção

c) ptê-nio – se-re-ia

190) As duas palavras estão com as sílabas bem separadas em:

a) íg-neo – ob-je-ci-o-nar

b) su-per-a-bun-dan-te – o-o-gô-nio

c) ob-si-di-a-na – sub-li-me

191) As duas palavras estão com as sílabas mal separadas em:

a) hip-no-te-ra-pi-a – re-crei-o

b) sub-á-rea – oá-sis

c) car-dí-a-co – a-tu-á-veis

192) As duas palavras estão com as sílabas mal separadas em:

a) es-ti-o – dic-ção

b) am-né-sia – trans-al-pi-no

c) a-bi-u-zei-ro – ciu-mei-ra

193) Divisão silábica errada:

a) ju-ris-pru-dên-ci-a

b) nau-se-a-bun-do

c) cor-ro-es-sem

194) Divisão silábica errada:

a) de-si-gua-is

b) ap-nei-a

c) a-e-ros-co-pi-a

195) Divisão silábica errada:

a) ple-i-te-ar

b) ic-ti-o-fa-gi-a

c) su-ba-flu-en-te

196) Palavra errada quanto ao hífen:

a) semi-arco

b) semi-independente

c) semipronto

197) Palavra errada quanto ao hífen:

a) infrarracional

b) contra-anunciar

c) autoorganização

198) Palavra errada quanto ao hífen:

a) autopunição

b) neo-americano

c) extra-hepático

199) Palavra errada quanto ao hífen:

a) autoconhecimento

b) autosserviço

c) contra-peso

200) Palavra errada quanto ao hífen:

a) micro-ondas

b) micro-economia

c) intrauterino

201) Palavra correta quanto ao hífen:

a) supra-renal

b) supra-auricular

c) supra-partidário

202) Palavra correta quanto ao hífen:

a) neo-inglês

b) contra-atacar

c) arqui-secular

203) Palavra correta quanto ao hífen:

a) pseudo-rubi

b) arqui-inteligente

c) proto-ariano

204) Palavra correta quanto ao hífen:

a) anti-horário

b) infra-som

c) co-autor

205) Palavra correta quanto ao hífen:

a) sub-mundo

b) sub-solo

c) circum-ambiente

206) Nunca pedem hífen em português os prefixos:

a) re- e co-

b) ob- e re-

c) co- e ab-

207) Sempre pedem hífen os prefixos:

a) vice- e recém-

b) aquém- e mal-

c) vice- e ad-

208) As duas palavras estão certas quanto ao hífen em:

a) sub-base – supra-espinal

b) pseudo-ágata – além-túmulo

c) super-real – ab-rogar

209) As duas palavras estão certas quanto ao hífen em:

a) interfacial – pan-africano

b) hiper-hidrose – sobreesforço

c) semi-reta – hiper-acidez

210) As duas palavras estão erradas quanto ao hífen em:

a) mal-educado – bem-humorado

b) macro-história – ex-diretor

c) ante-projeto – infra-estrutura

211) As duas palavras estão erradas quanto ao hífen em:

a) inter-estelar – arquiavô

b) sobre-olhar – sobre-casaca

c) anti-inflamatório – anti-social

212) Frase com erro de hífen:

a) O verbo está no mais-que-perfeito.

b) A frase não tem ponto-e-vírgula.

c) Esse aposto aparece depois de dois-pontos.

213) Frase com erro de hífen:

a) Ele está no jardim-de-infância.

b) Gosto de pé de moleque.

c) Não uso cartão de crédito.

214) Frase com erro de hífen:

a) Recebi um cartão postal.

b) Ele era um sem-teto.

c) Gosto de grão-de-bico.

215) Frase com erro de hífen:

a) Não creio em mula sem cabeça.

b) As crianças brincavam de cabra-cega.

c) Use bem seu livre arbítrio.

216) Erro no emprego das letras iniciais:

a) Ele é o Presidente da república.

b) Ouviu com atenção O Guarani.

c) Amava as florestas do Leste Europeu.

217) Erro no emprego das iniciais:

a) O cientista afirmou: – Ainda há esperanças.

b) Ele morreu na guerra do Paraguai.

c) Não gostava de carnaval.

218) Erro no emprego das letras iniciais:

a) Comemorou-se ontem o Sete de Setembro.

b) O astrônomo descobriu algo sobre o planeta Urano.

c) Recebeu o prêmio Nobel de literatura.

219) Erro no emprego das letras iniciais:

a) O projeto será enviado ao senado.

b) Todos se reuniram na Páscoa.

c) Estará na exposição A Dança, de Matisse.

220) Erro no emprego das letras iniciais:

a) Conheceremos o rio Tietê.

b) Sempre lia o jornal da Tarde.

c) Encontraram-se todos no Dia das Mães.

221) Erro no emprego das letras iniciais:

a) Era competência da Federação das Indústrias.

b) Citou a lei 1020, de novembro de 2009.

c) Não entendi aquele decreto.

222) Erro no emprego das letras iniciais:

a) Sabia de cor a vida de Ivã, o terrível.

b) Visitamos a famosa Torre do Tombo.

c) Estávamos no nordeste de Pernambuco.

223) Erro no emprego das letras iniciais.

a) A família passeou na Av. Atlântica.

b) Era professor de geografia.

c) O Deputado não concorda com Vossa Senhoria.

224) Erro no emprego das letras iniciais:

a) É profundo conhecedor da Revolução Francesa.

b) Na idade média havia os trovadores e menestréis.

c) Trabalho para a Receita Federal.

225) Erro no emprego das letras iniciais:

a) Não respeitaram a Carta Magna.

b) O engarrafamento ocorreu na via Dutra.

c) Ele é jornalista da Rede Bandeirantes.

226) Não é abreviatura de apartamento:

a) aptº

b) apart.

c) ap.

227) Não é abreviatura de minuto:

a) min

b) m

c) mi

228) Abreviatura de horas:

a) h

b) hs

c) hs.

229) Abreviaturas de professor e professora, respectivamente:

a) prof⁰ – profª

b) prof. – profª

c) prof. – prof.

230) Erro na abreviatura:

a) tonelada: t

b) adjetivo: adj.

c) médico: med.

231) A abreviatura q. serve para:

a) que

b) quilo

c) quero

232) Erro na abreviatura de página:

a) p.

b) pg.

c) pág.

233) Rondônia e Roraima têm como siglas, respectivamente:

a) RO – RR

b) RD – RO

c) RR – RO

234) Há erro na sigla da opção:

a) PA: Paraná

b) AP: Amapá

c) AC: Acre

235) Há erro na sigla da opção:

a) MS: Mato Grosso do Sul

b) MT: Mato Grosso

c) TC: Tocantins

236) A sigla INSS quer dizer:

a) Instituto Nacional de Seguridade Social

b) Instituto Nacional do Seguro Social

c) Instituto Nacional de Seguro Social

237) A sigla CNPJ significa:

a) Cadastro Nacional de Pessoas Jurídicas

b) Cartão Nacional de Pessoas Jurídicas

c) Cadastro Nacional das Pessoas Jurídicas

238) A sigla Funai significa:

a) Federação Nacional do Índio

b) Fundação Nacional dos Índios

c) Fundação Nacional do Índio

239) Erro na identificação da sigla:

a) Petrobras: Petróleo Brasileiro S.A.

b) CIC: Cartão de Inscrição do Contribuinte

c) Detran: Diretório Estadual de Trânsito

240) Erro na identificação da sigla:

a) Copom: Comissão de Política Monetária

b) Anatel: Agência Nacional de Telecomunicações

c) IBGE: Fundação Instituto Brasileiro de Geografia e Estatística

241) São homônimos homófonos:

a) médico – medico

b) taxa – tacha

c) manga – manga

242) São parônimos:

a) imigrar – emigrar

b) chá – xá

c) cozer – coser

243) Fez a ...... da sala. Era uma ...... de diretoria.

a) descrição – seção

b) discrição – sessão

c) descrição – sessão

244) Tomei uma taça de .... Devemos ...... bem os alimentos.

a) sidra – cozer

b) cidra – cozer

c) sidra – coser

245) Na atual ......, isso é impossível. Sua doença é ....

a) conjuntura – incipiente

b) conjetura – incipiente

c) conjuntura – insipiente

246) Tudo me passou .... Ele foi preso em ....

a) desapercebido – flagrante

b) despercebido – fragrante

c) despercebido – flagrante

247) Consegui um ...... de segurança. Sua ...... na cidade foi agradável:

a) mandato – estada

b) mandado – estada

c) mandado – estadia

248) Já .... todo o trigo. Haverá um grande .... neste ano.

a) cegaram – censo

b) segaram – senso

c) segaram – censo

249) Chegamos no tempo .... Caixa d'água tem ....

a) asado – apóstrofe

b) azado – apóstrofo

c) azado – apóstrofe

250) Ganhamos uma quantia .... Não se deve .... as leis.

a) vultosa – infringir

b) vultuosa – infringir

c) vultosa – infligir

251) Você é um cidadão .... Após a batida, o barco começou a ....

a) iminente – imergir

b) eminente – imergir

c) eminente – emergir

252) Renderam-lhe um ...... de gratidão. Terminei o .... da máquina.

a) preito – concerto

b) preito – conserto

c) pleito – conserto

253) O carro sumiu na .... Vamos .... os maus políticos.

a) cerração – assuar

b) cerração – assoar

c) serração – assuar

254) Mesmo campo semântico:

a) abacate – uva

b) capim – madeira

c) longo – comprido

255) Mesmo campo semântico:

a) água – televisão

b) bola – boneca

c) folha – relógio

256) Na vida, encontramos inúmeras barreiras. O progresso sempre chega.

a) denotação – conotação

b) conotação – conotação

c) conotação – denotação

257) Desesperado, perdeu a cabeça. Aquilo virou um elefante branco.

a) conotação – conotação

b) conotação – denotação

c) denotação – denotação

258) Ela tem mãos de veludo. Toda criança é uma joia.

a) conotação – denotação

b) denotação – denotação

c) conotação – conotação.

259) Palavras com vários significados são exemplo de:

a) polissemia

b) denotação

c) conotação

260) Era o limiar do século XX:

a) meio

b) início

c) fim

261) Isso não é <u>relevante:</u>

a) agradável

b) importante

c) honesto

262) Vivia com muita <u>fartura:</u>

a) celeuma

b) discrepância

c) abastança

263) Gostava daquelas histórias <u>primevas:</u>

a) antigas

b) bonitas

c) ingênuas

264) Deixou uma marca <u>indelével:</u>

a) profunda

b) muito feia

c) inapagável

265) Sempre se mostrou <u>indolente:</u>

a) desonesto

b) preguiçoso

c) insensível

266) Queria uma atividade <u>lúdica:</u>

a) filosófica

b) referente a divertimentos

c) rentável

267) Aquilo não passava de um <u>bosquejo:</u>

a) rascunho

b) bosque pequeno

c) pintura sem valor

268) Não gostei daquela <u>moção:</u>

a) proposta

b) opinião

c) análise

269) Não aceito <u>vitupérios.</u>

a) subornos

b) insultos

c) traições

270) Tomou um líquido <u>deletério.</u>

a) muito azedo

b) nojento

c) nocivo

271) Erro de colocação pronominal:

a) Me perguntaram isso.

b) Já me perguntaram isso.

c) Ninguém me perguntou isso.

272) Na frase: "Quando nos viram, esconderam-se." há:

a) um erro de colocação

b) nenhum erro de colocação

c) dois erros de colocação

273) A colocação pronominal em "Sei que lhe devo algo":

a) está certa

b) está errada

c) está certa, mas poderia ser "que devo-lhe"

274) A colocação pronominal da frase "Havia-lhe dito a verdade":

a) está errada

b) está certa

c) está certa, mas poderia ser "Lhe havia"

275) Nunca te vi. Alguém chamou-me. Quanto à colocação pronominal:

a) só a primeira está certa

b) as duas estão certas

c) as duas estão erradas

276) Pedro, se levante! Errei, a deixando triste. Quanto à colocação pronominal:

a) só a primeira está certa

b) só a segunda está certa

c) nenhuma está certa

277) Erro de colocação pronominal:

a) Quem nos chamou?

b) Depois do almoço, contaram-lhe a verdade.

c) Fiz tudo como pediram-me.

278) Erro de colocação pronominal:

a) Não quero-lhe explicar.

b) Não lhe quero explicar.

c) Não quero explicar-lhe.

279) Erro de colocação pronominal:

a) Deus acompanhe-te!

b) Quero-te comigo.

c) Estou estudando-o.

280) Erro de colocação pronominal:

a) Tudo se resolve.

b) Em falando-se nisso, tome cuidado.

c) Falando-se nisso, tome cuidado.

281) A frase que admite outra colocação pronominal é:

a) Deixei-a no colégio.

b) Não o perturbe.

c) Ele me avisou.

282) A frase que admite outra colocação pronominal é:

a) Todos se afastaram.

b) Andei pouco, porém me cansei.

c) Carlos, conte-me tudo.

283) Há erro de colocação pronominal em:

a) Temo-nos esforçado.

b) Direi-te o que ocorreu.

c) Costumo enviar-lhe os recibos.

284) Única frase em que não é possível a ênclise:

a) Vê-lo-ei mais tarde.

b) Isso me agradou.

c) Eu me aproximei.

285) Única frase em que a mesóclise não é possível:

a) Nunca te farei algo assim.

b) Nós o entrevistaremos.

c) Ele me apresentará o amigo.

286) Erro de vírgula:

a) Depois de amanhã, acontecerá o festival.

b) Márcio, já cheguei.

c) Nasceu ontem, o meu sobrinho.

287) Erro de vírgula:

a) Corri, mas não cheguei a tempo.

b) Todos queriam, que se fizesse silêncio.

c) Fui para casa quando anoiteceu.

288) Erro de vírgula:

a) Como ia chover, peguei o guarda-chuva.

b) Ele abriu um farmácia, ou melhor uma clínica.

c) Ande depressa, que a tempestade está chegando.

289) Pontuação errada:

a) Quem faria uma coisa dessas!

b) Só quero algo: sua amizade.

c) Conforme lhe disse, há testemunhas.

290) Ele se perdeu, porém manteve-se calmo. Variante errada da frase:

a) Ele se perdeu; porém, manteve-se calmo.

b) Ele se perdeu; manteve-se, porém, calmo.

c) Ele se perdeu, porém, manteve-se calmo.

291) Sobre a frase "Ontem, Orlando, vizinho da esquerda, aparou a grama." É correto dizer:

a) A vírgula depois de **ontem** pode ser retirada.

b) Há um erro de pontuação.

c) A vírgula após **Orlando** pode ser retirada.

292) Erro de pontuação:

a) Cuidado com o buraco.

b) Um sentimento – amor – está faltando no mundo.

c) Puxa! Você ainda não entendeu?!

293) Ponto e vírgula bem empregado:

a) Comprei lápis, canetas; e cadernos.

b) Comprei lápis e canetas; ele, cadernos.

c) Comprei lápis; canetas e cadernos.

294) Vírgula errada antes de QUE:

a) Encontrei o Rodrigo, que perguntou por você.

b) É evidente, que ele não gostou.

c) Estude mais, que você conseguirá.

295) Os meninos felizes jogavam bola. Variante errada da frase:

a) Os meninos, felizes, jogavam bola.

b) Felizes, os meninos jogavam bola.

c) Os meninos felizes, jogavam bola.

296) Margarida, a enfermeira, vai depois atendê-lo. Variante errada da frase:

a) Margarida a enfermeira vai depois atendê-lo.

b) Margarida, a enfermeira vai depois atendê-lo.

c) Margarida, a enfermeira, vai, depois, atendê-lo.

297) Não diga isso, meu amor! Variante correta da frase:

a) Meu amor não diga isso!

b) Meu amor, não diga isso!

c) Não diga, isso, meu amor!

298) O jogador disse que sem conjunto é impossível vencer. Variante correta da frase:

a) O jogador disse, que sem conjunto, é impossível vencer.

b) O jogador disse que sem conjunto, é impossível vencer.

c) O jogador disse que, sem conjunto, é impossível vencer.

299) Erro de pontuação:

a) É bom que venham todos.

b) O bom é que venham todos.

c) O bom é que venham, todos.

300) Erro de pontuação:

a) Paulo saiu e, descontraído foi ao cinema.

b) Paulo saiu e, descontraído, foi ao cinema.

c) Paulo saiu, e Jorge, descontraído, ficou em casa.

301) Comprou-se o bolo:

a) objeto direto

b) predicativo

c) sujeito

302) A árvore foi plantada pelo agricultor.

a) sujeito

b) agente da passiva

c) objeto indireto

303) Tenho confiança nele.

a) objeto indireto

b) complemento nominal

c) predicativo

304) Manuel pintou um belo quadro.

a) objeto direto

b) aposto

c) adjunto adverbial

305) Eu lhe agradeço, amigo:

a) objeto indireto – sujeito

b) objeto indireto – vocativo

c) complemento nominal – vocativo

306) Isso lhe será bastante útil:

a) complemento nominal – predicativo do sujeito

b) objeto indireto – adjunto adnominal

c) objeto indireto – predicativo do sujeito

307) Há muito vinho na adega.

a) adjunto adverbial de intensidade – objeto indireto

b) adjunto adnominal – adjunto adverbial de lugar

c) adjunto adverbial de intensidade – adjunto adverbial de lugar

308) Exemplo de sujeito indeterminado:

a) Ventou muito ontem.

b) Ouviu-se música.

c) Comeu-se do bolo.

309) Exemplo de sujeito simples:
a) Estamos em casa.
b) Explicaram tudo para mim.
c) Saímos eu e ela.

310) Lúcia está esperançosa. Predicado:
a) verbal
b) verbo-nominal
c) nominal

311) Lúcia está no jardim. Predicado:
a) verbal
b) nominal
c) verbo-nominal

312) Adjunto adnominal, e não complemento nominal:
a) A invenção do sábio nos ajudou muito.
b) A invenção do celular no ajudou muito.
c) Não se esqueça da invenção do rádio.

313) Complemento nominal, e não adjunto adnominal:
a) Vá à venda da esquina.
b) Aquela é a venda do meu cunhado.
c) Com a venda da casa pagarei as dívidas.

314) Seu gesto deixou a mãe alegre.
a) adjunto adverbial de modo
b) predicativo do objeto direto
c) adjunto adnominal

315) Só espero uma coisa: a tua aprovação.
a) aposto explicativo
b) aposto resumitivo
c) objeto direto

316) Ficou pobre com a crise. Adjunto adverbial de:
a) modo
b) causa
c) tempo

317) <u>Apesar do calor</u>, colocou o paletó. Adjunto adverbial de:

a) condição

b) concessão

c) instrumento

318) Conversaremos <u>por telefone.</u> Adjunto adverbial de:

a) modo

b) instrumento

c) meio

319) Agi <u>de acordo com as ordens.</u> Adjunto adverbial de:

a) fim

b) condição

c) conformidade

320) Girassol era a flor <u>que</u> ele cultivava.

a) sujeito

b) objeto direto

c) predicativo

321) O bairro <u>em que</u> nasci tem belas cachoeiras.

a) adjunto adverbial

b) objeto indireto

c) complemento nominal

322) A prova <u>de que</u> ele tinha medo foi fácil.

a) agente da passiva

b) complemento nominal

c) objeto indireto

323) O trem <u>que</u> partiu está lotado.

a) sujeito

b) adjunto adnominal

c) objeto direto

324) O rio <u>Negro</u> é navegável.

a) adjunto adnominal

b) complemento nominal

c) aposto apelativo

325) Frase sem objeto direto:

a) Nasceu uma flor.

b) Quero a salada.

c) Tudo que peço é paciência.

326) Frase sem adjunto adnominal:

a) Brincava com o macaco.

b) Esse lago é profundo.

c) Comprei verduras e legumes.

327) Frase sem agente da passiva:

a) Era amado de todos.

b) Fui visto pelo vigia.

c) Temos conversado por carta.

328) Frase sem complemento nominal:

a) Tinha certeza da resposta.

b) Peguei a panela de barro.

c) Nossa ida ao Japão foi adiada.

329) Frase sem predicativo:

a) Sou esforçado.

b) Chamei-o de tolo.

c) O bom trabalhador será promovido.

330) Frase sem vocativo:

a) Mário, o carteiro, faltou hoje.

b) Mário, o carteiro faltou hoje.

c) O carteiro faltou hoje, Mário.

331) Oração absoluta:

a) Quero que saiam.

b) Amanhã, iremos todos ao circo.

c) Li, mas não entendi.

332) Sem oração coordenada:

a) Sorrimos quando ela apareceu.

b) Estudei, portanto estou preparado.

c) Apareceu e foi para o quarto.

333) Sem oração subordinada:

a) Ou participa, ou vai embora.

b) Veja se ele está bem.

c) Mandei o jogo que você encomendou.

334) Foi ao baile, todavia não dançou. Oração coordenada sindética:

a) alternativa

b) adversativa

c) aditiva

335) Mostre serviço, pois o chefe vem aí. Oração coordenada sindética:

a) adversativa

b) conclusiva

c) explicativa

336) Caminhou a noite toda: chegou, pois, cansado. Oração coordenada sindética:

a) conclusiva

b) aditiva

c) explicativa

337) Sem oração adjetiva:

a) Leve o pano que ele lavou.

b) A mulher de quem falamos vai ajudar.

c) Não sei quem está na sala.

338) Oração subordinada adjetiva restritiva:

a) Diga-me onde devo ficar.

b) Cheguei à praça onde existe um chafariz.

c) Jaime, que estava lá, pode responder.

339) Oração subordinada adjetiva explicativa:

a) Todos que aqui estão poderão entrar.

b) Meu avô, cujo livro é um sucesso, foi homenageado.

c) A árvore que plantei é uma mangueira.

340) Trabalhou como determinaram. Oração subordinada adverbial:

a) conformativa

b) causal

c) comparativa

341) <u>Caso permitam,</u> apresentarei uma proposta. Oração subordinada adverbial:

a) final

b) causal

c) condicional

342) <u>Enquanto o filho estudava,</u> o pai lia o jornal. Oração subordinada adverbial:

a) proporcional

b) temporal

c) comparativa

343) <u>Como tinha boa vontade,</u> foi elogiado. Oração subordinada adverbial:

a) conformativa

b) causal

c) condicional

344) Comprou nova geladeira, <u>para que a mulher se alegrasse.</u> Oração subordinada adverbial:

a) proporcional

b) final

c) conformativa

345) Oração subordinada adverbial consecutiva:

a) Estava tão fraco <u>que desmaiou.</u>

b) <u>Sem que te esforces,</u> nada será possível.

c) <u>Assim que cheguei,</u> ele falou comigo.

346) Oração subordinada adverbial comparativa:

a) Correu tanto <u>que tropeçou.</u>

b) Era alto <u>como o pai dizia.</u>

c) Fala tanto <u>quanto a irmã.</u>

347) Parece <u>que vai chover.</u> Oração subordinada substantiva:

a) predicativa

b) objetiva direta

c) subjetiva

348) Espera-se <u>que ele não recue.</u> Oração subordinada substantiva:

a) subjetiva

b) objetiva direta

c) apositiva

349) Gosto de que me expliquem as coisas. Oração subordinada substantiva:

a) completiva nominal

b) objetiva indireta

c) apositiva

350) O correto será que façam uma lista. Oração subordinada substantiva:

a) predicativa

b) subjetiva

c) objetiva direta

351) Oração subordinada substantiva objetiva direta:

a) A verdade é que ele fracassou.

b) É importante que façam perguntas.

c) Sabíamos que ele seria readmitido.

352) Oração principal:

a) A noite chegou, e o ônibus não apareceu.

b) Gritou porque teve medo.

c) Mal despertei, o telefone tocou.

353) Não é oração substantiva apositiva:

a) Sei isto: que não voltarei aqui.

b) Camões, que escreveu Os Lusíadas, era português.

c) Uma ideia, que se usassem máscaras, não me saía da cabeça.

354) Oração reduzida com valor de condição:

a) Treinando mais, eles teriam vencido.

b) É necessário colaborar.

c) Terminada a prova, a turma se retirou.

355) Oração reduzida com valor de finalidade:

a) Ela saiu para falar ao telefone.

b) Encontrei um menino jogando bola.

c) Ao sair, feche a porta.

356) Oração reduzida com valor de causa:

a) Mandou sair o aluno.

b) Brincando, você perdeu o emprego.

c) Deixei cair o pincel.

357) Oração reduzida com valor de concessão:

a) Depois de ler, ficou mais animado.

b) Sem ser ousado, não conseguirá a vaga.

c) Mesmo se alimentando bem, não engordava.

358) Pesquisou bem o assunto, logo está capacitado. Oração:

a) principal

b) coordenada assindética

c) absoluta

359) Quanto mais se dedica, mais progride. Oração:

a) coordenada desenvolvida

b) subordinada desenvolvida

c) subordinada reduzida

360) Análise correta:

a) Consta que ele se demitiu. (subordinada substantiva subjetiva)

b) Era tamanho seu medo, que perdeu a voz. (subordinada adverbial causal)

c) Ora corria, ora pulava. (coordenada sindética aditiva)

361) Quando um texto se baseia no fato, diz-se que se trata de uma:

a) descrição

b) dissertação

c) narração

362) Introdução, desenvolvimento e conclusão são partes de uma:

a) narração

b) descrição

c) dissertação

363) As árvores, secas, não tinham frutos, e o chão era feito de um barro bastante vermelho e brilhante. Exemplo de:

a) descrição

b) narração

c) dissertação

364) A vida é simples e bela; as pessoas, no entanto, complicam-na com atitudes mesquinhas e irresponsáveis. Exemplo de:

a) narração

b) dissertação

c) descrição

365) A presença de um narrador-personagem é percebida:

a) pela linguagem em primeira pessoa

b) pela ausência do ambiente

c) pela ausência de diálogos

366) Henrique disse ao pai: – Preciso ficar aqui. A perfeita mudança para o discurso indireto é:

a) Henrique disse ao pai que precisava ficar ali.

b) Henrique disse ao pai que precisara ficar aqui.

c) – Preciso ficar aqui, disse Henrique ao pai.

367) À tarde, Mariana e Carla foram a Botafogo para pegar o carro, que tinham deixado numa oficina. Exemplo de:

a) dissertação

b) descrição

c) narração

368) Ela só ficará feliz com ......: a aprovação do filho.

a) isso

b) isto

c) aquilo

369) Júlia e Rodrigo estavam no quintal. .... regava as plantas; .... colhia as frutas.

a) aquele – esta

b) aquela – este

c) essa – este

370) Porquanto chovesse muito, os amigos foram à praia. É correto afirmar:

a) Frase perfeita, mas pode-se trocar "Porquanto" por "Embora".

b) Frase coerente, mas sem coesão textual.

c) Faltam coesão textual e coerência; deve-se trocar "Porquanto" por "Conquanto".

371) Minha filha é um anjo.

a) eufemismo

b) metáfora

c) metonímia

372) As lágrimas lhe inundavam as faces.

a) prosopopeia

b) antítese

c) hipérbole

373) Ele é pouco educado.

a) eufemismo

b) metáfora

c) silepse

374) Pisava a grama com seus pés delicados.

a) pleonasmo

b) hipérbole

c) catacrese

375) As estrelas sorriam na amplidão do espaço.

a) hipérbole

b) prosopopeia

c) hipérbato

376) Sempre estudei Fernando Pessoa.

a) metáfora

b) hipálage

c) metonímia

377) Coçava a barriga da perna.

a) eufemismo

b) prosopopeia

c) catacrese

378) Se pudesse, eu comprava aquele carro.

a) pleonasmo

b) enálage

c) perífrase

379) Buscava as luzes, mas vivia nas trevas.

a) antítese

b) hipérbato

c) anacoluto

380) Vossa Senhoria é magnânimo.

a) anástrofe

b) silepse de gênero

c) silepse de pessoa

381) Eu, não me preocupam essas coisas.

a) pleonasmo

b) anacoluto

c) eufemismo

382) Naquela época, ele chorava lágrimas de sangue.

a) metonímia e hipérbole

b) anástrofe e hipálage

c) pleonasmo e hipérbole

383) Meus pais amados, vocês são um tesouro.

a) apóstrofe e metáfora

b) prosopopeia e antítese

c) silepse e metáfora

384) Ouvimos um som colorido.

a) sinestesia

b) metáfora

c) metonímia

385) Saiu com a irmã, fez compras, foi ao cinema.

a) anacoluto

b) assindeto

c) perífrase

386) As crianças brincaram, e gritaram, e correram pela praça.

a) silepse

b) hipérbole

c) polissíndeto

387) Observava o voo negro dos urubus.

a) apóstrofe

b) hipálage

c) pleonasmo

388) Apertei as maçãs de seu rosto.

a) anástrofe

b) catacrese

c) metáfora

389) A ti, ninguém te diria isso.

a) pleonasmo

b) assíndeto

c) anacoluto

390) Visitei a Veneza brasileira.

a) perífrase

b) silepse

c) eufemismo

391) Ninguém sabe .... ele fugiu.

a) porque

b) por quê

c) por que

392) Ele fugiu ....?

a) porquê

b) por quê

c) por que

393) Não me disseram o ....

a) por quê

b) porquê

c) porque

394) Fez tudo às pressas .... o neto pudesse matricular-se.

a) porque

b) por que

c) por quê

395) .... você está sujo? Fui repreendido, mas não sei ....

a) Porque – por quê

b) Por que – por quê

c) Por que – por que

396) .... de amendoim, comprou nozes.

a) Em vez de

b) Ao invés de

c) Em vez de ou Ao invés de

397) O ...... funcionário comprou sapatos .... medida.

a) mau – sob

b) mau – sobre

c) mal – sob

398) .... a influência do Congresso, falaram .... o problema.

a) Sobre – sobre

b) Sob – sob

c) Sob – sobre

399) Não eram pessoas ...., ... incomodavam a todos.

a) más – mais

b) más – mas

c) mais – mas

400) Não lê, ... escreve; por isso, vive ..... grande tensão.

a) tampouco – sob

b) tão pouco – sob

c) tampouco – sobre

401) .... recebe ...., não consegue viajar.

a) Por que – tão pouco

b) Porque – tampouco

c) Porque – tão pouco

402) .... não há diferença entre as pessoas. Talvez alguém saiba dizer ..... .

a) A princípio – por que

b) Em princípio – por que

c) Em princípio – por quê

403) Estava .... vinte quilômetros.

a) a cerca de

b) acerca de

c) há cerca de

404) Todos falavam .... um grande furação.

a) acerca de

b) há cerca de

c) a cerca de

405) Estávamos na cidade .... dois anos.

a) a cerca de

b) há cerca de

c) a cerca de

406) .... forte neblina, o carro foi .... muro.

a) Sob – de encontro ao

b) Sob – ao encontro do

c) Sobre – de encontro ao muro

407) .... estudar, ficava .... o telhado, soltando pipa.

a) Em vez de – sobre

b) Ao invés de – sobre

c) Ao invés de – sob

408) .... terminou a chuva, saí, ... tinha um compromisso.

a) Mau – porque

b) Mal – por que

c) Mal – porque

409) Palavra em que se sublinhou o radical:

a) <u>comi</u>da

b) <u>casa</u>ssem

c) <u>fizer</u>am

410) Palavra sem afixo:

a) impor

b) árvore

c) amor

411) Separação mórfica correta de DEDICAÇÃO:

a) dedic/a/ção

b) de/dica/ção

c) dedic/ação

412) Palavra sem vogal temática:

a) doce

b) angu

c) rolha

413) Palavra sem vogal temática:

a) liguemos

b) soltavam

c) sorrias

414) Amava, falemos. Respectivamente, desinências:

a) número-pessoal – modo-temporal

b) modo-temporal – número pessoal

c) número-pessoal – número-pessoal

415) Palavra sem desinência nominal:

a) bondosamente

b) camas

c) orquídea

416) Boquiaberto, cobrissem. Respectivamente:

a) vogal de ligação – vogal temática

b) vogal de ligação – vogal de ligação

c) vogal temática – vogal temática

417) Tempo que não possui vogal temática:

a) presente do subjuntivo

b) pretérito perfeito

c) presente do indicativo

418) Elemento destacado não é um sufixo:

a) ossudo

b) laranjal

c) facilidade

419) Tempo sem desinência modo-temporal:

a) futuro do presente

b) presente do indicativo

c) futuro do subjuntivo

420) Consoante de ligação:

a) cafezal

b) cozimento

c) cruzeiro

421) Palavra com alomorfe do radical:

a) florzinha

b) cheiroso

c) ferocíssimo

422) Palavra com alomorfe da vogal temática:

a) salvamento

b) pusermos

c) voltou

423) Palavra com dois prefixos:

a) infelicidade

b) recompor

c) enlatar

424) Palavra com dois sufixos:

a) arbusto

b) tristemente

c) embelezamento

425) Em <u>descrença,</u> existem:

a) um prefixo e um sufixo

b) um prefixo

c) um sufixo

426) Palavra formada por prefixação:

a) recreio

b) rever

c) recado

427) Palavra formada por sufixação:

a) dormitório

b) anormal

c) canal

428) Palavra formada por prefixação e sufixação:

a) estrutural

b) escurecer

c) ilegalidade

429) Palavra formada por parassíntese:

a) infelizmente

b) amolecer

c) paulada

430) Cabisbaixo, pernalta.

Respectivamente, palavras compostas por:

a) aglutinação – justaposição

b) aglutinação – aglutinação

c) justaposição – aglutinação

431) Palavra primitiva:

a) marinho

b) deter

c) neblina

432) Estava lindo o <u>entardecer:</u>

a) conversão

b) hibridismo

c) derivação regressiva

433) Palavra híbrida é aquela que:

a) se forma com elementos de línguas diferentes

b) tem mais de dois afixos

c) não tem radical

434) A <u>luta</u> foi muito grande.

a) derivação imprópria

b) derivação regressiva

c) reduplicação

435) Mandachuva, petróleo.

Respectivamente, palavras:

a) composta por justaposição – composta por justaposição

b) composta por justaposição – composta por aglutinação

c) composta por aglutinação – derivada por sufixação

436) Mudança da classe gramatical de uma palavra:

a) conversão

b) parassíntese

c) derivação regressiva

437) Jogo <u>pingue-pongue.</u> O <u>combate</u> foi proveitoso.

a) justaposição – conversão

b) justaposição – prefixação

c) redobro – derivação deverbal

438) Exemplo de hibridismo:

a) biologia

b) decímetro

c) piscívoro

439) Exemplo de parassíntese:

a) enjaular

b) impossível

c) motivação

440) Exemplo de justaposição:

a) pernilongo

b) embora

c) girassol

441) Erro gramatical:

a) Assistimos a novela.

b) Ele gosta de jiló.

c) É fácil inscrever-se.

442) Erro gramatical:

a) É uma hora e trinta minutos.

b) Namorei com Luciana.

c) O voo será amanhã.

443) Erro gramatical:

a) Houve protestos.

b) Já deu três horas.

c) O grama custa cinquenta reais.

444) Erro gramatical:

a) Irei à Suécia.

b) Fi-lo sair cedo.

c) Me faça um favor.

445) Erro gramatical:

a) Comprei um apartamento dúplex.

b) Já fizeram a necrópsia.

c) Dão-se aulas.

446) Erro gramatical:

a) Fiz um auto-retrato.

b) Eis um protótipo.

c) Tudo passou despercebido.

447) Erro gramatical:

a) Faça um texto suscinto.

b) O relógio está parado.

c) Um e outro turista aceitou a proposta.

448) Erro gramatical:

a) Ele tem um bom álibi.

b) Perdoei a dívida ao amigo.

c) Apresento-lhe o co-autor.

449) Erro gramatical:

a) Tenho casa e apartamento novo.

b) Gestos que convêm não fazer.

c) É uma questão de infraestrutura.

450) Erro gramatical:

a) Não quero privilégio algum.

b) O juiz e a juíza compareceram ao fórum.

c) Não esqueci de você, amigo.

451) Frase correta:

a) Esta flor se chama azálea.

b) Não haverão transtornos.

c) Alguém chamou-nos.

452) Frase correta:

a) Estávamos frente à frente.

b) Consegui um mandado de busca.

c) Café e leite pretos.

453) Frase correta:

a) Carlos, João e José, justificaram as faltas.

b) Quando revir as provas, acharei o erro.

c) Chegarei na cidade à noite.

454) Frase correta:

a) Prefiro mil vezes aquele professor.

b) Comprei lêvedo na padaria.

c) Espero que mobiliem a casa.

455) Frase correta:

a) Irei a França em janeiro.

b) Se lhe convir, traga um advogado.

c) Gosto de cangica.

456) Frase correta:

a) Traga sua bússula, por favor.

b) É proibido a conversa.

c) Hoje são dez de agosto.

457) Frase correta:

a) Pessoas o mais sérias possível.

b) Não como vajem.

c) Édson venha correndo.

458) Frase correta:

a) É bom que todos se precavenham.

b) Encontrei ali um mendingo.

c) Avisamos-lhe que havia muito risco.

459) Frase correta:

a) Só tenho trazido-lhe aborrecimentos.

b) Era feito de latex.

c) Sou um dos que mais reclama.

460) Frase correta:

a) Este é o poema de que lhe falei.

b) Fazem dias que não saio.

c) Percorri, naqueles dias mais de dez quilômetros.

461) Erro de divisão silábica:

a) tun-gs-tê-nio

b) a-e-ros-sol

c) of-tal-mo-lo-gi-a

462) Falta uma vírgula na frase:

a) Quis fazer-lhe uma surpresa.

b) Gritavam muito o que nos deixou impressionados.

c) Sou carioca ou melhor fluminense.

463) Ele já está .... Nossa .... na fazenda não será esquecida.

a) atrasado – estadia

b) atrazado – estada

c) atrasado – estada

464) Na .... encontrei um amigo. .... tu e ele.

a) assembleia – chegaste

b) assembléia – chegaram

c) assembleia – chegou

465) Erro de hífen:

a) contraindicado

b) micro-região

c) reeditar

466) Aposto resumitivo:

a) Dinheiro, fama, glória <u>tudo</u> fica para trás.

b) É revoltado, <u>fato</u> que o prejudicou na empresa.

c) A tia <u>Helena</u> tem muito carinho por nós.

467) Concordância correta:

a) Suspendeu-se as aulas.

b) Qual deles se saiu melhor?

c) Os Estados Unidos reclamou.

468) Antônimos:

a) permear – atravessar

b) ímprobo – honesto

c) amplexo – abraço

TESTES

469) Não são sinônimos:

a) oscular – beijar

b) esmola – óbolo

c) esmoler – pedinte

470) Erro gramatical:

a) Não gosto de vadiice.

b) Não vejo nisso um empecilho.

c) Encantava-se com a via Láctea.

471) Erro gramatical:

a) Estava a procura de emprego.

b) É um animal herbívoro.

c) Visava à felicidade do povo.

472) São parônimos:

a) azado – asado

b) comprimento – cumprimento

c) ate – até

473) Vossa Eminência é tratamento devido:

a) aos cardeais

b) aos reitores de universidades

c) aos bispos

474) Erro de superlativo:

a) negro – nigérrimo

b) humilde – humílimo

c) amargo – amarguíssimo

475) Frase correta:

a) Adquiriu-se o sítio e a fazenda.

b) A duquesa não quiz conversar.

c) Àquela altura, já tínhamos intervido na discussão.

476) Erro de colocação pronominal:

a) Alguém não quis-me ajudar.

b) Alguém me não quis ajudar.

c) Alguém não me quis ajudar.

477) Erro na identificação do se:

a) Analisou-se a prova. (partícula apassivadora)

b) Aspirava-se à promoção. (símbolo de indeterminação do sujeito)

c) Queixou-se da prova. (pronome reflexivo)

478) Feminino errado:

a) ateu – ateia

b) sultão – sultã

c) cônego – canonisa

479) Palavra masculina:

a) faringe

b) dó

c) aguardente

480) Erro gramatical:

a) Chamei ao funcionário e ele não veio.

b) Sua perna ficou toda arranhada.

c) É preciso fazer uma limpeza.

481) Erro gramatical:

a) Encontramo-nos no Tribunal de Justiça.

b) Vê-lo-emos na escadaria da Câmara.

c) Tenho duas blusas amarelo-canários.

482) Erro gramatical:

a) Este cartaz é semelhante àquele.

b) Anexo ao requerimento, seguem algumas fotos.

c) O astro encontrava-se no zênite.

483) Acento de crase facultativo:

a) Saímos às pressas.

b) Mande as cartas à Madalena.

c) Ela se referia à que eu trouxe do México.

484) Acento gráfico facultativo:

a) Untei a fôrma do bolo.

b) Eles mantêm o controle.

c) Morávamos na Bavária.

485) Frase correta:

a) Não pode existir polêmicas.

b) Custei a entender o assunto.

c) Prefiro suco a vinho.

486) Frase correta:

a) Consertaremos o ar condicionado.

b) Havia bastantes reclamações.

c) Ontem ele não pode falar.

487) Frase correta:

a) Responda o telegrama.

b) Ficaram junto à parede.

c) Deve existirem soluções.

488) Superlativo absoluto analítico:

a) Meu pai é boníssimo.

b) Ele é o melhor da turma.

c) Sua atitude foi muito bonita.

489) Sem mudança de sentido:

a) homem bom – bom homem

b) trabalho certo – certo trabalho

c) várias peças – peças várias

490) Com mudança de sentido:

a) bastantes talheres – talheres bastantes

b) pessoa sensível – sensível pessoa

c) salada gostosa – gostosa salada

491) Erro gramatical:

a) Já vão bater quatro horas.

b) Ainda usava o mimiógrafo.

c) O novo morador se desfará de tudo.

492) Erro gramatical:

a) Infelizmente, eu não me adequo.

b) Todos dançavam em torno do açude.

c) Volte à tarde.

493) Erro gramatical:

a) Estamos aguardando-te.

b) Os aviões não conseguem aterrizar.

c) Elas ficaram a sós no prédio.

494) Erro gramatical:

a) Se advier uma tragédia, ninguém pode reclamar.

b) – Obrigada, disse a garotinha.

c) Assistem-se a bons espetáculos.

495) Troca de homônimos ou parônimos:

a) Foi uma seção de diretoria. Trabalho nesta sessão.

b) O tráfego é lento nessa estrada. É grande o tráfico de armas.

c) Aja com mais discrição. Faça a descrição do ambiente.

496) Troca de letras:

a) estender – extensão

b) eles viagem – a viajem

c) rígido – rijeza

497) Daqui ..... três dias, iremos ..... Manaus, ... o dinheiro acabou.

a) há – a – porque

b) a – a – porque

c) a – à – porquê

498) Incoerência no emprego dos tempos verbais:

a) Se você voltar, encontrá-lo-á.

b) Se você for, deverá tê-lo encontrado.

c) Se você tivesse ido, encontrá-lo-ia.

499) Erro gramatical:

a) O documento que visei é autêntico.

b) Estudei no Instituto de educação.

c) As Alagoas são um estado brasileiro.

500) Erro gramatical:

a) Usava vestidos abóbora e blusas vinho.

b) Januário levou o rádio e a câmera; Roberto, apenas a filmadora.

c) Sentia dores na região toráxica.

QUESTÕES DE CONCURSOS

NCE – NÚCLEO DE COMPUTAÇÃO ELETRÔNICA

1) (ANALISTA – FUNDACENTRO)

O item em que o adjetivo apresenta valor subjetivo é:

a) descobertas recentes

b) convicções anteriores

c) civilizações brilhantes

d) crescente repertório

e) espinha dorsal

2) (ANALISTA – FUNDACENTRO)

A expressão "passam a ter" no segmento "A partir do momento em que os homens passam a ter consciência..." tem valor de:

a) início de ação

b) mudança de estado

c) continuidade de ação

d) interrupção de ação

e) aparência de estado

3) (ANALISTA – FUNDACENTRO)

"... a mulher era vista como um ser sagrado, PELA sua capacidade natural de procriar..."; a frase em que se repete o mesmo valor semântico do termo destacado é:

a) A mulher lutou PELA sua emancipação no decorrer dos tempos.

b) PELA declaração da líder, a revolução feminina foi um sucesso.

c) A revolução feminista se espalhou PELA maior parte do mundo.

d) As mudanças foram implantadas PELA força das mulheres.

e) A revolução triunfou PELA disposição das mulheres.

4) (ANALISTA – PREF. MUN. DE ALAGOINHAS)

"Mas um já foi dado na direção certa"; a mesma voz verbal presente nesse segmento do texto repete-se em:

a) "O estatuto pode ter uma ou outra falha..."

b) "...600 mil brasileiros foram assassinados,..."

c) "O resultado foi a banalização do uso e do porte de armas..."

d) "...a grande maioria das vítimas tem sido de jovens..."

e) "Outros passos são necessários".

5) (ADMINISTRAÇÃO – RADIOBRÁS)

"...pagam <u>um tributo à sociedade</u>"; as formas dos pronomes pessoais que podem substituir os termos sublinhados são, respectivamente:

a) o / lhe

b) lo / lhe

c) no / a ela

d) o / a ela

e) lhe / a ela

6) (ADMINISTRAÇÃO – RADIOBRÁS)

A frase correta, entre as que estão abaixo, é:

a) Devemos declarar impostos no prazo, se não pagamos multa.

b) Ela saiu cedo afim de chegar a tempo.

c) Eles não haviam feito nada de mais grave.

d) Discutimos há cerca de uma melhor saída.

e) Isso não tem nada haver com a questão.

7) (ADMINISTRAÇÃO – RADIOBRÁS)

A alternativa que completa corretamente as lacunas das frases abaixo, segundo os padrões cultos da regência, é:

1. O filme policial é o .... mais gosto.

2. Os alunos aspiram .... cargo.

3. Os fracos abdicam .... luta pelo poder.

4. É um regulamento........................... todos obedecem.

a) que – o – da – a que

b) de que – ao – da – a que

c) de que – o – pela – que

d) de que – o – pela – de que

e) que – ao – da – que

8) (ADMINISTRAÇÃO – RADIOBRÁS)

A frase em que os pronomes sublinhados foram usados corretamente, dentro dos padrões da língua culta, é:

a) Aguarde um momento, que eu quero falar <u>consigo.</u>

b) É chato, mas isso sempre ocorre com <u>nós</u> dois.

c) O processo está aí para <u>mim</u> examinar.

d) Vossa Senhoria chegou com <u>vossos</u> acompanhantes.

e) Já há entendimento entre <u>eu</u> e ela.

RECIFE

Há mais de trinta anos, uma lei municipal transformou o Recife, em Pernambuco, na única cidade brasileira que oferece a seus habitantes uma exposição compulsória de obras de arte. Graças a um despacho do então prefeito Miguel Arraes, todos os edifícios com mais de três andares são obrigados a ostentar uma obra de "reconhecido valor artístico". Ao longo de um quarto de século fingiu-se que estavam todos de acordo quanto à aplicação da lei. Só recentemente se descobriu que algumas construtoras burlavam a legislação com as chamadas "esculturas ambulantes", que estacionavam na frente dos prédios apenas pelo tempo necessário para a obtenção do "habite-se", seguindo depois para novas incorporações.

9) (ZOOTECNISTA – MINISTÉRIO DA AGRICULTURA, PECUÁRIA E ABASTECIMENTO)

"Há mais de trinta anos, uma lei municipal transformou o Recife, em Pernambuco, na única cidade brasileira que oferece a seus habitantes uma exposição compulsória de obras de arte"; infere-se desse segmento inicial do texto que:

a) modernamente, a cidade de Recife não possui mais a lei municipal citada.

b) a datação da lei municipal é feita de forma precisa porque o texto é de caráter informativo.

c) a localização da cidade de Recife no estado de Pernambuco é necessária porque há outras cidades com o mesmo nome, que podem ser confundidas.

d) os habitantes de Recife lutaram para que sua cidade ganhasse a lei municipal citada.

e) os recifenses veem obras de arte na sua cidade, independentemente da sua vontade.

10) (ZOOTECNISTA – MINISTÉRIO DA AGRICULTURA, PECUÁRIA E ABASTECIMENTO)

"Graças a um despacho do então prefeito Miguel Arraes..."; o item abaixo em que a expressão "graças a" está INADEQUADAMENTE empregada é:

a) graças ao prefeito Arraes, Recife ficou mais bonita.

b) graças a uma poça de lama, o carro derrapou na curva da estrada.

c) graças ao esforço de todos, a obra foi completada.

d) graças a Deus os resultados foram acima de nossa expectativa.

e) graças a um telegrama, todos ficaram sabendo da transferência da prova.

11) (ZOOTECNISTA – MINISTÉRIO DA AGRICULTURA, PECUÁRIA E ABASTECIMENTO)

Custeado é particípio do verbo *custear*; o item que mostra uma forma ERRADA desse mesmo verbo é:

a) Theo custeava a vida de Van Gogh em Paris.

b) Todos querem que nós custeemos o projeto.

c) Custeamos o projeto artístico do museu.

d) Todos querem que ela custie a exposição.

e) Ela já custeara várias exposições.

12) (ENFERMAGEM – INCA)

"Trata-se de um mal irreversível"; colocando-se essa frase no plural, sua forma correta é:

a) Tratam-se de uns males irreversíveis.

b) Tratam-se de males irreversíveis.

c) Tratam-se de dois males irreversíveis.

d) Trata-se de dois males irreversíveis.

e) Trata-se de males irreversíveis.

13) (ENFERMAGEM – INCA)

O item abaixo que mostra dois termos cuja troca de posição traz modificação de sentido é:

a) várias implicações

b) médico e cientista

c) barbeiro ou chupão

d) cardiopatias e aumento de gânglios

e) mal irreversível

14) (ADMINISTRADOR – UFRJ)

Numa notícia trágica, um jornal carioca mostrava uma cabeça carbonizada deixada numa das estações do metrô e abaixo da foto os seguintes dizeres: <u>uma cabeça decapitada era alvo da curiosidade dos passageiros do metrô.</u> Nessa frase há uma inadequação lógica, pois:

a) ninguém tem curiosidade por coisas mórbidas.

b) a expressão "alvo da curiosidade" só se aplica a coisas boas.

c) o metrô não tem "passageiros", mas "frequentadores".

d) o adjetivo "decapitado" não se aplica à cabeça, mas ao corpo.

e) o adjetivo "decapitada" deveria ser substituído por "degolada".

15) (ADMINISTRADOR – UFRJ)

Na beira de uma estrada havia uma placa com as seguintes palavras: VENDE-SE OVOS FRESCOS DE GALINHAS. Dessa placa pode-se dizer que:

a) há necessidade absoluta de especificar-se que os ovos são de galinhas.

b) apresenta um erro de concordância, segundo a norma culta.

c) o adjetivo "frescos" se refere à temperatura dos ovos.

d) não revela o essencial: o preço.

e) o verbo "vender" afasta os fregueses, em lugar de atraí-los.

16) (ADMINISTRADOR – UFRJ)

Uma famosa manchete de jornal dizia: "Cachorro fez mal a moça", onde há uma cômica ambiguidade. A frase abaixo que NÃO apresenta ambiguidade é:

a) o funcionário encontrou o chefe no dia de seu aniversário.

b) João e Maria casaram-se neste fim de semana.

c) Pedro viu José correndo pela rua.

d) o chefe deixou de importar-se com seu funcionário.

e) o grupo entrou na casa com os turistas.

17) (ADMINISTRADOR – UFRJ)

Ao final de uma carta, o remetente escreveu a abreviatura P.S., seguida de uma informação para o destinatário. Essa abreviatura significa que:

a) a informação dada é sigilosa e, por isso, não deve ser dita a ninguém.

b) o remetente decidiu acrescentar algo ao que já havia sido escrito.

c) o destinatário deve comunicar a informação às pessoas interessadas.

d) a informação prestada ainda carece de confirmação.

e) a informação dada será o motivo da próxima carta.

18) (ADMINISTRADOR – UFRJ)

A frase cuja forma está INADEQUADA é:

a) O presente, eu o comprei.

b) Os doentes, nós os visitamos.

c) Aos doentes, nós lhes presenteamos.

d) O menino, eu lhe conheço.

e) As meninas, eles as admiram.

19) (ADMINISTRADOR – UFRJ)

Num teste de um programa de rádio, o locutor pergunta: "Quanto é a metade de dois mais dois?" O ouvinte responde "dois" e o locutor diz que a resposta certa é "três". A causa da confusão está:

a) na possibilidade de dupla leitura da pergunta

b) na ambiguidade da palavra "metade"

c) na ignorância do locutor

d) na ignorância do ouvinte

e) no desconhecimento do significado de "metade"

20) (ADMINISTRADOR – UFRJ)

As frases abaixo foram retiradas de uma reportagem de um jornal paulista; indique aquela que apresenta problemas de concordância, segundo a norma culta:

a) os assaltantes preferem carros e motos modernas.

b) os motoristas passam por estreitos becos e vielas.

c) os automóveis com moderno farol e para-brisa.

d) os transeuntes passam por iluminados praça e largo.

e) os muros do bairro são cinza e marrons.

21) (ADMINISTRADOR – UFRJ)

A frase que apresenta ERRO no emprego do verbo *fazer* é:

a) Faz três anos que elas se casaram.

b) Fazem-se muitos trabalhos apressadamente.

c) Já deve fazer dois anos que chegamos.

d) Vão fazer duas semanas que lá estive.

e) Aqui faz invernos terríveis.

22) (ADVOGADO II – CEPEL)

"Recentemente, porém, trata-se da interdependência da ciência e da técnica"; o conectivo que substituiria o conectivo *porém*, sem alteração na forma da frase e mantendo-se o mesmo sentido, é:

a) mas

b) no entretanto

c) ainda assim

d) todavia

e) pois

23) (ADVOGADO II – CEPEL)

Nas alternativas abaixo todos os termos sublinhados representam o paciente do termo anterior; a única EXCEÇÃO é:

a) produção <u>da energia</u>

b) construções <u>da ciência</u>

c) decisões <u>de mudança</u>

d) fragmentação <u>do processo produtivo</u>

e) localização <u>da indústria</u>

24) (ADVOGADO II – CEPEL)

"Os espaços rural e urbano"; esse tipo de concordância entre substantivo e adjetivo se repete em:

a) os dias pares e ímpares

b) os bons e maus momentos

c) as bandeiras francesa e inglesa

d) os meses longos e curtos

e) os livros grossos e finos

25) (ADVOGADO II – CEPEL)

Os advérbios em *–mente* são formados a partir das formas femininas dos adjetivos. Os advérbios do texto em que se pode ver essa formação é:

a) instantaneamente / frequentemente
b) frequentemente / recentemente
c) recentemente / particularmente
d) particularmente / extremamente
e) extremamente / instantaneamente

26) (ADVOGADO II – CEPEL)

"Os conjuntos técnicos presentes são 'grosso modo' os mesmos"; a expressão "grosso modo" significa:

a) genericamente
b) superficialmente
c) rudemente
d) artificialmente
e) especificamente

TEXTO

"O homem hoje em dia desenvolveu, para tudo que costumava fazer com o próprio corpo, extensões ou prolongamentos desse mesmo corpo. A evolução de suas armas começa pelos dentes e punhos e termina com a bomba atômica. Indumentária e casas são extensões dos mecanismos biológicos de controle de temperatura do corpo. A mobília substitui o acocorar-se e sentar-se no chão. Instrumentos mecânicos, lentes, televisão, telefones e livros que levam a voz através do tempo e do espaço constituem exemplos de extensões materiais. Dinheiro é meio de estender os benefícios e de armazenar trabalho. Nosso sistema de transportes faz agora o que costumávamos fazer com os pés e as costas. De fato, podemos tratar de todas as coisas materiais feitas pelo homem como extensões ou prolongamentos do que ele fazia com o corpo ou com alguma parte especializada do corpo".

(Leslie A. White, *The science of culture*)

27) (AGENTE EXECUTIVO 1 – CVM)

Entre o primeiro e o último período do texto há uma série de afirmações que têm a finalidade de:

a) dar credibilidade ao que é afirmado, já que as afirmações se apoiam em fatos historicamente comprovados.
b) explicitar o que são as "extensões" ou os "prolongamentos" do próprio corpo, vocábulos citados no primeiro período.

c) desenvolver, explicando, a afirmação feita no período inicial, por meio de exemplos esclarecedores.

d) opor-se a pensamentos contrários ao que é exposto no primeiro período, por tratar-se de um ponto de vista novo.

e) apresentar argumentos que comprovem a sua tese, argumentos esses apoiados em descobertas históricas recentes.

28) (AGENTE EXECUTIVO 1 – CVM)

Segundo o autor do texto, todas as coisas materiais são extensões ou prolongamentos do que o homem fazia com o corpo ou com alguma parte especializada do corpo. Entre as alternativas abaixo, aquela que NÃO apresenta um exemplo adequado dessas extensões ou prolongamentos é:

a) os óculos: extensão da vista

b) a espada: extensão do braço

c) o navio de carga: extensão das costas

d) os transportes: extensão dos pés

e) o perfume: extensão do olfato

29) (AGENTE EXECUTIVO 1 – CVM)

"A mobília substitui o acocorar-se e sentar-se no chão"; a alternativa abaixo que mostra uma forma de reescritura dessa mesma frase, com alteração de seu sentido original, é:

a) O acocorar-se e sentar-se no chão é substituído pela mobília.

b) O acocorar-se e sentar-se no chão, a mobília o substitui.

c) A mobília substitui o acocorar-se no chão e aí sentar-se.

d) O acocorar-se no chão e aí sentar-se é substituído pela mobília.

e) São substitutos da mobília o acocorar-se e sentar-se no chão.

30) (AGENTE EXECUTIVO 1 – CVM)

Em todas as alternativas abaixo aparecem dois elementos do texto ligados pela conjunção E; a alternativa em que o segundo elemento mostra uma evolução temporal em relação ao primeiro é:

a) "A evolução de suas armas começa pelos <u>dentes e punhos...</u>"

b) "<u>Indumentária e casas</u> são extensões..."

c) "<u>o acocorar-se e sentar-se</u> no chão"

d) "lentes, televisão, <u>telefones e livros</u>"

e) "através <u>do tempo e do espaço</u>"

31) (AGENTE EXECUTIVO 1 – CVM)

A alternativa abaixo em que a substituição do termo sublinhado NÃO foi realizada de forma adequada é:

a) "A evolução de suas armas" = sua evolução bélica

b) "temperatura do corpo" = temperatura corpórea

c) "mecanismos biológicos de controle" = mecanismos biológicos controladores

d) "exemplos de extensões materiais" = exemplos extensivos de materiais

e) "meio (...) de armazenar trabalho" = meio armazenador de trabalho

32) (AGENTE EXECUTIVO 1 – CVM)

Um texto de publicidade que abordava a visitação a uma espécie de Jardim Botânico dizia: "Condições especiais de visitação por tempo limitado". Há um problema sério na estruturação desse texto, que é a sua ambiguidade; entre os possíveis sentidos decorrentes de leituras diversas desse texto estão:

I – a visitação tem uma duração de tempo limitada.

II – as condições especiais de visitação têm duração limitada.

III – a visitação sob condições especiais pode ser ameaçada pelo tempo.

IV – a visitação é feita sob condições especiais do tempo.

Os possíveis sentidos são somente:

a) I – II

b) I – III

c) I – II – III

d) II – IV

e) III – IV

33) (AGENTE EXECUTIVO 1 – CVM)

Noticiando a realização de uma festa de que participaram muitas pessoas consideradas desagradáveis, um jornalista escreveu: "Espero que na festa do próximo ano continuem a me incluir fora dessa!"

O comentário do jornalista é inadequado porque:

a) há uma contradição lógica entre dois vocábulos da frase.

b) infringe as regras da etiqueta social.

c) apresenta uma variação popular de linguagem.

d) comete erros gramaticais graves.

e) não leva em conta a humilhação dos participantes da festa.

34) (AGENTE EXECUTIVO 1 – CVM)

A relação ERRADA entre verbo e substantivo é:

a) ceder / cessão

b) estender / extensão

c) exceder / exceção

d) ascender / ascensão

e) pretender / pretensão

35) (AGENTE EXECUTIVO 1 – CVM)

"Se ele trabalhar, eu também trabalharei!"; a alternativa que tem uma frase com essa mesma estrutura, mas com forma verbal EQUIVOCADA, é:

a) Se ele for, eu também irei.

b) Se ele ver, eu também verei.

c) Se ele quiser, eu também quererei.

d) Se ele requerer, eu também requererei.

e) Se ele couber, eu também caberei.

36) (ADMINISTRADOR – MINISTÉRIO DA INTEGRAÇÃO NACIONAL)

"As ruínas monumentais deixadas pelas sociedades do passado inspiram um fascínio romântico em todos nós"; a reescritura dessa frase do texto que altera o seu sentido original é:

a) Inspiram um fascínio romântico em todos nós as ruínas monumentais deixadas pelas sociedades do passado.

b) Um fascínio romântico é inspirado em todos nós pelas ruínas monumentais deixadas pelas sociedades do passado.

c) Em todos nós é inspirado um fascínio romântico pelas ruínas monumentais deixadas pelas sociedades do passado.

d) As sociedades do passado, ao deixarem ruínas monumentais, inspiram em todos nós um fascínio romântico.

e) O fascínio romântico deixado pelas sociedades do passado é inspirado em todos nós pelas ruínas monumentais.

37) (ADMINISTRADOR – MINISTÉRIO DA INTEGRAÇÃO NACIONAL)

"Os processos através dos quais as sociedades do passado minaram a si mesmas, danificando o meio ambiente,..."; a oração reduzida – danificando o meio ambiente – tem valor de:

a) meio

b) causa

c) condição

d) tempo

e) modo

38) (ADMINISTRADOR – MINISTÉRIO DA INTEGRAÇÃO NACIONAL)

Habitat e per capita são latinismos assim como todos os que estão indicados abaixo; indique a alternativa em que o significado do latinismo dado NÃO está corretamente indicado:

a) superávit = diferença entre receita e despesa

b) a priori = antecipadamente

c) sine qua non = condição sem a qual

d) quorum = número máximo de presentes

e) ipso facto = por isso mesmo

39) (ADMINISTRADOR – MINISTÉRIO DA INTEGRAÇÃO NACIONAL)

Um jornal trazia o seguinte texto: "O acidente na pista do aeroporto causou só três vítimas fatais". Indique a alternativa abaixo cujos números marcam as inadequações na formulação desse pequeno texto:

I – a troca de *incidente* por *acidente*

II – a má colocação do adjetivo *fatais*

III – o emprego indevido de *só*

IV – a desnecessária presença do substantivo *pista*

a) I – II

b) II – III

c) III – IV

d) IV – I

e) II – IV

40) (ADMINISTRADOR – MINISTÉRIO DA INTEGRAÇÃO NACIONAL)

Um pequeno comunicado de um colégio religioso dizia: "Santo Agostinho era bastante perseverante e ficava horas e horas rezando a fim de que aperfeiçoasse seus defeitos, mesmo após todos estarem dormindo". Esse texto pode levar-nos a entender que Santo Agostinho:

a) tornava-se a cada dia mais pecador.

b) sentia-se superior aos demais.

c) desobedecia a ordens de seus superiores.

d) era menos pecador que os demais.

e) cometia o pecado do orgulho.

TEXTO REPORTAGEM
O Globo, 14/10/2005

O presidente Luís Inácio Lula da Silva surpreendeu ontem o primeiro-ministro de Portugal, José Sócrates, durante a entrevista sobre a VIII Cúpula Brasil-Portugal, ao fazer um apelo para que o governo português perdoe as multas que precisam ser pagas pelos imigrantes brasileiros ilegais. As multas, em média entre 600 e 800 euros, são cobradas pelo governo português para regularizar a situação dos estrangeiros. Lula disse que Portugal deveria perdoar os "pobres brasileiros" como o Brasil estava perdoando a dívida de países pobres.

41) (ADMINISTRADOR – MINISTÉRIO DA INTEGRAÇÃO NACIONAL)

A reportagem diz que Lula "surpreendeu" as autoridades portuguesas; tal surpresa deriva do fato de que:

a) não se trata de assuntos públicos em entrevistas privadas.

b) não se deve interferir em problemas internos de outros países.

c) o presidente estava protegendo pessoas fora da lei.

d) um presidente não deve falar de temas de menor importância.

e) o assunto abordado já havia sido discutido anteriormente.

42) (ADMINISTRADOR – MINISTÉRIO DA INTEGRAÇÃO NACIONAL)

Ao dizer que o governo português devia perdoar os "pobres brasileiros", o presidente comete um desvio de construção, que é:

a) o verbo "perdoar" está mal empregado, já que não se trata de dar perdão.

b) designar como "pobres" pessoas que estão trabalhando em outro país.

c) utilizar um adjetivo em sentido depreciativo com referência a brasileiros.

d) trocar as classes gramaticais de "pobres" e "brasileiros".

e) colocar o adjetivo "pobres" antes do substantivo "brasileiros".

43) (ADMINISTRAÇÃO – BNDES)

Em texto da *Folha de São Paulo*, um morador das margens de uma grande rodovia declarava o seguinte:

Hoje já passaram por aqui milhares de caminhões e automóveis, mas eu e minha família já estamos habituados com isso; os garotos até brincam, jogando pedra nos pneus.

Há, nesse texto, um conjunto de palavras cujo significado depende da enunciação, ou seja, da situação em que o texto foi produzido. Entre as alternativas abaixo, aquela que indica um termo que NÃO está nesse caso é:

a) hoje

b) aqui

c) eu

d) minha família

e) isso

44) (ADMINISTRAÇÃO – BNDES)

O manifesto do Partido Comunista dizia: "Proletários de todo o mundo, uni-vos!"; se essa mesma frase fosse reescrita com tratamento de "vocês" em lugar de "vós", a forma verbal do imperativo adequada seria:

a) unem-se

b) unam-se

c) unem-nos

d) unem-vos

e) une-se

45) (ADMINISTRAÇÃO – BNDES)

A língua portuguesa e os conhecimentos matemáticos nem sempre estão de acordo. A frase abaixo em que a concordância verbal contraria a lógica matemática é:

a) 50% da torcida brasileira gostaram da seleção.

b) mais de três jornalistas participaram da entrevista.

c) menos de dois turistas deixaram de participar do passeio.

d) são 16 de outubro.

e) participaram do congresso um e outro professor.

46) (ADMINISTRAÇÃO – BNDES)

Uma lata de um conhecido refrigerante traz escrita a seguinte frase: "Mais importante do que a beleza é o conteúdo". Considerando-se ser essa uma frase publicitária, pode-se inferir que a leitura esperada pelos publicitários é a de que:

a) a lata é bonita; mas mais valioso é o refrigerante.

b) a lata é feia; mas o produto é bom.

c) não importa a embalagem desde que o produto seja bom.

d) a lata não é para ser admirada, mas sim o refrigerante.

e) o refrigerante é ótimo apesar da embalagem.

47) (ADMINISTRAÇÃO – BNDES)

Uma coluna do jornal *Lance* dizia o seguinte: "Isto só será possível se o clube transformar-se em empresa, o presidente do clube trabalhar por isso e o torcedor reaver a confiança no time". O erro gramatical presente nesse segmento de texto é:

a) o emprego de "isso" por "isto"

b) a não repetição da conjunção "se"

c) o emprego de "reaver" por "reouver"

d) a má colocação do advérbio "só"

e) a grafia "presidente" por "Presidente"

48) (ADMINISTRAÇÃO – BNDES)

Na frase "Ou vai ou racha!", a conjunção OU tem o mesmo valor significativo que apresenta na seguinte frase:

a) O turista compreendia inglês ou francês com facilidade.

b) As vaias ou os aplausos não perturbaram o presidente.

c) O empregado faz o que deve ou perde o emprego.

d) Na hora da premiação, chorava ou ria.

e) Morávamos no segundo ou no terceiro andar.

49) (ADMINISTRAÇÃO – BNDES)

Uma antiga revista de humor, Pif-Paf, trazia o seguinte slogan: "Cada número é exemplar, cada exemplar é um número!"; nesta frase, as palavras "número" e "exemplar" trocaram:

a) função, classe e significado

b) somente função e significado

c) somente função e classe

d) somente classe e significado

e) somente classe

50) (ADMINISTRAÇÃO – BNDES)

Nesta mesma revista Pif-Paf, a apresentação do humorista Fortuna, um dos colaboradores da revista, era feita do seguinte modo:

Fortuna é realmente um humorista nato. Muita gente preferia que ele fosse um humorista morto, mas ele ainda chega lá. Em criança também tinha mania de fazer brincadeiras com os pais, das quais ainda conserva inúmeras cicatrizes. Até hoje continua roxo por uma piada, sobretudo no dia seguinte.

O comentário INCORRETO sobre os constituintes desse pequeno texto é:

a) a oposição entre nato X morto provoca humor, mas não há, de fato, oposição de sentido entre esses adjetivos, em seus contextos.

b) a expressão "ele ainda chega lá" refere-se às possibilidades de sucesso profissional do humorista Fortuna.

c) as cicatrizes a que se refere o texto mostram, no plano humorístico, más consequências das brincadeiras do humorista com os pais.

d) a expressão "continua roxo" mostra desejo intenso.

e) a referência ao "dia seguinte" faz referência a possíveis consequências de agressões em razão das piadas, no plano humorístico.

51) (ASSISTENTE SOCIAL – UFRJ)

"as mulheres envolvidas nesses crimes têm distúrbios psíquicos / e tratam crianças como objetos descartáveis"; a segunda oração desse período, em relação à primeira, apresenta um valor semântico de:

a) adição

b) causa

c) comparação

d) consequência

e) explicação

52) (ASSISTENTE SOCIAL – UFRJ)

"Quando percebem que não vão conseguir sustentar mais um filho, desesperam-se"; em relação às duas orações anteriores, a terceira oração desse fragmento do texto (desesperam-se) mostra um tempo:

a) simultâneo

b) imediatamente anterior

c) imediatamente posterior

d) bastante anterior

e) bastante posterior

53) (ASSISTENTE SOCIAL – UFRJ)

"Há tantas famílias querendo adotar bebês"; a alternativa abaixo que substitui INCORRETAMENTE a forma do verbo *haver* é:

a) pode haver

b) deve haver

c) podem existir

d) há de haver

e) deve existir

54) (ASSISTENTE SOCIAL – UFRJ)

"Há tantas famílias querendo adotar bebês"; se substituirmos o substantivo *bebês* por um pronome pessoal oblíquo, a forma adequada dessa frase será:

a) Há tantas famílias querendo adotar-lhes.

b) Há tantas famílias lhes querendo adotar.

c) Há tantas famílias querendo adotá-los.

d) Há tantas famílias querendo os adotar.

e) Há tantas famílias querendo adotar-los.

55) (ASSISTENTE SOCIAL – UFRJ)

"deixavam anonimamente os filhos que não podiam criar"; nesta frase do texto o pronome relativo QUE não é precedido de qualquer preposição, pois o verbo *criar* não a exige. A alternativa abaixo em que a frase apresenta erro no uso de uma preposição antes do pronome relativo é:

a) As mães abandonam filhos de que não gostam.

b) Os locais em que são abandonados os bebês são desertos.

c) A pobreza não é causa a que se possa apelar.

d) Os políticos só falam de assuntos de que lhes tragam votos.

e) Esses são os pontos sobre que se deve pensar.

56) (ADMINISTRADOR – ARQUIVO NACIONAL)

"Há detalhes que parecem insignificantes, mas revelam estágios de cidadania: respeitar-se o sinal vermelho no trânsito, não jogar papel na rua, não destruir telefones públicos. Por trás desse comportamento está o respeito à coisa pública"; nesse parágrafo, a expressão "desse comportamento":

a) refere-se à última das ações citadas.

b) retoma o conjunto de ações anteriores.

c) alude somente a aspectos negativos.

d) corresponde a um procedimento condenável.

e) traz em si mesma um conteúdo positivo.

57) (ADMINISTRADOR – ARQUIVO NACIONAL)

Anestesia é uma palavra grafada com S (e não com Z) e *privilégio* é grafada com I (e não com E); a alternativa em que ambas as palavras estão corretas quanto à grafia é:

a) atravez / arrepio

b) atraz / Pirineus

c) frisa / irrequieto

d) análise / crâneo

e) baroneza / campeão

58) (ADMINISTRADOR – ARQUIVO NACIONAL)

A alternativa em que a construção com o pronome SE é diferente das demais é:

a) "desfez-se o regime de segregação racial".

b) "solidificou-se a visão de que (...) o homem tinha direito a uma vida digna".

c) "justificava-se abertamente o direito do marido de bater na mulher".

d) "Lutou-se pela ideia de que todos os homens merecem a liberdade".

e) "respeitar-se o sinal vermelho".

59) (ANALISTA – ASSEMBLEIA LEGISLATIVA DO ES)

"capaz, em sua forma mais avançada, de gerar excedentes <u>vultosos</u>"; o autor empregou corretamente a forma sublinhada, não a confundindo com seu parônimo <u>vultuosos</u>. A alternativa abaixo que mostra uma troca indevida de parônimos é:

a) Algumas doações passam despercebidas.

b) Nem todos os ladrões são presos em flagrante delito.

c) Devia-se infligir penas duras aos ladrões de colarinho branco.

d) As leis não devem sortir o efeito desejado.

e) Deve-se atuar sempre com muita discrição.

60) (ANALISTA – ASSEMBLEIA LEGISLATIVA DO ES)

"das instituições internacionais, como o Banco Mundial, que se mostraram ineficazes"; o segmento *como o Banco Mundial* tem o valor de:

a) exemplificação

b) comparação

c) conformidade

d) modo

e) explicação

61) (ANALISTA – ASSEMBLEIA LEGISLATIVA DO ES)

Conscientes e fascinantes são vocábulos corretamente grafados com SC; a alternativa que apresenta um vocábulo ERRADAMENTE grafado é:

a) fascismo – descendência

b) adolescência – tescitura

c) piscina – suscitar

d) fluorescente – miscigenação

e) ascético – lascívia

62) (ANALISTA – FINEP)

"Daqui a mais ou menos 1 bilhão de anos, a Terra não será mais habitável"; o emprego da vírgula nesse caso se justifica porque se trata:

a) de um aposto

b) de um vocativo

c) de um termo em ordem inversa

d) de uma necessidade de evitar-se ambiguidade

e) de uma oração antecipada

63) (ANALISTA – FINEP)

"A elevação da temperatura no terceiro planeta do sistema solar tornará inviável a sobrevivência de qualquer criatura"; sobre os aspectos da concordância nominal e verbal dessa frase, podemos dizer que:

a) o adjetivo *inviável* concorda com *criatura*.

b) a forma verbal *tornará* concorda com o sujeito posposto.

c) o pronome *qualquer* é invariável.

d) o numeral *terceiro* não concorda com o substantivo *planeta*.

e) no plural, *quaisquer criaturas* não modificaria a forma do adjetivo *inviável*.

64) (ANALISTA – FINEP)

Assinale a alternativa em que a concordância nominal NÃO é adequada:

a) A temperatura do Sol obrigava a cuidado e proteção obrigatória.

b) A temperatura do Sol obrigava a cuidado e proteção obrigatórios.

c) A temperatura do Sol obrigava a cuidado e proteção forçadas.

d) A temperatura do Sol obrigava a obrigatório cuidado e proteção.

e) A temperatura do Sol obrigava a obrigatória proteção e cuidado.

65) (ANALISTA – FINEP)

A frase "Observou os astros o cientista alemão"; se substituirmos o complemento por um pronome oblíquo, a forma adequada dessa frase seria:

a) observou-o o cientista alemão.

b) observou-los o cientista alemão.

c) observou-lhe o cientista alemão.

d) observou-lhes o cientista alemão.

e) observou-os o cientista alemão.

66) (ANALISTA – FINEP)

Pertence à área semântica de *sol* o seguinte vocábulo:

a) insólito

b) insolação

c) insolente

d) casulo

e) soletrar

67) (ADMINISTRADOR – ELETRONORTE)

As fontes de energia "eólica" e "geotérmica" se referem, respectivamente, a:

a) vento / calor

b) luminosidade / atividade vulcânica

c) gás / luz

d) vento / luz

e) gás / calor

68) (ADMINISTRADOR – ELETRONORTE)

A alternativa em que o elemento sublinhado indica o agente e não o paciente do termo anterior é:

a) "a utilização de qualquer um deles"

b) "a queima do petróleo"

c) "inundação de vastas áreas"

d) "a fauna aquática dos rios"

e) "construção de barragens"

69) (ADMINISTRADOR – ELETRONORTE)

"mais eficientes e menos caras"; nesse segmento do final do primeiro parágrafo, a relação lógica entre os elementos é a de:

a) mais eficientes, além de menos caras

b) quanto mais eficientes, mais caras

c) quanto mais eficientes, menos caras

d) quanto menos eficientes, mais caras

e) se mais eficientes, mais caras

70) (ADMINISTRADOR – ELETRONORTE)

A alternativa abaixo em que os adjetivos citados possuem substantivos correspondentes formados com a mesma terminação é:

a) radioativos – limpas

b) renováveis – poluidores

c) vegetal – econômica

d) correta – compatíveis

e) ambientalista – necessária

TEXTO
ALIMENTAÇÃO E RENDIMENTO ESCOLAR

Arnaldo Niskier, Educação em primeiro lugar

As crianças brasileiras, em geral, chegam à escola com problemas de desnutrição crônica. Se elas não adquirem, nos seus primeiros anos de vida, os 10 bilhões de neurônios necessários à constituição adequada do cérebro, com certeza terão dificuldades de passar pela etapa de alfabetização, a partir dos 6 anos de idade.

O cientista pernambucano Nelson Chaves tem uma teoria sobre a criação de uma "geração nanica", que se estaria desenvolvendo no Nordeste, devido à falta de proteínas. Para ele, "o problema da desnutrição é econômico e social. É preciso elevar o nível econômico das populações e isso é um problema geral de governo".

No plano geral, a saúde é da responsabilidade do Estado. E é inadmissível que tenhamos desenvolvido a prática de medicina curativa, a custos altíssimos para os contribuintes, quando a medicina preventiva seria muito mais aconselhável e barata. Essa última relaciona-se com a educação sanitária, envolvendo aspectos sociais, como saneamento básico, vacinações, conhecimento de parasitoses, higiene corporal e outros. Já a medicina curativa, a mais praticada no Brasil, volta-se para a resolução de problemas de saúde que poderiam não ter surgido se a educação sanitária fosse amplamente praticada.

71) (PROFESSOR III – PREFEITURA MUNICIPAL DE ALAGOINHAS)

"As crianças brasileiras, em geral,..."; a expressão *em geral*:
a) indica a totalidade das crianças brasileiras.
b) leva em consideração a minoria pobre.
c) mostra que a afirmação é duvidosa.
d) despreza dados menos significativos.
e) enfatiza problemas que afetam todas as crianças.

72) (PROFESSOR III – PREFEITURA MUNICIPAL DE ALAGOINHAS)

O segundo período do primeiro parágrafo:
a) mostra uma opinião pessoal do autor do texto.
b) destaca um conhecimento científico estabelecido.
c) indica um problema que justifica a aprovação escolar.
d) comprova uma afirmação anterior do texto.
e) apresenta argumentos do autor a favor da desnutrição.

73) (PROFESSOR III – PREFEITURA MUNICIPAL DE ALAGOINHAS)

O emprego das duas primeiras vírgulas do texto tem a função de:
a) separar o sujeito do verbo.
b) indicar uma oração intercalada.
c) enfatizar a opinião do autor.
d) destacar um aposto.
e) mostrar um termo intercalado.

74) (PROFESSOR III – PREFEITURA MUNICIPAL DE ALAGOINHAS)

No primeiro parágrafo do texto, o termo sintático de função distinta da dos demais é:
a) de vida
b) de neurônios
c) do cérebro
d) de desnutrição
e) de idade

75) (CONTABILIDADE – RADIOBRÁS)

"Analfabetos tomam ônibus errado, pagam mais caro produtos cujo valor não sabem identificar, perdem-se em lugares que nunca visitaram, esquecem-se de nomes e números que não podem anotar."; os pronomes relativos presentes nesse segmento do texto apresentam, respectivamente, como antecedentes:

a) produtos / lugares / nomes e números
b) lugares / nomes e números
c) valor / lugares / números
d) valor / lugares / nomes e números
e) lugares / números

76) (CONTABILIDADE – RADIOBRÁS)

"Sua mãe morreu há duas semanas."; o item abaixo que apresenta uma forma ERRADA por ocorrer uma troca indevida entre <u>há</u> e <u>a</u> é:

a) há bastantes redatores de aluguel no Brasil.
b) a redatora de cartas se instalou há duas quadras daqui.
c) não sei o que há por trás das notícias dadas nas cartas.
d) os redatores chegaram há pouco.
e) ainda há muito o que fazer contra o analfabetismo.

77) (CONTABILIDADE – RADIOBRÁS)

O item em que o valor do vocábulo em maiúsculas está ERRADAMENTE indicado é:

a) "...quando se trata de carta PARA namorada..." – destinação
b) "...e ATÉ entre os ambulantes..." – inclusão
c) "...seguem na letra à mão DE Paulo." – posse
d) "...há dez meses NA cidade,..." – lugar
e) "Eles confiam em mim PORQUE sou mais velho." – explicação

78) (TÉCNICO JUDICIÁRIO I – CORREGEDORIA GERAL DA JUSTIÇA DO RJ)

No segmento "Reforma do Judiciário", o termo "do Judiciário" indica um paciente do termo anterior. O item em que o termo sublinhado possui valor diferente é:

a) "aplicação <u>da lei"</u>
b) "distribuição <u>de Justiça"</u>
c) "formadores <u>de opinião"</u>
d) "verdade <u>do Judiciário"</u>
e) "deslocamentos <u>de advogados"</u>

79) (TÉCNICO JUDICIÁRIO I – CORREGEDORIA GERAL DA JUSTIÇA DO RJ)

Relação EQUIVOCADA entre adjetivo/substantivo é:

a) normativos – norma
b) eficazes – eficácia
c) conjunturais – conjectura
d) tradicionais – tradição
e) sistêmico – sistema

80) (TÉCNICO JUDICIÁRIO I – CORREGEDORIA GERAL DA JUSTIÇA DO RJ)

ETC. é uma forma abreviada de *et coetera*, que significa "e outras coisas"; a afirmação <u>correta</u> a respeito do uso dessa expressão, segundo o *Formulário Ortográfico*, é:

a) a forma é sempre seguida de ponto.

b) nunca é precedida de vírgula.

c) só é empregada em relação a pessoas.

d) quando termina a frase, a abreviatura pode ser seguida de ponto final.

e) só é empregada em relação a coisas.

FCC – FUNDAÇÃO CARLOS CHAGAS

81) (ANALISTA JUDICIÁRIO – TRT DA 20ª REGIÃO)

Está clara e correta a redação do seguinte comentário sobre o texto.

a) Podem ganhar proporções desmesuradas todo fato que, embora aparentemente pequeno, acaba formando uma grande convicção em face de um valor de alta permanência.

b) O autor não se furta em compactuar com o jovem aluno, em razão de terem ambos o mesmo procedimento diante do incidente gerado a partir do professor de Português, que redundou na expulsão da escola.

c) A referência ao gosto amargo que fica em nossa boca diz respeito às marcas da injustiça, o que trazem para nós esse ressentimento de quem não sabe se comprazer de algum princípio ético.

d) Sempre haverá aqueles que se valem de ações supostamente generosas para incutir no beneficiário delas não a convicção do que é justo, mas a obrigação do reconhecimento de um débito moral.

e) Não é preciso que se premie o mérito, o que é preciso é reconhecê-lo na justa medida do merecimento, sem o que se arrisca a transformá-lo numa dívida insondável, por parte de quem o premiou.

82) (ANALISTA JUDICIÁRIO – TRT DA 20ª REGIÃO)

As normas de concordância verbal encontram-se plenamente atendidas na frase:

a) Não pode subordinar-se à eventual agressividade dos caprichos alheios aqueles que têm em alta conta o seu amor-próprio.

b) Não se esperem daqueles que se entregam aos rompantes da truculência qualquer gesto inspirado pelo sentimento de justiça.

c) Podem ficar em nossa boca, mais do que o gosto amargo da injustiça eventual, os travos da amargura e do ceticismo definitivos.

d) A repetição de pequenas experiências da injustiça costumam, com frequência, dar ensejo a convicções profundas e duradouras.

e) São negativos todos os ensinamentos de que derivam, em vez da confiança nos princípios, a descrença quanto aos valores morais.

83) (ANALISTA JUDICIÁRIO – TRT DA 20ª REGIÃO)

É adequado o emprego do elemento sublinhado na frase:

a) Apenas uma avaliação justa de sua redação – eis tudo <u>o que</u> o jovem Drummond aspirava.

b) "Insubordinação mental" foi a justificativa <u>à qual</u> recorreu a direção da escola para expulsar o adolescente.

c) "Subordinação mental" é a expressão <u>à que</u> chega o autor, subentendendo o sentido de uma outra.

d) Entendendo o rapaz que não fazia jus <u>aquela</u> nota, solicitou ao professor uma nova avaliação.

e) O caso narrado deixa claro <u>de que pe</u>quenas injustiças podem gerar grandes ressentimentos.

84) (ANALISTA JUDICIÁRIO – TRT DA 20ª REGIÃO)

Está inteiramente correta a pontuação da frase:

a) Nesse caso, a suposta "insubordinação mental" do jovem, bem poderia ter sido entendida como de fato uma legítima manifestação de seu amor-próprio.

b) Esse mestre de Português, do jovem Drummond, acabou por lhe dar em vez de uma nota alta, uma lição inesquecível de grande injustiça.

c) Houve grande dignidade, na reação do jovem quando descontente com a fala do professor, insurgiu-se contra o mestre.

d) A questão do que é ou do que não é justo não constitui, exclusivamente, um problema dos filósofos ou juristas, pois concerne à prática de todos.

e) A medida extrema da expulsão foi, segundo Drummond decisiva, para que ele a partir de então deixasse de crer na justiça dos homens.

85) (ANALISTA JUDICIÁRIO – TRT DA 20ª REGIÃO)

Há falta ou ocorrência indevida do sinal de crase em:

a) Não é preciso agarrar-se à nenhuma teoria linguística para se chegar à conclusão de que uma língua se constitui a partir de muitos intercâmbios com outras.

b) Ao se referir à língua de Cabral, o autor do texto lembra que, àquela época, certas sonoridades não eram estranhas às do português que se fala hoje no Brasil.

c) Assim, à primeira vista, não é fácil avaliar o que há de idêntico entre a prosódia brasileira e aquela que se verifica em Lisboa.

d) Tendo em vista a necessidade de se preservar a estrutura de uma língua, apela-se, com frequência, às sistematizações da gramática normativa.

e) Daqui a um bom tempo, o português falado no Brasil poderá estar a uma considerável distância do que se fala hoje.

86) (ANALISTA JUDICIÁRIO – TRT DA 20ª REGIÃO)

A língua começou a uniformizar-se e a exportar traços comuns para o Brasil inteiro pelas rotas comerciais que a exploração do ouro criou.

Se na frase acima substituirmos a forma verbal _criou_ pela forma _deu ensejo_, o termo _que_ deverá dar lugar à expressão:

a) a cujas

b) de cujas

c) de onde

d) a que

e) com que

87) (ANALISTA JUDICIÁRIO – TRT DA 24ª REGIÃO)

O tratamento pronominal adequado varia conforme a natureza da instituição e do cargo que alguém nela ocupa. Estarão corretos, por exemplo, a forma de tratamento e a concordância verbal na seguinte frase, dirigida a um senador da República:

a) Pediríamos que Vossa Excelência vos digneis apreciar a proposta ora encaminhada.

b) Gostaríamos que Vossa Eminência se dignasse apreciar a presente reivindicação.

c) Vimos solicitar a Sua Excelência que vos digneis apreciar esta recomendação.

d) Solicitamos que Vossa Excelência se digne apreciar esta proposta.

e) Vimos à presença de Sua Eminência para que consideres nossa proposta.

88) (ANALISTA JUDICIÁRIO – TRT DA 24ª REGIÃO)

Estamos conscientes de que, sem as instituições, imperaria o caos, a babárie, a violência, a lei da selva.

Uma outra forma correta de expressar o que diz a frase acima é: *Estamos conscientes de que imperaria o caos, a barbárie, a violência, a lei da selva,*

a) porquanto não houvessem as instituições.

b) no caso delas não terem havido.

c) não fossem as instituições.

d) deixassem as instituições de nos faltar.

e) não obstante as instituições.

89) (ANALISTA JUDICIÁRIO – TRT DA 24ª REGIÃO)

Todas as palavras estão corretamente grafadas na frase:

a) A obsolecência das instituições constitue um dos grandes desafios dos legisladores, cuja função é reconhecer as solicitações de sua contemporaneidade.

b) Ao se denigrirem as boas reputações, desmoralizam-se os bons valores que devem reger uma sociedade.

c) A banalisação dos atos antissociais é um sintoma da doença do nosso tempo, quando a barbárie dissimula-se em rotina.

d) Quando, numa mesma ação, converjem defeitos e méritos, confundimo-nos, na tentativa de discriminá-los.

e) Os hábitos que medeiam as relações sociais são louváveis, quando eticamente instituídos, e odiosos, quando ensejam privilégios.

90) (ANALISTA JUDICIÁRIO – TRT DA 24ª REGIÃO)

Atentando-se para a adequada articulação entre os tempos e os modos verbais, completa-se a frase <u>Caso não fossem necessárias as instituições</u> com o seguinte segmento:

a) haverão os homens de tê-las criado?

b) por que os homens as haverão de criar?

c) tê-las-íamos criado?

d) ainda assim as teremos criado?

e) tê-las-emos criado?

91) (ANALISTA JUDICIÁRIO DO TRE/AP)

...é que elas não _têm_ cheiro, nem temperaturas, nem ruídos, nem mosquitos...

O verbo que exige o mesmo tipo de complemento que o do grifado acima está na frase:

a) Nada, enfim, do que acontece nas desconfortáveis paisagens reais.

b) Agradeci-lhe, horrorizado.

c) Porque a poesia não é apenas a verdade...

d) Jamais acreditei em observação direta...

e) Não se pode conhecer nada num minuto...

92) (ANALISTA JUDICIÁRIO DO TRE/AP)

Quanto às normas de concordância verbal, está correta a frase:

a) É os poetas de verdade, segundo o autor do texto, que nunca devem serem apresentados a uma paisagem.

b) O encanto de certas paisagens estão, muitas vezes, apenas na representação feita em reproduções artísticas.

c) As pinturas não mostram nada do que realmente acontecem nas paisagens reais, como o desconforto da temperatura.

d) Turistas que viajam pelo mundo todo nem sempre acaba conhecendo-os, pois estão desejosos de tudo ver apressadamente.

e) O conhecimento de uma paisagem, por qualquer pessoa, deve ser feito de modo a absorvê-la, de forma lenta, interiorizando-a.

Atenção: As questões de números 93 a 95 referem-se ao texto a seguir:

O que mais surpreende na morte do jovem escritor Alberto Campos é que ele não trazia consigo essa marca misteriosa dos que foram escalados para morrer cedo. Não era um desses "avisados" que já parecem surgir do berço com as mãos e a alma preparadas e que, em sua rápida viagem pelo mundo, limitam-se a olhar silenciosamente para as outras criaturas, com uma certeza nos olhos: uma certeza que nos contagia, mas que continuamos aparentemente a ignorar, tanto é grave esse reconhecimento.

O amigo que olhasse para Alberto Campos não se sentiria coagido a colocar o problema da morte. O corpo talvez fosse débil, mas o que sobretudo identificávamos nele era a chama do espírito, que arde generosamente e que se alimenta do seu próprio fogo.

(Carlos Drummond de Andrade)

93) (ANALISTA JUDICIÁRIO DO TRE/AP)

De acordo com o texto, as pessoas que morrem precocemente:

a) surpreendem-nos sempre, pois tendemos a associar a morte à velhice.

b) deixam transparecer, desde que nascem, sinais do que lhes ocorrerá.

c) têm, em vida, pressa em passar pelo maior número possível de experiências.

d) são justamente aquelas que nos pareciam mais intensas e vitais.

e) preocupam-se em nos fazer ignorar seus pressentimentos.

94) (ANALISTA JUDICIÁRIO DO TRE/AP)

A única afirmação correta em relação ao texto é:

a) Em Alberto Campos não havia nenhum indício de que morreria precocemente.

b) O destino não nos permite qualquer convicção sobre quem vai ou não morrer precocemente.

c) A debilidade física de Alberto Campos era um indício que seus amigos fingiam não ver.

d) A força espiritual depende do olhar alheio para alimentar sua própria energia.

e) Os que vão morrer cedo buscam sempre convencer-se do contrário.

95) (ANALISTA JUDICIÁRIO DO TRE/AP)

Identifica-se noção de causa no segmento:

a) ... com as mãos e a alma preparadas...

b) ... em sua rápida viagem pelo mundo...

c) ... tanto é grave esse reconhecimento.

d) ... limitam-se a olhar silenciosamente para as outras criaturas...

e) ... e que se alimenta do seu próprio fogo.

96) (ANALISTA JUDICIÁRIO – TRT DA 3ª REGIÃO)

Não é possível alterar a voz da forma verbal na frase:

a) Recriações semânticas são feitas a partir de termos ou expressões já antigos.

b) A quantidade dos micreiros já constitui, de fato, uma nação, mais do que uma simples tribo.

c) No começo da informatização das redações de jornal, houve um divertido mal entendido.

d) Alguns velhos homens de letras olham com preconceito essa tribo.

e) A jovem repórter citada no texto tinha abortado uma matéria, e não um filho.

97) (ANALISTA JUDICIÁRIO – TRT DA 3ª REGIÃO)

Está correta a flexão de todas as formas verbais da frase:

a) Os prejuízos que advirem do uso abusivo do computador não serão compensados pelas eventuais vantagens de que o usuário se beneficiou.

b) Quem se deter por muito tempo diante de um monitor, envolver-se-á de tal modo com o mundo virtual que o sobreporá ao mundo real.

c) Os jovens se entreteram tanto com o computador que nem se deram conta das horas que já haviam transcorrido.

d) Dizendo que não quer que ninguém se imisque em sua vida, o jovem tranca-se no quarto, para acessar a Internet e se pôr a navegar.

e) Sobreveio-lhe uma forte irritação, mas conteve-se e abriu a porta com calma, pedindo ao jovem que cessasse a navegação.

98) (ANALISTA JUDICIÁRIO DO TRE DA 3ª REGIÃO)

O verbo indicado entre parênteses será obrigatoriamente flexionado numa forma do plural para integrar, de modo correto, a frase:

a) Uma vez que .... (presumir) a proximidade de novos conflitos, os líderes dos governos acabam entrando numa corrida armamentista.

b) (caber) .... aos representantes da Assembleia Geral da ONU ponderar as palavras de Einstein.

c) Desde que .... (impor) às potências do Eixo uma dura derrota, o outro lado buscou unificar seus interesses por meio da ONU.

d) Não se .... (dever) imputar a nenhum dos países, individualmente, a responsabilidade pelos malogros da ONU.

e) Einstein acredita que se .... (reservar) aos países da ONU a missão de viabilizar o estabelecimento de um poder supranacional.

99) (ANALISTA JUDICIÁRIO DO TRE DA 3ª REGIÃO)

Por maiores que sejam os armamentos nacionais, eles não geram a segurança militar para nenhum país, nem garantem a manutenção da paz.

Alterando-se os tempos das formas verbais sublinhadas, mantém-se uma adequada articulação temporal na seguinte sequência:

a) venham a ser – tinham gerado – garantido
b) fossem – gerariam – garantiriam
c) venham a ser – geram – garantiriam
d) tenham sido – gerarão – garantissem
e) fossem – geraram – garantiriam.

100) (ANALISTA JUDICIÁRIO DO TRE DA 3ª REGIÃO)

Considere as seguintes afirmações:

I.   Einstein escreveu uma série de artigos políticos na década de 40.

II. Esses artigos políticos foram reunidos num livro.

III. Esse livro evidencia a responsabilidade social do autor.

O período em que as afirmações acima estão clara e corretamente articuladas é:

a) Esse livro, que Einstein escreveu na década de 40, torna evidente sua responsabilidade social, composto pela reunião de uma série de artigos políticos.

b) Os artigos políticos com que Einstein reuniu num livro torna evidente a grande responsabilidade social deste, na década de 40.

c) A responsabilidade social de Einstein, que escreveu uma série de artigos políticos na década de 40, evidencia-se no livro em cujo reuniu os mesmos.

d) A responsabilidade social de Einstein evidencia-se no livro em que reuniu uma série de artigos políticos, escritos na década de 40.

e) Como escreveu, na década de 40, uma série de artigos políticos, Einstein reuniu-os num livro, em cuja responsabilidade social se evidencia.

101) (ANALISTA JUDICIÁRIO DO TRE DA 3ª REGIÃO)

As guerras são sempre atrozes, cabe <u>evitar as guerras</u> a qualquer custo, pois uma vez que alguém <u>desencadeia as guerras,</u> não há como <u>deter as guerras.</u>

Evitam-se as viciosas repetições da frase acima substituindo-se os elementos sublinhados, respectivamente, por:

a) evitar a elas – a elas desencadeia – detê-las

b) evitá-las – lhes desencadeia – deter-lhes

c) evitá-las – as desencadeia – as deter

d) evitar-lhes – as desencadeia – deter a elas

e) as evitar – desencadeia-as – lhes deter

102) (ANALISTA JUDICIÁRIO DO TRE / RN)

Quanto à concordância verbal, está inteiramente correta a seguinte frase:

a) De diferentes afirmações do texto podem-se depreender que os atos de grande violência não caracterizam apenas os animais irracionais.

b) O motivo simples de tantos atos supostamente cruéis, que tanto impressionaram o autor quando criança, só anos depois se esclareceram.

c) Ao longo dos tempos tem ocorrido incontáveis situações que demonstram a violência e a crueldade de que os seres humanos se mostram capazes.

d) A todos esses atos supostamente cruéis, cometidos no reino animal, aplicam-se, acima do bem e do mal, a razão da propagação das espécies.

e) Depois de paralisadas as lagartas com o veneno das vespas, advirá das próprias entranhas o martírio das larvas que as devoram inapelavelmente.

103) (ANALISTA JUDICIÁRIO DO TRE / RN)

Está inteiramente adequada a articulação entre os tempos verbais na seguinte frase:

a) Predadores não sentirão a menor culpa a cada vez que matarem uma presa, pois sabem que sua sobrevivência sempre dependerá dessa atividade.

b) Se predadores hesitassem a cada vez que tiveram de matar uma presa, terão posto em risco sua própria sobrevivência, que depende da caça.

c) Nunca faltarão exemplos que deixassem bem claro o quanto é fácil que nos viessem a associar aos animais, em nossas ações "desumanas".

d) Por trás dessas ações assassinas sempre houve um motivo simples, que estará em vir a preservar uma determinada espécie quando se for estar transmitindo o material genético.

e) Ao paralisar a lagarta com veneno, a vespa terá depositado seus ovos nela, e as larvas logo se alimentariam das entranhas da lagarta, que nada poderá ter feito para impedi-lo.

104) (ANALISTA JUDICIÁRIO DO TRE / RN)

Está inteiramente correta a pontuação do seguinte período:

a) Paralisada pelo veneno da vespa nada pode fazer, a lagarta, a não ser assistir viva à sua devoração, pelas larvas, que saem dos ovos ali chocados.

b) Nada pode fazer, a lagarta paralisada, pelo veneno da vespa, senão assistir viva, à sua devoração pelas larvas que saem dos ovos, e passam a se alimentar, das entranhas da vítima.

c) A pobre lagarta, paralisada pelo veneno da vespa assiste sem nada poder fazer, à sua devoração pelas larvas, tão logo saiam estas dos ovos, que, a compulsória hospedeira, ajudou a chocar.

d) Compulsória hospedeira, paralisada pelo veneno da vespa, a pobre lagarta assiste à devoração de suas próprias entranhas pelas larvas, sem poder esboçar qualquer tipo de reação.

e) Sem qualquer poder de reação, já que paralisada pelo veneno da vespa a lagarta, compulsoriamente, chocará os ovos, e depois se verá sendo devorada, pelas larvas que abrigou em suas entranhas.

105) (ANALISTA JUDICIÁRIO DO TRE / RN)

Está correto o emprego de <u>ambos</u> os elementos sublinhados em:

a) O autor se pergunta <u>por que</u> haveriam de ser cruéis os animais que aspiram <u>à</u> propagação da espécie.

b) Quando investigamos o <u>por quê</u> da suposta crueldade animal, parece <u>de que</u> nos esquecemos da nossa efetiva crueldade.

c) <u>À</u> lagarta, <u>de cujo</u> ventre abriga os ovos da vespa, só caberá assistir ao martírio de sua própria devoração.

d) Se a ideia de compaixão é puramente humana, não há <u>porque</u> imputarmos <u>nos</u> animais qualquer traço de crueldade.

e) Os bichos <u>a cujos</u> atribuímos atos cruéis não fazem senão lançar-se <u>na</u> luta pela sobrevivência.

106) (ANALISTA JUDICIÁRIO DO TRE / MG)

<u>Ao contrário,</u> ela se baseia no princípio da "falibilidade", <u>segundo o qual</u> a ciência avança corrigindo-se constantemente.

Os segmentos sublinhados na frase acima podem ser substituídos, respectivamente, sem prejuízo para o sentido, por:

a) Não obstante isso – mediante o qual

b) Em desacordo com isso – conforme o qual

c) Apesar disso – para cujo

d) Ao encontro disso – em função do qual

e) Conquanto isso ocorra – em cuja finalidade

107) (ANALISTA JUDICIÁRIO DO TRE / MG)

As normas de concordância estão inteiramente respeitadas na frase:

a) Deverão interessar ao plenário de cientistas, no pronunciamento que Hawking se prepara para fazer, as correções sobre a teoria dos buracos negros.

b) Opõem-se às mais variadas formas de fundamentalismo todo e qualquer método científico que admite a hipótese de sua própria falibilidade.

c) Os princípios que se deve ensinar aos jovens estudantes são aqueles em que se supõem todo o dinamismo das verdades da ciência.

d) Não desanimam aos verdadeiros cientistas, nos passos de uma teoria, um eventual tropeço na observação de um fato ou na formulação de uma lei.

e) Cabem aos cientistas sérios e honestos reformular suas teorias, toda vez que encontrem nelas seja uma falha grave, seja um pequeno deslize.

108) (ANALISTA JUDICIÁRIO DO TRE / MG)

Para entender <u>o de que vou aqui tratar</u> não é necessário saber o que são os buracos negros.

A frase acima permanecerá correta caso se substitua o elemento sublinhado por:

a) o de que aqui me referirei

b) aquilo que irei aludir

c) o que aqui me reportarei

d) àquilo de que aqui exporei

e) o de que aqui me ocuparei

109) (ANALISTA JUDICIÁRIO DO TRE / MG)

Justifica-se o sinal de crase em <u>ambos</u> os elementos sublinhados na frase:

a) Opõe-se o autor <u>àqueles</u> fundamentalistas que não admitem rever os resultados <u>à</u> que chegaram.

b) Hawking dispôs-se <u>à</u> apresentar a um plenário de cientistas correções <u>à</u> sua teoria dos buracos negros.

c) A quem aspira <u>às</u> certezas dogmáticas não satisfarão as hipóteses de trabalho, sempre sujeitas <u>à</u> alguma revisão.

d) Hawking filia-se <u>à</u> tradição dos grandes cientistas, que sempre souberam curvar-se <u>às</u> evidências de um equívoco.

e) Fundamentalista é todo aquele que prefere <u>às</u> certezas dogmáticas <u>às</u> hipóteses sujeitas a verificação e a erro.

110) (ANALISTA JUDICIÁRIO DO TRE / MG)

Considere as seguintes afirmações:

I.   O renomado cientista fez uma declaração.

II. O autor do texto impressionou-se com essa declaração.

III. Essa declaração pareceu-lhe altamente educativa.

Essas afirmações estão articuladas de modo claro, coerente e correto no seguinte período:

a) O autor do texto impressionou-se com a declaração feita pelo renomado cientista, já que ela lhe pareceu altamente educativa.

b) Em vista de ser altamente educativa, a impressão do autor do texto foi grande pela declaração do renomado cientista.

c) Impressionou-se tanto o autor do texto, na declaração feita pelo renomado cientista, que lhe pareceu altamente educativa.

d) A declaração que fez o renomado cientista pareceu-lhe altamente educativa, haja visto de que o autor se impressionou com ela.

e) Por lhe parecer altamente educativa, a declaração do renomado cientista acarretou para o autor do texto em uma forte impressão.

111) (ANALISTA JUDICIÁRIO DO TRE / MG)

O verbo indicado entre parênteses deve, obrigatoriamente, ser flexionado no <u>plural</u> para preencher de modo correto a lacuna da seguinte frase:

a) ....(SER) com episódios como esse que se pode dar aos jovens alunos um exemplo de atitude científica.

b) Nenhuma, entre as formas de fundamentalismo, ...(MERECER) a admiração ou o respeito de Umberto Eco.

c) Para Umberto Eco, neste texto, ...(IMPORTAR) menos as correções teóricas de Hawking que sua atitude mesma.

d) Sendo muitos os princípios em que se .... (BASEAR) a ciência moderna, o da falibilidade tem para Eco um peso decisivo.

e) Quando .... (URGIR) desmentir hipóteses de fato injustificáveis, não deve hesitar o cientista responsável.

112) (PROFESSOR II – SE)

Há palavras escritas de modo INCORRETO na frase:

a) A alegria contagiante do povo nordestino explode nas festas populares, especialmente as que homenageiam São João.

b) Uma análise das manifestações populares não pode deixar de destacar a imensa criatividade dos declamadores nas feiras e mercados.

c) É prodigiosa a capacidade de memorização dos poetas populares e a facilidade de desfiar versos harmoniosos em seus improvisos.

d) O povo iletrado assimilou em sua memória coletiva os fatos folclóricos trazidos pelos colonizadores e cristalizados na literatura de cordel.

e) As condições de vida do povo nordestino permitiram-lhe ser alegre e expontâneo, gosando da alegria de suas festas regionais.

113) (ANALISTA JUDICIÁRIO DO TRT DA 24ª REG.)

Na reconstrução de uma frase do texto, desrespeitou-se a concordância verbal em:

a) Às economias nacionais não se permite, modernamente, que se desenvolvam de modo autônomo e competente.

b) Ainda não se encontraram, para essas duas tendências contraditórias, quaisquer possibilidades de harmonização.

c) Quando não se está ligado ao progresso da vida moderna, como ocorre com boa parte dos brasileiros, paga-se com as consequências do atraso.

d) Devem-se às oscilações dos líderes da economia mundial boa parcela do desequilíbrio da nossa própria economia.

e) Devido à dificuldade de se ajustarem ao ritmo variável da economia mundial, há medidas que, mesmo necessárias, deixamos de tomar.

114) (ANALISTA JUDICIÁRIO DO TRT DA 24ª REG.)

Todas as formas verbais estão corretamente flexionadas na frase:

a) Embora se requeram, aqui e ali, medidas locais, não haverá como abstermos-nos de medidas de caráter geral.

b) Se um país não se provir de planos econômicos próprios, estará cada vez mais dependente do ritmo que lhe impor a economia global.

c) Se não nos convir o ritmo ditado pela economia global, fazer-se-á necessário criar um modelo que melhor de adeque à nossa realidade.

d) Os grandes centros econômicos associaram-se e comporam, paulatinamente, um sistema de mercados ao qual é praticamente impossível um país deixar de pertencer.

e) O que de fato obstrui o desenvolvimento da economia nacional é a oscilação entre direções dificilmente conciliáveis, a que vimos nos sujeitando.

115) (ANALISTA JUDICIÁRIO DO TRT DA 24ª REG.)

Está correta a grafia de todas as palavras da frase:

a) Ao ascender à condição de um grande sistema de mercados, a economia mundial propisciou o poder hegemônico dos grandes conglomerados financeiros.

b) Se os grandes centros econômicos não se emiscuíssem decisivamente nas economias nacionais, talvez estas lograssem alcançar um índice expressivo de desenvolvimento.

c) Os economistas podem discentir quanto às soluções para o nosso desenvolvimento, mas reconhecem que o imperialismo econômico é um fator crucial para nosso atraso.

d) A necessidade de sincronizar o ritmo de nossa economia com o da expansão da economia global constitui uma das exigências mais difíceis de serem atendidas.

e) Não fossem a dicotomia das direções econômicas com que nos deparamos, o Brasil talvez não se firmasse numa posição de maior relevância entre os países emerjentes.

116) (ANALISTA JUDICIÁRIO DO TRT DA 24ª REG.)

Tudo se liga, e os países dependem, cada vez mais, <u>dos grandes centros em que</u> se concentram as forças do imperialismo econômico.

Substituindo-se, na frase acima, as formas <u>dependem</u> e <u>se concentram,</u> respectivamente, pelas formas <u>subordinam-se</u> e <u>se irradiam,</u> o segmento sublinhado deverá ser substituído por:

a) nos grandes centros onde

b) aos grandes centros de onde

c) pelos grandes centros aonde

d) aos grandes centros em cujos

e) nos grandes centros por onde

117) (ANALISTA JUDICIÁRIO DO TRT DA 24ª REG.)

Está clara e correta a redação da seguinte frase:

a) Mixto de termos indígenas e hispânicos, segundo o Aurélio, o nheengatu remonta ao regime colonial, onde D. João IV, em 1727, promulgou uma lei em que este era terminantemente revogado.

b) Segundo afirma Marlei Sigrist, o nheengatu tem caráter preservativo, conquanto represente uma resistência cultural contra todos os que vão ao encontro do princípio de sua conservação.

c) Bosco Martins sugere que, dentre os crimes por ventura já imputados contra os índios, tal interdição lhe soa como mais um, não lhe parecendo próprio proibir esse programa.

d) A transmissão do programa pode vir a ser interrompida, caso entenda a justiça que o "Nheengatu" tipifica uma veiculação em língua estrangeira, o que contraria o disposto na lei de 1963.

e) Não é pouco representativa a cifra de 370 mil falantes do Nheengatu, idioma com o qual se veiculará o mesmo programa, de sorte que só este fato teria argumentos para se contraditarem à acusação de que é uma "língua estrangeira".

118) (ANALISTA JUDICIÁRIO DO TRT DA 24ª REG.)

Está correto o emprego de <u>ambas</u> as expressões sublinhadas na frase:

a) A transmissão do programa "Nheengatu", <u>contra a qual</u> parece ter-se insurgido o Ministério das Comunicações, despertou viva polêmica <u>acerca do</u> que vem a ser uma língua nacional.

b) O português e o espanhol, idiomas <u>a cujos</u> vieram somar-se termos indígenas, talvez já tenham merecido alguma contestação <u>quanto ao</u> fato de serem línguas nacionais.

c) D. João IV, em 1727, já manifestava a preocupação <u>em que</u> o predomínio de uma língua estrangeira <u>diante da</u> língua oficial representaria um risco para o processo de colonização.

d) A ilegalidade do programa radiofônico, <u>cuja a</u> língua é o nheengatu, foi aventada pelo Ministério das Comunicações, que recorreu a especialistas para melhor se informar <u>em face da</u> questão.

e) A opinião de Marlei Sigrist, em favor <u>a qual</u> há argumentos antropológicos, é que a divulgação do nheengatu constitui uma forma de resistência cultural, <u>mediante o que</u> devem se engajar os defensores das minorias.

119) (ANALISTA JUDICIÁRIO DO TRT DA 24ª REG.)

No contexto da frase *Pela regra, só emissoras de ondas curtas podem operar com outros idiomas, mediante autorização do Ministério das Comunicações,*

I. *podem operar com outros idiomas* equivale a *podem se valer de outros idiomas em suas transmissões.*

II. o termo *mediante* tem sentido de *salvo.*

III. o termo *só* tem o mesmo sentido que assume numa frase como *Foi encontrado só, em seu quarto.*

Em relação ao enunciado, está correto o que se afirma em

a) I, II e III
b) II e III, apenas
c) I e III, apenas
d) I e II, apenas
e) I, apenas

<u>Atenção:</u> As questões de números 120 a 123 referem-se ao texto que segue:

Botaram-me para aprender as primeiras letras em casa dum dr. Figueiredo, que viera da capital passar tempos na vila do Pilar. Pela primeira vez eu ia ficar com gente estranha um dia inteiro.

Fui ali recebido com os agrados e as condescendências que reservavam para o neto do prefeito da terra. Tinha o meu mestre uma mulher morena e bonita, que me beijava todas as vezes que eu chegava, que me fazia as vontades: chamava-se Judite. Gostava dela diferente do que sentia pela minha tia Maria. E os seus abraços e os seus beijos eram os mais quentes que já tinha recebido.

Foi ali com ela, sentindo o cheiro de seus cabelos pretos e a boa carícia de suas mãos morenas, que aprendi as letras do alfabeto. Sonhava com ela de noite, e não gostava dos domingos porque ia ficar longe de seus beijos e abraços.

Depois mandaram-me para a aula de outro professor, com outros meninos, todos de gente pobre. Havia para mim um regime de exceção. Não brigavam comigo. Existia um copo separado para eu beber água, e um tamborete de palhinha para "o neto do coronel Zé Paulino". Os outros meninos sentavam-se em caixões de gás. Lia-se a lição em voz alta. A tabuada era cantada em coro, com os pés balançando, num ritmo que ainda hoje tenho nos ouvidos. Nas sabatinas nunca levei um bolo, mas quando acertava, mandavam que desse nos meus competidores. Eu me sentia bem com todo esse regime de miséria. Os meninos não tinham raiva de mim. Muitos deles eram moradores do engenho. Parece que ainda os vejo, com seus bauzinhos de flandres, voltando a pé para casa, a olharem para mim, de bolsa a tiracolo, na garupa do cavalo branco que me levava e trazia da escola.

(Trecho de Menino do Engenho, de José Lins do Rego)
*flandres = folha de flandres, lata

TESTES

120) (SECRETÁRIO DE ESCOLA – SP)

Ao se lembrar do tempo em que iniciava os primeiros estudos, o narrador destaca o

a) tratamento sempre rigoroso sofrido por ele, como por todos os alunos de escola pública, naquela época.

b) privilégio de sua situação social, decisivo para o estabelecimento de diferença de tratamento.

c) constrangimento sofrido pelo menino, quando era alvo das excessivas atenções de sua primeira professora.

d) tratamento especial que recebia na escola, em virtude da superioridade de sua inteligência e de seu interesse pelo saber.

e) constrangimento que sofria por se sentir um privilegiado entre os colegas de sala, um tanto mais pobres do que ele.

121) (SECRETÁRIO DE ESCOLA – SP)

As expressões *botaram-me para aprender, fui ali recebido, mandaram-me para a aula de outro professor* indicam:

a) as iniciativas tomadas pelo menino nas situações de aprendizagem.

b) a benevolência com que os adultos atendiam aos desejos do menino.

c) a passividade de alguém cujo destino é decidido pelos outros.

d) o autoritarismo com que era tratado o menino durante as aulas.

e) O pouco caso que o menino fazia das ordens dos adultos.

122) (SECRETÁRIO DE ESCOLA – SP)

No último parágrafo, a informação contida na frase *Havia para mim um regime de exceção* é exemplificada pelas seguintes frases:

I. A tabuada era cantada em coro.

II. Muitos deles eram moradores do engenho.

III. Existia um copo separado para eu beber água.

IV. Os outros meninos sentavam-se em caixões de gás.

A exemplificação ocorre APENAS em:

a) I e II

b) II e III

c) I e III

d) II e IV

e) III e IV

123) (SECRETÁRIO DE ESCOLA – SP)

De acordo com o texto, o sentimento que tem o menino, na condição de que desfruta na sala de aula, é o da:

a) ampla solidariedade com os colegas.

b) piedade pela humilhação que sofrem os colegas.

c) intolerância para com o professor.

d) satisfação com a desigualdade.

e) revolta contra os castigos aplicados.

124) (SECRETÁRIO DE ESCOLA – SP)

...**vem pedir** que o Congresso Nacional **decrete** o tupi-guarani como língua oficial e nacional do povo brasileiro.

A relação entre os tempos e modos verbais dessa frase permanecerá correta, se as formas sublinhadas forem substituídas, respectivamente, por:

a) vem pedir – decretaria

b) virá pedir – decretará

c) vinha pedir – tinha decretado

d) veio pedir – decretasse

e) viria pedir – tenha decretado

125) (ANALISTA JUDICIÁRIO DO TRE / SP)

Transpondo-se para a voz passiva a frase *O poder público deverá colocar suas fichas em projetos consistentes*, a forma verbal resultante será:

a) deverá ter colocado

b) deverão ser colocadas

c) deverá colocar-se

d) haverá de colocar-se

e) deveriam ter sido colocadas

126) (ANALISTA JUDICIÁRIO DO TRE / SP)

As verbas para a pesquisa são escassas. Será preciso **fragmentar as verbas** para alcançar a descentralização?

Quem **haverá de administrar essas verbas?** Quem garante que alguém **não vá se valer dessas verbas** para se promover politicamente?

Evitam-se as abusivas repetições do texto acima substituindo-se os elementos sublinhados por, respectivamente:

a) fragmentá-las – as haverá de administrar – não se vá valer delas

b) fragmentar a elas – haverá de as administrar – não se lhes valerá

c) fragmentá-las – lhes haverá de administrar – não as vá se valer

d) fragmentar-lhes – as haverá de administrar – lhes não vá se valer

e) Fragmentar-lhes – haverá de as administrar – as vá delas se valer

127) (ANALISTA JUDICIÁRIO DO TRE / SP)

Está correto o emprego de **ambos** os elementos sublinhados na frase:

a) A convicção **de que** muitos abraçam é a de que toda descentralização traria benefícios inerentes **com** esse processo.

TESTES

b) A descentralização de recursos, <u>a que</u> tantos aspiram, não é uma medida <u>cujo</u> sucesso possa ser garantido.

c) O Instituto de Natal, <u>em que</u> muitos recorrem como bom exemplo, já conta com alguma verba federal, <u>cuja a</u> destinação deverá ser proveitosa.

d) É preciso criar centros de excelência, <u>onde</u> devem convergir as verbas disponíveis e <u>a quem</u> se alocarão recursos suplementares.

e) A alternativa <u>a cuja</u> o autor faz referência é a de privilegiar as pesquisas <u>que</u> o mérito seja indiscutível.

128) (ANALISTA JUDICIÁRIO DO TRE / SP)

Quanto à utilização do sinal de crase, a frase inteiramente correta é:

a) Visando à uma plena descentralização, o ex-ministro da Ciência e da Tecnologia arriscava-se à pulverizar os recursos dessa área, sugere o editorialista.

b) Deveriam ficar à frente, na fila dos que pleiteiam verbas federais, os institutos à cuja excelência ninguém fará qualquer ressalva.

c) Com o excesso de descentralização, os recursos ficam à deriva, como barcos a serem tomados por aventureiros alheios à importância da pesquisa científica.

d) A centralização de recursos não é a exceção, é a regra à que costuma obedecer a administração de verbas públicas, à despeito de todas as críticas.

e) Sempre há aqueles que, à todo custo, buscam combinar ciência e populismo, já que são indiferentes às consequências desse nefando casamento.

129) (SECRETÁRIO DE ESCOLA / SP)

As normas de concordância verbal estão inteiramente respeitadas na frase:

a) Uma boa parte da criançada moravam lá mesmo, no engenho.

b) Chegava a me envaidecer aqueles agrados e bajulações.

c) O que mais me agradava em suas lições eram os carinhos recebidos.

d) Mesmo que tivesse raiva de mim, os meninos não a manifestavam.

e) Não havia quem deixassem de cantar a tabuada.

130) (PROFESSOR I – SE)

... impulsionado por um motivo econômico e por um motivo político: um porto e uma capital. (7ª e 8ª linhas do 3º parágrafo)

O emprego dos dois-pontos introduz, na frase,

a) uma repetição desnecessária.

b) o isolamento semântico de uma expressão.

c) uma frase intercalada no contexto.

d) uma enumeração explicativa.

e) a reprodução de uma citação.

131) (PROFESSOR I – SE)

   Há palavras escritas de modo INCORRETO na frase:

a) Apesar de sua pequenez e dos parcos recursos, as desordenadas povoações das zonas pioneiras evoluíram para cidades modernas, que oferecem conforto a seus habitantes.

b) A Assembleia Legislativa da Província sansionou o projeto de mudança da cidade, ato de profunda repecurção na vida econômica e política sergipana.

c) A expansão do número de habitantes e o aumento consequente dos problemas reduzem as possibilidades de qualidade de vida em alguns centros urbanos.

d) De início, a ausência de um porto onerava pesadamente o escoamento da produção açucareira, tornando essencial o surgimento de um deles na região.

e) A antiga vila, pouco acessível até mesmo a pequenas embarcações, foi substituída por outra, assentada numa planície, o que facilitava o comércio na região.

132) (PROFESSOR DE LÍNGUA PORTUGUESA DO SESI/SP)

   Não sem razão fascista espanhóis reprimiram línguas de minorias... **(último parágrafo)**
   A frase está corretamente reescrita, sem alteração do sentido original, da seguinte maneira:

a) Não havia motivo para que fascistas reprimissem línguas de minorias.

b) Fascistas espanhóis tinham motivos para proibir línguas de minorias.

c) Fascistas espanhóis desejavam com razão utilizar línguas de minorias.

d) Não se justifica a proibição de línguas de minorias por fascistas espanhóis.

e) As línguas de minorias não deveriam ser proibidas pelos fascistas espanhóis.

133) (PROFESSOR DE LÍNGUA PORTUGUESA DO SESI/SP)

   *Nunca antes **houve** tamanho poder linguístico.* **(final do 1º parágrafo)**
   O mesmo tipo de complemento exigido pelo verbo grifado acima está na frase:

a) ... pergunta Michael Krauss, outro celebrado estudioso.

b) A força evolutiva do ser humano depende de sua diversidade...

c) ... a proliferação de línguas foi uma penalidade de Deus.

d) ... outros povos que falam apenas o seu idioma.

e) ... se a sua língua está em perigo.

134) (PROFESSOR DE LÍNGUA PORTUGUESA DO SESI/SP)

   Há palavras escritas de modo INCORRETO na frase:

a) Vários dialetos indígenas foram estirpados por espanhóis e portugueses, nos tempos da colonização, ao disimarem populações nativas.

b) Fala e escrita apresentam aspectos contextuais diversos, almejando finalidades específicas, portanto, são de usos diferentes.

c) Uma língua desaparece quando se reduz o número de falantes, como na assimilação de uma cultura por outra, invasora, como no caso do latim.

d) A expansão geográfica e política de certos povos teve como consequência tanto a disseminação quanto a extinção de línguas no mundo todo.

e) O ensino sistemático de uma língua não deve criar expectativas de aprendizado rápido e homogêneo, pois os alunos apresentam diferentes vivências da língua nativa.

135) (PROFESSOR DE LÍNGUA PORTUGUESA DO SESI/SP)

A concordância está feita corretamente na frase:

a) Línguas não deve ser entendidas apenas como propriedade de indivíduos ou grupos que as utilize para comunicar-se, mas sim como fenômeno social.

b) Acontece, por vezes, catástrofes naturais que reduzem o número de falantes de uma língua, extinguindo-as também.

c) São comuns línguas apresentarem um conjunto de falares diferentes entre si que pode ser a origem de um dialeto.

d) Define-se línguas como fenômeno dinâmico, quer dizer, nela ocorre alterações com o passar do tempo.

e) Deve haver situações que preservem a existência de línguas faladas por minorias, porque todas elas são componentes da nacionalidade desses povos.

136) (ANALISTA JUDICIÁRIO DO TRE/PE)

... e resgate dos processos socioculturais – línguas, crenças e demais conhecimentos tradicionais indígenas – *(final do último parágrafo)*

Os travessões assinalam uma:

a) restrição à afirmativa anterior

b) citação exata de outro autor

c) afirmativa desnecessária, por ser repetitiva

d) enumeração explicativa do que vem sendo exposto

e) hesitação do autor em expor seu pensamento

137) (ANALISTA JUDICIÁRIO DO TRE/PE)

A concordância está feita corretamente na frase:

a) Divergem as opiniões dos ecologistas a respeito do verdadeiro papel que as comunidades indígenas da Amazônia precisa assumir.

b) É bastante variado os conhecimentos indígenas sobre o uso medicinal de várias plantas da floresta amazônica.

c) Grupos ambientalistas do mundo todo considera objetivo prioritário a preservação da floresta amazônica e de seus recursos naturais.

d) Deve haver garantias de que os costumes tradicionais indígenas sejam preservados, bem como seu conhecimento prático de medicamentos.

e) Políticas desenvolvimentistas precisa serem compatíveis com o uso sustentável da floresta amazônica, pois dela dependem, por exemplo, o ciclo das chuvas.

138) (ANALISTA JUDICIÁRIO DO TRE/PE)

Encontram-se palavras escritas de modo INCORRETO na frase:

a) Algumas tribos indígenas almejam a expansão de seu território, com a demarcação oficial da área que habitam.

b) A visão de um paraíso natural onde índios vivam em harmonia parece estar em desacordo com a atual realidade extrativista.

c) Os colonizadores demostraram enorme incomprenção dos costumes indígenas, regeitando-os, devido a sua formação religiosa.

d) Uma hipótese consiste em reconhecer certos direitos dos índios, como a utilização sustentável da floresta, que gera recursos para as tribos.

e) Existem as chamadas unidades de conservação, cujo objetivo se volta para a manutenção da floresta e especialmente para animais em risco de extinção.

139) (ANALISTA JUDICIÁRIO DO TRE/PE)

As palavras que recebem acento gráfico pela mesma razão que o justifica em _agrária_ e _países_ são, respectivamente,

a) sufrágio e possível

b) média e obrigará

c) domínio e saído

d) constituída e salário

e) histórico e torná-los

140) (ANALISTA JUDICIÁRIO DO TRE/PE)

O Rio Grande do Norte foi o Estado pioneiro ao conceder ..... mulheres a possibilidade de ir .... urnas, manifestando sua vontade pelo voto, permitido somente ...... homens, no resto do Brasil.

As lacunas da frase apresentada serão corretamente preenchidas por:

a) às – às – a

b) às – as – a

c) as – às – a

d) às – às – à

e) as – as – à

141) (ANALISTA – CVM)

Alterando-se a forma do verbo, resulta uma forma verbal com o mesmo significado em:

a) Era através dos seus escritores e intelectuais que o mundo se pensava e se entendia = o mundo era pensado e entendido por meio de seus escritores e intelectuais.

b) A literatura virou uma opção para generais e políticos aposentados = generais e políticos aposentados transformaram a literatura em uma opção.

c) Hoje a literatura só participa da política, do poder e da história como instrumento ou cúmplice = é só como instrumento ou cúmplice que a literatura é hoje participante da política, do poder e da história.

d) Victor Hugo empolgaria multidões com a força da palavra escrita = com a força da palavra escrita, Victor Hugo teria sido empolgado pelas multidões.

e) Tinha escrito contos e poemas na juventude = contos e poemas teriam sido escritos na juventude.

142) (ANALISTA – CVM)

Expressa-se uma relação de causa e efeito na seguinte frase:

a) Embora seja um conceito abstrato, a palavra sociedade enfeixa um conjunto de realizações materiais.

b) Fatalmente integrado na sociedade, o homem não é capaz de pensar a si mesmo fora dela.

c) Não há dúvida de que, apesar de tudo o que deve à vida em sociedade, um indivíduo é capaz de criar muito com sua marca pessoal.

d) Pode-se imaginar um homem que nada deva aos valores que formaram as gerações precedentes?

e) O homem cria muitas coisas a partir das iniciativas próprias, sem por isso deixar de dever muito às conquistas de seus antepassados.

143) (PROFESSOR AUXILIAR DOCENTE DO SESI/ SP)

A imagem de alguém contando "causos" ao redor de uma fogueira é <u>recorrente</u> no imaginário popular...

O grifo acima destaca uma forma derivada do verbo <u>recorrer</u> que, segundo o Dicionário Aurélio, apresenta as seguintes acepções:

1.   Tornar a correr, a percorrer

2.   Esquadrinhar, investigar

3.   Trazer à lembrança, à imaginação, evocar

4.   Dirigir-se pedindo socorro, proteção

5.   Lançar mão, valer-se

Considerando-se o contexto, o sentido de *recorrente* encontra-se no número.

a) 1

b) 2

c) 3

d) 4

e) 5

144) (ANALISTA JUDICIÁRIO DO TRT DA 2ª REGIÃO)

Está correto o emprego de <u>ambas</u> as expressões sublinhadas na frase:

a) Os delitos <u>onde</u> ocorre a participação de menores costumam causar maior escândalo <u>diante da</u> opinião pública.

b) A mais grave sanção <u>à qual</u> se pode estender a um *menor* é a de reclusão, <u>cujo o</u> período máximo é de três anos.

c) A atividade criminosa, <u>pela qual</u> muitos menores são compelidos, é promovida por maiores de idade, <u>com os quais</u> a penalização é muito mais severa.

d) Se a repressão policial é uma medida <u>da qual</u> não se pode abrir mão, a inclusão social é um desafio <u>para o qual</u> não se pode fazer vista grossa.

e) A redução da maioridade penal, <u>na qual</u> há tantos defensores, pode ser uma medida inócua, <u>pela qual</u> muitos venham a se arrepender.

145) (ANALISTA JUDICIÁRIO DO TRT DA 21ª REGIÃO)

Quanto à sua construção interna, as frases *Ganhamos a guerra, não a paz* e *As grandes potências, unidas na luta, estão agora divididas* têm em comum:

a) um jogo entre alternativas

b) uma relação de causa e efeito

c) a formulação de uma condicionalidade

d) a articulação de uma hipótese

e) a exploração de antíteses

146) (ANALISTA JUDICIÁRIO DO TRT DA 21ª REGIÃO)

Considerando-se o contexto, traduz-se corretamente o sentido de uma expressão do texto em:

a) *numa posição não muito diferente da de Alfred Nobel* = em atitude inteiramente similar à de Alberto Nobel

b) *para aplacar sua consciência humana* = para obliterar seu juízo sobre a humanidade

c) *dada a mentalidade dos nazistas* = em que pese a consciência dos nazistas

d) *vendo neles fiéis depositários* = reconhecendo-os como confiáveis guardiões

e) *consciência do inominável desastre* = concepção inevitável da tragédia

147) (ANALISTA JUDICIÁRIO DO TRT DA 21ª REGIÃO)

Possa o espírito que motivou Alfred Nobel a criar sua notável instituição, o espírito de fé e confiança, de generosidade e fraternidade entre os homens, prevalecer na mente daqueles de cujas decisões dependem nossos destinos.

Observa-se que na constituição do período acima se empregou o verbo:

a) **poder** como auxiliar do verbo **criar**.

b) **criar** como auxiliar do verbo **prevalecer**.

c) **motivar** como auxiliar do verbo **prevalecer**.

d) **criar** como auxiliar do verbo **poder**.

e) **poder** como auxiliar do verbo **prevalecer**.

148) (ANALISTA JUDICIÁRIO DO TRT DA 21ª REGIÃO)

Estando <u>inadequado</u> o emprego da expressão sublinhada, a frase será <u>corrigida</u> por meio da substituição dessa expressão pela que vem entre parênteses, em:

a) As liberdades <u>em cujas</u> os cientistas devem se empenhar dizem respeito ao modelo da vida democrática. (**das quais**)

b) Os povos <u>a cujos</u> se confiou a missão crucial de utilizar politicamente o potencial da nova arma foram os britânicos e os norte-americanos. (**nos quais**)

c) A instituição <u>na qual</u> criação Alfred Nobel pretendeu aplacar sua consciência premia, até hoje, aqueles que se destacam na luta pela paz. (**pela qual**)

d) As promessas do Pacto do Atlântico, <u>com cujas</u> se pretendia tranquilizar o mundo, deixaram de ser cumpridas pelos signatários. (**com as quais**)

e) Os novos desastres <u>a quem</u> Einstein temia que a humanidade viesse a se submeter permaneceram incubados no período da Guerra Fria. (**a cujos**)

149) (ANALISTA JUDICIÁRIO DO TRT DA 21ª REGIÃO)

Estão corretas as formas dos verbos intervir, propor e obter empregadas na frase:

a) Se obtessem tudo o que propuseram, não seria preciso que a polícia tivesse intervido.

b) Se a polícia não interviesse, eles teriam obtido tudo o que proporam.

c) No caso de a polícia intervir, eles não obterão tudo o que propuseram.

d) Eles só obtiveram o que propuseram porque a polícia não interviu.

e) O fato de a polícia ter intervindo evitou que obtessem o que antes propuseram.

150) (ANALISTA JUDICIÁRIO DO TRT DA 21ª REGIÃO)

Quanto à necessidade ou não de utilização do sinal de crase, a frase inteiramente correta é:

a) O processo correrá às expensas do denunciante, a menos que a isto se oponha a autoridade do Ministro, de cuja decisão nenhuma parte poderá vir a recorrer.

b) Em meio as atribulações do processo, uma das testemunhas recusou-se a comparecer a sessão, alegando à autoridade judicial, num simples bilhete à lápis, que estava acamada.

c) À despeito de haver provas contundentes, o juiz decidiu inocentar àquela velha senhora, a quem não falta malícia: viram quando se pôs a soluçar?

d) Sem advogados, o rapaz ficou à deriva, enquanto o juiz designava como sua defensora à jovem bacharel, que ainda não se submetera à uma prova de fogo, como aquela.

e) Ele ficou à distância, em meio as profundas hesitações que a ausência da testemunha lhe provocou: se ela não chegasse, poderia ele aspirar à que fosse adiada a sessão?

ESAF – ESCOLA DE ADMINISTRAÇÃO FAZENDÁRIA

151) (ANALISTA DE FINANÇAS E CONTROLE – STN) Um analista redigiu o seguinte parágrafo:

Na sociedade limitada, a responsabilidade de cada sócio é restrita ao valor de suas quotas, mas todos respondem solidariamente pela integralização do capital social. Acaso a sociedade contraia dívidas, os sócios só terão responsabilidade pela integralização de suas próprias quotas.

Ao relê-lo, duvidou do emprego da palavra <u>acaso.</u> Consultou o Dicionário Eletrônico Houaiss no verbete <u>acaso</u> e encontrou o seguinte:

<u>Advérbio</u>

1. possivelmente, quiçá, talvez, porventura

   Ex.: a. lembra-se da figura da mãe?

   • substantivo masculino (1562)

2. ocorrência, acontecimento casual, incerto ou imprevisível; casualidade, eventualidade

   Ex.: o a. permitiu que se encontrassem no meio da multidão.

3. caso fortuito; acidente

   Ex.: a prisão do sequestrador não foi um a.

4. desfecho, favorável ou não, de um acontecimento; sucessão de fatos resultantes de causas independentes da vontade; sorte, destino, fortuna

   Ex:. o a. que nos espera.

Diante desses fatos, aponte a decisão gramaticalmente correta, quanto ao emprego da palavra <u>acaso.</u>

a) Eliminar a palavra *acaso* e iniciar o período assim: **Se porventura a sociedade contrair dívidas...**

b) Suprimir a palavra *acaso* e colocar no lugar a expressão **Por acaso**.

c) Deixar o parágrafo conforme está.

d) Reescrever o início do segundo período desta maneira: **Caso a eventualidade de a sociedade contrair dívidas...**

e) Em vez de *acaso*, escrever **Se caso**.

152) (ANALISTA DE FINANÇAS E CONTROLE – STN)

Analise as assertivas acerca de aspectos linguísticos do texto abaixo e assinale, a seguir, a opção que relaciona todas as assertivas corretas.

Os administradores de sociedades limitadas podem responder solida-riamente perante a sociedade pelo mal desempenho de suas atribuições. Uma essas hipóteses é justamente não comunicar aos demais associados a cessão das cotas por parte de alguns sócios a terceiros que não dispõe
5 de patrimônio apto a honrar o compromisso.

1. Há erro no emprego do substantivo *mal (l.2)* adjetivando *desempenho*; o correto é empregar o adjetivo <u>mau.</u>

TESTES

189

2. O verbo *comunicar (l.3)* está empregado erradamente, pois exige objeto direto de pessoa e indireto de coisa: <u>comunicar alguém de / sobre / acerca de alguma coisa.</u>

3. Em virtude de introduzir oração adjetiva explicativa, deve ser colocada uma vírgula antes do pronome relativo *que,* ou seja, após a palavra *terceiros. (l.4)*

4. Há falta de concordância verbal entre o verbo *dispõe (l.4)* e seu sujeito gramatical.

Todas as assertivas corretas estão na opção:

a) 1, 2 e 4
b) 2 e 3
c) 2 e 4
d) 1 e 4
e) 1, 3 e 4

153) (ANALISTA DE FINANÇAS E CONTROLE – STN)

Assinale o diagnóstico correto acerca do emprego das vírgulas no trecho seguinte:

A nova disciplina das sociedades limitadas, está presente no Código Civil de 2002, que inovou em relação ao diploma anterior e tratou de matéria de cunho eminentemente comercial, revogando,assim, neste aspecto, o vetusto Código Comercial que datava do século passado.

a) O trecho está corretamente pontuado: não sobram nem faltam vírgulas.

b) O erro de pontuação está no mau emprego da vírgula colocada após a palavra "limitadas" *(l.1)*. Sendo ela eliminada, o trecho torna-se gramaticalmente correto.

c) Para o trecho ficar corretamente pontuado, é preciso eliminar a vírgula colocada após a palavra "limitadas" *(l.1)* e inserir uma vírgula após a palavra "Comercial". *(l.4)*

d) Há três erros de pontuação: ausência de vírgula após a palavra "presente" *(l.1)*, presença da vírgula depois de "2002" *(l.2)* e presença da vírgula depois da palavra "revogando" *(l.3)*.

e) Basta uma vírgula isolando a oração adjetiva explicativa "que datava do século passado" *(l.4)*. para o trecho ficar corretamente pontuado.

154) (ANALISTA DE FINANÇAS E CONTROLE – STN)

Aponte a opção que completa com correção gramatical o espaço em branco:

Para que a cessão de quotas nas sociedades limitadas possa gerar efeitos, inclusive de responsabilidade, é necessária sua averbação no contrato social da sociedade, bem como seu registro na Junta Comercial, pelos sócios ou por quem de direito. Caso contrário, a medida não terá eficácia _____

a) perante os sócios e à sociedade.
b) face os sócios e a sociedade.
c) ante esses e aos terceiros.
d) quanto a esses e à sociedade.
e) frente aos terceiros e frente a sociedade.

155) (ANALISTA DE FINANÇAS E CONTROLE – STN)

Indique a opção que contém o único segmento correto do texto abaixo:

No que diz respeito à responsabilidade dos administradores decorrente da cessão de quotas, não pode o mesmo ser responsabilizado, uma vez que é direito do sócio desfazer-se de suas quotas, salvo nos casos que haja previsão vedatória no contrato, e o administrador tenha mostrado-se negligente, agindo com culpa, onde passará a responder solidariamente com o sócio cedente.

a) No que diz respeito à responsabilidade dos administradores

b) não pode o mesmo ser responsabilizado

c) salvo nos casos que haja previsão vedatória

d) tenha mostrado-se

e) onde passará a responder

156) (ANALISTA DE FINANÇAS E CONTROLE – STN)

Assinale a opção sem erro de concordância.

a) O peso do reajuste de 10% da tabela de Imposto de Renda das pessoas físicas nas cotas públicas – inserido em medida provisória que tem provocado tantas dissensões no Congresso – poderia ser amortecido com folga se não tivesse sido criado, há dez anos, dois mecanismos para aliviar o bolso de grandes empresas.

b) No campo dos benefícios dos transgênicos está a maior produtividade e o menor uso de defensivos agrícolas. Por outro lado, passível de discussão e pendente de provas científicas estão os malefícios ao meio ambiente e à saúde do homem.

c) Estudo comprovou que fatores hormonais podem aumentar a susceptibilidade de meninas à infestação por piolhos. A incidência discriminada por grau de intensidade de infestação e idade mostram que, entre os seis e oito anos, a parasitose alcança o nível máximo.

d) Em áreas de integração econômica que já alcançaram a fase de mercado comum (definida na União Europeia como fusão de mercados nacionais), o processo de eliminação de barreiras alfandegárias impede o uso de instrumentos fiscais que possam dificultar a livre circulação de mercadorias, ou seja, exclui-se o uso do tributo com fins de controle fiscal.

e) Os intercâmbios econômicos entre os Estados, no cenário mundial, quando não inseridos em blocos de integração (como, por exemplo, as trocas comerciais entre Brasil e Espanha), também se veem afetados por novas perspectivas da fiscalidade e pela exigência de se excluir esses controles.

157) (ANALISTA DE FINANÇAS E CONTROLE – STN)

A respeito de aspectos linguísticos do trecho abaixo, assinale a opção correta.

Só mais tarde alcancei compreender que a inteligência pode trabalhar até ao fim inteiramente alheia aos graves problemas religiosos que confundem o pensador que os quer resolver segundo a razão, se nenhum choque exterior veio perturbar para ela solução recebida na infância. A dúvida não é sinal de que o espírito adquiriu maior perspicuidade, é às vezes um simples mal-estar da vida.

(Joaquim Nabuco, Minha formação)

a) Os dois primeiros quês do texto, em "que a inteligência" (*l.1*) e em "que confundem" (*l.2*) são ambos pronomes relativos.

b) Em "que confundem" (*l.2*), o pronome **que** é o sujeito gramatical de **confundem.** Tendo por sujeito um pronome, deve o verbo permanecer na forma neutra, ou seja, o singular.

c) Compreende-se a sequência "que os quer resolver" (*l.3*) como: que quer resolver os problemas religiosos.

d) A preposição **de**, que antecede a conjunção **que** *(l.4)*, é exigência do verbo transitivo indireto da oração iniciada por essa conjunção.

e) O substantivo "perspicuidade" *(l.5)* tem o sentido de "qualidade de perspectiva".

158) (ANALISTA DE FINANÇAS E CONTROLE – STN)

Os trechos abaixo constituem um texto, mas estão fora da sequência correta. Ordene-os de forma a comporem um texto que respeita a progressão das ideias, a coesão e a coerência do texto. Assinale, a seguir, a opção correta.

( ) O ministro da Fazenda argumentou que não há como abrir mão da atual carga de tributos enquanto o país tiver de investir em projetos sociais e manter em ordem seus compromissos fiscais.

( ) Além disso, é preciso que o governo federal demonstre capacidade política para levar adiante uma verdadeira reforma tributária, que simplifique e racionalize o atual sistema.

( ) Podem ser adotadas medidas, no entanto, que auxiliem na redução da carga tributária e no aumento de eficiência das políticas públicas, tais como cortes de despesas correntes e melhora na qualidade dos gastos sociais.

( ) A despeito das crescentes críticas de diversos setores da sociedade à elevação da carga tributária, o governo reafirmou que não irá diminuir o peso dos impostos no curto prazo.

( ) É preciso que os recursos empregados pelo governo em saúde, educação, auxílio-desemprego e outros benefícios sociais cheguem aos destinatários sem as perdas que a burocracia estatal hoje impõe.

(Adaptado do editorial "Cortar despesas", Folha de S. Paulo, 13/3/05)

a) $4 - 5 - 3 - 2 - 1$

b) $5 - 4 - 3 - 1 - 2$

c) $2 - 5 - 3 - 1 - 4$

d) $1 - 3 - 2 - 4 - 5$

e) $3 - 5 - 1 - 4 - 2$

159) (ANALISTA ADMINISTRATIVO DA ANEEL)

Os fragmentos seguintes formam um texto. Assinale o que foi transcrito sem erros formais.

a) Os contratos de concessão assinados entre a Agência Nacional de Energia Elétrica – ANEEL – e as empresas prestadoras dos serviços de transmissão e distribuição de energia estabelecem regras claras a respeito de tarifa, regularidade, continuidade, segurança, atualidade e qualidade dos serviços e do atendimento prestado aos consumidores. Da mesma forma, define penalidades para os casos em que a fiscalização da ANEEL constatar irregularidades.

b) Os novos contratos de concessão de distribuição priorizam o atendimento abrangente do mercado, sem que haja qualquer exclusão das populações de baixa rendae das áreas de menor densidade populacional. Prevê ainda o incentivo à implantação de medidas de combate ao desperdício de energia e de ações relacionadas às pesquisas voltadas para o setor elétrico.

c) A concessão para operar o sistema de transmissão é firmada em contrato com duração de 30 anos. As cláusulas estabelecem que, quanto mais eficiente as empresas forem na manutenção e na operação das instalações de transmissão, evitando desligamentos por qualquer razão, melhor será a sua receita.

d) Quanto aos contratos de concessão de geração, caso de novas concessões, outorgadas a partir de processos licitatórios, os mesmos têm vigência de 35 anos, podendo ser renovados por igual período, a critério da ANEEL.

e) Para as concessões outorgadas, anteriores as Leis nº 8.987/95 e nº 9.074/95, a renovação é por 20 anos.

(Adaptado de texto de www.aneel.gov.br)

160) (ANALISTA ADMINISTRATIVO DA ANEEL)

Numere os sequencializadores na ordem em que devem preencher as lacunas do texto, de modo a garantir-lhe coesão. A seguir, marque a ordenação correta.

( ) ou

( ) pois

( ) assim

( ) além do que

( ) que

( ) além de

Depois da primeira linha de transmissão – LT Taquaruçu / Assis / Sumaré, de 505 km de extensão, _1_ entrou em operação comercial em 12/10/2001, com investimento de R$ 207,5 milhões, diversos empreendimentos passaram a operar comercialmente _2_ foram licitados com sucesso. _3_ a ANEEL já outorgou concessões para 13,7 mil quilômetros de novas linhas e entre elas 7,4 mil quilômetros entraram em operação comercial até junho de 2004 _4_ está prevista a entrada em operação de mais 800 km até o final do ano. Esses empreendimentos melhorarão significativamente a capacidade de transmissão de energia, _5_ acrescentarão mais de 20% na extensão das linhas, em relação aos 61,5 mil km existentes em 1995, _6_ criarem oportunidades de empregos diretos para mais de 25 mil pessoas.

(Adaptado de texto de www.aneel.gov.br)

A ordenação correta é:

a) 2,5,3,4,1,6

b) 1,3,2,6,5,4

c) 4,2,3, 6,1,5

d) 3,4,1,5,2,6

e) 6,1,3,5,2,4

161) (ANALISTA ADMINISTRATIVO DA ANEEL)

Marque o segmento do texto de Ferreira Gullar que foi reproduzido com <u>erro.</u>

a) Foi há muitos anos quando me vi de repente metido numa feroz campanha eleitoral, no agreste maranhense.

b) O governo estadual, sabendo que os chefes políticos mais fortes da região eram da oposição, mandou para lá um destacamento da polícia militar que não brincava em serviço.

c) A primeira vez que falei pelo alto-falante da casa do prefeito criticando o governador, uma rajada de tiros me fez parar o discurso.

d) Eu tinha 20 anos, nunca me metera em política e não saberia explicar porque estava ali, tão longe de casa, brigando uma briga que não era minha.

e) Mas, desafiado, resolvi topar a parada.

162) (ANALISTA ADMINISTRATIVO DA ANEEL)

Marque a letra que <u>não</u> substitui com correção o item correspondente no texto.

O Brasil moderno é o Brasil criado por Getúlio Vargas – <u>eis</u>(A) uma das poucas afirmações quase <u>unânimes</u>(B) sobre a história brasileira do século 20. Morto <u>há</u>(C) exatos 50 anos, o ex-presidente é um <u>exemplar</u>(D) raro na política brasileira. <u>O Brasil depara com</u>(E) essa herança diariamente, para o bem e para o mal.

(Adaptado de Antenor Nascimento)

a) esta é

b) consensuais

c) fazem

d) espécime

e) Ao Brasil se lhe depara

163) (ANALISTA ADMINISTRATIVO DA ANEEL)

Assinale o item sublinhado que representa <u>erro</u> gramatical.

<u>Foram inauguradas</u>(A) recentemente as novas instalações de armazenagem de óleo combustível marítimo pela Transpetro, no Terminal do Rio Grande. A subsidiária da Petrobrás investiu R$ 7,5 milhões no empreendimento, que <u>visa a garantir</u> (B) maior agilidade e segurança <u>as</u>(C) operações de carga e descarga dos produtos no Porto de Rio Grande. A Agência Nacional de Petróleo concedeu aprovação ao projeto após vistoria nas instalações. Foram implantados três tanques de armazenamento e duas linhas que os <u>interligam</u>(D) ao <u>píer</u>(E) petroleiro do Porto. A construção da tancagem e dos dutos portuários foi iniciada em outubro de 2002.

(Adaptado de texto de <u>www.mme.gov.be</u>)

a) Foram inauguradas

b) visa a garantir

c) as

d) interligam

e) píer

164) (ASSISTENTE TÉCNICO ADMINISTRATIVO – MINISTÉRIO DA FAZENDA)

Assinale a opção gramaticalmente correta quanto à concordância e regência.

a) Antigamente, nas empresas, eram poucos os funcionários que dominavam um idioma estrangeiro, e com eles recorriam os colegas quando precisavam traduzir uma palavra ou um texto.

b) A exigência nos bons empregos, agora, é que se tenham fluência ao conversar numa língua estrangeira.

c) A corrida em busca da fluência em outra língua pode ser medida pela quantidade de brasileiros que viajam para o exterior com o fim específico de estudá-la.

d) A primeira pergunta que surge a quem se impõe ao desafio de falar outro idioma fluentemente é: será preciso passar um tempo no exterior?

e) Não necessariamente. Um bom começo é identificar as estratégias que funciona melhor para cada tipo de pessoa.

(Renata Moraes, *"A corrida pelo domínio da língua"*. **Veja**, 4/3/2009, p. 97/98)

165) (ANALISTA DE PLANEJAMENTO E ORÇAMENTO – MPOG)

O trecho abaixo contém erros no que respeita ao emprego da norma gramatical padrão. Para saná-los, foram propostas seis alterações. Analise e responda ao que se pede.

Nas últimas décadas, a intensificação das pesquisas de opinião e a ampliação da divulgação, pelos meios de comunicação (dos quais merece destaque a televisão, em particular), do que acontece no cenário econômico serviu para mostrar que "as expectativas" dos indivíduos interveem nos
5 resultados das medidas econômicas. Se o trabalhador crê que a economia vai crescer, ele procura um emprego com vantagens superiores ao seu emprego anterior. Do mesmo modo, se o empresário acredita no cresci-mento futuro, faz investimentos para ampliar seu negócio.

Alterações propostas:

I. Na linha 2, substituir "dos quais" por <u>dentre os quais.</u>

II. Na linha 4, conjugar o verbo "servir" na 3ª pessoa do plural.

III. Inserir uma vírgula após o sintagma "cenário econômico" (l.3).

IV. Passar o verbo "ir" para o presente do subjuntivo *(l.6)*.

V. Substituir a forma verbal "interveem" por interferem *(l.4)*.

VI. Na linha 6, substituir a combinação "ao" por <u>as de.</u>

As alterações que efetivamente contribuem para eliminar erros gramaticais do trecho são:

a) I, II, IV, V e VI

b) II e V

c) II, IV, V e VI

d) I, III, IV e VI

e) III, IV e V

166) (ANALISTA DE PLANEJAMENTO E ORÇAMENTO – MPOG)

Assinale a opção <u>incorreta</u> em relação às estruturas do texto.

É natural que cada grupo procure fazer valer os seus interesses. O problema do desmatamento é que ele é a expressão de uma visão predatória e de curto prazo que vai de encontro à lei e ao interesse geral da nação. É fundamental, portanto, encontrar fórmulas sustentáveis que
5 aliem desenvolvimento e preservação dos recursos naturais do país.

(Editorial, Folha de S. Paulo, 21/6/2005)

a) O emprego do subjuntivo em "procure" *(l.1)* justifica-se por expressar uma possibilidade de ação.

b) O pronome "ele" *(l.2)* retoma a ideia de "desmatamento" *(l.2)*.

c) A expressão "vai de encontro à" *(l.3)* equivale semanticamente a **vai ao encontro da**.

d) A conjunção "portanto" *(l.4)* pode iniciar corretamente o período, com ajustes nas maiúsculas e minúsculas e na colocação das vírgulas.

e) A substituição de "encontrar" *(l.4)* por **que sejam encontradas** mantém correção gramatical do período.

167) (ANALISTA DE PLANEJAMENTO E ORÇAMENTO – MPOG)

Assinale a opção que corresponde a <u>erro gramatical:</u>

O princípio que <u>nortea</u>(1) o Mercosul é muito simples: a união faz a força. Separados, os países desta região do planeta certamente <u>teriam</u>(2) hoje menos voz e poder de barganha nas negociações multilaterais que <u>vêm</u>(3) definindo as regras do comércio internacional. E, sem objetivo comum, <u>con-tinuariam</u>(4) nutrindo rivalidades regionais sem sentido. Como acordo de livre comércio, o Mercosul é um sucesso, <u>pois</u>(5) gerou intercâmbio considerável entre os países membros e os associados.

(Editorial, O Globo, 22/6/2005, com adaptação)

a) 1

b) 2

c) 3

d) 4

e) 5

168) (ANALISTA DE PLANEJAMENTO E ORÇAMENTO – MPOG)

Assinale a opção gramaticalmente correta.

a) O capital humano precisa ter as capacitações necessárias para competir, liderar e cumprir as expectativas de um mercado, hoje cada vez mais exigente. Naturalmente, as empresas líderes do setor, já perceberam isso, e alguns conhecem suas prioridades para a gestão de pessoas num mercado em disputa globalizada.

b) Ao que tudo indica, pelo ritmo de investimento, aquelas empresas que tardarem em dar-se conta disso ficará irremediavelmente para trás.

c) A ênfase em capital humano pode ser explicada, em parte, pela acelerada geração de novas tecnologias e de conhecimentos e pelas transformações vividas pela indústria de bens de consumo em todo o mundo.

d) A administração de tais conhecimentos em contínuo desenvolvimento é e continuará a ser importante diferencial competitivo. A indústria de bens de consumo, assim como outros setores altamente competitivos, já superou a muito tempo o foco nos processos e nas transações.

e) Hoje o setor se caracteriza, sim, por processos industriais complexos, alto investimento em pesquisa e desenvolvimento, mas é sobretudo em suas estratégias mercadológicas e de distribuição que se encontra os avanços mais notáveis.

(Adaptado de Francisco I. Roberto Ramirez. Gazeta Mercantil, 22/5/2005).

169) (ANALISTA DE PLANEJAMENTO E ORÇAMENTO – MPOG)

Assinale o segmento construído com organização sintática escorreita.

a) Note-se, em primeiro lugar, que todas as abordagens a respeito da questão penitenciária em nosso país giram em torno, exclusivamente, dos efeitos do crime. Encara-se o delito como fato irreversível, perante os quais só nos resta atuar após a sua ocorrência.

b) Há uma propagação persistente, diria até obstinada, da ideologia da repressão como o instrumento único de combate ao crime. Entendam-se como repressão os mecanismos retributivos utilizados face o cometimento do delito.

c) A cultura repressiva vem acompanhada da divulgação, pelos meios que mais atingem a massa – filmes e novelas –, da violência como único meio de reação às frustrações e decepções a que o mundo se nos oferece.

d) É verdade que Estado e sociedade pouco fazem para dar à prisão um sentido utilitário e construtivo. Investem no encarceramento, mas desatendem as necessidades e exigências do sistema em relação à ressocialização do egresso.

e) Assiste-se a um paradoxo. O cidadão exige punição, quer soluções para a questão penitenciária, mas afasta-se dos presos e dos egressos, sequer admite a construção de presídios em sua cidade. Falta-lhes a coragem de passar da exclusão discriminatória para a ação inclusiva.

(Antônio Cláudio Mariz de Oliveira. Folha de S. Paulo, 6/6/2005, com modificações)

170) (ANALISTA DE PLANEJAMENTO E ORÇAMENTO – MPOG)

Aponte a opção que finaliza com correção gramatical o trecho abaixo.

O desenvolvimento científico e tecnológico tem, de fato, uma coerência imanente fundamental. O seu temido desvirtuamento decorre sempre de fatores acidentais, alheios portanto à sua lógica intrínseca e fatal que, levada às últimas consequências, é sempre a favor e não contra o homem, porquanto não somente somos parte integrante do processo, mas o seu remate. Se a televisão, por exemplo, pode revelar-se aborrecida ou nociva,

(Lúcio Costa, O novo humanismo científico e tecnológico)

a) não é que o deve ser necessariamente, mas porque o critério do seu emprego a torna assim.

b) não é que deva sê-lo necessariamente, mas por que o critério do seu emprego a torna assim.

c) não é porque seja-o necessariamente, mas por que o critério do seu emprego torna-a assim.

d) não é que a deve ser necessariamente, mas porque o critério do seu emprego torna-a assim.

e) não é que deve sê-la necessariamente, mas por que o critério do seu emprego torna-a assim.

171) (ANALISTA DE PLANEJAMENTO E ORÇAMENTO – MPOG)

Assinale a opção que apresenta trecho do texto com <u>erro</u> gramatical.

a) Mais do que nunca, a indústria do seguro precisa desenvolver produtos que busquem essencialmente a eficácia.

b) É preciso que os segurados tenham convicção de que tomaram a medida certa ao decidirem pelo seguro e estejam permanentemente confiantes de que, quando precisarem, terão suas necessidades atendidas.

c) Para isso, é necessário que a comunicação seja cada vez melhor, aprimorando constantemente a relação de confiança que deve existir entre as partes.

d) Também os compradores de seguros, os segurados, precisam entender o seguro na sua essência para fazer uso, de maneira correta e na medida certa, do serviço que contratou, não esperando nem mais nem menos do que têm direito.

e) Em síntese, as relações entre segurados, seguradoras e todos os que operam o segmento precisam ser cada vez mais positivas, transparentes, éticas em todos os sentidos, voltadas para o aperfeiçoamento dessa extraordinária instituição chamada seguro.

(Adaptado de Mauro César Batista, Gazeta Mercantil, 22/6/2005)

172) (ASSISTENTE DE CHANCELARIA – MRE)

Assinale a afirmação correta a respeito dos elementos linguísticos do trecho abaixo.

Na virada do século XX ao XXI os Estados vão deixando de ser nacionais e plurinacionais e tornando-se, os que para isso dispõem de poder econômico e científico-tecnológico portanto militar e político, Estados transnacionais: seu poder econômico lhes é dado por suas empresas também transnacionais, no sentido, antes definido, de sediadas num Estado-nação e dele projetadas em outros. Empresa transnacional e Estado transnacional acompanham-se, braços da mesma cultura-civilização que os gerou e mantém, cultura significando o que são os seus homens, e civilização o que fazem, aquela enquanto seiva desta.

(Vamireh Chacon, "A divisão do mundo pelos Estados transnacionais")

a) O autor se valeu da liberdade normativa que lhe dá o Vocabulário Ortográfico da Língua Portuguesa quando optou por empregar letra inicial maiúscula na palavra "Estado".

b) As palavras "plurinacionais" e transnacionais" são exemplos de que a Língua Portuguesa, assim como todas as línguas naturais, são capazes de criar novas palavras para representar entidades e concepções novas.

c) A ligação por meio de hífen em "científico-tecnológico" e "cultura-nação" gerou palavras compostas da mesma classe gramatical.

d) Os demonstrativos que aparecem na expressão "aquela enquanto seiva desta" estão sendo empregados em razão da situação das pessoas gramaticais no espaço, isto é, se perto do falante ou do ouvinte.

e) São pronomes possessivos as formas sublinhadas em "<u>seu</u> poder econômico", "<u>suas</u> empresas" e "<u>dele</u> projetadas em outros".

173) (ASSISTENTE DE CHANCELARIA – MRE)

Assinale a única forma gramaticalmente correta, entre as sublinhadas no texto abaixo.

Cumprindo determinação superior, o assistente da diretoria de determinada empresa redigiu documento oficial aos chefes do setor, no qual constava o trecho: "O presidente deseja ter <u>à mão</u> informações <u>a cerca dos</u> pontos fracos e fortes de cada setor <u>afim de</u> subsidiar a elaboração do planejamento estratégico da empresa. Para tanto, <u>fá-se</u> necessário promover reuniões em todos os setores da empresa para <u>discutir-mos</u> como aumentar nossa competitividade".

a) à mão

b) a cerca dos

c) afim de

d) fá-se

e) discutir-mos

174) (ASSISTENTE DE CHANCELARIA – MRE)

Leia o seguinte trecho de Machado de Assis e marque a opção correta.

"O tempo é um tecido invisível em que se pode bordar tudo, uma flor, um pássaro, uma dama, um castelo, um túmulo. Também se pode bordar nada. Nada em cima de invisível é a mais sutil obra deste mundo".

a) Em "O tempo é um tecido invisível", o autor empregou uma metáfora.

b) Depreende-se do sentido global do trecho uma censura aos que vivem sem fazer nada.

c) A sintaxe do "bordar nada" foi construída com a figura de estilo chamada paradoxo ou oximoro, dado que o verbo "bordar" é transitivo direto, ou seja, quem borda sempre borda alguma coisa.

d) No contexto em que está empregado, o adjetivo "sutil" significa "inútil".

e) O trecho está construído sobre uma contradição: na primeira linha, afirma-se que sobre o tecido do tempo "se pode bordar tudo"; na segunda, afirma-se que "se pode bordar nada".

175) (ASSISTENTE DE CHANCELARIA – MRE)

Indique a frase em que o verbo sublinhado está flexionado <u>incorretamente.</u>

a) As tropas aliadas <u>interviram</u> com violência para deter os conflitos.

b) O sindicato espera que os empresários se <u>atenham</u> aos pontos do acordo salarial.

c) Se querem que os bandidos <u>agridam</u> os moradores da favela, é só fornecer-lhes um pequeno motivo.

d) Pretendem que toda essa vasta bibliografia <u>caiba</u> na cabeça dos candidatos ao concurso.

e) Sempre <u>provejo</u> a despensa antes da chegada de qualquer hóspede.

176) (ASSISTENTE DE CHANCELARIA – MRE)

Marque a opção em que pelo menos uma das expressões sublinhadas está empregada <u>erradamente.</u>

a) São Cosme e São Damião sempre andam juntos. <u>Ambos</u> são preferidos das crianças. <u>Ambos os</u> santos são reverenciados no mesmo dia.

b) <u>A cerca de</u> um ano o assunto ocupou as páginas dos principais jornais do país. Agora, que estamos <u>a cerca de</u> alguns meses das eleições, com certeza o assunto voltará à pauta dos meios de comunicação.

c) <u>Em vez de</u> seguir à direita, o comboio dobrou à esquerda. Foi a perdição. <u>Ao invés de</u> ponte, havia um imenso vazio sobre o rio. A chuva não deixara vestígio da velha ponte de madeira.

d) Os efeitos da inflação sobre a economia dos países mais pobres nem sempre são percebidos em <u>toda a sua</u> extensão. Na verdade, a inflação contamina <u>toda sua</u> cadeia produtiva.

e) <u>Todo o</u> complexo da Maré foi revistado. <u>Todas as</u> saídas foram fechadas. Policiais permanecerão no local <u>o dia todo,</u> <u>até a</u> tranquilidade voltar a reinar.

177) (ASSISTENTE DE CHANCELARIA – MRE)

Assinale a opção que corresponde a <u>erro</u> morfossintático, de concordância ou inadequação vocabular.

Nossa língua é, entre as grandes do mundo, certamente uma das que mais <u>mudam</u> de ano para ano, como se tomada por um desejo <u>furibundo</u> de se destruir, de perder sua identidade, de se esquecer e <u>alienar-se de si.</u> Devemos isso, em parte, à mania experimentalista que redundou na idolatria do "inventar", e caiu no mero beletrismo; em parte, <u>devemos-lo</u> ao jornalismo e à TV, que, ansiosos por imitar os trejeitos primeiromundistas, <u>o fazem</u> em prejuízo da lógica e da gramática.

(Baseado em Olavo de Carvalho, "O pensamento brasileiro no futuro:
um apelo à responsabilidade histórica")

a) mudam

b) furibundo

c) alienar-se de si

d) devemos-lo

e) o fazem

178) (GESTOR FAZENDÁRIO / MG)

Assinale em que lugar deve ser inserida a seguinte oração de modo a preservar a coesão, a coerência argumentativa e a correção gramatical do texto:

A partir de então, o ser humano nunca mais deixou de se globalizar.

(a) A globalização começou há 100.000 anos, quando nossos ancestrais *sapiens sapiens* forçaram as fronteiras do continente africano em direção a outras terras. (b) A globalização sempre teve vantagens e desvantagens. (c) Todos os povos que se moveram para lugares mais atrasados, no sentido físico, cultural ou econômico, levaram opressão e progresso às terras por eles visitadas. O processo vem derrubando fronteiras em todos os campos e está adquirindo uma velocidade muito maior nos dias atuais. (d) Essa transformação cinética não dá a ninguém o direito de achar que ser contra ou a favor da globalização é uma importante postura ideológica. (e)

a) (a)

b) (b)

c) (c)

d) (d)

e) (e)

179) (GESTOR FAZENDÁRIO / MG)

Preencha os espaços do texto, de modo a preservar sua coerência argumentativa e correção gramatical.

O crescimento econômico não é um processo ordenado _____ um hormônio específico _____ como uma política focada. A economia se transforma, cresce, encolhe ou se _____ como o resultado agregado de uma infinidade de processos desordenados. Não se deve pensar no crescimento _____ um número, _____ a economia se modifica de múltiplas formas, e o tamanho está longe de ser a única métrica.

(Gustavo Franco. A revolta da jabuticaba. Veja,
16 de fevereiro, 2005, com adaptações)

a) por – tratável – deteriora – como – pois

b) em – tratado – supera – acerca de – porém

c) por – questionado – deteriora – acerca de – pois

d) de – considerado – aumenta – por – porém

e) em – considerável – aumenta – como – já que

180) (GESTOR FAZENDÁRIO / MG)

Os fragmentos abaixo estão desordenados, mas constituem um texto adaptado de Antônio Ermínio de Moraes, *A Lamentável Informalidade Brasileira*, publicado na Folha de São Paulo, de 27 de março de 2005. Ordene-os nos parênteses e indique a opção correspondente.

(   ) O Brasil está permeado pelas mais diferentes formas dessa informalidade. Em primeiro lugar, está a informalidade das empresas. Em segundo lugar, vem a informalidade dos trabalhadores.

(   ) Depois, está a informalidade que existe dentro da formalidade: são os empregadores que registram um empregado por um salário baixo e pagam salário mais alto.

(   ) Em 2004, o déficit dos sistemas público e privado foi de mais de R$ 64 bilhões. Esse é o maior problema do Brasil, pois retira do Estado sua capacidade de investir.

(   ) Consertar o sistema previdenciário é imprescindível, mas, no meio de tal informalidade, será insuficiente. Moralizar as leis trabalhistas é essencial para atingir o desenvolvimento desejado.

(   ) Mais grave, o financiamento desse déficit pressiona as taxas de juros para cima e os investimentos privados para baixo, com consequências nefastas para o emprego. Os especialistas apontam a informalidade como o problema mais grave na determinação desse quadro.

a) 1,3,4,2,5
b) 4,1,3,2,5
c) 4,5,1,2,3
d) 3,1,5,4,2
e) 3,4,1,5,2

181) (AUDITOR-FISCAL DO TRABALHO)

Assinale a opção na qual a expressão sublinhada está <u>erradamente</u> empregada.

a) O governo quer mudar o imposto sobre a renda da pessoa física para reduzir as deduções de gastos com educação e saúde, mas se esquece <u>de que</u> o poder do governante não é absoluto.

b) É o Congresso, <u>quem</u> cabe transformar a vontade governamental em lei, que tem a obrigação de proteger os contribuintes.

c) A nova mordida do Leão parece decorrer de documento fazendário, <u>em que</u> se avalia que as deduções das despesas com educação e saúde só beneficiam as "pessoas abastadas".

d) A Constituição exige a observância do critério da "universalidade", cujo significado é o <u>de que</u> todo tipo de rendimento será tributável.

e) Economia fiscal verdadeira seria a eliminação ou a redução do bueiro <u>em que</u> se esvai o volume incalculável de recursos públicos chamada renúncia fiscal da União.

(Baseado em Edgard de Proença Rosa, "O Congresso é a casa do contribuinte", Correio Braziliense, 2/12/2003)

182) (AUDITOR-FISCAL DO TRABALHO)

Assinale a opção correspondente à substituição que provoca <u>erro</u> gramatical.

O exemplo clássico e seminal que deve servir de advertência aos navegadores que procuram seguir o curso fácil da corrente pode ser extraído do terreno político europeu do século XVI, e <u>encontra-se</u>(1) no projeto de unificação da Itália proposto por Maquiavel.

Os textos do secretário da República de Florença demonstram, nitidamente, as dificuldades de <u>se promoverem</u>(2) as transformações desejadas quando <u>se procura</u>(3) alcançar uma determinada finalidade às custas da ênfase em modelos inteiramente opostos ao que <u>se quer</u>(4), mesmo que de caráter transitório. Certamente, apostar no arbítrio não é uma boa escola quando <u>se trata de</u> (5) fazer história nas condições em que a escolha não depende completamente de nós.

(Fernando Magalhães, "A globalização e as lições de história".)

a) 1 – é encontrada

b) 2 – serem promovidas

c) 3 – procuramos

d) 4 – queremos

e) 5 – o objetivo é

183) (AUDITOR-FISCAL DO TRABALHO)

No texto abaixo, assinale o trecho transcrito com <u>erro</u> de pontuação.

a) À margem do circuito "virtuoso" estão os países que cederam às pressões para empreender, de forma imprudente, a abertura da conta de capital.

b) Nos dias de hoje – tal como nas três últimas décadas do século XIX – a abertura e a descompressão financeiras nos países da periferia inverteram as determinações do balanço de pagamentos.

c) Diante dos movimentos especulativos e de arbitragem das massas de capital monetário, os países da periferia – dotados de moedas frágeis, com desprezível participação nas transações internacionais – encontram-se diante dos riscos da valorização indesejada da moeda local, de operações de esterilização dos efeitos monetários da expansão das reservas (explosão da dívida pública), dos déficits insustentáveis em conta corrente e, finalmente, das crises cambiais e financeiras.

d) A instabilidade dessas políticas macroeconômicas – permanentemente submetidas às tensões que derivam das avaliações dos agentes nos mercados financeiros e de capitais – não permite a execução de políticas de crescimento.

e) Evidentemente, a estrita dependência dos humores, e dos julgamentos dos mercados financeiros internacionais impede qualquer política verdadeiramente ativa de produção e de investimento, porquanto, são precárias as informações adequadas para a tomada de decisões empresariais na esfera do investimento.

(Adaptado de Luiz Gonzaga Belluzzo e Ricardo Carneiro, "Globalização e Inserção Passiva", In Revista Política Democrática, nº 6, p.20)

Fazer ciência é algo distinto dos estereótipos de cientista de cabelos eriçados. Há uma questão de atitude da sociedade e do Estado em relação à possibilidade de produção do conhecimento e ao valor que se lhe atribui no contexto nacional. Para usar uma metáfora, vale perguntar se o sentido de ser vitorioso no futebol
5 nasceu em um único brasileiro ou em uma única geração. O sentido de ser campeão se construiu e consolidou ao longo do século XX. Quando falamos de ciência e pesquisa no Brasil, referimo-nos a um país que tem uma produção científica importante, porém comparativamente jovem e concentrada em polos. Quando tomamos países do Primeiro Mundo, observamos que o tempo de vida das universidades
10 mais importantes é contado em séculos, jamais em décadas.

(Adaptado de Roseli Fischmann, Ciência, democracia e
direitos, Correio Braziliense, 26/1/04)

184) (TÉCNICO DE PLANEJAMENTO E PESQUISA – IPEA)

Em relação ao texto, assinale a opção <u>incorreta.</u>

a) A palavra "estereótipos" *(l.1)* é acentuada pela mesma regra gramatical que exige acento em "metáfora" *(l.4)* e em "científica" *(l.7)*.

b) Mantém-se a correção gramatical ao se substituir a estrutura "que se lhe atribui" *(l.3)* por **que é atribuído ao saber.**

c) A palavra "metáfora" *(l.4)* está sendo empregada por extensão de seu sentido técnico e alude à possibilidade de uma comparação por meio de semelhanças.

d) A expressão "vale perguntar se" *(l.4)* introduz uma pergunta indireta, o que dispensa o emprego do sinal de interrogação após a palavra "geração" *(l.5)*.

e) De acordo com as ideias do texto, no Brasil, tanto a competência para a vitória no futebol como a competência científica foram construídas em curto período de tempo, nos últimos vinte anos.

É interessante notar que a saída propriamente econômica para a Grande Depressão não diferiu muito entre Itália, Alemanha, Suécia e Estados Unidos. Aplicaram o receituário que, mais tarde, seria sistematizado em uma teoria pelo economista inglês John Maynard Keynes. Em termos estritamente econômicos, todos tiveram êxito. Entretanto, por razões óbvias, foram os Estados Unidos, com o sucesso do New Deal, que marcaram uma nova etapa em nossa civilização. Nos 25 anos do pós-guerra, as políticas keynesianas de pleno emprego se generalizaram pelo mundo capitalista avançado e foram responsáveis, em última instância, pelo mais prolongado período de prosperidade social e econômica na História.

(Adaptado de J. Carlos de Assis. A crise da Economia enquanto Crise do Trabalho)

185) (TÉCNICO DE PLANEJAMENTO E PESQUISA – IPEA)

Em relação ao texto, assinale a opção <u>incorreta.</u>

a) A hegemonia política no mundo, distribuída igualmente entre Itália, Alemanha, Suécia e Estados Unidos, foi uma consequência econômica nefasta do New Deal.

b) infere-se do texto que, na época da Grande Depressão, as teorias de Keynes ainda não tinham sido formuladas teoricamente.

c) A ideia que relaciona o primeiro e o segundo períodos do texto pode ser representada pelas conjunções: **pois, já que, uma vez que.**

d) Estaria gramatical e semanticamente correta a substituição de "pós-guerra" por **período após a guerra**.

e) Preserva-se a correção gramatical e informação original do texto se a forma pronominal do verbo "se generalizaram" for substituída por **se propagaram.**

> A Grande Depressão não foi apenas a maior crise de desemprego da História, mas também a primeira crise de desemprego nas grandes democracias ocidentais que se abateu sobre um eleitorado constituído, principalmente, por trabalhadores ameaçados pelo desemprego ou vítimas diretas dele. O corpo político havia mu-
> 5 dado. Não levar em conta os interesses objetivos do eleitorado era um suicídio político certo.
>
> (Adaptado de J. Carlos de Assis. A crise da Economia enquanto Crise do Trabalho)

186) (TÉCNICO DE PLANEJAMENTO E PESQUISA – IPEA)

Em relação ao texto, assinale a opção <u>incorreta.</u>

a) O emprego de "mas também" *(l.2)* está sintática e semanticamente vinculado ao emprego de "não... apenas" *(l.1)*.

b) Em "se abateu" *(l.3)* a próclise é indicada pela presença do "que" antecedente.

c) Caso a expressão "O corpo político" *(l.4)* vá para o plural, estaria gramaticalmente correto manter a expressão "havia mudado" no singular, pois o verbo haver é impessoal.

d) A expressão "Não levar em conta" *(l.5)* pode ser substituída por **Desconsiderar**, sem prejuízo para a correção e o sentido geral do texto.

e) A preferência pela forma verbal **seria** no lugar de "era" *(l.5)* mantém a correção gramatical do texto.

187) (TÉCNICO DE PLANEJAMENTO E PESQUISA – IPEA)

I. O desenvolvimento requer como condição imprescindível um mínimo de equidade social. É a transferência dos aumentos na produtividade física do trabalho para salário real que permitem combinar aumento progressivo da riqueza da Nação e crescente elevação do bem-estar do conjunto da população.

II. A essência do problema do desenvolvimento reside na presença de estruturas sociais e de uma dinâmica de incorporação de progresso técnico que permitem que o movimento de acumulação de capital provoque uma tendência à escassez relativa de trabalho.

III. Para que a reflexão sobre os rumos da política econômica possa abrir novos horizontes para o povo brasileiro, ela deve superar o mito de que as mazelas do subdesenvolvimento – a pobreza, a desigualdade social e a dependência externa – podem ser resolvidas pela simples aceleração do crescimento.

(Plínio de Arruda Sampaio Jr. O Impasse do Desenvolvimento Nacional)

Quanto à concordância verbal,

a) apenas I está certa.

b) apenas II está certa.

c) apenas III está certa.

d) I e II estão certas.

e) II e III estão certas.

188) (TÉCNICO DE PLANEJAMENTO E PESQUISA – IPEA)

No texto abaixo, assinale a opção em que a regência verbal está <u>incorreta.</u>

a) As capitanias hereditárias eram verdadeiras possessões de desmandos e, sem contar com um mínimo degrau de contenção do arbítrio, foi realmente penoso construirmos qualquer anteparo de cidadania.

b) Talvez em face mesmo desse início de História, do berço enviesado em que nasceu nossa pátria, o público, paradoxalmente, sempre nos pareceu pertencer a ninguém, ao invés de ser de todos, e, como tal, nunca mereceu consideração maior.

c) O lixo jogado na rua e a garrafa vazia arremessada do automóvel em trânsito têm explicação na incorreta percepção (de grande maioria dos brasileiros) de que pouco importa o que não se situa no âmbito da própria morada.

d) Desafortunadamente, por estas paragens sempre vingou a mentalidade segundo a qual "se não é meu, não me diz respeito nem demanda de mim cuidado algum,".

e) Assim é que o descaso com a coisa pública vicejou, soberano, grassando na ineficiência, apesar desse tão forte aparato institucional voltado ao controle e à fiscalização dos atos públicos.

(Adaptado de *Marco Aurélio Farias de Mello*)

189) (TÉCNICO DE PLANEJAMENTO E PESQUISA – IPEA)

Os trechos abaixo constituem um texto. Assinale o que apresenta <u>problema</u> de regência.

a) Entre a crise econômica mundial de 1930 e o fim da Segunda Guerra, no espaço aberto pela luta entre as Grandes Potências, o Brasil adotou políticas que acabaram fortalecendo o estado central e a sua economia nacional.

b) Sua margem de autonomia, entretanto, foi pequena e curta, e, em 1938, o Brasil já havia se alinhado à nova liderança mundial norte-americana.

c) Do ponto de vista econômico, contudo, a resposta a crise dos anos 30 obrigou o Brasil a um protecionismo pragmático, para enfrentar o problema da escassez de divisas.

d) Esse procedimento acabou estimulando um processo quase espontâneo de "substituição de importações".

e) Um processo embrionário que deu impulso à industrialização, mas que acabou enfrentando limites claros e imediatos, que só foram superados quando a restrição externa deu origem, a partir de 1937/38, a um projeto de industrialização liderado pelo Estado e voltado para o mercado interno.

(Adaptado de José Luís Fiori. Brasil: Inserção Mundial e Desenvolvimento)

190) (TÉCNICO DE PLANEJAMENTO E PESQUISA – IPEA)

Nas questões 190 e 191, assinale a opção que corresponde a <u>erro</u> gramatical, de coesão ou de coerência textual.

É <u>relevante</u>(1) o fato <u>de que</u>(2), na idade de ouro do capitalismo, nos 25 anos pós-guerra, entre os países industrializados, <u>de cada</u>(3) dez empregos criados, seis <u>o</u> (4) eram no setor público. Essa informação não deve surpreender, <u>não obstante</u> (5) a principal característica do estado de bem-estar social é a existência de um serviço público de qualidade e em quantidade suficiente.

(Adaptado de José Carlos de Assis, A Crise Econômica
enquanto Crise do Trabalho)

a) 1

b) 2

c) 3

d) 4

e) 5

191) (TÉCNICO DE PLANEJAMENTO E PESQUISA – IPEA)

A noção de desenvolvimento diz respeito à capacidade <u>de o</u> (1) Homem controlar o seu destino. No capitalismo, a questão central reside na subordinação do processo de acumulação <u>aos</u> (2) desígnios da sociedade nacional. <u>Tratam-se</u> (3), sobretudo, de problema qualitativo sobre as condições externas e internas <u>que</u> (4) permitem ao Estado nacional arbitrar o sentido, a intensidade e o ritmo do processo de destruição criadora que caracteriza o desenvolvimento capitalista, <u>de modo a</u> (5) assegurar a reprodução de mecanismos de socialização do excedente entre salário e lucro.

(Adaptado de Plínio de Arruda Sampaio Jr. O Impasse do
Desenvolvimento Nacional)

a) 1

b) 2

c) 3

d) 4

e) 5

192) (TÉCNICO DE PLANEJAMENTO E PESQUISA – IPEA)

Se é certo, (1) como afirmava Machado de Assis, (1) que a ocasião faz o furto, (2) pois o ladrão já nasce feito, (2) há de se concordar que determinadas circunstâncias funcionam como autênticos chamarizes, incentivando o desvio de conduta, (3) mormente numa época de apelo fácil ao consumismo desenfreado e de mitigação de valores morais. A capacitação profissional de agentes é condição imprescindível, (4) para uma boa administração, no mais amplo sentido. Parece ser consenso que os holofotes devem estar voltados, (5) a par do aprimoramento técnico, (5) à formação humanística dos servidores, o que envolve, necessariamente, a lapidação de valores éticos e morais.

(Adaptado de Marco Aurélio Farias de Mello – Revista Consultor
Jurídico, 12 de novembro de 2002)

Assinale a opção que corresponde à vírgula (ou ao par de vírgulas) empregada de forma incorreta.

a) 1

b) 2

c) 3

d) 4

e) 5

193) (AUDITOR-FISCAL DA RECEITA FEDERAL)

Julgue se os trechos abaixo estão gramaticalmente corretos e assinale a opção correspondente.

I. O projeto de reestruturação das atividades de controle da Rede Arrecadadora, denominado NOVA RARF, em implementação desde 1999, foi concebido pela Superintendência da Receita Federal como uma forma de atenuar as inúmeras deficiências da área de controle da rede.

II. Os esclarecimentos prestados pela Superintendência da Receita Federal, assim como informações obtidas com técnico do órgão, demonstra uma postura da Receita Federal no sentido de aprimorar os seus controles internos.

III. Verifica-se que estão sendo adotadas várias medidas pelas unidades da SRF no sentido de identificar as diferenças encontradas na conciliação bancária. Apesar de remanescerem ainda diferenças muito antigas, isso não caracteriza por si só o descumprimento da determinação do Tribunal, haja visto que muitas delas talvez nunca sejam solucionadas, pois são referentes ao início de funcionamento do SISBACEN.

IV. A equipe de inspeção noticia significativo aprimoramento no sistema de arrecadação da SRF e o implemento de medidas recomendadas por esta Corte, como as desenvolvidas pelo projeto denominado NOVA RARF.

V. Entre as diversas alterações observadas pela equipe de inspeção, merece destaque a centralização do controle da rede arrecadadora. Espera-se que agora os acertos necessários para tornar compatível o fluxo financeiro com o de informação sejam acelerados e, consequentemente, minimizado o número de erros.

(Adaptado de www.receita.fazenda.gov.br, 10/9/2003)

Os itens corretos são:

a) I, II, e IV

b) II, IV e V

c) I, IV e V

d) III, IV e V

e) I, III e V

194) (AUDITOR-FISCAL DA RECEITA FEDERAL)

Assinale a opção em que o trecho do texto foi transcrito com <u>erro</u> de concordância.

a) A superintendência da Receita Federal em Minas Gerais montou equipe de auditores para fiscalizar os integrantes da "máfia" de adulteração de combustíveis. Foram concluídas nos dois últimos meses as primeiras sete ações fiscais, com lançamentos de crédito tributário no valor aproximado de 2 milhões de reais. Outras duas ações fiscais estarão sendo encerradas em breve e vão gerar créditos tributários da ordem de 6 milhões de reais.

b) As fiscalizações já concluídas se referem a empresas, abrangendo também os seus respectivos sócios, sobre os quais pesa a acusação da prática de adulteração de combustíveis, fato este que envolveu até mesmo o assassinato do Promotor que investigava o caso.

c) No decorrer dos trabalhos já encerrados, foram constatados fortes indícios da prática de crime contra a ordem tributária, e, ainda, fraude, sonegação e conluio, tendo em vista a utilização de "laranjas" na constituição das empresas, além da prática do uso de "notas calçadas" e de "livros paralelos".

d) De acordo com as investigações realizadas, a sistemática utilizada para a distribuição irregular dos solventes adquiridos pelas empresas, assim como de combustíveis já adulterados, envolvem a emissão de notas fiscais calçadas e paralelas, além da utilização de empresas "fantasmas" ou inabilitadas, como destinatárias fictícias das mercadorias das notas fiscais.

e) O trabalho continua e se estende por todo o Estado. Já estão em andamento dezoito outras ações fiscais em pessoas físicas e jurídicas, podendo, após o término do trabalho de pesquisa da equipe, outras ações serem concluídas. Estes programas fazem parte de um esforço coordenado da Receita Federal com outros órgãos, no combate às atividades ilícitas.

(Adaptado de www.receita.fazenda.gov.br, 9/9/2003)

195) (AUDITOR-FISCAL DA RECEITA FEDERAL)

Assinale o item que, atendidos os requisitos de coerência e coesão, possa dar continuidade ao seguinte período:

Os historiadores vêm, há muito tempo, estudando o corpo no campo de uma demografia ou de uma patologia históricas. Mostraram até que ponto os processos históricos estavam implicados no que se poderia considerar a base puramente biológica da existência.

a) Apesar disso, o corpo está diretamente mergulhado no campo político, as relações de poder têm alcance imediato sobre ele.

b) Na medida em que o encaram como sede de necessidades e de apetites, como lugar de processos fisiológicos e de metabolismos, o corpo só se torna útil se é, ao mesmo tempo, corpo produtivo e corpo submisso.

c) Também está o corpo envolvido por relações de poder e de dominação, que o sujeitam a trabalhos, o supliciam e lhe exigem sinais. Esse processo pode ser denominado tecnologia política do corpo.

d) Portanto, o investimento político do corpo está ligado, segundo relações complexas e recíprocas, à sua utilização econômica.

e) Em compensação, sua constituição como força de trabalho só é possível se ele está preso num sistema de sujeição, onde a necessidade é também um instrumento político organizado.

(Itens adaptados de Michel Foucault)

As questões de números 196,197 e 198 têm o texto abaixo como base.

Falar em direitos humanos pressupõe localizar a realidade que os faz emergir no contexto sócio-político e histórico-estrutural do processo contraditório de criação das sociedades. Implica, em suma, desvendar, a cada momento deste processo, o que venha a resultar como direitos novos até então escondidos sob a lógica
5 perversa de regimes políticos, sociais e econômicos, injustos e comprometedores da liberdade humana.

Este ponto de vista referencial determina a dimensão do problema dos direitos humanos na América Latina.

Neste contexto, a fiel abordagem acerca das condições presentes e dos cami-
10 nhos futuros dos direitos humanos passa, necessariamente, pela reflexão em torno das relações econômicas internacionais entre países periféricos e países centrais.

As desarticulações que desta situação resultam não chegam a modificar a base estrutual destas relações: a extrema dependência a que estão submetidos os países periféricos, tanto no que concerne ao agravamento das condições de
15 trabalho e de vida (degradação dos salários e dos benefícios sociais), quanto na dependência tecnológica, cultural e ideológica.

(Núcleo de Estudos para a Paz e Direitos Humanos, UnB,
in: Introdução Crítica ao Direito, com adaptações)

196) (AUDITOR-FISCAL DA RECEITA FEDERAL)

Assinale a opção que <u>não</u> estabelece uma continuidade coerente e gramaticalmente correta para o texto.

a) Nesta parte do mundo, imensas parcelas da população não têm minimamente garantida sua sobrevivência material. Como, pois, reivindicar direitos fundamentais se a estrutura da sociedade não permite o desenvolvimento da consciência em sua razão plena?

b) Por conseguinte, a questão dos Direitos tem significado político, enquanto realização histórica de uma sociedade de plena superação das desigualdades, como organização social da liberdade.

c) Assim, pois, a opressão substitui a liberdade. A percepção da complexidade da realidade latino-americana remete diretamente a uma compreensão da questão do homem ao substitui-lo pela questão da tecnologia.

d) Na América Latina, por isso, a luta pelos direitos humanos engloba e unifica em um mesmo momento histórico, atual, a reivindicação dos direitos pessoais.

e) Não nos esqueçamos que a construção do autoritarismo, que marcou profundamente nossas estruturas sociais, configurou o sistema político imprescindível para a manutenção e reprodução dessa dependência.

197) (AUDITOR-FISCAL DA RECEITA FEDERAL)

Assinale a opção em que, no texto, a expressão que antecede a barra <u>não</u> retoma a ideia da segunda expressão que sucede a barra.

a) "realidade" *(l.1)* / "contexto sócio-político e histórico-estrutural do processo" *(l.2)*

b) "deste processo" *(l.3)* / "processo contraditório de criação das sociedades" *(l. 2 e 3)*

c) "Este ponto de vista referencial" *(l.7)* / ideias expressas no primeiro parágrafo.

d) "Neste contexto" *(l.9)* / discussão sobre os direitos humanos na América Latina.

e) "desta situação" *(l.12)* / relações econômicas internacionais entre países periféricos e países centrais.

198) (AUDITOR-FISCAL DA RECEITA FEDERAL)

Analise os seguintes itens a respeito do emprego das estruturas linguísticas do texto, para, em seguida, assinalar a opção correta.

I. O paralelismo sintático e semântico entre "pressupõe" *(l.1)* e "Implica" *(l.3)* evidencia que remetem ao mesmo sujeito oracional.

II. O tempo e modo verbal em que "venha" *(l.4)* está empregado indicam incerteza, dúvida a respeito do que pode vir a ser resultante em termos de "direitos novos" *(l.4)*.

III. As regras de regência nominal permitem que "dependência" *(l.16)* também seja empregada com a preposição com; por isso está igualmente correto: a extrema dependência com que estão submetidos...

IV. "concerne" *(l.14)* apresenta dois complementos sintáticos: (a) "agravamento das condições de trabalho e de vida" *(l.14 e 15)*, e (b) "dependência tecnológica, cultural e ideológica" *(l.16)*.

Estão corretos apenas:

a) I e II

b) I, II e III

c) I e III

d) II, III e IV

e) II e IV

199) (AUDITOR-FISCAL DA RECEITA FEDERAL)

Marque o item em que o emprego da vírgula está correto e mantém a coerência do enunciado.

a) Nos estudos sobre violência, normalmente, são analisadas as relações de poder entre grupos ou classes e focalizadas, especialmente, as ações individuais ou coletivas, que buscam, na defesa de seus respectivos pleitos sociais, anular a força do adversário.

b) Numa direção diferente, penso em abordar a violência a partir da visão que o indivíduo de elite tem de seu destino socioindividual. A escolha desse ponto de vista deve-se a duas razões principais. A primeira concerne ao poder, que tem tal indivíduo de formar mentalidades.

c) As elites brasileiras monopolizam a maior parte das riquezas materiais do país e os instrumentos, que consagram normas de comportamentos e aspirações como recomendáveis e desejáveis. Seu valor estratégico, no que concerne a mudanças sociais, é, por esse motivo, de grande importância.

d) A segunda razão diz respeito à possibilidade de entender mais facilmente "como e em que pensam as elites", dado o hábito cultural que têm de tematizarem a si mesmas. Nas camadas populares, tomar a própria subjetividade como objeto de preocupação e discurso público é uma exceção; nas elites, esse hábito é a regra.

e) Nesse sentido, alguns pensadores mostraram que a contingência das imagens, que temos "do que é ser humano", pode levar-nos a desconhecer o outro como um semelhante. Ao contrário do ódio, da rivalidade explícita ou do temor diante do adversário, que ameaça privar-nos do que julgamos fundamental para nossas vidas, o alheamento consiste numa atitude de distanciamento, em que a hostilidade ou o vivido persecutório são substituídos pela desqualificação do sujeito como ser moral.

(Adaptado de Jurandir Freire)

Leia o texto para responder às questões 200 e 201.

As hidrelétricas podem ser uma boa opção de energia barata e renovável, desde que não inundem florestas primárias e nações indígenas nem desalojem compulsoriamente milhares de agricultores. Pequenas e médias hidrelétricas e também algumas muito grandes, como a Xingó, no Nordeste, têm um impacto socioambiental

5   positivo. A combinação dos princípios de reciclagem, descentralização e conservação de energia com os mecanismos de democratização, avaliação dos impactos ambientais e opções energéticas menos agressivas promoverá mudanças substanciais na matriz energética e na economia global. Em decorrência, haverá amplo acesso de energia às populações e menor impacto nas florestas e no efeito estufa, bem como

10   maior benefício na redução do lixo atômico e na conservação dos recursos hídricos.

(Carlos Minc, Ecologia e Cidadania, Rio de Janeiro, Editora Moderna, p. 120)

200) (TÉCNICO ADMINISTRATIVO – ANEEL)

Assinale a opção que constitui título coerente com a ideia principal do texto.

a) Matriz energética ambientalmente positiva

b) Hidrelétrica de pequeno porte

c) A economia global e a energia descentralizada

d) A energia renovável e o lixo atômico

e) A conservação dos recursos hídricos

201) (TÉCNICO ADMINISTRATIVO – ANEEL)

Em relação ao texto, assinale a opção <u>incorreta.</u>

a) As grafias **hidrelétrica e hidroelétrica** exemplificam caso em que convivem na língua culta duas formas igualmente aceitas de escrita.

b) O termo "desde que" *(l. 1 e 2)* introduz uma ideia de condição.

c) As usinas pequenas, ao contrário das médias e grandes, têm impacto positivo no ambiente.

d) A forma verbal "promoverá" *(l.7)* está na terceira pessoa do singular para assegurar a concordância correta com "A combinação" *(l.5)*.

e) A substituição do trecho "Em decorrência, haverá" *(l.8)* por "Haverá, consequentemente", mantém a correção gramatical do período.

202) (TÉCNICO ADMINISTRATIVO – ANEEL)

Assinale a opção que <u>não</u> continua de forma coesa, coerente e gramaticalmente correta o fragmento a seguir.

O processo de <u>briquetagem</u> é o aproveitamento e a compactação de resíduos vegetais para uso de produção de energia.

(Adaptado de <u>http://www.aultimaarcadense.com/energia.htm</u>)

a) Como as vantagens da briquetagem são muitas: redução do desmatamento; produção de energia mais barata; menor poder de poluição e a reutilização de sobras de materiais.

b) Esses resíduos vegetais podem ser serragem, bagaço de girassol, palha de milho, casca de arroz, casca de uva, restos de madeira etc.

c) Além de resíduos vegetais, restos de mineração também podem ser utilizados no processo de briquetagem, como restos de metais e produtos químicos variados.

d) Trata-se de importante técnica para geração de energia, por meio da qual resíduos vegetais são transformados em combustível para termelétricas.

e) A utilização dessa técnica deve ser incentivada, porque é uma importante fonte alternativa de geração de energia, que apresenta grandes vantagens ecológicas.

203) (TÉCNICO ADMINISTRATIVO – ANEEL)

Assinale a opção gramaticalmente correta.

a) A liberação dos recursos abre uma nova fase do programa "Luz para Todos", que é coordenado pelo Ministério de Minas e Energia e foi lançado em novembro de 2003.

b) Durante esse período, foram instalados comitês gestores estaduais, assinados os termos de compromisso com os estados e finalizados as negociações com as concessionárias para definição das condições contratuais e do valor das obras.

c) A próxima etapa será a assinatura dos contratos entre as concessionárias e os governos estaduais, também parceiro do programa.

d) O acesso à energia elétrica será gratuita para todos os consumidores. As famílias de baixa renda cadastradas nos programas sociais do Governo Federal receberão gratuitamente as ligações internas de suas residências.

e) Hoje, mais de 12 milhões de brasileiros não tem acesso à energia elétrica, o equivalente à soma da população dos Estados do Piauí, Mato Grosso do Sul, Amazonas e Distrito Federal.

(Adaptado de http://www.presidencia.gov.br/casacivil, 9 de junho de 2004)

204) (TÉCNICO ADMINISTRATIVO – ANEEL)

Assinale a opção que preenche corretamente as lacunas do texto.

A energia elétrica tem importância fundamental __1__ desenvolvimento, principalmente quando se trata de desenvolvimento sustentável, __2__ possibilita a elaboração e acompanhamento de projetos biotecnológicos que dependem de sua existência para efetiva realização. A grande maioria dos instrumentos de medição, de estudos científicos e de suportes técnicos para testes dependem da força da energia elétrica. __3__ , a energia elétrica auxilia muito os trabalhos relacionados __4__ preservação ambiental.

(Adaptado de http://www.aultimaarcadense.com/energia.htm)

	1	2	3	4
a)	com o	por que	Assim	na
b)	para o	pois	Portanto	à
c)	no	já que	Ademais	em
d)	pelo	e	Desta forma	com
e)	sobre o	vez que	Nesse sentido	pela

Nas questões 205 e 206, assinale a opção que corresponde a <u>erro</u> gramatical.

205) (TÉCNICO ADMINISTRATIVO – ANEEL)

Em 1934, foi <u>promulgado(1)</u> o Código das Águas, que <u>atribuiu(2)</u> à União o poder de autorizar ou conceder o aproveitamento de energia hidráulica e estabeleceu a distinção entre a propriedade do solo e a propriedade das quedas d'água e outras fontes de energia hidráulica <u>para o efeito de(3)</u> aproveitamento industrial. Todos os recursos hídricos foram incorporados ao patrimônio da União. <u>Asseguravam-se</u>(4) ao Estado Novo o direito de <u>in-tervir</u>(5) nas atividades produtivas para suprir as deficiências da iniciativa privada e negava-se aumento da participação de estrangeiros no setor elétrico, bem como em outros setores econômicos.

(Adaptado de <u>www.energiabrasil.gov.br/energiabrasil_historico</u>)

a) 1

b) 2

c) 3

d) 4

e) 5

206) (TÉCNICO ADMINISTRATIVO – ANEEL)

<u>Há</u> (1) no mundo 438 reatores de energia atômica, distribuídos em 31 países. Os EUA possuem 104 <u>delas</u>(2), a França 59, o Japão 53, a Alemanha 19, a Rússia 29. O Brasil está em 21º lugar, <u>com</u>(3) duas usinas atômicas. Os problemas desse tipo de energia <u>são</u>(4) o risco de um acidente e o problema relacionado ao armazenamento dos <u>dejetos</u>(5) radioativos. Muitos países estão desativando suas unidades nucleares, como a Suécia, a Áustria, a Itália e a Alemanha.

(Adaptado de http://www.aultimaarcadense.com/energia.htm)

a) 1

b) 2

c) 3

d) 4

e) 5

207) (TÉCNICO ADMINISTRATIVO – ANEEL)

Assinale a opção que preenche corretamente as lacunas do texto.

Cogeração é o processo de produção combinada de energia elétrica. Por meio dela __1__ empresas podem tornar-se autossuficientes nesse aspecto, colaborando na geração global de energia, o que constitui um eficiente processo para ajudar __2__ minimizar __3__ crise energética. Ademais, o produtor poderá auferir ganhos pela venda da energia excedente. Evidentemente __4__ toda uma gama de exigências legais para que se processe __5__ cogeração.

(Adaptado de http://aultimaarcadence.com)

	1	2	3	4	5
a)	as	à	à	é	uma
b)	algumas	em	uma	a	essa
c)	tais	por	tal	houve	tal
d)	as	a	a	há	a
e)	aquelas	e	essa	havia	aquela

TESTES

Leia o texto para responder às questões de 208 a 210.

Um dos motivos principais pelos quais a temática das identidades é tão frequentemente focalizada tanto na mídia assim como na universidade são as mudanças culturais, sociais, econômicas, políticas e tecnológicas que estão atravessando o mundo e que são experienciadas, em maior ou menor escala, em comunidades
5   locais específicas. Como indica Fridman (2000, p. 11), "se a modernidade alterou a face do mundo com suas conquistas materiais, tecnológicas, científicas e culturais, algo de abrangência semelhante ocorreu nas últimas décadas, fazendo surgir novos estilos. costumes de vida e formas de organização social". Há nas práticas sociais cotidianas que vivemos um questionamento constante de modos de viver a vida
10 social que têm afetado a compreensão da classe social, do gênero, da sexualidade, da idade, da raça, da nacionalidade etc., em resumo, de quem somos na vida social contemporânea. É inegável que a possibilidade de vermos a multiplicidade da vida humana em um mundo globalizado, que as telas do computador e de outros meios de comunicação possibilitam, tem colaborado em tal questionamento ao vermos
15 de perto como vivemos em um mundo multicultural e que essa multiculturalidade, para qual muitas vezes torcíamos/torcemos os narizes, está em nossa própria vida local, atravessando os limites nacionais: os grupos *gays,* feministas, de rastafaris, de hip-hop, de trabalhadores rurais sem-terra etc.

(Luiz Paulo da Moita Lopes, Discursos de Identidades, p.15)

208) (TÉCNICO DA RECEITA FEDERAL)

Das seguintes relações de causa (primeira coluna) e consequência (segunda coluna), assinale a única que <u>não</u> é possível inferir a partir do texto.

a)	mudanças culturais e sociais	focalização da temática das identidades
b)	modernidade no mundo	novas formas de organização social
c)	acesso à multiculturalidade	acesso às telas do computador
d)	questionamento dos modos de viver	alteração na compreensão da sexualidade
e)	novas conquistas tecnológicas e culturais	novos estilos e costumes de vida

209) (TÉCNICO DA RECEITA FEDERAL)

Assinale a opção correta a respeito do emprego dos verbos no texto:
a) As regras gramaticais da norma culta exigem o emprego de plural em "são" *(l.2)* para respeitar a concordância com "tanto na mídia assim como na universidade" *(l. 2).*
b) A alternativa textual de se empregar o verbo **existir** no lugar do impessoal "Há" *(l.8),* e preservar a correção gramatical, exige que seja usada a forma de plural: **existem.**
c) O emprego do acento em "têm" *(l.10),* tornando o vocábulo tônico, indica que o verbo está aí concordando com "práticas sociais cotidianas". *(l. 8 e 9)*
d) A complementação do verbo **viver** preenche funções sintáticas diferentes nas ocorrências das linhas 9 e 15.

e) A dupla possibilidade verbal que o texto oferece, "torcíamos/torcemos" *(l.16)*, envolve variação no tempo e modo verbais, mas preserva a pessoa gramatical.

210) (TÉCNICO DA RECEITA FEDERAL)

Analise as seguintes alterações propostas para as estruturas linguísticas do texto e assinale a opção correta.

a) Preserva-se a correção gramatical e a coerência textual ao usar o pronome relativo **que** em lugar de "quais" *(l. 1)*, desde que precedido da preposição **por**.

b) Preserva-se a correção gramatical e os sentidos do texto ao retirar "de abrangência" *(l.7)*.

c) Preserva-se a correção gramatical, mas altera-se a coerência textual ao usar a forma verbal flexionada **faz** no lugar da forma nominal "fazendo" *(l.7)*, desde que se insira antes dela a conjunção **e**.

d) Preservam-se a correção gramatical e os sentidos do texto ao inserir **o** diante de "que" *(l.13)*, desde que seja retirada a vírgula após "possibilitam" *(l.14)*.

e) Preserva-se a correção gramatical, mas prejudica-se a coerência textual ao substituir a forma nominal "atravessando" *(l.17)* por **e atravessa**.

211) (TÉCNICO DA RECEITA FEDERAL)

Assinale a opção em que a concordância está de acordo com a norma padrão.

a) Os milhares de pessoas que cometeram delitos, após cumprirem suas penas, ficam quites com a sociedade.

b) Nenhum dos colegas de seção afirmaram ter presenciado qualquer ato delituoso, apenas relataram o que ouviram do funcionário punido.

c) A maioria dos casos examinados indicava ser necessário a instauração de sindicância, ainda que alguns de nós relutássemos em acatar a auditoria realizada.

d) Dadas as circunstâncias em que ocorreu um grande número de exonerações, foi publicado, na mídia, uma nota que justificava tal procedimento administrativo.

e) Seguia anexo ao processo administrativo a cópia dos contratos de serviços especializados que haviam sido prestados na gestão anterior.

212) (TÉCNICO DA RECEITA FEDERAL)

Assinale o trecho do texto que foi transcrito com <u>erro.</u>

a) Os direitos humanos, a grande conquista moderna, procedem da ideia de que o governo está a serviço dos cidadãos, e não o contrário. Cada indivíduo, antes mesmo de fazer parte do poder político, já detêm direitos que são seus, pelo simples ato de nascer.

b) É esse vínculo dos direitos humanos ao nascimento que permite dizer que eles são direitos naturais. Já o Estado é um instrumento para realizar fins comuns às pessoas.

c) Vários teóricos da política, ao longo dos séculos XVII e XVIII, afirmaram que o Estado nasceria de um contrato. Eles foram indevidamente contestados depois que os avanços da história mostraram que seria impossível a pessoas isoladas entre si desenvolverem a sofisticação necessária para adotar o conjunto de regras e leis que forma um Estado.

d) O que os contratualistas pretendiam não era tanto afirmar uma verdade histórica, ou sequer uma hipótese, mas expressar uma ideia filosófica forte, revolucionária: o indivíduo tem prioridade sobre o Estado.

e) Mesmo que cada um de nós, em sua vida, nasça dentro de um Estado – e, portanto, depois dele –, este último somente tem validade como ferramenta ou meio para promover fins que são os nossos.

(Adaptado de Renato Janine Ribeiro, Fronteiras da Ética, São Paulo:
Senac, 2002, p.134,135).

213) (TÉCNICO DA RECEITA FEDERAL)

Assinale a opção em que o trecho do texto foi transcrito com <u>erro</u> de sintaxe.

a) As empresas do setor imobiliário que deixaram de prestar contas das transações realizadas em 2002 vão ser alvo de investigação da Receita Federal. Imobiliárias, construtoras e incorporadoras tinham prazo limitado para entregar a Declaração de Informação sobre Atividades Imobiliárias – Dimob.

b) A estimativa é de que metade das empresas não declarou, mas o coordenador-geral de Fiscalização da Receita acredita que muitas delas ainda vão suprir a exigência. Até o prazo foram entregues 21.395 declarações, mas nos registros da Receita constam em cerca de 40 mil empresas que estariam obrigadas a declarar.

c) O coordenador diz que os dados da Dimob serão confrontados com as informações da declaração das empresas e das pessoas físicas. O coordenador afirma ainda que as informações serão cruzadas com os dados da CPMF, que têm sido instrumento indispensável ao trabalho de fiscalização do órgão.

d) Na declaração, as imobiliárias só devem informar as operações realizadas no ano passado. As empresas que não tiveram atividades em 2002 estão desobrigadas de prestar contas. Quem deixou de entregar a declaração no prazo pagará multa mínima de R$ 5 mil por mês-calendário. Em caso de omissão ou informação de dados incorretos ou incompletos, a multa será de 5% sobre o valor da transação.

e) Essa declaração foi criada em fevereiro de 2003 para identificar as operações de venda e aluguel de imóveis. A Receita quer saber, por exemplo, a data, o valor da transação e a comissão paga ao corretor. No ano passado, foram fiscalizadas 495 empresas do setor, cujas autuações somaram R$ 1,2 bilhão.

(Adaptado de www.receita.fazenda.gov.br, 5/3/2003)

214) (TÉCNICO DA RECEITA FEDERAL)

Os trechos abaixo constituem um texto, mas estão desordenados. Ordene-os nos parênteses e, em seguida, assinale a sequência correspondente.

( ) **As operações de compra de imóveis pelas *off shores* também estão sendo monitoradas pela Receita. Os dados serão comparados com as declarações de Imposto de Renda dos residentes no Brasil e até com o cadastro de imóveis das prefeituras.**

( ) Sem identificação dos donos, cujos nomes são mantidos em sigilo pela legislação dos países onde estão registradas, muitas dessas empresas fazem negócios no Brasil, como a participação em empreendimentos comerciais ou industriais, compra e aluguel de imóveis.

( ) Além de não saber quem são os proprietários dessas *off shores*, pois não há mecanismos legais que permitem acesso aos verdadeiros donos, o governo também não tem conhecimento da origem desse dinheiro aplicado no País, sem o recolhimento dos impostos devidos.

( ) A Receita Federal está fechando o cerco contra as empresas estrangeiras sediadas em paraísos fiscais que atuam no Brasil, conhecidas como *off shores*.

( ) Para reduzir essa evasão fiscal, a Receita está identificando as pessoas físicas que alugam imóveis de luxo pertencentes a pessoas jurídicas ou mesmo físicas que atuam em paraísos fiscais. Toda remessa de aluguel é tributada.

(Adaptado de Anan D'Angelo, Andréa Cordeiro e Vicente Nunes,
Correio Braziliense, 8/9/2003)

a) 1º, 2º, 4º, 3º, 5º
b) 2º, 3º, 5º, 4º, 1º
c) 5º, 2º, 3º, 1º, 4º
d) 1º, 5º, 4º, 3º, 2º
e) 3º, 2º, 1º, 5º, 4º

215) (TÉCNICO DA RECEITA FEDERAL)

Em relação ao texto, assinale a opção <u>incorreta</u> a respeito dos sinais de pontuação.

O governo, de janeiro a maio deste ano, arrecadou R$ 937 milhões adicionais por meio do Programa de Integração Social – PIS. Em dezembro do ano passado, a alíquota da contribuição subiu de 0,65% para 1,65%. O aumento foi concedido para compensar possíveis perdas de arrecadação com
5 o fim da cumulatividade – incidência da con tribuição em todas as etapas da fabricação do mesmo produto –, que foi aprovado no final do ano passado.

(Silvia Mugnatto, Folha de São Paulo. 1º/9/2003)

a) As vírgulas da linha 1 se justificam por isolar um complemento circunstancial intercalado entre o sujeito e o predicado do período.

b) Eliminando-se o travessão *(l.2)*, "PIS" poderia estar entre parênteses, sem prejuízo gramatical para o período.

c) Se a expressão "Em dezembro do ano passado" *(l.2 e 3)* estivesse no final do período (com minúscula) não haveria exigência de isolá-la antecedendo-a com uma vírgula.

d) Os travessões das linhas 5 e 6 poderiam ser substituídos por parênteses e o período se manteria gramaticalmente correto.

e) A vírgula após o travessão *(l.6)* justifica-se para isolar a subsequente oração de caráter restritivo.

216) (AUDITOR-FISCAL DO TESOURO ESTADUAL – RN)

Marque a assertiva <u>errada</u> em relação ao seguinte texto.

O momento é de resgatar as essências, guiar-se pelo bom senso e praticar a ética junto a consumidores, fornecedores, acionistas e comunidade. Num mundo estarrecido pelas guerras, pelo terrorismo e pelo imperialismo a qualquer preço, ganham admiração o diálogo, a transparência e a contribuição para uma sociedade melhor. Fora e dentro do meio empresarial.

(Carta Capital, nº 307)

a) Seria também correto escrever-se "O momento é de se resgatarem as essências".

b) Em "praticar a ética" seria correto empregar-se um índice de sujeito indeterminado.

c) A preposição em "a consumidores" poderia ser contraída ao artigo definido masculino plural.

d) A forma "num" como em "num mundo" só deveria ser empregada em linguagem oral.

e) A forma verbal "ganham" poderia estar corretamente flexionada no singular.

217) (AUDITOR-FISCAL DO TESOURO ESTADUAL – RN)

Marque o item em que um dos trechos apresenta <u>erro</u> gramatical.

a) Não se pretende aqui negar o óbvio: que, em termos de línguas, passado histórico, tradições culturais, problemas comuns, os povos da América Latina são menos diferentes entre si do que em outros continentes. / Não se pretende aqui negar o óbvio: em termos de línguas, passado histórico, tradições culturais, problemas comuns, os povos da América Latina são menos diferentes entre si do que em outros continentes.

b) Na Europa, Ásia e África, às vezes, um só país abriga cem idiomas e etnias distintas. / Na Europa, Ásia e África, por vezes, um só país abriga cem idiomas e etnias distintas.

c) A unidade básica na América Latina não tem impedido, contudo, que se venha acentuando, nos últimos tempos, tendência à crescente diversificação entre o México, a América Central e o Caribe, de um lado, e a América do Sul, do outro. / Não obstante a unidade básica a América Latina não tem impedido, contudo, que se acentuem, nos últimos tempos, tendência à crescente diversificação entre o México, a América Central e o Caribe, de um lado, e a América do Sul, do outro.

d) A diferenciação vem-se fazendo mais nítida em dois setores fundamentais: o grau de instabilidade política e a dependência econômica e comercial em relação aos Estados Unidos. / As diferenças vêm-se configurando mais nítidas em dois setores fundamentais: o grau de instabilidade política e a dependência econômica e comercial em relação aos Estados Unidos.

e) Até os anos 80, a América Central era o "homem doente" do continente, com o sandinismo no poder na Nicarágua, a guerrilha fortemente organizada em El Salvador e a guerra civil com tinturas de genocídio na Guatemala. / Até os anos 80, a América Central era o "homem doente" do continente: o sandinismo no poder na Nicarágua, a guerrilha fortemente organizada em El salvador e a guerra civil com tinturas de genocídio na Guatemala.

(Baseado em Rubens Ricupero)

218) (AUDITOR-FISCAL DO TESOURO ESTADUAL – RN)

Marque o item que preenche de forma correta as lacunas do texto seguinte:

Institucionalizada ___ partir das lutas antiabsolutistas, no século 18, e da expansão dos movimentos constitucionalistas, no século 19, ___ democracia representativa foi consolidada ao longo de um processo histórico marcado pelo reconhecimento de três gerações de direitos humanos: os relativos ___ cidadania civil e política, os relativos ___ cidadania social e econômica e os relativos ___ a cidadania "pós-material", que se caracterizam pelo direito ___ qualidade de vida, ___ um meio ambiente saudável, ___ tutela dos interesses difusos e ao reconhecimento da diferença e da subjetividade.

(Baseado em Mário Antônio Lobato de Paiva em www.ambitojuridico.com.br)

a) a, à, à, a, à, à, a, a
b) a, a, à, à, à, à, a, à
c) à, a, a, à, à, a, a, à
d) à, a, a, à, à, à, a, à
e) a, à, à, a, à, à, a, à

219) (AUDITOR-FISCAL DO TESOURO ESTADUAL – RN)

Assinale a opção que corresponde a erro gramatical ou de seleção lexical.

As audiências públicas para a(1) elaboração dos planos de recursos hídricos, de todos os níveis, representam a concretização simultânea(2) da informação e da participação e devem estar(3) integradas ao(4) processo decisório de outorga das águas. Há necessidade de preverem-se(5) a participação da sociedade civil no processo decisório das outorgas hídricas, incluindo-se nesta participação os comitês de bacias hidrográficas.

(Adaptado de http://www.esmpu.gov.br/eventos/2003/direito_ambiental.htm)

a) 1
b) 2
c) 3
d) 4
e) 5

220) (AUDITOR-FISCAL DO TESOURO ESTADUAL – RN)

Leia o texto seguinte e marque o item correto.

O restante do planeta, sobretudo os europeus, deverá entender que o governo do presidente reeleito do EUA, George W. Bush, continuará a privilegiar a segurança nacional do país e a utilizar as ferramentas que considera necessárias para garanti-la.

A explicação é de Jonh Hulsman, diretor de pesquisas da Fundação Heritage (situada em Washington), um dos mais influentes centros de pesquisas conservadores dos EUA, e especialistas em relações transatlânticas e em política externa americana.

(Folha de São Paulo, 5/11/2004)

a) Em "sobretudo os europeus" está implícito um substantivo no plural: "países" ou "povos" ou "estados" etc.

b) A oração substantiva que complementa o verbo "entender" poderia ser também iniciada pela preposição "de", sem prejuízo da correção do texto.

c) O pronome em "garanti-la" poderia estar no plural, concordando com "as ferramentas", sem prejuízo do sentido.

d) A forma verbal "deverá" poderia ter sido corretamente usada no plural.

e) Com base nos dicionários de Língua Portuguesa, percebemos que a palavra "transatlânticas" neste contexto nos situa no campo semântico de navios de grande porte que cruzam oceanos.

221) (ANALISTA DE PLANEJAMENTO E ORÇAMENTO – MPOG)

Assinale a opção em que a transformação sugerida, correspondente ao trecho em destaque, prejudica a correção gramatical.

Para garantir um funcionamento eficiente, o Estado deve <u>ter capacidade de</u>(1) formar consensos ou acordos <u>sobre as prioridades</u>(2) da sociedade, formular projetos políticos representativos e legítimos e <u>implementá-los</u>(3) com base em critérios tais como os imortalizados na análise de Weber <u>sobre a natureza</u>(4) do Estado Moderno. Weber afirmava que, para que o Estado exista, devem os homens obedecer a uma autoridade delegada. A relação ideal de dominação racional–legal ofereceria melhor garantia do arranjo institucional desejado. Ela requer simultaneamente a legitimidade do sistema jurídico, a aplicabilidade das leis gerais aos casos concretos, a hierarquização e responsabilização do governante, <u>bem como</u>(5) a impessoalidade nas relações entre governantes, burocratas e a sociedade.

(Luiz Alberto dos Santos – <u>www.anesp.org/clad2001.htm</u>

a) 1. ser capaz de

b) 2. em relação às prioridades

c) 3. implementar esses projetos

d) 4. no que se refere à natureza

e) 5. como também requerendo

222) (ANALISTA DE PLANEJAMENTO E ORÇAMENTO – MPOG)

Em relação ao texto, assinale a opção <u>incorreta.</u>

Ao contrário da generalização teórica de que mercados tendem a um equilíbrio entre procura e oferta, a partir do qual todos os agentes teriam apenas de reiterar a mesma conduta para continuar participando da divisão social do trabalho, a realidade histórica indica que os mercados apenas
5 passam de um desequilíbrio a outro, em função de fatores naturais e sociais – quantidade de chuva e sol, guerras, expedições, invenções etc. – que afetam a posição relativa de cada agente, beneficiando alguns e arruinando outros.

(Paul Singer)

a) A expressão "do qual" *(l.2)* está sintaticamente articulada e refere-se a "contrário" *(l.1)*

b) A palavra "reiterar" *(l.3)* está sendo empregada com o sentido equivalente ao de **iterar**.

c) A preposição "a" em "a outro" *(l.5)* pode ser, sem prejuízo para a correção do período, substituída pela preposição **para**.

d) Os travessões que isolam exemplos *(l.5 e 6)* podem ser substituídos por parênteses sem alterar a coerência e a correção do período.

e) Após o segundo travessão, inicia-se uma oração de caráter restritivo.

223) (ANALISTA DE PLANEJAMENTO E ORÇAMENTO – MPOG)

Assinale a opção em que o trecho do texto foi transcrito com <u>erro</u> gramatical.

a) Na realidade, a administração de empresas não é uma ciência. Do mesmo modo que a medicina e a engenharia, ela é uma arte, o que significa que ela enfrenta uma problemática tão variada que suas soluções desafiam qualquer generalização.

b) A prática da administração de empresas, no capitalismo, é um exercício de liderança, legitimado pela delegação de poderes dada pelo proprietário.

c) Mas, apesar da legitimação, a autoridade do gestor é constantemente desafiada por subordinados, a cujos direitos legais os resguardam de represálias imediatas, pois a ruptura do contrato de trabalho representa um custo não desprezível para a firma.

d) Não são apenas os trabalhadores que apresentam, conforme as circunstâncias, diferentes modalidades de resistência às ordens que vêm de cima.

e) Também os outros gestores, em diferentes níveis hierárquicos, defendem interesses seccionais que, uma vez ou outra, colidem com as decisões que a cúpula gerencial considera como do interesse da empresa.

(Adaptado de Paul Singer)

224) (ANALISTA DE PLANEJAMENTO E ORÇAMENTO – MPOG)

Assinale a opção que constitui uma continuação coesa e coerente para o texto abaixo.

Em nossos dias, a ética ressurge e se revigora em muitas áreas da sociedade industrial e pós-industrial. Ela procura novos caminhos para os cidadãos e as organizações, encarando construtivamente as inúmeras modificações que são verificadas no quadro referencial de valores. A dignidade do indivíduo passa a aferir-se pela relação deste com seus semelhantes, muito em especial com as organizações de que participa e com a própria sociedade em que está inserido.

(José de Ávila Aguiar Coimbra – Fronteiras da Ética, São Paulo, Editora SENAC, 2002)

a) A sociedade moderna, no entanto, proclamou sua independência em relação a esse pensamento religioso predominante.

b) Mesmo hoje, nem sempre são muito claros os limites entre essa moral e a ética, pois vários pensadores partem de conceitos diferentes.

c) Não é de estranhar, pois, que tanto a administração pública quanto a iniciativa privada estejam ocupando-se de problemas éticos e suas respectivas soluções.

d) A ciência também produz a ignorância na medida em que as especializações caminham para fora dos grandes contextos reais, das realidades complexas.

e) Paradoxalmente, cada avanço dos conhecimentos científicos unidirecionais produz mais desorientação e perplexidade na esfera das ações a implementar, para as quais se pressupõe acerto e segurança.

225) (ANALISTA DE PLANEJAMENTO E ORÇAMENTO – MPOG)

Considerando-se os necessários ajustes de pontuação e de maiúsculas, indique a opção correspondente à palavra ou à expressão que não pode ser eliminada por ser indispensável à correção gramatical do texto abaixo:

<u>Se</u>(1) o trabalho, como medição dialética entre o homem e a natureza, constitui uma especificidade do homem, <u>também</u>(2) temos que incluir o trabalho como elemento que constitui e <u>que</u>(3) por ela está constituído. <u>Nesse sentido</u>(4), a cultura do trabalho pode ser compreendida levando-se em conta tanto os elementos materiais como imateriais da produção; como um conjunto de práticas, valores e conhecimentos que se materializam e se manifestam tanto no plano econômico como no plano das relações que o trabalhador estabelece com seu trabalho, <u>com</u>(5) os demais trabalhadores e a sociedade.

(Lia Tiriba)

a) 1

b) 2

c) 3

d) 4

e) 5

226) (ANALISTA DE PLANEJAMENTO E ORÇAMENTO – MPOG)

Assinale a opção em que uma das duas versões do texto apresenta erro gramatical.

a) A economia deveria ocupar-se em garantir sustentavelmente a sobrevivência para todos os indivíduos e todas as sociedades, libertando assim o tempo, a energia e a criatividade dos seres humanos para as tarefas superiores do seu desenvolvimento. / A economia deveria ocupar-se da garantia sustentável da sobrevivência para todos os indivíduos e todas as sociedades, e libertar, assim, o tempo, a energia e a criatividade dos seres humanos para as tarefas superiores do seu desenvolvimento.

b) O conhecimento e a criatividade criam valor nos produtos que geram, e geram produtos que vão muito além daqueles que garantem a sobrevivência física do trabalhador. / Produtos com valor e que vão muito além daqueles que garantem a sobrevivência física do trabalhador são criados pelo conhecimento e criatividade.

c) É preciso esforço para que o trabalho, conhecimento e criatividade humanos se libertem dos grilhões que hoje os amarram e subordinam à simples necessidade de sobreviver. / Para que o trabalho, conhecimento e criatividade, hoje amarrados e subordinados por grilhões à simples necessidade de sobreviver, sejam libertados, é preciso esforço.

d) O trabalho, o conhecimento e a criatividade são meios para o ser humano estabelecer relações consigo próprio, com o mundo e com as outras pessoas. / Alguns dos meios pelos quais o ser humano estabeleça relações consigo próprio, com o mundo e com as outras pessoas são o trabalho, o conhecimento e a criatividade.

e) A única política de desenvolvimento que faz sentido é aquela que tenha como referencial as necessidades, aspirações e recursos de cada povo e nação. / A política de desenvolvimento que tenha como referencial as necessidades, aspirações e recursos de cada povo e nação é a única que faz sentido.

(Itens adaptados de Sandra Quintela e Marcos Arruda)

227) (ANALISTA DE PLANEJAMENTO E ORÇAMENTO – MPOG)

Assinale a opção que preenche as lacunas de forma gramaticalmente correta.

Ao longo da história, o trabalho _1_ recebendo um significado que _2_ aos grupos dominantes para evitar o conflito social, beneficiar-se dos frutos do trabalho e manter o sistema estabelecido. _3_ o conceito de cultura do trabalho por meio da _4_ dos conceitos de cultura e trabalho, que sintetizam realidades dinâmicas que se materializam e se modificam no processo de construção da realidade humano-social.

(Lia Tiriba)

	1	2	3	4
a)	vem	convém	Se obtém	interseção
b)	vêm	convém	Obtém-se	interseccção
c)	vem	conveem	Obtêm-se	intersessão
d)	vem	convém	Obtém-se	interseção
e)	vêm	convêm	Se obtêm	interseção

Nas questões 228 e 229, baseadas em **www.mre.gov.br**, marque o fragmento do texto que contém **erro** de morfossintaxe ou ortografia.

228) (OFICIAL DE CHANCELARIA)

a) Hoje, a diplomacia brasileira atualizou seus preceitos e vem enfatizando o processo de integração regional com o Mercosul e com outros organismos regionais e financeiros.

b) Vem, outrossim, participando intensamente da discussão de importantes temas da agenda internacional, que inclui questões como a defesa dos direitos humanos, a preservação ecológica e a manutenção da paz.

c) Ao mesmo tempo, tem intensificado seus laços com a Comunidade dos Países de Língua Portuguesa e estruturado-se para atender de forma mais ágil às necessidades do País e da política externa.

d) Nesse sentido, o Itamaraty aprimorou sua atuação no exterior por meio de 92 Embaixadas, 6 Missões junto a organismos internacionais, 37 Consulados e 14 Vice-Consulados.

e) Administra, ainda, serviços, como os de promoção comercial, assistência consular, comunicação e difusão da cultura e do idioma do País

229) (OFICIAL DE CHANCELARIA)

a) Internamente, o Ministério das Relações Exteriores (MRE) vem aperfeiçoando tanto sua estrutura organizacional como a carreira diplomática e os serviços prestados por setores como o Cerimonial.

b) Para isso, conta com uma estrutura que inclui o Palácio Itamaraty em Brasília, onde é sua sede.

c) Conta, ainda, com o Palácio Itamaraty no Rio de Janeiro, antiga sede e hoje Escritório do MRE; representações nos Estados do Rio Grande do Sul, São Paulo e Pernambuco; e órgãos de apoio, como a Fundação Alexandre de Gusmão (Funag) e o Instituto Rio Branco.

d) Entre as várias atividades desempenhadas pelo Itamaraty também se incluem a demarcação das fronteiras brasileiras.

e) O Instituto Rio Branco é responsável pelo Curso de Formação de Diplomatas.

Nas questões 230 e 231, marque a opção em que a expressão sublinhada apresenta erro gramatical, de grafia ou de propriedade vocabular.

230) (OFICIAL DE CHANCELARIA)

O mundo tornou-se(A) mais seguro porque(B) o governo do presidente George W. Bush não se revelou(C) à altura(D) da responsabilidade de governar o país que imergiu(E) do colapso da União Soviética como única potência mundial.

(Luiz Carlos Bresser Pereira, com adaptações)

a) A
b) B
c) C
d) D
e) E

231) (OFICIAL DE CHANCELARIA)

Ao longo deste trabalho, sobressai (A) a mensagem de que (B) o Brasil vê o Mercosul, sobretudo, como um projeto de natureza político-estratégica (C), com o objetivo de ir criando, progressivamente, pontos de contato cada vez mais estreitos entre os respectivos projetos de desenvolvimento nacional de seus países-membros. Tratam-se(D), em outras palavras, de convergências e aproximações entre as sociedades da sub-região (E).

(em www.mre.gov.br, com adaptações)

a) A
b) B
c) C
d) D
e) E

232) (OFICIAL DE CHANCELARIA)

Marque a opção que contenha <u>erro</u> de concordância ou de regência verbal ou nominal.

a) No contexto da crescente integração latino-americana, o Brasil tem procurado expandir e aprimorar os laços de cooperação com os países amazônicos: Bolívia, Colômbia, Equador, Guiana, Peru, Suriname e Venezuela.

b) Releve-se a integração viária e a energética, que se afiguram essenciais para dinamizar as respectivas economias e favorecer a aproximação entre suas sociedades.

c) Entre outros exemplos, podem-se mencionar a conclusão do asfaltamento da rodovia Manaus-Boa Vista-Caracas e o gasoduto Brasil-Bolívia.

d) A crescente cooperação entre as comunidades existentes nas regiões de fronteira também constituem uma prioridade e envolvem um somatório de esforços entre as autoridades nos níveis nacional e local dos diversos países, com vistas à implementação de projetos bilaterais de desenvolvimento fronteiriço.

e) Tem-se buscado, ainda, um maior envolvimento dos respectivos setores privados no processo de progressiva aproximação entre o Brasil e seus vizinhos amazônicos.

233) (OFICIAL DE CHANCELARIA)

Marque a versão do texto (baseado em Luiz Carlos Bresser Pereira) que <u>não</u> está pontuada corretamente.

a) Um ano depois da Guerra do Iraque, o mundo é mais inseguro e o futuro, mais incerto. O bárbaro ataque terrorista na Espanha e a sucessão infindável de ataques terroristas no Iraque e em Israel não deixam dúvida nenhuma sobre isso. Por que tanta insegurança? O século 20 não foi o século da democracia, e o fim da Guerra Fria não foi o capítulo final das ameaças totalitárias?

b) Um ano depois da Guerra do Iraque, o mundo é mais inseguro, e o futuro mais incerto. O bárbaro ataque terrorista na Espanha e a sucessão infindável de ataques terroristas no Iraque e em Israel, não deixam dúvida nenhuma sobre isso. Por que tanta insegurança? O século 20 não foi o século da democracia, e o fim da Guerra Fria não foi o capítulo final das ameaças totalitárias?

c) Um ano depois da Guerra do Iraque, o mundo é mais inseguro, e o futuro, mais incerto; o bárbaro ataque terrorista, na Espanha, e a sucessão infindável de ataques terroristas, no Iraque e em Israel, não deixam dúvida nenhuma sobre isso. Por que tanta insegurança? O século 20 não foi o século da democracia, e o fim da Guerra Fria não foi o capítulo final das ameaças totalitárias?

d) Um ano depois da Guerra do Iraque, o mundo é mais inseguro, e o futuro, mais incerto. O bárbaro ataque terrorista, na Espanha, e a sucessão infindável de ataques terroristas, no Iraque e em Israel, não deixam dúvida nenhuma sobre isso. Por que tanta insegurança? O século 20 não foi o século da democracia e o fim da Guerra Fria não foi o capítulo final das ameaças totalitárias?

e) Um ano depois da Guerra do Iraque, o mundo é mais inseguro e o futuro, mais incerto. O bárbaro ataque terrorista na Espanha e a sucessão infindável de ataques terroristas, no Iraque e em Israel, não deixam dúvida nenhuma sobre isso. Por que tanta insegurança? O século 20 não foi o século da democracia, e o fim da Guerra Fria não foi o capítulo final das ameaças totalitárias?

O texto abaixo serve de base para a questão 234.

SONEGAÇÃO
Receita pune cartórios

A Receita Federal desencadeou uma série de ações fiscais nos cartórios de registros imobiliários e tabeliães. A devassa começou pelos Estados de Minas Gerais, Paraná e Rio Grande do Sul. Pelo menos 13 ações fiscais já foram concluídas, revelando uma dívida com o Fisco de R$ 3,014 milhões, entre imposto devido,
5 juros e multa sobre operações do ano-calendário 1998. As ações fiscais serão estendidas para outros Estados. Muitos cartórios não declaram corretamente o que recebem em forma de taxas, emolumentos e outros serviços, segundo a Receita. Além disso, outras obrigações estão sendo descumpridas, entre elas a de informar mensalmente as operações imobiliárias. Esse tipo de irregularidade faz com que a
10 Receita perca o controle sobre compra e venda de imóveis.

(Correio Braziliense, 28/7/2002)

234) (TÉCNICO DA RECEITA FEDERAL)

Em relação às estruturas do texto, assinale a opção incorreta.

a) A palavra "devassa" *(l.2)* está sendo empregada na acepção de processo de investigação que revela as provas de um ato criminoso.

b) Infere-se no texto que mais de 12 ações fiscais já foram concluídas.

c) O emprego do presente em "declaram" *(l.6)*, "recebem" *(l.7)* e "estão" *(l.8)* permite a inferência de que a informação refere-se apenas aos cartórios cujas ações fiscais ainda não foram concluídas.

d) Para interpretar a expressão "entre elas a de informar" *(l.8)* subentende-se a palavra **obrigação.**

e) Caso a expressão "Esse tipo de irregularidade" *(l.9)* fosse substituída por **Essas formas de irregularidades**, o verbo deveria ir para o plural – **fazem** – e a referência seria relativa a todas as irregularidades citadas anteriormente.

235) (TÉCNICO DA RECEITA FEDERAL)

Assinale a opção que corresponde ao emprego incorreto do sinal de pontuação.

O Fisco terá acesso às informações declaradas tanto pelos contribuintes, como pelas administradoras de cartão de crédito e pelo comércio no Imposto de Renda, e, também, por meio do novo sistema eletrônico, (1) às informações da movimentação real. Um contribuinte que, (2) não tenha capacidade econômica, ou seja, (3) que tenha um salário baixo e que, em um mês, (4) gaste no cartão de crédito R$ 100 mil, por exemplo, (5) poderá ser investigado. As novas máquinas estão sendo implantadas em todos os estados. Entre os mais adiantados estão a Bahia e o Distrito Federal.

(Adaptado de "Sistema eletrônico para facilitar a arrecadação",
Vivian Oswald, O Globo, 29/7/2002)

a) 1

b) 2

c) 3

d) 4

e) 5

236) (TÉCNICO DA RECEITA FEDERAL)

Marque a opção correta a respeito do emprego das palavras e expressões do texto.

A absorção dos jovens pelo mercado de trabalho também comporta oscilações no último decênio, em seus momentos de maior recessão. Portadora de índices de escolaridade mais altos do que seus pais, essa população, ao apresentar credenciais escolares valoriza das pelo jogo de mercado, pode
5 estar mais protegida do desemprego no momento das crises, que atingiram, de forma mais intensa, a população adulta. Mesmo assim, torna-se importante considerar que o fantasma do desemprego não deixa de estar presente, embora suas consequências sejam mais atenuadas sobre a mão de obra juvenil. Em termos gerais, a estreiteza do mercado de trabalho –
10 pela escassa oferta de novos postos – e a baixa remuneração, expressa na perda crescente do poder aquisitivo dos salários, afetam as expectativas e comportamentos desta faixa etária.

(Marília P. Sposito, A sociedade juvenil e a rua: novos conflitos e
ação coletiva na cidade, com adaptações)

a) A oração subordinada reduzida de infinitivo iniciada por "ao apresentar..." *(l.3 e 4)* tem, textualmente, valor de uma subordinada causal.

b) Mantém-se a correção gramatical do período e a coerência textual ao substituir a expressão substantiva que inicia o texto pela forma oracional correspondente: **O mercado de trabalho absorve os jovens**...

c) A negativa na expressão "não deixa de estar presente" *(l.7 e 8)* corresponde semanticamente a **deixa de não estar ausente**.

d) Mantém-se a correção gramatical e as ideias do texto ao se substituir a concessiva "embora" *(l.8)* por **apesar de** ou **conquanto**.

e) A forma verbal "afetam" *(l.11)* está empregada no plural por exigência das regras de concordância com "salários" *(l.11)*

Leia o texto para responder às questões 237 e 238.

Sob o direito, o administrador político público não age contra a lei. Sob a moral, deve satisfazer o preceito da impessoalidade, não distinguindo amigos ou inimigos, partidários ou contrários, no tratamento que lhes dispense ou na atenção às suas reivindicações, com transparência plena de suas condutas em
5 face do povo.

Descumprir a lei gera o risco da punição prevista no Código Penal ou de sofrer sanções civis. Quando desatendidos os princípios da certeza moral, aquela que o ser humano em seu justo juízo adota convicto, o descumpridor fere regras de convivência, mas não conflita necessariamente com normas de Direito que lhe sejam aplicáveis.

("Walter Ceneviva, Moralidade como Fato Jurídico, com adaptações)

237) (AUDITOR-FISCAL DA RECEITA FEDERAL)

Assinale a opção <u>incorreta</u> a respeito do emprego das palavras e expressões do texto.

a) A preposição "Sob" *(l.1)* tem, nas duas ocorrências do texto, o mesmo valor semântico do prefixo **sub** em palavras como **subtítulo** ou **subproduto**.

b) Pelo sentido textual, o emprego da expressão com gerúndio, "não distinguindo" *(l.2)*, mantém a mesma coerência argumentativa que a expressão com infinitivo **sem distinguir**.

c) Mantém-se a coerência textual e a correção gramatical se a função sintática exercida pelo pronome átono "lhes" *(l.3)* for exercida por **a eles**.

d) De acordo com as regras de regência da norma culta, a expressão "atenção às suas reivindicações" *(l.4)* admite a substituição por **atenção para as suas reivindicações**.

e) Para que sejam respeitadas as regras da norma culta, o verbo **conflitar**, como empregado na linha 9, deve ter forma reflexiva: **não se conflita**.

238) (AUDITOR-FISCAL DA RECEITA FEDERAL)

Considere o seguinte período do texto para analisar os esquemas propostos abaixo:

Descumprir a lei gera o risco da punição prevista pelo Código Penal ou de sofrer sanções civis.

A = Descumprir a lei

B = gera o risco

C = da punição prevista pelo Código Penal

D = de sofrer sanções civis.

Considerando que as setas representam relações sintáticas entre as expressões linguísticas, assinale a opção que corresponde à estrutura do período.

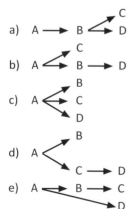

Leia o texto abaixo para responder às questões 239 e 240.

A moral e a ética não são fatos ou institutos jurídicos. Direito é uma coisa, moral é outra. Todo ser humano informado sabe disso. O comportamento das pessoas em grupo, tornando suas ações conhecidas e avaliadas, segundo critérios éticos do mesmo grupo quanto ao caráter, às condutas ou às intenções manifestadas
5 e assim por diante, só repercutem no direito se extrapolarem os limites deste. A manifestação ofensiva a respeito de outrem confunde os dois elementos no plano individual.

(Walter Ceneviva, Moralidade como Fato Jurídico, com adaptações)

239) (AUDITOR-FISCAL DA RECEITA FEDERAL)

De acordo com as ideias do texto, analise os itens abaixo para, a seguir, assinalar o opção correta.

I. Os dois primeiros períodos sintáticos constituem uma síntese da argumentação desenvolvida no texto.

II. Infere-se do texto que o caráter, a conduta e as intenções das pessoas não devem ser avaliados quanto à moralidade pelo seu grupo ético.

III. Conclui-se do texto que moral, ética e direito não revelam influências mútuas se considerados como fatos ou institutos diversos.

a) Apenas I está correto.

b) Apenas II está correto.

c) Apenas III está correto.

d) Todos os itens estão corretos.

e) Nenhum item está correto.

240) (AUDITOR-FISCAL DA RECEITA FEDERAL)

Assinale a opção <u>incorreta</u> a respeito das estruturas linguísticas do texto.

a) O emprego de terceira pessoa, feminino, plural do pronome "suas" *(l.3)* refere-se a "pessoas" *(l.2)* e concorda com ações *(l.3)*.

b) Altera-se o tempo verbal, mas garante-se a correção gramatical, se no lugar de "se extrapolarem" *(l.5)* for empregado **quando extrapola.**

c) Para que o texto respeite as regras de concordância da norma culta, a forma verbal "repercutem" *(l.5)* deve ser substituída pelo singular: **repercute.**

d) A oração subordinada reduzida de gerúndio "tornando suas ações conhecidas e avaliadas" *(l.3)* mantém seu valor adjetivo ao ser substituída pela desenvolvida adjetiva restritiva **que tornam suas ações conhecidas e avaliadas.**

e) O pronome "outrem" *(l.6)* corresponde originalmente a **qualquer outro**, diferentemente de **outro**, que corresponde a **diverso do primeiro.**

CESGRANRIO – CENTRO DE ENSINO SUPERIOR DO GRANDE RIO

241) (ESPECIALISTA EM RECURSOS MINERAIS – DNPM)

Observe:

Os caboclos _____ apresentou o projeto começaram a entender melhor o passado.

A cultura, _____ são guardiãs as populações ribeirinhas, é objeto de estudo de pesquisadores.

A opção que, de acordo com a norma culta da língua, completa corretamente as frases, tendo em vista a regência do verbo ou do nome, é:

a) por quem – pelo que

b) sobre quem – a que

c) de quem – a que

d) a quem – a que

e) a quem – de que

242) (ESPECIALISTA EM RECURSOS MINERAIS – DNPM)

Assinale a frase correta quanto à concordância verbal.

a) Não fosse os pesquisadores e os arqueólogos, o passado continuaria desconhecido.

b) Se não houverem peixes no rio, a comunidade semeará e colherá.

c) Nenhuma das pessoas comentaram a respeito da vida dos habitantes.

d) Um pesquisador ou algum arqueólogo descobriram ali vestígio de outros povos.

e) A partir do século XIX encontraram-se na região vários sítios arqueológicos.

243) (ESPECIALISTA EM RECURSOS MINERAIS – DNPM)

Assinale a frase em que o a deve receber acento grave, indicador da crase.

a) Arqueólogos passam os dias a examinar cacos de cerâmica.

b) Todos tinham sido levados a comunidades ribeirinhas.

c) O gerador de energia elétrica chegou finalmente a distante Nossa Senhora das Graças.

d) Em busca de sítios arqueológicos, percorreram a região de ponta a ponta.

e) Pesquisadores observaram a localidade em silêncio.

244) (ESPECIALISTA EM RECURSOS MINERAIS – DNPM)

"Como a comunidade trabalha muito com a enxada na agricultura, encontra com frequência material arqueológico no solo."

A oração subordinada do período acima é:

a) causal

b) consecutiva

c) concessiva

d) conformativa

e) condicional

245) (ASSISTENTE TÉCNICO DE TELECOMUNICAÇÕES – PETROBRAS)

Marque a opção em que o verbo <u>NÃO</u> está corretamente flexionado.

a) Existe uma grande quantidade de problemas para serem resolvidos.

b) Não é o diretor quem vai comparecer à apresentação da palestra amanhã.

c) No Brasil, 90% de seus habitantes acredita no sucesso do futebol brasileiro.

d) Os Estados Unidos estão preocupados com a demanda mundial por petróleo.

e) Havia muitos profissionais que se preocupavam com o aperfeiçoamento constante.

246) (ASSISTENTE TÉCNICO DE TELECOMUNICAÇÕES – PETROBRAS)

Assinale a opção em que a palavra ou expressão destacada tem a mesma classe da palavra <u>trabalho</u> na frase "Um grupo de trabalho...".

a) "No campo da Fazenda de Belém, **boa** parte do óleo..."

b) "Porém, não é qualquer água que é **usada**..."

c) "Os **resultados** das inovações foram praticamente..."

d) "Atualmente, um dos geradores **de vapor**..."

e) "um dos geradores de vapor está **empregando**..."

247) (ADMINISTRADOR – FUNASA)

Na passagem "Eugênio examinava-lhe as mudanças do rosto com comovida atenção.", o pronome oblíquo <u>lhe</u> exerce função sintática idêntica ao termo destacado em:

a) "Olívia se aproximou **de Eugênio**..."

b) "A enfermeira juntava **os ferros**."

c) "A respiração voltava **lentamente**,"

d) "Vencera! Salvara a vida **de uma criança**!"

e) "Sentia-se **leve e aéreo**."

248) (TÉCNICO 1 – IBGE)

"quando proscreveram o quadro de valores nos quais essas pessoas foram criadas..."

A palavra ou expressão de significado OPOSTO a <u>proscreveram</u> é:

a) aboliram

b) restabeleceram

c) extinguiram

d) suprimiram

e) puseram fora de uso

249) (TÉCNICO 1 – IBGE)

Não deverão faltar recursos à providência social, _____ o aumento da expectativa de vida das pessoas signifique aumento de despesas.

A conjunção capaz de estabelecer o nexo entre as orações acima é:

a) portanto

b) porque

c) visto que

d) embora

e) contanto que

250) (TÉCNICO 1 – IBGE)

Em "O mundo está envelhecendo" há:

a) metáfora

b) ironia

c) catacrese

d) eufemismo

e) metonímia

251) (TÉCNICO 1 – IBGE)

Considere as frases.

I – Ficarei muito satisfeito se, ao envelhecer, me _____ espiritualmente jovem.

II – Os economistas _____ soluções para os problemas financeiros.

As formas verbais que preenchem corretamente as frases acima são:

a) mantiver – propuseram

b) mantiver – propuserem

c) manter – proporam

d) mantesse – propusessem

e) mantivesse – proporam

252) (INVESTIGADOR POLICIAL – POLÍCIA CIVIL / RJ)

Dentre as palavras abaixo, assinale a que segue regra de acentuação distinta das demais.

a) Mário

b) Contraditório

c) Ingênua

d) Indícios

e) Raízes

253) (INVESTIGADOR POLICIAL – POLÍCIA CIVIL / RJ)

O drama _____ estavam assistindo era incompatível _____ manifestações de alegria que ouviam ao longe.

Assinale a opção que preenche, de forma correta, as lacunas acima, completando o significado do trecho.

a) de que – com as

b) que – às

c) à que – as

d) a que – com as

e) que – as

254) (INVESTIGADOR POLICIAL – POLÍCIA CIVIL / RJ)

Indique a frase em que o pronome está empregado segundo o padrão culto.

a) A autora do artigo quer falar consigo.

b) Ele forneceu as informações para mim divulgar.

c) Fui eu quem a levou ao baile.

d) Eu lhe vejo em todas as festas.

e) Fiquei aborrecido, fora de si.

255) (INVESTIGADOR POLICIAL – POLÍCIA CIVIL / RJ)

Assinale a opção em que NÃO há correspondência de significado entre os elementos destacados.

a) Indiferente – **i**móvel

b) Antiaéreo – **ante**posto

c) Impossível – **des**assossegado

d) Semicerrado – **hemi**sférico

e) Subterrâneo – **hipo**glicemia

256) (INVESTIGADOR POLICIAL – POLÍCIA CIVIL / RJ)

É correto afirmar que há ambiguidade na seguinte frase:

a) Suas desculpas foram aceitas pelo diretor.

b) Recebeu críticas elogiosas a peça cuja autora está fora do país.

c) O ensino básico deve ser prioridade no Brasil.

d) A preferência do diretor pela professora causou ciúmes.

e) Comunico aos senhores que o professor confirmou suas declarações.

257) (ADMINISTRADOR – SEMSA / MANAUS)

"Precisava fazer isso como se <u>fora</u> um ritual, em solidão e silêncio."

A forma verbal destacada equivale, no texto, a:

a) for

b) foi

c) fosse

d) seria

e) tivesse sido

258) (ADMINISTRADOR – SEMSA / MANAUS)

"tudo <u>muito bem</u> arrumado de forma a que as joias não ficassem soltas".

Os advérbios em destaque exprimem, respectivamente, circunstâncias de:

a) intensidade – lugar

b) intensidade – modo

c) modo – lugar

d) modo – intensidade

e) causa – consequência

259) (ADMINISTRADOR – SEMSA / MANAUS)

Assinale a frase que apresenta ERRO de concordância nominal do vocábulo em destaque:

a) Ela **mesmo** examinou as pérolas.

b) A mulher andou **meia** quadra e entrou num táxi.

c) Ao ficar **só** na sala, retirou a caixa do envelope.

d) As joias estavam **bastante** protegidas sobre o forro de veludo.

e) Retirou da caixa uma aliança e um anel **pequenos.**

260) (ADMINISTRADOR – SEMSA / MANAUS) "A pérola estava <u>murcha.</u>"

O termo em destaque é:

a) sujeito

b) objeto direto

c) objeto indireto

d) adjunto adnominal

e) predicativo do sujeito

261) (ADMINISTRADOR – SEMSA / MANAUS)

Quando a mulher _____ as joias ficará emocionada. Se _____, ela poderá guardá-las outra vez no banco.

Marque a opção que completa corretamente as frases.

a) ver – quiser

b) ver – querer

c) vir – quiser

d) vir – quizer

e) visse – quisesse

262) (ADMINISTRADOR – SEMSA / MANAUS)

Analise as três frases:

I – "Não sabia <u>se correspondia à realidade.</u>"

II – "Lembrava-se <u>de quando ela e o irmão pediam à avó...</u>"

III – "Mas logo viu <u>que havia algo errado.</u>"

Das orações destacadas, qual(is) exerce(m) a função de objeto direto?

a) I, somente

b) II, somente

c) III, somente

d) I e II somente

e) I e III, somente

263) (ANALISTA DE SISTEMAS JÚNIOR – PETROBRAS)

Assinale a opção em que a concordância segue a norma culta da língua.

a) Dos dois cientistas consultados, nem um nem outro aceitou o cargo.

b) Cada um dos jornalistas fizeram uma pergunta ao entrevistado.

c) Resta ainda muitas dúvidas sobre o cálculo dos juros.

d) Fazem dois meses que o cientista concedeu uma entrevista.

e) Os drogados não parecem perceberem o mal que fazem a si mesmos.

264) (ANALISTA DE SISTEMAS JÚNIOR – PETROBRAS)

Assinale a opção que traz, respectivamente, sinônimos de "extático" e "anomalia".

a) Enlevado, anormalidade

b) Exagerado, irregularidade

c) Absorto, estranhamento

d) Imóvel, aberração

e) Histérico, desigualdade

265) (TÉCNICO DE DEFESA AÉREA – MINISTÉRIO DA DEFESA)

Medidas prudentes são aquelas que todos <u>aprovam.</u>

A forma verbal INADEQUADA quanto ao padrão culto para substituir o termo destacado acima é:

a) requerem

b) pedem

c) concordam

d) almejam

e) aceitam

266) (CONTADOR – FENIG / NOVA IGUAÇU)

Todas as palavras estão corretamente grafadas apenas na opção:

a) ímpar, lívido, alcool

b) decada, condômino, eolico

c) razoável, âmago, conciente

d) fricção, égide, laje

e) sofrível, refem, solitário

267) (CONTADOR – FENIG / NOVA IGUAÇU)

No trecho "Está <u>fora</u> do mercado e, portanto, do mundo <u>civilizado.</u>", as classes gramaticais das palavras em negrito, respectivamente, são:

a) interjeição e substantivo

b) verbo e pronome indefinido

c) advérbio e adjetivo

d) pronome demonstrativo e preposição

e) pronome possessivo e conjunção

268) (CONTADOR – FENIG / NOVA IGUAÇU)

'<u>Há</u> outro valor que, desde 1789, é inseparável dos outros três."

Neste período, o verbo "haver":

a) é pessoal, no sentido de *ter*.

b) é pessoal, no sentido de *tempo decorrido*.

c) é impessoal, no sentido de *existir*.

d) pode ser flexionado, no sentido de *proceder*.

e) não admite flexão, como verbo auxiliar.

269) (CONTADOR – FENIG / NOVA IGUAÇU)

Indique a frase que, de acordo com a norma culta, apresenta o uso correto do pronome pessoal oblíquo.

a) Vou ver-me livre daquilo em breve.

b) Aqueles que reúnem-se no local.

c) Esse trabalho não é para mim fazer.

d) Me deixe falar com ela, por favor.

e) Cumprimentou os presentes, se retirando.

QUE VENHA O E-MAIL 2

Chega de piadinhas. O fenômeno do *spam* perdeu a graça. Está na hora de criar um novo tipo de mensagem eletrônica. O *e-mail*, do jeito que está, já foi. De vez em quando, leio uma matéria ou outra citando que a correspondência eletrônica não autorizada já representa mais de 50% do volume de *e-mails* em circulação. 50%?!

5   Fiz um levantamento estatístico no meu endereço particular e separei toda a correspondência "não autorizada".

Procurei ser bem justo. Qualquer correspondência que tivesse origem reconhecida, mesmo que indesejada, saía da lista dos *spams*. Só entrou *e-mail* sem a mínima relação comigo. Parei de contar quando a estatística passava de 80%. Oito

10   em cada dez é lixo. No *e-mail* público, o do trabalho, 95% das mensagens são *spam*.

O *e-mail* é a maior invenção da comunicação humana por escrito desde que criaram o correio (há 4 mil anos!). Mas o *spam* acaba com essa festa. Chegamos ao ponto em que a correspondência útil virou detalhe no meio do entulho. Nenhum recurso consegue bloquear a avalanche de inutilidades. Mais grave: o *e-mail* é a

15   avenida por onde os malditos vírus trafegam com mais conforto.

E se as pessoas que enviam *spam* e as que criam vírus fossem mandadas para uma ilha deserta e se dedicassem a infernizar a vida umas das outras? Como isso não é possível, é preciso reinventar o *e-mail*. Como? O atual poderia continuar como endereço público, aquela caixa de correio que fica "lá fora", sujeita a

20   receber qualquer coisa. Mas haveria outra classe de *e-mail*, digamos o *e-mail* 2. Seria um *upgrade* – como o Sedex foi para a carta comum. Esse *e-mail* 2 poderia ter uma relação mais controlada de seus clientes. Para atingir um destinatário, seria preciso mais do que uma série de palavras separadas por um sinal de @. Cada mensagem teria, além da identificação clara das duas partes, uma chave,

25   um código aleatório de permissão. Hoje isso já é possível, mas no *e-mail* 2 seria padrão. Não é questão de controlar.

Só remetente e destinatário teriam acesso ao conteúdo.

O *e-mail*, com seus recursos simples e eficientes, é fundamental. Talvez até possa melhorar alguns detalhes: sua apresentação gráfica às vezes é feia de doer.

30   Mas queremos o *e-mail* como ele é – só que melhor.

(MARQUEZI, Dagomir. Info, Out. 2002 (com adaptações))

Glossário:

spam – correspondência enviada por correio eletrônico, contendo publicidade, pedidos, piadas, etc.

upgrade – atualização ou modernização

270) (AUXILIAR TÉCNICO DE ADMINISTRAÇÃO – TRANSPETRO)

Indique a opção que NÃO apresenta uma ideia do texto.

a) A implementação de um sistema de *e-mail* 2 não inviabiliza a existência do *e-mail* nos moldes atuais.

b) A existência de lixo no correio eletrônico ultrapassa a taxa de 50% de todos os *e-mails* recebidos.

c) A existência de um *e-mail* 2 representa um avanço considerável para o sistema de troca de informações.

d) A possibilidade de a pessoa enviar um segundo *e-mail* oferece mais segurança aos usuários.

e) Os atuais sistemas de segurança eletrônica não impedem que os usuários recebam mensagens indesejadas.

271) (AUXILIAR TÉCNICO DE ADMINISTRAÇÃO – TRANSPETRO)

"Mais grave: o *e-mail* é a avenida por onde os malditos vírus trafegam com mais conforto." (*l.* 14-15)

Assinale a opção que mantém o sentido original do período acima.

a) Pior o *e-mail*: é o instrumento usado para a disseminação de vírus indesejáveis pela internet.

b) O transtorno que traz o *e-mail* é piorado pela existência de vírus que circulam na internet.

c) O pior dessa situação é que o *e-mail* é um canal para a disseminação de vírus.

d) Acrescente-se que os vírus eletrônicos contaminam mais confortavelmente o *e-mail*.

e) Para piorar: o tráfego de vírus é realizado de modo seguro através dos meios eletrônicos.

272) (AUXILIAR TÉCNICO DE ADMINISTRAÇÃO – TRANSPETRO)

A relação que existe entre "carta comum" e "sedex" é a mesma que existe entre "correio" e:

a) *spam*

b) *e-mail*

c) invenção

d) correspondência útil

e) comunicação humana

273) (AUXILIAR TÉCNICO DE ADMINISTRAÇÃO – TRANSPETRO)

"**Como** isso não é possível, é preciso reinventar o *e-mail*. **Como?** (*l*.17 e 18).

Assinale a opção que apresenta as palavras ou expressões que substituem as destacadas no trecho acima, mantendo-se o mesmo sentido.

a) Já que – Quanto

b) Caso – Qual seria

c) Embora – Qual forma

d) Se – Até que ponto

e) Porque – De que maneira

274) (AUXILIAR TÉCNICO DE ADMINISTRAÇÃO – TRANSPETRO)

A expressão "duas partes" (*l*.24) se refere a:

a) uma chave e um código

b) cliente e destinatário

c) identificação e permissão

d) uma sequência de duas palavras

e) palavras antes e depois do sinal @

275) (INSPETOR DE PRODUTOS – PETROBRAS)

Assinale a opção em que a concordância segue a norma culta da língua.

a) Cada um dos eleitores escolherão os locais de votação.

b) Ocorreu na última década importantes desenvolvimentos tecnológicos.

c) Às vezes os brasileiros não parecem conhecerem suas obrigações eleitorais.

d) Quase 100% da população de Miraflores acessa a internet.

e) Devem haver muitos estudantes buscando informações pela internet.

276) (TÉCNICO DE DEFESA AÉREA – MINISTÉRIO DA DEFESA)

Na passagem "são medidas **tímidas** que mal protelam catástrofes anunciadas.", o uso do adjetivo destacado demonstra uma:

a) linguagem figurada

b) exacerbação de sentido

c) impropriedade gramatical

d) união de conceitos opostos

e) incoerência com o restante da frase

277) (INSPETOR DE PRODUTOS – PETROBRAS)

Indique a opção em que a pontuação está de acordo com a norma culta.

a) Considere-se o seguinte aspecto da informação: rapidez, precisão, e novidade.

b) Necessita-se de que o departamento faça a aquisição de disquetes, cartuchos, e outros.

c) O material chegou no dia certo; mas alguns itens vieram danificados.

d) A diretora mandou cumprir o decreto, – ela, que é a responsável, se preocupa.

e) Todos aqueles que ocupam posições de chefia ou liderança, vão à reunião.

278) (ANALISTA CONTÁBIL – MP/RO)

O vocábulo "se" tem o mesmo valor sintático da sua ocorrência em "... não se abre telhado com chuva." no trecho:

a) "Se chovesse, nada feito".

b) "Se fizesse sol, ele ia escalar..."

c) "... surpresa se a criatura vier – "

d) "... se chegar na hora marcada."

e) "... tempo se perde por desorganização..."

279) (ANALISTA CONTÁBIL – MP/RO)

Dentre os plurais dos nomes compostos, o único flexionado de modo adequado é:

a) guarda-chuvas

b) olhos azuis-turquesas

c) escolas-modelos

d) surdo-mudos

e) pores dos sóis

280) (ANALISTA CONTÁBIL – MP/RO)

Indique a opção em que o pronome oblíquo NÃO está colocado corretamente, de acordo com a norma culta.

a) O professor levou a moto para ser consertada – levou-a.

b) O professor levará a moto para ser consertada – levá-la-á.

c) O professor levaria a moto para ser consertada – a levaria.

d) O professor tinha levado a moto para ser consertada – tinha levado-a.

e) O professor estava levando a moto para ser consertada – a estava levando.

281) (ANALISTA CONTÁBIL – MP/RO)

Aponte a opção em que a concordância verbal está realizada corretamente.

a) Houveram muitas festas de Carnaval na Bahia.

b) Os Estados Unidos, ontem, bombardeou o Iraque.

c) Cada um dos funcionários apresentaram boas propostas.

d) Um dia, um mês, um ano passam depressa.

e) Aconteceu vários fatos marcantes na minha vida.

282) (ANALISTA CONTÁBIL – MP/RO)

Assinale o trecho que apresenta pontuação adequada de acordo com as normas da língua culta.

a) T. Watson, o legendário presidente da IBM, marcava reuniões para começar em horas quebradas, como 1h 58min. Quem chegasse depois pagava uma multa proporcional aos minutos de atraso.

b) T. Watson, o legendário presidente da IBM, marcava reuniões para começar em horas quebradas: como 1h 58min; quem chegasse depois pagava uma multa, proporcional, aos minutos de atraso.

c) T. Watson, o legendário presidente da IBM, marcava reuniões para começar em horas quebradas: como 1h 58min, quem chegasse depois pagava uma multa proporcional aos minutos de atraso.

d) T. Watson o legendário presidente da IBM, marcava reuniões para começar, em horas quebradas como 1h 58min. Quem chegasse depois, pagava uma multa proporcional aos minutos de atraso.

e) T. Watson o legendário presidente da IBM marcava reuniões, para começar em horas quebradas como 1h 58min; quem chegasse depois pagava uma multa proporcional aos minutos de atraso.

283) (OFICIAL DE DILIGÊNCIAS – MP/RO)

"... havia três espécies de mar."

Substituindo-se o verbo haver na oração acima, a opção em que a concordância verbal está em DESACORDO com a norma culta é:

a) existiam

b) deviam existir

c) deviam haver

d) podiam existir

e) podia haver

284) (OFICIAL DE DILIGÊNCIAS – MP/RO)

"Era de manhã, fazia sol."

Os sujeitos das orações acima podem ser classificados, respectivamente, como:

a) sujeito indeterminado e sujeito simples

b) sujeito indeterminado e oração sem sujeito

c) oração sem sujeito e sujeito simples

d) oração sem sujeito e sujeito indeterminado

e) oração sem sujeito e oração sem sujeito

285) (OFICIAL DE DILIGÊNCIAS – MP/RO)

"Outra hipótese é <u>que</u> a água doce, mais leve <u>que</u> a salgada, esteja formando um grande tampão próximo à superfície."

As classes gramaticais das palavras destacadas na passagem acima, respectivamente, são:

a) pronome relativo e pronome relativo

b) pronome relativo e conjunção subordinativa comparativa

c) conjunção subordinativa integrante e pronome relativo

d) conjunção subordinativa integrante e conjunção subordinativa integrante

e) conjunção subordinativa integrante e conjunção subordinativa comparativa

286) (OFICIAL DE DILIGÊNCIAS – MP/RO)

Royer está _____ de respostas, _____ de pesquisas.

Segundo a ortografia oficial, a opção que preenche corretamente as lacunas acima é:

a) atráz – através

b) atráz – atravez

c) atraz – atravéz

d) atrás – atravéz

e) atrás – através

287) (OFICIAL DE DILIGÊNCIAS – MP/RO)

"... o aumento de água doce pode provocar alterações no plâncton, alimento básico da fauna marinha."

A vírgula foi empregada para separar o (a):

a) aposto

b) adjunto adverbial

c) vocativo

d) objeto direto deslocado

e) oração adjetiva

288) (OFICIAL DE DILIGÊNCIAS – MP/RO)

Os cientistas _____ procurando um recurso que _____ válido e que a solucionar o problema.

Os vocábulos que preenchem corretamente as lacunas acima são:

a) estam – seje – vem

b) estam – seja – venha

c) estão – seja – venha

d) estão – seja – vem

e) estão – seje – venha

289) (OFICIAL DE DILIGÊNCIAS – MP/RO)

"A <u>conclusão</u> é de especialistas americanos..."

Qual das palavras a seguir NÃO se flexiona no plural do mesmo modo que a destacada acima?

a) Anão

b) Coração

c) Leão

d) Cidadão

e) Mamão

290) (TÉCNICO PREVIDENCIÁRIO – INSS)

Coloque C ou I nos parênteses, conforme esteja correto ou incorreto o uso do acento indicativo da crase.

(   ) Dona Maria José dirigia-se à cada criança e perguntava.

(   ) O bonde elétrico já chegara àquela cidade.

(   ) À custa de muito empenho, os alunos aprendiam.

A sequência correta é:

a) C, C, I

b) C, I, C

c) I, C, I

d) I, C, C

e) I, I, C

291) (TÉCNICO PREVIDENCIÁRIO – INSS)

Marque a opção em que o termo entre parênteses NÃO preenche corretamente a lacuna, pois não atende à regência do verbo da frase.

a) O emprego _____ aspirava requeria mais preparo. (a que)

b) Muitos alunos _____ frequentavam a escola se formaram. (que)

c) A palmatória era a razão _____ os meninos temiam as sabatinas. (com que)

d) Mesmo nas escolas de antigamente havia aulas _____ os alunos gostavam. (de que)

e) Os jogos _____ a menina assistia lhe pareciam emocionantes. (a que)

292) (TÉCNICO PREVIDENCIÁRIO – INSS)

Assinale a frase correta quanto à concordância verbal.

a) Existe ambientes escolares bem acolhedores.

b) Evoluiu pouco a pouco as escolas e o sistema de avaliação.

c) Por muito tempo ainda persistiu certos costumes.

d) Haviam muitos alunos que conseguiram superar dificuldades.

e) Castigavam-se as crianças que não sabiam a tabuada.

293) (TÉCNICO PREVIDENCIÁRIO – INSS)

"Tenho almejado isso secretamente, mas por uma fatalidade estou sempre mudando."

Entre as orações do período acima existe uma relação de:

a) oposição

b) tempo

c) explicação

d) causa e consequência

e) consequência e finalidade

294) (TÉCNICO PREVIDENCIÁRIO – INSS)

"A _perspectiva_ da mudança causa em mim sentimentos indefinidos."

A palavra que, conforme o sentido do texto, NÃO equivale à destacada no trecho acima é:

a) decisão

b) esperança

c) expectativa

d) possibilidade

e) probabilidade

295) (TÉCNICO PREVIDENCIÁRIO – INSS)

Assinale a única oração sem sujeito.

a) "A casa precisa ser natural."

b) "Precisamos nos sentir bem dentro ela."

c) "Há o sentimento de perda."

d) "Mas assim é a vida."

e) "Procura-se uma casa."

296) (TÉCNICO PREVIDENCIÁRIO – INSS)

I – Sensações diversas _____ seu pensamento distante por alguns momentos.

II – Já morou em uma casa onde os livros não _____ .

As formas verbais que preenchem, correta e respectivamente, as frases acima são:

a) manteem – couberam

b) mantêem – caberam

c) mantém – caberam

d) mantêm – couberam

e) mantem – couberão

FEC – FUNDAÇÃO EUCLIDES DA CUNHA

297) (PROGRAMADOR – PRODERJ)

Os prefixos das palavras <u>supercomputador</u> e <u>contrainformação</u> são sinônimos, respectivamente, dos prefixos das palavras:

a) hiperinflação e megainvestidor

b) politraumatizado e desnecessário

c) ultraleve e hemisfério

d) além-fronteira e endotérmico

e) arquimilionário e anti-inflacionário

298) (PROGRAMADOR – PRODERJ)

No trecho "Murray Campbell é um dos cientistas que começou a trabalhar com computadores de xadrez da IBM, em 1989", optou-se por uma forma de concordância numa situação de linguagem de concordância facultativa. Nos itens abaixo, a concordância também é facultativa, EXCETO em:

a) Grande parte dos objetos hoje utilizados numa casa resulta do processo de industrialização.

b) Trabalharia para o homem, dali por diante, o computador e o telefone celular.

c) Fui eu quem o ensinou a usar o computador.

d) Só havia dois problemas no mundo que o computador não podia resolver: a fome e a violência.

e) Muitos dentre nós poderemos resolver os problemas utilizando bem o computador.

299) (PROGRAMADOR – PRODERJ)

A frase passiva "O mesmo software pode ser comprado no site do seu desenvolvedor", se for expressa na voz ativa, terá a forma:

a) Pode-se comprar o mesmo software no site do seu desenvolvedor.

b) Pode ser comprado no site do seu desenvolvedor o mesmo software.

c) No site do seu desenvolvedor o mesmo software pode-se comprar.

d) O mesmo software no site de seu desenvolvedor pode ser comprado.

e) No site de seu desenvolvedor podem comprar o mesmo software.

300) (PROGRAMADOR – PRODERJ)

Está INCORRETA a flexão verbal, de acordo com as normas da língua, na frase:

a) Quando os cientistas revirem seus conceitos, encontrarão outras soluções.

b) Se os homens dispusessem de tempo para os computadores, viveriam mais tranquilamente.

c) De repente sobreveio uma onda de utilização de computadores.

d) Não seria bom que apenas uma empresa detesse a tecnologia dos computadores.

e) Talvez conviesse aos cientistas enfrentar os problemas utilizando um computador.

301) (PROGRAMADOR – PRODERJ)

No trecho "<u>Segundo</u> a empresa...", para que seja mantido o sentido original, o termo sublinhado só NÃO pode ser substituído por:

a) conforme

b) mediante

c) consoante

d) em conformidade com

e) de acordo com

302) (PROGRAMADOR – PRODERJ)

Nos trechos "O <u>mesmo</u> software pode ser comprado..." e "... é possível alcançar a maestria da supermáquina Deep Blue, <u>mesmo</u> com uma fração dos 197 milhões...", a palavra <u>mesmo</u> foi empregada em significados diferentes. Os significados são respectivamente:

a) semelhante e exatamente

b) parecido e justamente

c) verdadeiramente e realmente

d) até e embora

e) idêntico e ainda que

303) (TÉCNICO JUDICIÁRIO – TRT – 1ª REGIÃO)

Como texto jornalístico, cujo objetivo é levar a notícia de forma simples e clara ao leitor, notam-se, em sua redação, formas que o aproximam da língua oral, como, por exemplo, "mas chega em casa tão cansado...", com o verbo <u>chegar</u> regendo a proposição <u>em.</u> Dentre as frases abaixo, a que apresenta uma forma de regência que também é considerada própria da língua oral e, portanto, INCORRETA para a língua escrita padrão, é:

a) Quando o pai de Jefferson o viu, aproximou-se dele e lhe abraçou.

b) Eram crianças que nunca podiam usufruir o que a vida deveria reservar-lhes nessa idade.

c) Elas dependiam dos pais e, por isso, deveriam obedecer-lhes em todas as ordens.

d) Os menores trabalhadores, a população os encontra nas áreas urbanas, com a polícia importunando-os a toda hora.

e) Na atividade agrícola e na indústria calçadista não lhes sobra nenhuma oportunidade, por isso as crianças optam por viver nas ruas.

304) (TÉCNICO JUDICIÁRIO – TRT – 1ª REGIÃO)

Das alterações feitas na frase "Os pais não têm onde deixar suas crianças quando vão para a lavoura", aquela que está INCORRETA quanto à flexão verbal, de acordo com as normas da língua culta, é:

a) Os pais só entretêm as crianças quando se dispõem a brincar com elas.

b) Os pais só reveem as crianças quando refazem o caminho de volta para casa.

c) Os pais reouveram as crianças depois que se dispuseram a voltar para casa.

d) Os pais não se dispunham a ficar com as crianças quando estas lhes contradiziam as ordens.

e) Os pais desdisseram as crianças quando interviram em seus maus costumes.

305) (TÉCNICO JUDICIÁRIO – TRT – 1ª REGIÃO)

Dentre as alterações abaixo, feitas na redação da frase "As crianças já não são mais vistas nos canaviais", está INCORRETA, de acordo com as normas da língua culta, a que se apresenta na opção:

a) As crianças, já não as encontramos nos canaviais.

b) Já não se vê as crianças nos canaviais.

c) As crianças já não se veem nos canaviais.

d) Nos canaviais, já não se podem ver as crianças.

e) As crianças, já não as podemos ver nos canaviais.

306) (TÉCNICO JUDICIÁRIO – TRT – 1ª REGIÃO)

Abaixo, foram substituídas por sinônimos, com as adaptações necessárias, palavras e expressões da frase "O Nordeste, que sempre acumula os piores indicadores sociais, tem ao seu lado a Região Sul, que ocupa a segunda posição entre as regiões que concentram o maior número de trabalhadores na infância." Modificou-se substancialmente o sentido original do texto em:

a) O Nordeste, que sempre <u>reúne</u> os piores indicadores sociais, tem ao seu lado a Região Sul, que ocupa a segunda posição entre as regiões que concentram o maior número de trabalhadores na infância.

b) O Nordeste, que sempre acumula os piores <u>índices</u> sociais, tem ao seu lado a Região Sul, que ocupa a segunda posição entre as regiões que concentram o maior número de trabalhadores na infância.

c) O Nordeste, que sempre acumula os piores indicadores sociais, <u>justapõe-se à</u> Região Sul, que ocupa a segunda posição entre as regiões que concentram o maior número de trabalhadores na infância.

d) O Nordeste, que sempre acumula os piores indicadores sociais, tem ao seu lado a Região Sul, que ocupa a <u>vice-posição</u> entre as regiões que concentram o maior número de trabalhadores na infância.

e) O Nordeste, que sempre acumula os piores indicadores sociais, tem ao seu lado a Região Sul, que ocupa a segunda posição entre as regiões que <u>centrifugam</u> o maior número de trabalhadores na infância.

307) (TÉCNICO JUDICIÁRIO – TRT – 1ª REGIÃO)

O vocábulo sublinhado na frase "Entre as crianças que são remuneradas, 41,5% ganham <u>até</u> meio salário mínimo" foi empregado com o mesmo sentido nas frases abaixo, EXCETO em:

a) Os menores trabalhadores, às vezes, eram exigidos até o limite de suas forças.

b) Até o canavial os menores podem ir, mas eles não podem trabalhar.

c) Os trabalhadores eram explorados desde a infância até à idade adulta.

d) Os trabalhadores, até os menores de idade, eram submetidos a situações constrangedoras.

e) Não se podia exigir que as crianças trabalhassem até à noite.

308) (TÉCNICO JUDICIÁRIO – TRT – 1ª REGIÃO)

No trecho "entidade vinculada à Delegacia Regional do Trabalho do Rio Grande do Sul", está corretamente empregado o acento indicativo da crase, fato que NÃO ocorre em:

a) Os trabalhadores recorreram à todas as instâncias para garantir seu direito.

b) Proibiam sempre às mesmas crianças que permanecessem nas ruas.

c) Só era permitido às crianças trabalhar durante o dia.

d) O governo deixava as crianças jogadas à própria sorte.

e) À falta do que fazer, os menores invadiam as ruas da cidade.

309) (ANALISTA JUDICIÁRIO – TRF – 2ª REGIÃO)

Se na festa de inauguração dos trens alguém resolvesse dirigir-se ao Governador do Estado para agradecer a obra realizada, usando uma linguagem correta e adequada, deveria expressar-se de acordo com a forma da opção:

a) Senhor Governador, Vossa Excelência tem conhecimento das dificuldades do povo e sabe que todos lhe são extremamente agradecidos por esta obra.

b) Senhor Governador, Vossa Excelência tendes conhecimento das dificuldades do povo e sabeis que todos lhe são extremamente agradecidos por esta obra.

c) Senhor Governador, Sua Excelência tem conhecimento das dificuldades do povo e sabe que todos lhe são extremamente agradecidos por esta obra.

d) Senhor Governador, Sua Excelência tens conhecimento das dificuldades do povo e sabes que todos te são extremamente agradecidos por esta obra.

e) Senhor Governador, Vossa Senhoria tem conhecimento das dificuldades do povo e sabe que todos te são extremamente agradecidos por esta obra.

310) (ANALISTA JUDICIÁRIO – TRF – 2ª REGIÃO)

Está INCORRETA a forma como se fez a concordância nominal na frase:

a) Os trens e as estações foram reformadas.

b) Os engenheiros construíram um viaduto e uma passarela nova.

c) Pela ferrovia trafegavam vagões e locomotivas refrigerados.

d) Os planos previam projetos e estruturas recém-idealizadas.

e) Os índices social e econômico de desenvolvimento da Região Metropolitana são baixíssimos.

311) (ANALISTA JUDICIÁRIO – TRF – 2ª REGIÃO)

No enunciado "os serviços essenciais à população", é obrigatório o emprego do acento para marcar a crase. Nas alterações do enunciado feitas abaixo dispensa-se o acento por não haver a crase. Numa das alterações, entretanto, pode-se usar o acento por se tratar de um caso de crase facultativa. Esta alteração está na opção:

a) os serviços essenciais a essa população

b) os serviços essenciais a toda e qualquer população

c) os serviços essenciais a uma população ansiosa por melhorias

d) os serviços essenciais a quase toda a população

e) os serviços essenciais a nossa população

312) (ANALISTA JUDICIÁRIO – TRF – 2ª REGIÃO)

Está INCORRETA, quanto à flexão verbal, a frase:

a) Com a inauguração dos trens refrigerados a população reouve a esperança de dias melhores.

b) Era necessário que as autoridades revissem os planos de desenvolvimento da Baixada.

c) Para a população, somente um projeto de reconstrução socioeconômica trazer-lhe-ia a segurança de dias melhores.

d) Se os interesses das autoridades se sobrepuserem aos da população, as ações de governo serão inócuas.

e) Os novos trens provieram de uma fábrica localizada no interior de São Paulo.

313) (ANALISTA JUDICIÁRIO – TRF – 2ª REGIÃO)

Assim como os verbos <u>amenizar,</u> <u>sinalizar</u> e <u>protagonizar</u>, escrevem-se com a letra Z todos os relacionados abaixo, porque são derivados com o sufixo <u>–izar</u>. Numa das relações, entretanto, há um verbo com erro de grafia, pois pelas normas ortográficas deve ser escrito com S. Este verbo encontra-se na opção:

a) minimizar/politizar/pulverizar/catequizar

b) amortizar/arborizar/hipnotizar/preconizar

c) avalizar/cotizar/indenizar/exorcizar

d) enfatizar/polemizar/paralizar/arcaizar

e) contemporizar/fiscalizar/sintonizar/entronizar

314) (ANALISTA JUDICIÁRIO – TRF – 2ª REGIÃO)

Se a oração "e sofre com a falta de alguns dos requisitos mínimos para uma vida <u>decente</u>" tivesse sido redigida "e sofre com a falta de alguns dos requisitos mínimos para uma vida <u>descente</u>", constatar-se-ia uma incorreção provocada pela inversão no emprego dos vocábulos homônimos sublinhados. As frases, dos pares abaixo, estão corretas, EXCETO as de um par em que houve inversão dos termos homônimos ou parônimos. Este par é o que se encontra na opção:

a) O advogado estava desapercebido para a audiência, pois não trouxera seus documentos. / Nenhum fato passava despercebido ao criterioso juiz.

b) Na última sessão do Congresso Nacional foi aprovada mais uma alteração constitucional. / Foi apresentada proposta de cessão de bases militares aos norte-americanos.

c) Há cerca de dez anos inaugurou-se a última obra pública na região. / Diziam acerca das obras públicas que elas tinham sido superfaturadas.

d) A governadora iniciou seu mandato com forte base na Assembleia Legislativa. / Por meio de um advogado, a população impetrou mandado de segurança contra a decisão da autoridade.

e) Espera-se que a justiça infrinja a pena cabível ao criminoso. / Para aquele que inflija a lei, sempre deve haver o direito de defesa.

315) (ANALISTA JUDICIÁRIO – TRF – 2ª REGIÃO)

Na oração "e sofre com a falta de alguns dos requisitos mínimos para uma vida decente", os termos I – "sofre" e II – "com a falta de alguns dos requisitos mínimos para uma vida decente" guardam entre si uma relação de:

a) causa e consequência

b) meio e fim

c) concessão e restrição

d) dúvida e explicação

e) hipótese e conclusão

316) (ASSISTENTE SOCIAL – SME / NITERÓI)

No trecho "O 'modelo do limão' proposto por George Akerlof ajuda a compreender por que os governos não estão dispostos a pagar salários de mercado para bons professores", a palavra sublinhada foi escrita com os elementos separados. Sabendo-se que esta palavra também pode ser escrita com os elementos juntos, ora sem acento gráfico, ora com acento gráfico, pode-se afirmar que está INCORRETA a frase:

a) As autoridades sabiam que havia problemas de salário, mas não conseguiam informar por quê.

b) Poucos conhecem os reais motivos porque no Brasil se remunera tão mal o professor.

c) É preciso conhecer o porquê de um problema, antes de buscar-se uma solução.

d) As secretarias de educação não informam por que o salário dos professores é tão baixo.

e) O salário dos professores é baixo, porque é ineficiente a política de contratação e avaliação de desempenho.

317) (ASSISTENTE SOCIAL – SME / NITERÓI)

No trecho "não oferecem salários compatíveis para atraí-los", a forma verbal com pronome enclítico recebeu adequadamente o acento gráfico. Entre as frases abaixo, também com formas verbais com pronomes enclíticos e mesoclíticos, a única INCORRETA quanto à acentuação gráfica é:

a) A escolha dos professores far-se-á pelo critério do desempenho em sala de aula.

b) O professor chamou o aluno e resolveu distraí-lo, contando-lhe uma história diferente.

c) Questionado sobre a prova, o professor comentou que, assim que tiver terminado a correção, devolvê-la-á.

d) O diretor responsabilizou o professor e resolveu puní-lo pelos atos de indisciplina dos alunos.

e) O bibliotecário reuniu os livros para pô-los na estante.

318) (ASSISTENTE SOCIAL – SME / NITERÓI)

Se o autor do texto quisesse dar maior formalidade à redação do trecho "Mais uma vez o Ministro da Educação vem a público pedir mais recursos para a educação", utilizando a forma de tratamento adequada à autoridade citada, teria de construir o período da seguinte maneira:

a) Mais uma vez Vossa Excelência o Ministro da Educação vem a público pedir mais recursos para a educação.

b) Mais uma vez Sua Excelência o Ministro da Educação vem a público pedir mais recursos para a educação.

c) Mais uma vez Sua Senhoria o Ministro da Educação vem a público pedir mais recursos para a educação.

d) Mais uma vez sua Magnificência o Ministro da Educação vem a público pedir mais recursos para a educação.

e) Mais uma vez Vossa Eminência o Ministro da Educação vem a público pedir mais recursos para a educação.

319) (ASSISTENTE SOCIAL – SME / NITERÓI)

No 6º parágrafo o autor utilizou o sinal de pontuação ponto e vírgula de acordo com as normas gramaticais. Nas frases abaixo as normas gramaticais também foram observadas na utilização do ponto e vírgula, EXCETO em:

a) Os professores compareceram à festa de formatura trajados a rigor; os alunos, trajados esportivamente.

b) Um dos alunos obteve nota suficiente para ser apenas aprovado; o outro, apesar de não ter a mesma capacidade de estudo, classificou-se em segundo lugar.

c) A iniciativa segura e coerente da direção; o esforço de alunos e professores; bem como a participação de pais e responsáveis nas atividades da escola dinamizaram-na e tornaram-na uma verdadeira casa de educação.

d) Investir em educação só traz retorno para a nação a longo prazo; mas os resultados são, normalmente, satisfatórios.

e) Não há como resolver os problemas da educação com soluções paliativas, de pouco alcance; há de se investir, de forma planejada, em projetos de longo prazo que priorizem o profissional da educação.

320) (ASSISTENTE SOCIAL – SME / NITERÓI)

Redigindo-se o período "O diretor da escola pública não dispõe de instrumentos para administrar seu pessoal" no plural, ele poderá ter a forma "Os diretores das escolas públicas não dispõem de instrumentos para administrarem seu pessoal". Nos itens abaixo repetiu-se a mesma operação com outros períodos, entre os quais se pode constatar que houve INCORREÇÃO em:

a) Se o professor abrir uma exceção e revir a prova de um aluno, terá, obrigatoriamente, queira ou não, de rever as provas de todos os outros. / Se os professores abrirem uma exceção e revirem a prova de um aluno, terão, queiram ou não, de reverem as provas de todos os outros.

b) O diretor interveio para que fosse logo encontrada a solução. / Os diretores intervieram para que fossem logo encontradas as soluções.

c) O bom diretor antevê os problemas e previne-se para enfrentá-los. / Os bons diretores anteveem os problemas e previnem-se para enfrentá-los.

d) Quando o aluno entretém-se com alguma coisa sem perceber, cabe ao professor alertá-lo. / Quando os alunos entretêm-se com alguma coisa sem perceberem, cabe aos professores alertá-los.

e) O aluno, indignado com a prova, antes de recebê-la, não conteve as lágrimas. / Os alunos, indignados com a prova, antes de a receberem, não contiveram as lágrimas.

321) (ASSISTENTE SOCIAL – SME / NITERÓI)

Na oração "mais de 5% vêm do setor público", a concordância verbal foi feita de acordo com as normas recomendadas para o português escrito culto. Nas frases apresentadas nos itens abaixo, constata-se também a correção quanto à concordância, EXCETO em:

a) Ainda falta corrigir as provas e divulgar os resultados para os alunos.

b) Com a contenção de despesas determinada pelo governo, ainda não se liberaram as verbas para a educação.

c) Mais de um ministro da área já tentou obter mais recursos para a educação.

d) Em muitos pontos a política educacional brasileira imita os Estados Unidos da América, que também convive com inúmeros problemas educacionais.

e) 15% da população brasileira é de jovens em idade escolar, entre 7 e 14 anos.

322) (ANALISTA JUDICIÁRIO – TRT – 1ª REGIÃO)

No enunciado "A diminuição da jornada de trabalho criou o tempo liberado, que não pode ser confundido ainda com o tempo propriamente livre, pois aquele vai ser gasto de inúmeras maneiras.", o sentido fica visivelmente alterado com a substituição da conjunção em destaque por:

a) porquanto

b) portanto

c) visto que

d) dado que

e) uma vez que

TESTES

323) (ANALISTA JUDICIÁRIO – TRT – 1ª REGIÃO)

O sentido de "Havia 'dias sem trabalho', que ofereciam possibilidades de repouso, __embora__ não muito" altera-se sensivelmente com a substituição da conjunção grifada por:

a) ainda que

b) posto que

c) se bem que

d) desde que

e) mesmo que

324) (ANALISTA JUDICIÁRIO – TRT – 1ª REGIÃO)

Os enunciados abaixo foram convertidos da voz passiva analítica para a voz passiva sintética ou pronominal. Cometeu-se uma impropriedade na conversão em:

a) "a colheita deve ser feita na época certa" / a colheita deve fazer-se na época certa

b) "exigem que o trabalho seja cronometrado" / exige que se cronometre o trabalho

c) "a partir de 1850 é restabelecido o descanso semanal" / a partir de 1850 se restabelece o descanso semanal

d) "em 1919 é votada a lei das oito horas" / em 1919 votou-se a lei das oito horas

e) "que não pode ser confundido ainda com o tempo propriamente livre" / que não se pode confundir ainda com o tempo propriamente livre.

325) (ANALISTA JUDICIÁRIO – TRT – 1ª REGIÃO)

Nos itens abaixo, dando continuidade ao que se diz na primeira frase, empregou-se com ERRO o pronome átono em:

a) Os nobres intensificavam suas atividades predominantemente ociosas. Eles intensificavam-nas, quase sempre, depois que...

b) Os artesãos e os camponeses seguiam o ritmo da natureza. Eles o seguiam obrigatoriamente, uma vez que...

c) A deficiente iluminação não permitia aos artesãos e camponeses outra escolha. Ela não lhes permitia outra escolha, sobretudo quando...

d) A semente exige o tempo de plantio. Se ela o exige, é claro que não se podia...

e) A diminuição da jornada de trabalho acabou por criar o tempo liberado. Ao criar-lhe tornou mais fácil para todos...

326) (ANALISTA JUDICIÁRIO – TRT – 1ª REGIÃO)

A frase em que uma das formas verbais está flexionada de forma INCORRETA, segundo o padrão culto da língua, é:

a) Seria bom que a Igreja reouvesse o poder que detinha.

b) Se a burguesia não revir seu modo de vida, acabará arruinada.

c) Todos trabalhavam para que os nobres se entretivessem no ócio.

d) Quem se contrapuser ao regime não sobreviverá.

e) Os burgueses só deixarão o poder quando isto lhes convir.

327) (PROFESSOR I – SME / NITERÓI)

O adjetivo sublinhado na frase "– Qual é o <u>maior</u> rio da China?" está expresso no grau:

a) superlativo relativo de superioridade

b) superlativo relativo de inferioridade

c) superlativo absoluto sintético

d) comparativo de superioridade

e) comparativo de igualdade

328) (PROFESSOR I – SME / NITERÓI)

Das palavras abaixo relacionadas, extraídas do texto, a única em que o número de letras coincide com o número de fonemas é:

a) carrancudo

b) assinalados

c) China

d) aquela

e) palmatória

329) (PROFESSOR I – SME / NITERÓI)

A grafia de palavras com <u>h</u> inicial, como <u>hesitante,</u> é um problema para quem alfabetiza e, consequentemente, para quem escreve em português, porque esta letra não tem valor fonético. O usuário é obrigado a memorizar as palavras com <u>h</u> inicial e o melhor procedimento para alcançar este objetivo é a prática da leitura. Em cada item abaixo, aparecem duas expressões das quais o segundo termo é sempre um adjetivo iniciado por <u>h.</u>

A expressão em que o adjetivo não tem <u>h</u> inicial está em:

a) crise hepática / desenho humorístico

b) tendências homossexuais / teoria hortodoxa

c) substância hidrossolúvel / produtos hortigranjeiros

d) decisão homologatória / paciente hemorroidoso

e) medicamento hipotensor / doutrina herética

330) (PROFESSOR I – SME / NITERÓI)

Se se quisesse passar o pronome sublinhado na frase "E <u>me</u> ensinava a tomar a bênção à lua nova" para a 3ª pessoa, a forma seria "E o ensinava a tomar a bênção à lua nova".

Nos itens abaixo repetiu-se esta operação, observando-se as normas de emprego dos pronomes pessoais, EXCETO em:

a) O professor me perdoou as bobagens que falei. / O professor lhe perdoou as bobagens que falou.

b) Um colega orientou-me quanto à melhor maneira de estudar. / Um colega orientou-o quanto à melhor maneira de estudar.

c) A direção certificou-me de que não haveria aula. / A direção certificou-lhe de que não haveria aula.

d) Os pais me entregaram a guarda do filho. / Os pais lhe entregaram a guarda do filho.

e) O inspetor me aconselhou a esperar o término da aula. / O inspetor o aconselhou a esperar o término da aula.

331) (AGRONOMIA – CODEVASF)

Na frase "**À noite, o mundo é bonito, como se não houvesse desacordos, aflições, ameaças**", respeitou-se a sintaxe de concordância do verbo <u>haver</u>. O mesmo verbo, entretanto, está empregado INCORRETAMENTE na frase:

a) Tinha confiança no futuro, pois haveria de haver dias melhores.

b) Muitos erraram; entretanto poucos o hão reconhecido.

c) Advertiria não só o aluno, como a todos que houvessem de advertir-se.

d) Os jovens foram condenados sem que houvesse provas convincentes.

e) Atendemos muitos pedidos, mas inúmeros outros haviam para atender.

332) (AGRONOMIA – CODEVASF)

Das modificações feitas abaixo no trecho "**Se a noite é bem sossegada, pode-se ouvir sua mão sacudir a caixa de fósforos...**", a INCORRETA, do ponto de vista gramatical, é:

a) Sendo a noite sossegada, pode-se ouvir sua mão sacudir a caixa de fósforos.

b) Se a noite é bem sossegada, podemos ouvir sua mão sacudindo a caixa de fósforos.

c) Se a noite fosse sossegada, poderia-se ouvir sua mão sacudir a caixa de fósforos.

d) Se a noite for bem sossegada, poder-se-á ouvir sua mão sacudir a caixa de fósforos.

e) Se a noite é bem sossegada, podem-se ouvir suas mãos sacudindo a caixa de fósforos.

333) (AGRONOMIA – CODEVASF)

Das alterações feitas na pontuação dos trechos abaixo, a que está em DESACORDO com as normas em vigor é:

a) "Já não apita: vai caminhando descansadamente, como quem passeia, como quem pensa, como um poeta numa alameda silenciosa, sob árvores em flor." / Já não apita; vai caminhando descansadamente, como quem passeia, como quem pensa, como um poeta numa alameda silenciosa sob árvores em flor.

b) "Uma pequena luz, lá em cima, há várias noites, aquela vaga claridade na janela: é uma pessoa doente?" / Uma pequena luz lá em cima há várias noites, aquela vaga claridade na janela: é uma pessoa doente?

c) "O gato retardatário que volta apressado, com certo ar de culpa, num pulo exato galga o muro e desaparece: ele também tem o seu cantinho para descansar." / O gato retardatário, que volta apressado, com certo ar de culpa, num pulo exato galga o muro e desaparece: ele também tem o seu cantinho para descansar.

d) "E as pessoas adormecidas sentem, dentro de seus sonhos, que o guarda-noturno está tomando conta da noite, a vagar pelas ruas, anjo sem asas, porém armado." / E as pessoas adormecidas sentem dentro de seus sonhos que o guarda-noturno está tomando conta da noite, a vagar pelas ruas: anjo sem asas, porém armado.

e) "O guarda-noturno olha para as casas, para os edifícios, para os muros e grades, para as janelas e portões." / O guarda-noturno olha para as casas, para os edifícios; para os muros e grades; para as janelas e portões.

334) (AGENTE DE MANOBRAS – ENGEPRON)

A vírgula que aparece no trecho "que entende que barco de lazer é produto supérfluo, taxando-o com uma altíssima carga tributária" separa duas partes do período a respeito das quais se pode afirmar que o que está após a vírgula exprime, em relação ao que está antes:

a) causa
b) condição
c) concessão
d) consequência
e) alternância

335) (ANALISTA DE SISTEMAS – PREFEITURA DE NOVA FRIBURGO)

Das frases abaixo, a correta é:

a) Os advogados mandaram ele entrar.
b) O fato dele executar a tarefa não é inusitado.
c) O juiz trouxe consigo os processos.
d) Vimo-te no consultório do médico.
e) Estivemos aonde os comerciantes se reúnem.

336) (VETERINÁRIO / MARICÁ)

A frase INCORRETA quanto à regência verbal, de acordo com a norma culta da língua, é:

a) O cronista em que tenho ciência é aquele que escreveu duas crônicas no jornal do bairro.
b) O cronista a que me refiro não precisa entender de nada com profundidade.
c) O cronista a que aludo é aquele que não precisa entender de tudo.
d) O cronista sobre cujo texto fiz um comentário é aquele que não precisa entender de nada ao falar de tudo.
e) O cronista de cujos texto retirei estes exemplos é especializado em temas políticos.

337) (VETERINÁRIO / MARICÁ)

A frase INCORRETA quanto ao emprego do acento da crase é:

a) Às crônicas de Cecília Meireles dou preferência as de Fernando Sabino.
b) O professor fez menção à crônica da página 400.
c) Embora achasse que escrevia à Machado de Assis, não passava de um mau escritor.
d) Afirmou o repórter que apenas visava à apuração dos fatos.
e) O texto referia-se à toda crônica já publicada.

338) (VETERINÁRIO / MARICÁ)

Está **INCORRETA, quanto à concordância verbal, de acordo com a norma culta da língua, a frase:**

a) Creio que este é um dos cronistas que mais trata de temas variados.

b) Quem dentre os cronistas citados trataram de temas esportivos?

c) Um ou outro cronista tratarão de temas variados.

d) Há de tratar-se de temas populares nas crônicas do cotidiano.

e) Hão de existir temas variados nas crônicas contemporâneas.

339) (VETERINÁRIO / MARICÁ)

Das frases abaixo, a única **CORRETA quanto à flexão verbal, de acordo com a norma culta da língua, é:**

a) Se proporem uma outra crônica, argumente que não há mais espaço nesta edição.

b) Com a cooperação de todos, o jornalista creu que havia condição de escrever a reportagem.

c) Os candidatos só poderão se inscrever no concurso de crônicas, se o requiserem.

d) Os alunos de minha escola jamais obterão incentivo para redigir textos em crônicas.

e) Se o autor da crônica intervir na questão, não ocorrerão outras críticas ferinas.

340) (ADMINISTRADOR – PRODERJ)

Nos itens abaixo, foram reescritas frases da voz passiva para a ativa. **O item em que ambas estão na voz passiva é:**

a) Collin Powell foi vaiado pela afirmação que fez. / Vaiou-se Collin Power pela afirmação que fez.

b) A conferência foi encerrada sem que se chegasse a conclusões favoráveis. / Encerraram a conferência sem que se chegasse a conclusões favoráveis.

c) Os benefícios do progresso devem ser usufruídos pelas comunidades. / As comunidades devem usufruir os benefícios do progresso.

d) Não foram definidos nem as metas nem os prazos de implementação. / Não definiram nem as metas nem os prazos de implementação.

e) A proposta do Brasil foi derrotada pelas nações mais ricas. / Derrotaram a proposta do Brasil as nações mais ricas.

341) (ADMINISTRADOR – PRODERJ)

Está em **DESACORDO com as normas da língua culta o emprego do pronome relativo na frase:**

a) A Conferência Rio + 10 entre cujos participantes havia pessoas do mundo inteiro realizou-se na África do Sul.

b) A proposta brasileira cujo conteúdo era de interesse de todas as nações não conseguiu aprovação.

c) A carta de intenções de cujo conteúdo os países depositavam confiança foi uma decepção.

d) O discurso em que o presidente anunciou a proposta brasileira foi bastante aplaudido.

e) Tomaso de Lampedusa a respeito de quem foi feita a referência deixou uma obra de mérito.

342) (ADMINISTRADOR – PRODERJ)

Das reescrituras feitas abaixo do período "Tudo isso pomposamente dito, mas sem metas definidas ou prazos para implementação", aquela em que houve alteração do sentido original está na opção:

a) Por mais que se dissesse isso pomposamente, não havia metas definidas nem prazos para implementação.

b) Mesmo dizendo isso com muita pompa, as metas não estavam definidas nem os prazos para implementação determinados.

c) Como as coisas eram ditas pomposamente, nem metas definidas nem prazos para implementação podiam ser apresentados.

d) Apesar de tudo isso ser dito com muita pompa, não havia metas definidas nem prazos para implementação.

e) Ainda que isso fosse dito com muita pompa, as metas não estavam definidas nem os prazos para implementação determinados.

343) (ADMINISTRADOR – PRODERJ)

As palavras do presidente venezuelano "enquanto nós, governantes, vamos de conferência em conferência, nossos povos vão de abismo em abismo" estão estruturadas num período cujas orações estão numa relação de sentido de:

a) concomitância

b) causalidade

c) proporcionalidade

d) conformidade

e) comparação

344) (ADMINISTRADOR – PRODERJ)

Após as conferências mundiais, os líderes costumam <u>ratificar</u> (<u>ou retificar</u>) os acordos negociados. Como o par acima, existem vários outros, chamados parônimos, em cujo emprego o usuário precisa ter atenção. Entre os pares abaixo há um em que houve inversão de emprego, acarretando incoerência. Este par é o que se encontra na opção:

a) Todos recuaram ante o perigo iminente. / Só uma figura eminente poderá encontrar uma solução.

b) Não se pode abrir nenhum procedente. / O recurso do reclamante era precedente.

c) O advogado impetrou um mandado de segurança. / Durante o mandato do presidente muitas obras foram realizadas.

d) Não é possível encontrar o medicamento porque ele está proscrito. / Só se deve ingerir medicamentos prescritos.

e) Só a justiça poderá infligir-lhe uma pena./ Se você infringir as normas poderá ser punido.

TESTES

345) (ANALISTA JUDICIÁRIO – TRT – 1ª REGIÃO)

No segmento "A conquista desta posição expressa-se mais evidentemente..." o pronome sublinhado também poderia estar expresso em posição proclítica ao verbo, sem que se infringissem as normas gramaticais. Entre os itens abaixo, o único em que o pronome que acompanha o verbo NÃO admite outra colocação é:

a) O empregado, a empresa o contratou para serviços temporários.

b) Os empregados lhe queriam apresentar suas reivindicações salariais.

c) Contratar-se-iam novos trabalhadores, caso a produção aumentasse.

d) A empresa o estava contratando para prestar serviços nos canaviais.

e) O contrato dar-se-ia por força das novas demandas de trabalho.

346) (ANALISTA JUDICIÁRIO – TRT – 1ª REGIÃO)

Os prefixos das palavras <u>entressafra</u> e <u>internacional</u> são sinônimos. Idêntica relação semântica pode ser depreendida entre os prefixos das palavras:

a) anti-higiênico e suboficial

b) corredator e contrarregra

c) arqui-inimigo e hiper-humano

d) vice-diretor e sobreloja

e) ante-histórico e recém-chegado

347) (ANALISTA JUDICIÁRIO – TRT – 1ª REGIÃO)

As palavras <u>três,</u> <u>itinerário</u> e <u>autônomo,</u> presentes no texto, são assinaladas com o acento gráfico em face das mesmas regras que justificam o acento, respectivamente, em:

a) mês, contrário, caído

b) pá, íeis, átimo

c) lês, temerário, pôde

d) só, mútuo, ímpar

e) véu, início, cômodo

348) (JORNALISMO – CODEVASF)

Das alterações processadas no trecho "O futebol, que desde os primeiros anos do século vinha se difundindo rapidamente pela cidade...", a que implica erro de regência verbal, de acordo com as normas da língua culta, é:

a) O futebol, por que aludiam os cronistas da época desde os primeiros anos do século...

b) O futebol, a que se atribuía o interesse dos jovens desde os primeiros anos do século...

c) O futebol, de que se ouvia falar desde os primeiros anos do século...

d) O futebol, em que residia o interesse dos jovens desde os primeiros anos do século...

e) O futebol, que desde os primeiros anos do século era praticado em clubes...

349) (JORNALISMO – CODEVASF)

A palavra sublinhada no trecho "... já em 1916 Paulo Barreto declarava, sem receio, a importância do jogo para a cidade..." relaciona-se, quanto à formação, ao verbo recear, cuja flexão obedece a um padrão especial, o dos verbos terminados em –ear. Das frases abaixo, está em DESACORDO com este padrão a que se encontra na opção:

a) Supõem eles que receemos enfrentá-los.

b) Talvez você receie enfrentá-los, não eu.

c) Nosso time jamais receou enfrentar os adversários.

d) Não os enfrentaremos, mas não porque receamos fazê-lo.

e) Tinham receiado anteriormente um confronto direto conosco.

350) (JORNALISMO – CODEVASF)

No período "Já nos anos seguintes, porém, surgiam outros clubes, como o Botafogo, que ajudariam a definir junto com eles uma feição de elegância e distinção para o futebol", a palavra junto é membro de um locução, razão por que se mantém invariável. A opção em que a palavra junto foi INCORRETAMENTE flexionada, por ser também invariável, é:

a) Transformei-lhes a posição, de juntos a separados.

b) Vejo-as sempre juntas pela manhã.

c) Creio que, juntos, estaremos mais próximos da vitória.

d) Eram tantos jogadores que poderiam juntos formar vários times de futebol.

e) Encontrei-as juntas ao portão de entrada do clube.

351) (JORNALISMO – CODEVASF)

O adjetivo erudito fluminense, presente no texto, denomina as pessoas naturais do Rio de Janeiro. Dos adjetivos eruditos usados nas frases abaixo o que tem o emprego INADEQUADO é:

a) A temperatura baixara a níveis de um verdadeiro frio estival.

b) Necessitava da outorga uxória para a venda do imóvel.

c) Sempre se destacou como aluno exemplar no corpo discente da escola.

d) A exposição ao sol deixara-lhe extensas marcas cutâneas.

e) Acreditava em tônicos capilares milagrosos contra a calvície.

FJG – FUNDAÇÃO JOÃO GOULART

352) (MOTORISTA – CÂMARA MUNICIPAL DE RESENDE)

A palavra grifada em "[...] os hábitos de 400 <u>crianças</u> [...]" possui, quanto ao gênero, a mesma classificação de:

a) cobras

b) meninas

c) testemunhas

d) adolescentes

353) (TÉCNICO LEGISLATIVO – CÂMARA MUNICIPAL DE RESENDE)

"Numa tragédia ambiental recente, a Baía de Guanabara se transformou num imenso mar de óleo derramado dos dutos da Petrobras."

Reescreve-se em cada alternativa abaixo essa frase do texto. O sentido original é modificado em:

a) A Baía de Guanabara se transformou num imenso mar de óleo derramado dos dutos da Petrobras numa tragédia ambiental recente.

b) A Baía de Guanabara se transformou numa tragédia ambiental recente, num imenso mar de óleo derramado dos dutos da Petrobras.

c) A Baía de Guanabara, numa tragédia ambiental recente, se transformou num imenso mar de óleo derramado dos dutos da Petrobras.

d) Numa tragédia ambiental recente, transformou-se a Baía de Guanabara num imenso mar de óleo derramado dos dutos da Petrobras.

354) (TÉCNICO LEGISLATIVO – CÂMARA MUNICIPAL DE RESENDE)

"A própria citação pressupõe uma escolha."

Escrita na voz passiva analítica, essa frase passa a ter a seguinte estrutura:

a) A própria escolha é pressuposta pela citação.

b) Pressupõe-se uma escolha pela própria citação.

c) Uma escolha se pressupõe pela própria citação.

d) Uma escolha é pressuposta pela própria citação.

355) (TÉCNICO LEGISLATIVO – CÂMARA MUNICIPAL DE RESENDE)

"Neste cenário despontava, como uma espécie de personagem-símbolo, a graúna, não a graúna decorativa do paraíso alencariano, mas uma graúna politizada."

Em cada alternativa abaixo, altera-se a pontuação dessa frase do texto. A nova redação não é gramaticalmente bem-sucedida em:

a) Neste cenário despontava, como uma espécie de personagem-símbolo, a graúna:
   não a graúna decorativa do paraíso alencariano, mas uma graúna politizada.

b) Neste cenário despontava como uma espécie de personagem-símbolo a graúna,
   não a graúna decorativa do paraíso alencariano, mas uma graúna politizada.

c) Neste cenário despontava como uma espécie de personagem-símbolo, a graúna, não a graúna decorativa do paraíso alencariano mas uma graúna politizada.

d) Neste cenário, despontava, como uma espécie de personagem-símbolo, a graúna, não a graúna decorativa do paraíso alencariano, mas uma graúna politizada.

356) (TÉCNICO LEGISLATIVO – CÂMARA MUNICIPAL DE RESENDE)

O composto <u>personagem-símbolo,</u> presente no texto, segue as normas de flexão de número que se aplicam à seguinte palavra:

a) Cabra-cega
b) Força-tarefa
c) Banana-nanica
d) Capim-cheiroso

357) (TÉCNICO LEGISLATIVO – CÂMARA MUNICIPAL DE RESENDE)

"Nessa linha de considerações, a lei pode até mesmo, e sem vulneração do princípio igualitário, classificar um só, uma única pessoa, destacando-a no contexto social <u>para torná-la isoladamente sujeito de direito(...)</u>"

A oração reduzida em destaque é bem substituída nas alternativas abaixo, exceto em:

a) com o fito de torná-la isoladamente sujeito de direito(...)
b) para que a torne isoladamente sujeito de direito(...)
c) porque a torne isoladamente sujeito de direito(...)
d) por torná-la isoladamente sujeito de direito(...)

358) (AUXILIAR DE FISCAL DE TRANSPORTES URBANOS – SMTU / RIO)

Em "os pobres cavalos selvagens destinados a uma fábrica <u>que os transformaria num precioso produto enlatado</u>", a oração em destaque equivale a um:

a) substantivo
b) pronome
c) advérbio
d) adjetivo

359) (AUXILIAR DE FISCAL DE TRANSPORTES URBANOS – SMTU / RIO)

Entre as palavras abaixo, aquela que <u>não</u> é formada com a ajuda de um sufixo é:

a) analistas
b) psicólogos
c) orientadores
d) engrenagem

360) (ALMOXARIFE TÉCNICO – MULTIRIO)

A oração que <u>não</u> apresenta um efeito semântico equivalente ao encontrado em "Contudo, existe ainda uma carência por aprofundamento a respeito de tal tópico" é:

a) Porém, interatividade não é um fim em si mesma.

b) Mas, em nosso século, a cultura da imagem, do som e do espetáculo passa à desforra.

c) Entretanto, para estabelecer verdadeira interatividade, o usuário precisa se sentir participante.

d) Por outra parte, não sendo a audiência atitude passiva, abrem-se caminhos da diferenciação.

361) (ALMOXARIFE TÉCNICO – MULTIRIO)

A frase em que se encontra um verbo empregado como substantivo é:

a) Usar o computador implica interação.

b) Outra, pode oferecer acompanhamento da dieta por e-mail.

c) É preciso convencer a instituição de que vale a pena flexibilizar a comunicação.

d) A televisão de adapta ao tranquilo relaxar das tensões do cotidiano repetitivo.

362) (ALMOXARIFE TÉCNICO – MULTIRIO)

A alternativa que reescreve adequadamente a frase "O termo indica uma relação de mão-dupla, onde um sujeito ajuda o outro" é:

a) O termo indica uma relação de mão-dupla, na qual um sujeito ajuda o outro.

b) O termo indica uma relação de mão-dupla, quando um sujeito ajuda o outro.

c) O termo indica uma relação de mão-dupla, a qual um sujeito ajuda o outro.

d) O termo indica uma relação de mão-dupla, pois um sujeito ajuda o outro.

363) (ASTRÔNOMO – PLANETÁRIO)

Dentre as frases abaixo, a que apresenta sinal indicador da crase indevido é:

a) Estas teses sobre a ilusão, à primeira vista, nada acrescentam ao que já se lê nos estudos antigos.

b) À terapia convencional preferem os médicos novas condutas que combatam as ilusões patológicas.

c) Minha experiência revela que à ilusão não se pode combater senão com o tratamento psicológico.

d) A referência a doenças mentais ligadas às ilusões marcou o congresso de medicina do mês passado.

364) (MÉDICO DO TRABALHO – IPLANRIO)

"Fiz contas com o meu editor, que ficou a dever-me um certo saldo de dinheiro."

Reescreve-se essa frase do texto em cada alternativa abaixo. A nova redação altera o significado original em:

a) Calculei o crédito do meu editor, que ficou devendo-me um certo saldo de dinheiro.

b) Ajustei as contas com o meu editor, que ficou a dever-me um dado saldo de dinheiro.

c) Fiz os cálculos com o meu editor, que ficou a dever-me uma certa diferença de dinheiro.

d) Acertei as contas com o meu editor, o qual ficou a dever-me um certo saldo de dinheiro.

365) (MÉDICO DO TRABALHO – IPLANRIO)

"Discrimino, antes de tudo, a coisa: o relógio, sobre o qual recai o meu direito, que lhe serve de incidência *objetiva*, de sorte que é natural que a chamemos abstratamente *objeto*."

Os pronomes em destaque mantêm referência anafórica com, respectivamente, os seguintes termos:

a) serve e chamemos

b) o qual e incidência

c) direito e sorte

d) relógio e coisa

366) (MÉDICO DO TRABALHO – IPLANRIO)

O substantivo relação, presente no quarto parágrafo, só admite o plural relações.

Dentre os substantivos abaixo, o que também não admite mais de um plural é:

a) verão

b) ancião

c) escrivão

d) corrimão

367) (MÉDICO DO TRABALHO – IPLANRIO)

"Ora, nesse direito eu descubro, como o fiz precedentemente, primeiro a minha personalidade, o meu eu, como proprietário(...)"

Nesse trecho, o pronome o mantém vínculo anafórico com o seguinte termo:

a) o pronome **eu**

b) a conjunção **como**

c) o verbo **descobrir**

d) o substantivo **direito**

368) (MÉDICO DO TRABALHO – IPLANRIO)

"Além disso, há um vínculo entre este sujeito e este objeto, vínculo que parte do primeiro para o segundo, de uma existência incontestável, embora nada tenha de material, nem de visível, nem de tangível, nem de ponderável(...)"

Reescreve-se esse trecho do texto em cada alternativa abaixo. A nova redação altera significativamente o sentido original em:

a) Além disso, há um vínculo entre este sujeito e este objeto, vínculo que parte do primeiro para o segundo, de uma existência incontestável, conquanto nada tenha de material, nem de visível, nem de tangível, nem de ponderável.

b) Além disso, há um vínculo entre este sujeito e este objeto, vínculo que parte do primeiro para o segundo, de uma existência incontestável, porquanto nada tenha de material, nem de visível, nem de tangível, nem de ponderável.

c) Além disso, há um vínculo entre este sujeito e este objeto, vínculo que parte do primeiro para o segundo, de uma existência incontestável, não obstante nada tenha de material, nem de visível, nem de tangível, nem de ponderável.

d) Além disso, há um vínculo entre este sujeito e este objeto, vínculo que parte do primeiro para o segundo, de uma existência incontestável, apesar de que nada tenha de material, nem de visível, nem de tangível, nem de ponderável.

369) (MÉDICO DO TRABALHO – IPLANRIO)

Está incorreto o emprego do sinal indicador da crase na seguinte alternativa:
a) O texto referia-se à toda tese já publicada.
b) O autor fez menção à referência da página 400.
c) Afirmou o autor que apenas visava à ratificação de teses antigas.
d) Às teses do Direito Natural dou preferência as do Direito Positivo.

370) (MÉDICO DO TRABALHO – IPLANRIO)

"Há aqui uma qualidade que me foi conferida(...)"
Transposta para a voz ativa, a frase acima terá a seguinte forma:
a) Há aqui uma qualidade que me tinham conferido.
b) Há aqui uma qualidade que se me foi conferida.
c) Há aqui uma qualidade que me é conferida.
d) Há aqui uma qualidade que me conferiram.

371) (AGENTE DE INSPEÇÃO DE CONTROLE URBANO – SMG/RIO)

Em "Século XIX e "Eduardo VII", os dois numerais são lidos, respectivamente, como:
a) dezenove, sete
b) dezenove, sétimo
c) décimo-nono, sete
d) décimo-nono, sétimo

372) (AGENTE DE INSPEÇÃO DE CONTROLE URBANO – SMG/RIO)

No segmento "...como um <u>adorno</u> tão corriqueiro quanto <u>brincos</u> em orelhas furadas", a relação entre as palavras em destaque se estabelece entre um vocábulo de conteúdo geral (adorno) e um vocábulo de conteúdo específico (brincos). O mesmo acontece na relação entre, respectivamente:
a) tempo – lugar
b) rei – monarca
c) calçado – sapatos
d) casa – residência

373) (AGENTE DE INSPEÇÃO DE CONTROLE URBANO – SMG/RIO)

Em "...como um adorno tão corriqueiro **quanto brincos em orelhas furadas**", o segmento em destaque exemplifica uma figura de linguagem denominada:

a) hipérbole

b) pleonasmo

c) comparação

d) personificação

374) AGENTE DE INSPEÇÃO DE CONTROLE URBANO – SMG/RIO)

"Indígenas diversos" tem sentido diferente de "diversos indígenas".

A alternativa em que a mudança de posição do adjetivo também traz mudança de sentido é:

a) manhã clara / clara manhã

b) homem pobre / pobre homem

c) comida gostosa / gostosa comida

d) máquina moderna / moderna máquina

Leia o texto abaixo e responda em seguida às questões propostas.

Sacos de vômito de avião não têm valor algum, mas tente convencer disso o holandês Niek Vermeulen. Ele não sofre enjoos terríveis durante voos, sequer tem medo de avião: Vermeulen é um colecionador. Guarda 3.240 sacos de vômitos – vazios, pelo menos a maioria deles – que podem dar-lhe o título de maior colecionador do mundo na categoria. Sim, existem outros nessa atividade, assim como há fanáticos por selos ou qualquer outra coisa. Desde que o ato de colecionar deixou de ser restrito a reis e aristocratas, há cinco séculos, é difícil dizer o que ainda não virou coleção. Figurinhas, fetos, latinhas de cerveja, pedras de rim, bolacha de chope, joias, embalagens usadas, defuntos, nada escapou dos fiéis seguidores da tradição de juntar e guardar bugigangas.

Afinal, por que alguém resolve gastar dinheiro com coisas que não vai usar? Por que é preciso possuí-las, e não só saber que elas existem? Apesar de não colecionar objetos, o historiador alemão Phillip Blom coleciona teorias para explicar essa mania. Seu livro *Ter e Manter: Uma História Íntima de Colecionadores* é um álbum de histórias grotescas e engraçadas dos primeiros e maiores colecionadores. Para Blom, o hábito de juntar quinquilharias tem justificativas históricas, filosóficas e psicológicas – todas tratam o colecionismo como algo mais que um simples passatempo de adolescentes. Tem a ver com sentimento de grupo, competição, medos, fracassos, desejos não realizados, vontade de se isolar num mundo e ser capaz de comandá-lo. Colecionar, para ele, também é uma tentativa de escapar da morte (...)

Mas não pense que todo colecionador é um sujeito mal-amado, reprimido, solitário. Colecionar quando criança tem lá suas vantagens. Ensina-nos a organizar e controlar as coisas, decidir a vida e a morte de cada objeto. Eis uma boa forma de aprender a tomar decisões e a lidar com o mundo exterior. Colecionar quando criança também funciona como um jeito de se abrir para relações íntimas. "É por isso que muitas crianças param de colecionar na puberdade, quando o sexo passa a ser um novo caminho para se relacionar com o mundo e as coleções são substituídas por pessoas, tratadas com a mesma importância e intimidade", afirma o historiador Blom.

(Coleções. Superinteressante. São Paulo, Editora Abril, no 199, Abril de 2004, p. 60)

375) (FISCAL DE TRANSPORTES URBANOS – SMTU / RIO)

Dentre as afirmações abaixo, a que não se encontra no texto é:
a) A tarefa do colecionador também tem uma função pedagógica.
b) O colecionador é uma pessoa que gasta dinheiro com coisas inúteis.
c) O hábito de guardar bugigangas pode ter uma explicação psicológica.
d) A prática de colecionar objetos já foi exclusiva das classes mais ricas.

376) (FISCAL DE TRANSPORTES URBANOS – SMTU / RIO)

A leitura do texto revela que as palavras bugigangas e quinquilharias são usadas como:
a) sinônimos
b) antônimos
d) homônimos
c) parônimos

377) (FISCAL DE TRANSPORTES URBANOS – SMTU / RIO)

De acordo com a opinião do historiador Phillip Blom, a perda de interesse pelo colecionismo na puberdade se deve ao seguinte fato:
a) A idade mais madura revela o caráter pueril do colecionismo.
b) O adolescente é mais interessado em sexo do que em bugigangas.
c) As pessoas passam a utilizar novos vínculos para usufruir a intimidade.
d) O jovem, nessa fase, só se relaciona com o mundo numa perspectiva sexual.

378) (FISCAL DE TRANSPORTES URBANOS – SMTU / RIO)

No tocante à construção do segundo parágrafo do texto, o autor se serve do seguinte procedimento:
a) Recorre a exemplos fornecidos por uma autoridade para ilustrar o texto.
b) Ilustra as ideias desenvolvidas mediante referências a fatos metafísicos.
c) Redige uma asserção genérica que é posteriormente detalhada minuciosamente.
d) Lança uma indagação inicial que será explicitada no desenvolvimento do parágrafo.

379) (FISCAL DE TRANSPORTES URBANOS – SMTU / RIO)

"Para Blom, o hábito de juntar quinquilharias tem justificativas históricas, filosóficas e psicológicas."

Essa frase do texto é reescrita nas alternativas abaixo. A nova redação implica uma indesejável ambiguidade em:

a) O hábito de juntar quinquilharias tem, para Blom, justificativas histórico-filosófico-psicológicas.

b) Para Blom, o hábito de juntar quinquilharias justifica-se histórica, filosófica e psicologicamente.

c) O hábito de juntar quinquilharias para Blom tem justificações históricas, filosóficas e psicológicas.

d) Para Blom, o hábito de se juntarem quinquilharias tem justificativas históricas, filosóficas e psicológicas.

380) (FISCAL DE TRANSPORTES URBANOS – SMTU / RIO)

"Desde que o ato de colecionar deixou de ser restrito a reis e aristocratas, há cinco séculos, é difícil dizer o que ainda não virou coleção."

A locução desde que tem nessa frase do texto valor semântico distinto do que apresenta na seguinte alternativa:

a) Desde que voltou do exterior, passou a colecionar cartões-postais.

b) Não mais quis colecionar chaveiros desde que atingira a idade adulta.

c) Desde que não atrapalhe os estudos, o hábito de colecionar objetos é sadio.

d) Coleciono retratos de personalidades políticas desde que era apenas um menino.

381) (ECONOMISTA – COMLURB)

"Do coração brotavam a crítica devastadora e o ataque impiedoso (...)"

Dentre as modificações impostas a esse trecho do texto, a que implica erro gramatical é:

a) Do coração brotava a crítica devastadora e o ataque impiedoso.

b) Do coração brotavam o ataque impiedoso e a crítica devastadora.

c) Do coração brotavam crítica e ataque devastadores e impiedosos.

d) Do coração brotavam ataque e crítica impiedosas e devastadores.

382) (ECONOMISTA – COMLURB)

"A absoluta coerência e a constância na luta pela Abolição não se repetiam em relação a outras causas, como a da República, e com amigos e inimigos."

Em cada alternativa abaixo reescreve-se esta frase com emprego do pronome relativo. A nova redação não está bem construída em:

a) A absoluta coerência e a constância que demonstrava na luta pela Abolição não se repetiam em relação a outras causas, como a da República, e com amigos e inimigos.

b) A absoluta coerência e a constância onde se apoiava na luta pela Abolição não se repetiam em relação a outras causas, como a da República, e com amigos e inimigos.

c) A absoluta coerência e a constância de que se revestia na luta pela Abolição não se repetiam em relação a outras causas, como a da República, e com amigos e inimigos.

d) A absoluta coerência e a constância cujos frutos se viam na luta pela Abolição não se repetiam em relação a outras causas, como a da República, e com amigos e inimigos.

383) (AGENTE ADMINISTRATIVO – CÂMARA MUNICIPAL DE RESENDE)

"De um modo geral, a mensagem da televisão – assim como a do rádio – visa a uma universalidade."

Nesse trecho do texto emprega-se o verbo <u>visar</u>. Dentre as frases abaixo, o referido verbo <u>não</u> é empregado segundo a norma contemporânea em:

a) Nada há neste mundo a que não se vise como prioritário.

b) A televisão visa a que se atinja o maior público possível.

c) Não se pode esperar que visemos ao bem de todos na mesma proporção.

d) Antes de efetuar o pagamento dos funcionários, visou aos cartões de ponto.

384) (AGENTE ADMINISTRATIVO – CÂMARA MUNICIPAL DE RESENDE)

Há um lapso no tocante à correta concordância nominal na seguinte passagem do texto:

a) Se a tevê utilizasse argumentos puramente técnicos (de ordem médico-sanitários, sociológicos, etc.), a mensagem seria provavelmente entendida por uma boa parcela da população culta.

b) Suponhamos que a televisão pretendesse, a título de serviço público, esclarecer o povo sobre os perigos da falta de higiene doméstica e de limpeza urbana para a saúde nacional.

c) Essa necessidade de padronizar o conteúdo do veículo segundo um índice *optimum* de aprovação do público condiciona necessariamente a formação da mensagem.

d) No processo de comunicação, dá-se exatamente o movimento inverso: a mensagem original é um grande círculo, que tem de se reduzir para se espalhar.

385) (AGENTE ADMINISTRATIVO – CÂMARA MUNICIPAL DE RESENDE)

"Mas figuremos uma terceira hipótese: a segunda mensagem não atingiu a população inteira."

Utilizam-se os dois-pontos nessa frase do texto. O mesmo sinal de pontuação é usado com igual função em:

a) Não se atingiu boa comunicação: os meios de divulgação disponíveis eram inadequados.

b) Há de formular-se a seguinte pergunta: como estabelecer uma boa comunicação?

c) Era a comunicação que mais importava: questão de mero interesse corporativo.

d) Foram três os veículos em que divulguei a pesquisa: rádio, televisão e jornal.

386) (AGENTE ADMINISTRATIVO – CÂMARA MUNICIPAL DE RESENDE)

"O comunicador poderia criar, agora, um *slogan* (algo como *Higiene é Saúde*), cujos termos fossem acessíveis até aos analfabetos."

Nesse trecho, o pronome <u>cujos</u> relaciona sintática e semanticamente as seguintes palavras:
a) termos e Saúde
b) fossem e *slogan*
c) termos e *slogan*
d) fossem e acessíveis

387) (ASTRÔNOMO – PLANETÁRIO)

"O martelo de percussão é confundido com um instrumento ameaçador."

Em voz ativa, essa frase do texto seria escrita da seguinte maneira:
a) Confunde-se o martelo de percussão com um instrumento ameaçador.
b) Um instrumento ameaçador confundiu-se com o martelo de percussão.
c) Confundem o martelo de percussão com um instrumento ameaçador.
d) Um instrumento ameaçador é confundido com o martelo de percussão.

388) (ASTRÔNOMO – PLANETÁRIO)

"Alguns doentes manifestam receio das lâmpadas do teto, pois nelas veem olhos ou aparelhos que emitem raios elétricos."

Reescreve-se essa frase do texto em cada alternativa abaixo mediante inclusão de um pronome relativo. A nova redação não é bem-sucedida do ponto de vista gramatical em:
a) Alguns doentes manifestam receio das lâmpadas do teto, com que confundem olhos ou aparelhos que emitem raios elétricos.
b) Alguns doentes manifestam receio das lâmpadas do teto, a que se referem como olhos ou aparelhos que emitem raios elétricos.
c) Alguns doentes manifestam receio das lâmpadas do teto, em que encontram olhos ou aparelhos que emitem raios elétricos.
d) Alguns doentes manifestam receio das lâmpadas do teto, de que imaginam olhos ou aparelhos que emitem raios elétricos.

389) (ASTRÔNOMO – PLANETÁRIO)

"Nos doentes mentais, as ilusões são devidas à perturbação da atenção, a influências emocionais e a alterações da consciência."

Reescreve-se essa frase do texto em cada alternativa abaixo. A que está mal construída no que diz respeito à pontuação é:
a) As ilusões são devidas à perturbação da atenção, a influências emocionais e a alterações da consciência nos doentes mentais.
b) As ilusões nos doentes mentais, são devidas à perturbação da atenção, a influências emocionais e a alterações da consciência.
c) Perturbação da atenção, influências emocionais e alterações da consciência: a tais fatos são devidas as ilusões nos doentes mentais.
d) Nos doentes mentais, as ilusões são devidas aos seguintes fatos: perturbação da atenção, influências emocionais e alterações da consciência.

390) (ASTRÔNOMO – PLANETÁRIO)

Há má construção gramatical quanto à concordância em:

a) Os médicos consideravam inevitável nos pacientes pequenas alterações psicológicas.

b) As internações por si sós já causam certos distúrbios psicológicos aos pacientes.

c) Uma e outra alteração psicológica podem afetar os pacientes hospitalizados.

d) Distúrbios e alterações psicológicos são normais em pacientes hospitalares.

391) (ANALISTA DE SISTEMAS – MULTIRIO)

"Se o HPV verdadeiro entrasse em contato com o organismo, _ele_ seria capaz de reconhecer a proteína e reagir rápida e eficazmente contra o vírus."

Neste trecho, o pronome _ele_ não é usado adequadamente e provoca ambiguidade. Dentre as alternativas abaixo, a que expressa claramente o sentido pretendido no texto é:

a) Se o HPV verdadeiro entrasse em contato com o organismo, só ele seria capaz de reconhecer a proteína e reagir rápida e eficazmente contra o vírus.

b) Se o HPV verdadeiro entrasse em contato com o organismo, aquele seria capaz de reconhecer a proteína e reagir rápida e eficazmente contra o vírus.

c) Se o HPV verdadeiro entrasse em contato com o organismo, este seria capaz de reconhecer a proteína e reagir rápida e eficazmente contra o vírus.

d) Se o HPV verdadeiro entrasse em contato com o organismo, então seria capaz de reconhecer a proteína e reagir rápida e eficazmente contra o vírus.

392) (ANALISTA DE SISTEMAS – MULTIRIO)

A palavra composta _bactéria-vacina_ é usada expressivamente no texto para designar o papel do _Lactococcus lactis_. No tocante à flexão de número, essa palavra equivale à que está na seguinte alternativa:

a) água-viva

b) carro-forte

c) gato-pingado

d) homem-chave

393) (ANALISTA DE SISTEMAS – MULTIRIO)

"_Com_ os problemas de fiscalização e os abatedouros clandestinos no país, não é incomum que carne contaminada com a bactéria chegue ao mercado."

Nesse trecho, a preposição _com_ em destaque expressa o seguinte valor semântico:

a) causa

b) proporção

c) companhia

d) conformidade

394) (ENGENHEIRO – TCM)

Em cada alternativa abaixo, substitui-se um termo por um pronome átono. A substituição não é bem-sucedida em:

a) O dragão tentaria esmagar o cavalheiro com uma das suas grandes patas.

O dragão tentaria esmagá-lo com uma das suas grandes patas.

b) O cavalheiro não teve que ser convencido da maldade do dragão.

O cavalheiro não teve que convencer-se da maldade do dragão.

c) Ele mesmo tivera companheiros devorados pelo dragão.

Ele mesmo tivera-os devorados pelo dragão.

d) O cavalheiro iria equipado para resistir ao fogo.

O cavalheiro iria equipado para resistir-lhe.

395) (ENGENHEIRO – TCM)

"O cavalheiro foi preparado para responder à altura."

O acento indicador da crase é usado nessa frase do texto em face do mesmo motivo que o justifica em:

a) A referência do cavalheiro à luta contra o dragão trouxe fortes emoções.

b) Àqueles que temiam o dragão o cavalheiro responde com sua bravura.

c) O cavalheiro não se referiu depois à sua primeira luta contra o dragão.

d) Durante o preparo para a luta, o cavalheiro jamais agiu às ocultas.

396) (ENGENHEIRO – TCM)

Dentre as frases abaixo, a que é transformada com perda da noção semântica de finalidade é:

a) E começaram a preparar o cavalheiro para enfrentar o dragão.

E começaram a preparar o cavalheiro porque enfrentasse o dragão.

b) O cavalheiro foi preparado para responder à altura

O cavalheiro foi preparado a fim de que respondesse à altura.

c) O cavalheiro iria equipado para resistir ao fogo.

O cavalheiro iria equipado de tal sorte que resistisse ao fogo.

d) Precisavam de alguém para enfrentar o dragão.

Precisavam de alguém que enfrentasse o dragão.

397) (ENGENHEIRO – TCM)

"Não dava de comer à sua população porque tinha que dar sua população para comer <u>ao dragão.</u>"

Nessa frase, o termo grifado mantém vínculo sintático e semântico com a seguinte palavra:

a) o substantivo população

b) o pronome sua

c) o verbo comer

d) o verbo dar

398) (ENGENHEIRO – TCM)

O e que aparece na palavra <u>dieta</u> tem pronúncia aberta. Segundo a norma prosódica contemporânea, deve-se pronunciar tão somente desta maneira o e tônico de:

a) ibero

b) ensejo

c) labareda

d) interesse (subst.)

399) (ENGENHEIRO – TCM)

"E começaram a preparar o cavalheiro para enfrentar o dragão."

Substitui-se o verbo <u>preparar</u> por um substantivo em cada alternativa abaixo. A substituição provoca ambiguidade em:

a) E começaram o preparo do cavalheiro para enfrentar o dragão.

b) E começaram a preparação do cavalheiro para enfrentar o dragão.

c) E começaram os preparativos do cavalheiro para enfrentar o dragão.

d) E começaram o preparamento do cavalheiro para enfrentar o dragão.

400) (ENGENHEIRO – TCM)

"O cavalheiro treinou muito a manobra evita-rabo."

Se escrita no plural, esta frase teria a seguinte forma:

a) Os cavalheiros treinaram muito as manobras evita-rabos.

b) Os cavalheiros treinaram muito as manobras evita-rabo.

c) Os cavalheiros treinaram muitas manobras evita-rabo.

d) Os cavalheiros treinaram muito a manobra evita-rabo.

401) (PROFESSOR I – SE/RIO)

Dentre as alternativas abaixo, a que, do ponto de vista gramatical, apresenta modificação indevida da frase original é:

a) A UA é mais bem conhecida pelos seus programas educativos para rádio e televisão.

A UA é melhor conhecida pelos seus programas educativos para rádio e televisão.

b) Cada equipe dessas conta com um grupo de docentes, um editor, um *designer*, um produtor da BBC e outros especialistas.

Cada equipe dessas conta com um grupo de docentes, além de um editor, um designer, um produtor da BBC e outros especialistas.

c) Um tema quente na Inglaterra, hoje, é como inovar em ensino superior oferecendo instrução de alta qualidade a baixo custo.

Um tema apaixonante na Inglaterra hodierna é como inovar em ensino superior oferecendo instrução de alta qualidade e baixo custo.

d) A Universidade Aberta (UA) conta com mais de 150 mil alunos adultos participando dos cursos universitários de meio período.

A Universidade Aberta (UA) conta com mais de 150 mil alunos adultos a que se ministram cursos universitários de meio período.

402) (PROFESSOR I – SE/RIO)

A expressão "educação a distância" apresenta o <u>a</u> <u>não</u> assinalado pelo acento indicador da crase tendo em vista o seguinte fato:

a) O <u>a</u> que antecede a palavra <u>distância</u> é mero artigo definido.

b) A palavra <u>educação</u> não rege preposição <u>a</u> em português.

c) O <u>a</u> que antecede a palavra <u>distância</u> é mera preposição.

d) Não se usa o sinal da crase em locuções adjetivas.

403) (PROFESSOR I – SE/RIO)

No que diz respeito à concordância verbal, há má construção na seguinte alternativa:

a) Quem desses alunos pôde completar todo os cursos a distância que foram oferecidos?

b) Alunos dedicados não é tudo de que um curso a distância necessita para ser bem sucedido.

c) Este aluno, embora jovem, foi um dos que mais se destacou no curso de hotelaria a distância.

d) Dentre os alunos matriculados no curso a distância talvez houvessem alguns bastante jovens.

404) (PROFESSOR I – SE/RIO)

"Os alunos da UA <u>provêm</u> de todas as faixas etárias, profissões e níveis sociais (...)"

O verbo <u>provir</u>, empregado na frase acima, não está bem conjugado na seguinte alternativa:

a) Apenas poderíamos aceitar alunos que proviessem de faixas sociais mais baixas.

b) Teremos prazer em aceitar os alunos que provirem de qualquer faixa social.

c) Eram muitos os alunos que provinham de faixas sociais mais baixas.

d) Poucos alunos haviam provindo de faixas sociais mais baixas.

405) (PROFESSOR I – SE/RIO)

"De fato, alguns alunos de universidades tão distantes, como Cingapura, podem tirar proveito de acordos especiais de parceria a fim de participar dos altamente conceituados cursos da UA."

Dentre as modificações impostas a esse trecho do texto, a que resulta em má construção frasal é:

a) De fato, alguns dos alunos de universidades tão distantes, como Cingapura, podem beneficiarem-se dos acordos especiais de parceria a fim de participar dos altamente conceituados cursos da UA.

b) De fato, alguns dos alunos de universidades tão distantes, como Cingapura, puderam tirar proveito de acordos especiais de parceria a fim de participar dos altamente conceituados cursos da UA.

c) De fato, alguns dos alunos de universidades tão distantes, como Cingapura, podem tirar proveito de acordos especiais de parceria para participar dos cursos altamente conceituados da UA.

d) De fato, alguns dos alunos de universidades tão distantes, como Cingapura, podem tirar proveito de acordos especiais de parceria a fim de participarem dos altamente conceituados cursos da UA.

406) (PROFESSOR I – SE/RIO)

"É um *campus* apenas em sentido restrito: os alunos que o frequentam são um pequeno grupo de pós-graduandos em período integral, estudando sob a supervisão direta de uma equipe acadêmica."

Nessa frase, os dois-pontos são usados com a mesma função que apresentam na seguinte alternativa:

a) Manteve-se fiel aos cursos iniciados: um serial de língua estrangeira e outro de História da Arte.

b) Matriculou-se em cursos a distância devido a dois motivos: boa qualidade e rápida aprendizagem.

c) Apenas dois cursos a distância eram oferecidos: o de matemática financeira cativou maior interesse dos alunos.

d) Não podia ser considerado um verdadeiro aluno: suas atividades resumiam-se a um mero acompanhamento das aulas.

VUNESP – FUNDAÇÃO PARA O VESTIBULAR DA UNESP

407) (ASSESSOR DE IMPRENSA – CÂMARA MUNICIPAL DA ESTÂNCIA DE ATIBAIA)

O jogo de ideias, presente nas orações – *Quanto mais ricos nos tornamos materialmente, mais pobres nos tornamos moral e espiritualmente*. – se repete em:

a) No segmento renda, 53,9 milhões recebem meio salário mínimo/mês e 21,9 milhões recebem um quarto de salário mínimo/mês.

b) Embora 100% das crianças entre 7 e 14 anos tenham acesso à escola, menos de 70% delas chegam à 8ª série.

c) Aprendemos a voar pelos céus como pássaros, mas não aprendemos a singela arte de viver como irmãos.

d) Quando se instala a pobreza e a escassez, a paz não reina.

e) As injustiças sociais se amenizarão, à medida que nos sensibilizarmos.

408) (ASSESSOR DE IMPRENSA – CÂMARA MUNICIPAL DA ESTÂNCIA DE ATIBAIA)

Assinale a alternativa que substitui, correta e respectivamente, as expressões em destaque – *em termos de* distribuição de renda, *no que diz respeito à* pobreza e armas *contra* a miséria:

a) quanto a distribuição de renda, no que tange à pobreza e armas contrárias a miséria

b) quanto à distribuição de renda, no que tange à pobreza e armas contrárias à miséria

c) quanto à distribuição de renda, no que tange à pobreza e armas contrárias a miséria

d) quanto a distribuição de renda, no que tange a pobreza e armas contrárias à miséria

e) quanto a distribuição de renda, no que tange à pobreza e armas contrárias à miséria

409) (ASSESSOR DE IMPRENSA – CÂMARA MUNICIPAL DA ESTÂNCIA DE ATIBAIA)

Assinale a alternativa correta quanto à ortografia e à acentuação.

a) Conclue-se que a paz não florece onde existe a ignorância, a injustiça, onde falta saude e educação.

b) Os homens edificaram gigantescas pontes que cruzam os mares e coloçais edifícios que parecem atingir os céus, mas há uma espécie de pobreza de espírito que contrasta com nossa abundancia científica e tecnológica.

c) Os relatórios foram sucintos, mas informaram com exatidão a origem da riqueza dos milionários e isso se deveu a investimentos em ações, títulos, fundos e depósitos à vista.

d) A concentração de poder econômico gera não só a soberba e a bossalidade daqueles que o detém como também os meios materiais avassaladores para comprar a consciência dos despossuidos.

e) Se a causa disso tudo é a corrupção, saibam que ela não é um fenomeno novo na esfera pública e na privada, daí ser necessário que o cidadão a rechasse em sua vida e em suas ações.

410) (ASSESSOR DE IMPRENSA – CÂMARA MUNICIPAL DA ESTÂNCIA DE ATIBAIA)

Assinale a alternativa em que a concordância do verbo com o sujeito no singular é admissível.

a) Na área da moradia, 17 milhões moram em residências superlotadas.

b) Vieram à minha mente reflexões.

c) Novos e surpreendentes picos de sucesso científico deslumbram a humanidade.

d) Um grande número desses filhos de Deus jamais viram médico nem dentista.

e) Desenvolvimento afetivo e políticas públicas são as grandes armas contra a miséria.

411) (ASSESSOR DE IMPRENSA – CÂMARA MUNICIPAL DA ESTÂNCIA DE ATIBAIA)

As preposições EM (... EM *2004...*), SEGUNDO (... SEGUNDO *relatório...*) e DE (... *empresa* DE *serviços...*) introduzem, respectivamente, ideia de:

a) espaço, tempo, fim

b) lugar, origem, causa

c) tempo, instrumento, posse

d) origem, opinião, fim

e) tempo, conformidade, especificação

412) (ASSESSOR DE IMPRENSA – CÂMARA MUNICIPAL DA ESTÂNCIA DE ATIBAIA)

Assinale a alternativa correta quanto à correlação dos tempos verbais.

a) Se os bons cruzarem os braços, o mal triunfaria.

b) É provável que o desenvolvimento econômico viria trazer mais riqueza.

c) Falta algo fundamental, mesmo que existissem avanços nas ciências.

d) Quanto mais progredíssemos materialmente, mais decairemos espiritualmente.

e) Se refletirmos com consciência, buscaremos soluções contra a pobreza.

413) (ASSESSOR DE IMPRENSA – CÂMARA MUNICIPAL DA ESTÂNCIA DE ATIBAIA)

Assinale a alternativa correta quanto à substituição das expressões em destaque por pronomes pessoais nas frases – Vieram à *minha mente* reflexões. / As dificuldades que afligem *os cidadãos*.

a) Me vieram à mente reflexões. As dificuldades que lhes afligem.

b) Vieram-me à mente reflexões. As dificuldades que afligem-lhes.

c) Me vieram à mente reflexões. As dificuldades que os afligem.

d) Me vieram à mente reflexões. As dificuldades que afligem-los.

e) Vieram-me à mente reflexões. As dificuldades que os afligem.

414) (ASSESSOR DE IMPRENSA – CÂMARA MUNICIPAL DA ESTÂNCIA DE ATIBAIA)

Assinale a alternativa que reescreve, sem alteração de sentido e de acordo com a norma culta, a frase – ... *a paz não se instala onde reina a pobreza e a escassez.*

a) ... a paz é imune da pobreza e da escassez.

b) ... a paz é incompatível com a pobreza e com a escassez.

c) ... a paz é inacessível pela pobreza e pela escassez.

d) ... a paz é condescendente com a pobreza e com a escassez.

e) ... a paz é coexistente com a pobreza e com a escassez.

415) (ASSESSOR DE IMPRENSA – CÂMARA MUNICIPAL DA ESTÂNCIA DE ATIBAIA)

Assinale a alternativa em que o advérbio tem o mesmo sentido do advérbio da frase – *Recordei, oportunamente, a notável conferência de Martin Luther King Jr.*

a) Se os bons cruzam os braços, o mal fatalmente triunfará.

b) Refletiu-se sobre os grandes problemas que a humanidade enfrenta, particularmente, as grandes cidades.

c) Recebi, recentemente, da Câmara Municipal de São Paulo, o título de "Cidadão Paulistano."

d) O titulo foi aprovado unanimemente pelos vereadores.

e) Observa-se o problema da pobreza nas nações industriais altamente desenvolvidas.

416) (ASSESSOR DE IMPRENSA – CÂMARA MUNICIPAL DA ESTÂNCIA DE ATIBAIA)

A regra que determina o uso da vírgula em – *Martin Luther King Jr., prêmio Nobel da Paz, questionou o avanço da ciência.* – repete-se em:

a) Bento 16, o papa alemão, afirma ser o amor o ingrediente que salva a humanidade.

b) Recentemente, por iniciativa dos vereadores, recebi o título de "Cidadão Paulistano."

c) Os subnutridos, miseravelmente vestidos, moram nas ruas.

d) Nos pronunciamentos feitos, nos últimos dias, o papa definiu as metas de seu pontificado.

e) A taxa de desemprego cresceu, no Brasil, de 6,2% para 10%.

417) (ESCREVENTE TÉCNICO JUDICIÁRIO – TJ/SP)

O rapaz era campeão de tênis. O nome do rapaz saiu nos jornais.

Ao transformar os dois períodos simples num único período composto, a alternativa correta é:

a) O rapaz cujo nome saiu nos jornais era campeão de tênis.

b) O rapaz que o nome saiu nos jornais era campeão de tênis.

c) O rapaz era campeão de tênis, já que seu nome saiu nos jornais.

d) O nome do rapaz onde era campeão de tênis saiu nos jornais.

e) O nome do rapaz que saiu nos jornais era campeão de tênis.

418) (ESCREVENTE TÉCNICO JUDICIÁRIO – TJ/SP)

A frase correta de acordo com o padrão culto é:

a) Não vejo mal no Presidente emitir medidas de emergência devido às chuvas.

b) Antes de estes requisitos serem cumpridos, não receberemos reclamações.

c) Para mim construir um país mais justo, preciso de maior apoio à cultura.

d) Apesar do advogado ter defendido o réu, este não foi poupado da culpa.

e) Faltam conferir três pacotes da mercadoria.

419) (ESCREVENTE TÉCNICO JUDICIÁRIO – TJ/SP)

O pronome oblíquo representa a combinação das funções de objeto direto e indireto em:

a) Apresentou-se agora uma boa ocasião.

b) A lição, vou fazê-la ainda hoje mesmo.

c) Atribuímos-lhes agora uma pesada tarefa.

d) A conta, deixamo-la para ser revisada.

e) Essa história, contar-lha-ei assim que puder.

420) (ESCREVENTE TÉCNICO JUDICIÁRIO – TJ/SP)

Quanto _____ perfil desejado, com vistas _____ qualidade dos candidatos, a franqueadora procura ser muito mais criteriosa ao contratá-los, pois devem estar aptos _____ comercializar seus produtos.

a) ao ... a ... à

b) àquele ... à ... à

c) àquele ... à ... a

d) ao ... à ... à

e) àquele ... a ... a

421) (ESCREVENTE TÉCNICO JUDICIÁRIO – TJ/SP)

O Meretíssimo Juiz da 1ª Vara Cível devia providenciar a leitura do acórdão, e ainda não o fez.

Assinale os itens relativos a esse trecho.

I.   as palavras *Meretíssimo* e *Cível* estão incorretamente grafada.

II.   *ainda* é um adjunto adverbial que exclui a possibilidade da leitura pelo Juiz.

III. o *e* foi usado para indicar oposição, com valor adversativo equivalente ao da palavra *mas*.

IV.   em *ainda não o fez*, o *o* equivale a *isso*, significando *leitura* do *acórdão*, e *fez* adquire o respectivo sentido de *devia providenciar*.

Está correto o contido apenas em:

a) II e IV

b) III e IV

c) I, II e III

d) I, III e IV

e) II, III e IV

422) (ESCREVENTE TÉCNICO JUDICIÁRIO – TJ/SP)

Desejava o diploma, por isso lutou para obtê-lo.

Substituindo-se as formas verbais de *desejar, lutar e obter* pelos respectivos substantivos a elas correspondentes, a frase correta é:

a) O desejo do diploma levou-o a lutar por sua obtenção.

b) O desejo do diploma levou-o à luta em obtê-lo.

c) O desejo do diploma levou-o à luta pela sua obtenção.

d) Desejoso do diploma foi à luta pela sua obtenção.

e) Desejoso do diploma foi lutar por obtê-lo.

423) (ESCREVENTE TÉCNICO JUDICIÁRIO – TJ/SP)

Assinale a alternativa correta quanto ao uso e à grafia das palavras.

a) Na atual conjetura, nada mais se pode fazer.

b) O chefe deferia da opinião dos subordinados.

c) O processo foi julgado em segunda estância.

d) O problema passou despercebido na votação.

e) Os criminosos espiariam suas culpas no exílio.

424) (ESCREVENTE TÉCNICO JUDICIÁRIO – TJ/SP)

É importante que todos participem da reunião.

O segmento *que todos participem da reunião*, em relação a *É importante*, é uma oração subordinada:

a) adjetiva com valor restritivo

b) substantiva com a função de sujeito

c) substantiva com a função de objeto direto

d) adverbial com valor condicional

e) substantiva com a função de predicativo

Ao _____ Senhor Diretor de Relações Públicas da Secretaria de Educação do Estado de São Paulo.

Face à proximidade da data de inauguração de nosso Teatro Educativo, por ordem de _____ Doutor XXX, Digníssimo Secretário da Educação do Estado de YYY, solicitamos a máxima urgência na antecipação do envio dos primeiros convites para o Excelentíssimo Senhor Governador do Estado de São Paulo, o Reverendíssimo Cardeal da Arquidiocese de São Paulo e os _____ Reitores das Universidades Paulistas, para que essas autoridades possam se programar e participar do referido evento.

Atenciosamente,

ZZZ

Assistente do Gabinete

425) (ESCREVENTE TÉCNICO JUDICIÁRIO – TJ/SP)

De acordo com os cargos das diferentes autoridades, as lacunas são correta e adequadamente preenchidas, respectivamente, por:

a) Ilustríssimo ... Sua Excelência ... Magníficos

b) Excelentíssimo ... Sua Senhoria ... Magníficos

c) Ilustríssimo ... Vossa Excelência ... Excelentíssimos

d) Excelentíssimo ... Sua Senhoria ... Excelentíssimos

e) Ilustríssimo ... Vossa Senhoria ... Digníssimos

426) (ESCREVENTE TÉCNICO JUDICIÁRIO – TJ/SP)

Assinale a alternativa em que se colocam os pronomes de acordo com o padrão culto.

a) Quando possível, transmitirei-lhes mais informações.

b) Estas ordens, espero que cumpram-se religiosamente.

c) O diálogo a que me propus ontem continua válido.

d) Sua decisão não causou-lhe a felicidade esperada.

e) Me transmita as novidades quando chegar de Paris.

427) (ESCREVENTE TÉCNICO JUDICIÁRIO – TJ/SP)

De acordo com a norma culta, a concordância nominal e verbal está correta em:

a) As características do solo são as mais variadas possível.

b) A olhos vistos Lúcia envelhecia mais do que rapidamente.

c) Envio-lhe, em anexos, a declaração de bens solicitada.

d) Ela parecia meia confusa ao dar aquelas explicações.

e) Qualquer que sejam as dúvidas, procure saná-las logo.

428) (ESCREVENTE TÉCNICO JUDICIÁRIO – TJ/SP)

O público observava a agitação dos lanterninhas da plateia.

Sem pontuação e sem entonação, a frase acima tem duas possibilidades de leitura. Elimina-se essa ambiguidade pelo estabelecimento correto das relações entre seus termos e pela sua adequada pontuação em:

a) O público da plateia, observava a agitação dos lanterninhas.

b) O público observava a agitação da plateia, dos lanterninhas.

c) O público observava a agitação, dos lanterninhas da plateia.

d) Da plateia o público, observava a agitação dos lanterninhas.

e) Da plateia, o público observava a agitação dos lanterninhas.

429) (AUXILIAR ADMINISTRATIVO – NOSSA CAIXA)

Assinale a alternativa que apresenta frase com sentido figurado.

a) Essencial para a sobrevivência, a água também determina a riqueza de uma nação.

b) Na semana passada, que marcou o início do outono e o dia mundial da água...

c) ... a única esperança estava em conter o vazamento, que faz uma enxurrada de diamantes literalmente escapar pelo ralo.

d) Tão essencial à vida quanto o ar que se respira, a água não custa nada...

e) Dono de quase 12% de toda a água doce, (...) o Brasil começa a cobrar pelo uso da água do rio Paraíba do Sul...

430) (AUXILIAR ADMINISTRATIVO – NOSSA CAIXA)

No próximo _____, os problemas da água _____ ocorrer nas regiões _____ a pobreza agrava a captação de água.

a) seculo, poderão, onde

b) século, poderá, onde

c) século, poderão, onde

d) século, poderão, que

e) século, poderá, que

431) (AUXILIAR ADMINISTRATIVO – NOSSA CAIXA)

As Nações Unidas _____ uma política destinada _____ _____ experiências com a clonagem humana.

a) adotou, à, disuadir

b) adotaram, há, disuadir

c) adotou, à, dissuadir

d) adotaram, a, disuadir

e) adotaram, a, dissuadir

432) (AUXILIAR ADMINISTRATIVO – NOSSA CAIXA)

_____ sentido a produção, nos países áridos, de certas variedades destinadas _____ exportação, mediante um gasto _____ de água?

a) Faz, à, excessivo

b) Faz, a, ecessivo

c) Fazem, à, excessivo

d) Faz, a, excessivo

e) Fazem, a, excecivo

433) (AUXILIAR ADMINISTRATIVO – NOSSA CAIXA)

Na frase – ... começa a cobrar pelo uso da água no rio Paraíba do Sul, que abastece *os Estados do Rio de Janeiro, Minas Gerais e São Paulo.* –, substituindo-se, de acordo com a norma culta, as expressões em destaque por um pronome, tem-se:

a) ... começa a cobrar pelo uso da água do rio Paraíba do Sul, que os abastece.

b) ... começa a cobrar pelo uso da água do rio Paraíba do Sul, que abastece eles.

c) ... começa a cobrar pelo uso da água do rio Paraíba do Sul, que abastece-los.

d) ... começa a cobrar pelo uso da água do rio Paraíba do Sul, que lhes abastece.

e) ... começa a cobrar pelo uso da água do rio Paraíba do Sul, que los abastece.

434) (AGENTE DE COMUNICAÇÃO – CÂMARA MUNICIPAL DE GUARULHOS)

Indique a alternativa em que a grafia de todas as palavras está correta.

a) A rescesão asiática roubou a expontaneidade do mercado de investidores.

b) Vossa Exelência não admitiu a indiscreção do Ministro.

c) As medidas tomadas pelo Governo contra a infração econômica não atendem às espectativas da população.

d) A política de contenção de gastos fez com que paralisassem os trabalhos de pesquisa.

e) Desabituados do trabalho, aqueles homens sugeitaram-se a um grande despêndio de energia.

435) (AGENTE DE COMUNICAÇÃO – CÂMARA MUNICIPAL DE GUARULHOS)

Observe as frases:

I.   Ela comprou um livro para mim ler.

II.   Não há nada entre mim e ti.

III.   José, gostaria de falar consigo.

IV.   Não vá sem eu.

V.   Ele está contra mim.

Quanto ao uso do pronome, estão corretas apenas as frases contidas em:

a) II e V

b) I e IV

c) III e V

d) I e III

e) II e V

436) (AGENTE DE COMUNICAÇÃO – CÂMARA MUNICIPAL DE GUARULHOS)

Assinale a alternativa em que a colocação pronominal obedece à norma culta.

a) Aqui nunca trabalha-se.

b) Nos entregaram o projeto cujo custo superou as exigências.

c) Embora me informassem o resultado da licitação, não o comuniquei a ninguém.

d) Por favor, não diga-lhe que será homenageado.

e) O ministro havia enganado-se.

437) (AGENTE DE COMUNICAÇÃO – CÂMARA MUNICIPAL DE GUARULHOS)

No trecho – pra ver a banda passar, cantando coisas de amor –, tem-se o seguinte:

a) "passar" como ação posterior a "cantando"

b) "passar" como ação anterior a "cantando"

c) "passar" como ação simultânea a "cantando"

d) "ver" como ação anterior a "passar"

e) "ver" como ação posterior a "passar"

438) (AGENTE DE COMUNICAÇÃO – CÂMARA MUNICIPAL DE GUARULHOS)

Assinale a alternativa em que o texto está corretamente pontuado.

a) Quando um juiz, sentencia, ouvindo somente uma das partes, a sentença, poderá ser justa, mas o juiz não o é de maneira nenhuma.

b) Quando um juiz sentencia, ouvindo somente uma, das partes, a sentença poderá ser justa, mas o juiz não o é de maneira nenhuma.

c) Quando um juiz, sentencia ouvindo somente, uma das partes, a sentença poderá ser justa mas, o juiz não, o é de maneira nenhuma.

d) Quando um juiz sentencia, ouvindo somente uma das partes, a sentença poderá ser justa mas, o juiz não, o é de maneira nenhuma.

e) Quando um juiz sentencia, ouvindo somente uma das partes, a sentença poderá ser justa, mas o juiz não o é de maneira nenhuma.

439) (AGENTE DE COMUNICAÇÃO – CÂMARA MUNICIPAL DE GUARULHOS)

Assinale a alternativa em que a colocação pronominal está correta.

a) Me disseram que hoje choverá.

b) As pessoas nem importaram-se com o ocorrido.

c) Se visse-a, não teria dúvidas sobre sua conduta.

d) Nunca se deve acreditar em fofocas.

e) Ele disse que amava-me muito.

Nas questões 440, 441 e 442, assinale a alternativa cuja sequência preenche, corretamente, as lacunas do texto.

440) (AGENTE DE COMUNICAÇÃO – CÂMARA MUNICIPAL DE GUARULHOS)

Muito _____ , disse ela. Vocês procederam _____ , considerando meu ponto de vista e minha argumentação _____ .

a) obrigada, certo, sensatos

b) obrigado, certo, sensato

c) obrigada, certos, sensatos

d) obrigados, certo, sensatos

e) obrigada, certas, sensata

441) (AGENTE DE COMUNICAÇÃO – CÂMARA MUNICIPAL DE GUARULHOS)

Nenhum de nós _____ dizer _____ o _____ cidadão portou-se tão _____ .

a) soubemos, porque, eminente, mau

b) soubemos, por quê, iminente, mal

c) soube, por que, eminente, mal

d) soube, porque, eminente, mau

e) soube, porquê, iminente, mal

442) (AGENTE DE COMUNICAÇÃO – CÂMARA MUNICIPAL DE GUARULHOS)

Dirigi-me _____ essa professora a fim de colocar-me _____ disposição para o trabalho planejado _____ tanto tempo.

a) a, a, a

b) à, à, a

c) à, a, há

d) a, à, à

e) a, à, há

TESTES

285

443) (AGENTE DE COMUNICAÇÃO – CÂMARA MUNICIPAL DE GUARULHOS)

Assinale a alternativa correta, no que se refere à regência, de acordo com a norma culta.

a) Em Cubatão, aspira-se a um ar poluído.

b) O bancário visou ao cheque para que pudesse ser descontado.

c) Prefiro o carro branco do que o preto.

d) Eu me simpatizo com você.

e) A enfermeira assistia os doentes.

444) (AGENTE DE COMUNICAÇÃO – CÂMARA MUNICIPAL DE GUARULHOS)

Assinale a alternativa em que a palavra grifada está empregada em sentido figurado.

a) O homem sério que <u>contava</u> dinheiro parou. b) O meu amor me <u>chamou</u>...

c) A moça triste que vivia <u>calada</u> sorriu.

d) A rosa <u>triste</u> que vivia fechada se abriu.

e) A meninada toda se <u>assanhou.</u>

445) (AGENTE DE SEGURANÇA PENITENCIÁRIA – GOVERNO DE SÃO PAULO)

Assinale a alternativa correta quanto ao emprego de parônimos.

a) O juiz agiu com *descrição*, para não tornar evidente a sua dúvida.

b) O réu se disse inocente, e foi *fragrante* a dúvida do juiz.

c) O réu foi *descriminado* da acusação pelo habilidoso juiz.

d) O réu teve sua pena de oito anos proferida pelo *iminente* juiz.

e) O réu ficou feliz: o juiz *diferiu* sentença favorável a sua absolvição.

446) (MÉDICO CLÍNICO GERAL – TJ/SP)

Assinale a alternativa em que todas as palavras estão grafadas corretamente.

a) toráxico, faccioso, analizar

b) guizado, jus, quizesse

c) pixar, pretensão, candidíaze

d) abdome, fleuma, franqueza

e) enxaqueca, para-brisa, homoplata

447) (MÉDICO CLÍNICO GERAL – TJ/SP)

Assinale a alternativa em que o acento grave da crase está empregado corretamente.

a) Solicitamos à V. Exa. se digne a alterar a data das inscrições.

b) Renunciar à liberdade é renunciar à condição de homem.

c) Caminhar à pé é um excelente exercício aeróbico.

d) Estivemos duas horas à esperar o voo 1645.

e) A TV à cabo mudou bastante os hábitos dos telespectadores.

448) (MÉDICO CLÍNICO GERAL – TJ/SP)

Assinale a alternativa em que os verbos estão empregados de acordo com a norma culta.

a) Se eu ver você de novo sem os livros, cancelo seu final de semana.

b) Se você requiser a tempo uma prorrogação, ela lhe será concedida.

c) O deferimento será dado, quando vocês refazerem o requerimento.

d) Se os reservatórios conterem solvente, os técnicos notarão.

e) Quando ele vir o resultado, peça-lhe uma opinião sincera.

449) (MÉDICO CLÍNICO GERAL – TJ/SP)

Assinale a alternativa em que a concordância verbal está de acordo com a norma culta.

a) Faziam dois meses que a intervenção tinha começado.

b) A audiência de neófitos prejudicavam o espetáculo.

c) A maioria dos pacientes reclama mais atenção.

d) 75% das pessoas que fuma morre de câncer.

e) Mais de uma vez, foi levantado suspeição e dúvida sobre essa construção.

450) (TÉCNICO JUDICIÁRIO – TRF – 3ª REGIÃO)

Assinale a alternativa correta quanto à correlação dos tempos verbais, de acordo com a norma culta.

a) Se o velejador não tivesse reagido, não terá sido morto.

b) Nosso patrimônio cultural será dos mais bens aproveitados, se não fosse o analfabetismo no país.

c) Se as companhias aéreas não reformularem os preços das passagens, não teriam mais passageiros.

d) Por mais que o Banco Central vendesse moeda americana, parecia não haver limite para a alta.

e) É provável que a atriz volta a apresentar-se na televisão.

451) (TÉCNICO JUDICIÁRIO – TRF – 3ª REGIÃO)

Assinale a alternativa correta quanto à ortografia e/ou acentuação.

a) O IBGE anuncia que a espectativa de vida do brasileiro cresceu 2,6 anos em relação à decada passada.

b) O ato terrorista provocou um retrocesso nas liberdades civis e implantou o medo em escala planetária.

c) O atentado levou ao aciramento da convivencia possível no Oriente Médio e fortaleceu a extrema direita belicista.

d) O naufragio foi resultado de uma sequência de três esplosões numa das partes do navio.

e) Um consórsio internacional formado por tres médicos anunciou a intenção de produzir clones para casais sem filhos.

TESTES

452) (ASSISTENTE SOCIAL JUDICIÁRIO – TJ/SP)

Assinale a alternativa que contém uma oração coordenada sindética adversativa.

a) É polêmica a proposta de antecipar o início dos programas de educação sexual nas escolas.

b) Há, entretanto, dados estatísticos e considerações epidemiológicas que merecem atenção.

c) Atualmente, o projeto é voltado para jovens de 13 a 24 anos. d) Quando o assunto é moral sexual, todo cuidado é pouco.

e) É conhecida a correlação entre a maior precocidade da vida sexual e a maior suscetibilidade a DSTs.

453) (ASSISTENTE SOCIAL JUDICIÁRIO – TJ/SP)

Assinale a alternativa correta quanto à concordância verbal.

a) O que é audácias, irresponsabilidades, imprevidências?

b) Devem haver outras formas de vida coletiva mais humanas para regular as ações dos homens.

c) O aventureiro ou o trabalhador encarnam-se entre os povos caçadores e lavradores.

d) Energias e esforços, nada o faziam chorar.

e) Vê-se, por aí, trabalhadores e aventureiros.

454) (ASSISTENTE SOCIAL JUDICIÁRIO – TJ/SP)

Passando-se a oração – Os calores intensos provocavam as chuvas. – para a voz passiva analítica, obtém-se:

a) As chuvas eram provocadas pelos calores intensos.

b) As chuvas são provocadas pelos calores intensos.

c) As chuvas foram provocadas pelos calores intensos.

d) Provocam-se chuvas por causa dos calores intensos.

e) As chuvas provocaram-se por causa dos calores intensos.

455) (ASSISTENTE SOCIAL JUDICIÁRIO – TJ/SP)

A colocação pronominal está de acordo com a norma culta em:

a) Se lavaram e saíram às pressas.

b) Ele sabe que todos receber-me-ão com alegria.

c) Eu não direi-lhe o que aconteceu.

d) Ao dirigir-me a palavra, baixou os olhos.

e) Ele sempre afirma que fala-me a verdade.

456) (ASSISTENTE SOCIAL JUDICIÁRIO – TJ/SP)

Assinale a alternativa correta no que se refere à regência verbal.

a) Que tipo é esse que ignora às fronteiras?

b) Dos últimos livros que li, aquele que gostei foi *Raízes do Brasil*.

c) O homem aventureiro que se fala, não mede o desperdício e nem a audácia.

d) O aventureiro é aquele que aspira o triunfo, a rapidez de sucesso numa concepção de mundo espaçoso e de ambição.

e) O trabalhador acede prontamente ao apelo da consciência.

457) (ASSISTENTE SOCIAL JUDICIÁRIO – TJ/SP)

Quanto ao uso do acento indicativo da crase, está correta a alternativa.

a) Vou sempre a Campinas.

b) Tudo que sei vou narrar à Vossa Excelência.

c) Ontem saiu à cavalo e não mais voltou.

d) O gerente delegou competência a secretária.

e) Estou à resolver questões linguísticas.

458) (ASSISTENTE SOCIAL JUDICIÁRIO – TJ/SP)

De acordo com a norma culta, está correto o emprego dos pronomes pessoais na alternativa.

a) Percebi que o plano era para *mim* desistir do jogo.

b) Não tenho certeza se *lhe* encontrei ontem.

c) O diretor conversou muito com *nós*.

d) Vou *o* encontrar amanhã cedo.

e) Isto é para *eu* fazer.

CESPE – CENTRO DE SELEÇÃO E PROMOÇÃO DE EVENTOS

Texto para as questões 459 a 461

Cujas Canções

É costume cada um colocar sua profissão ou títulos nos cartões de visitas. No tempo das guerras cisplatinas até ficou famoso alguém que assim se apresentava: "José Maria da Conceição – tenente dos Colorados".

Ora, quem escreve estas linhas já recebeu alguns títulos da generosidade de
5   seus conterrâneos. Se pusesse todos eles, seria pedante; escolher um só seria indelicadeza para com os outros proponentes.

Quanto a mim, sempre fui de opinião que bastava o nome da pessoa, sem a vaidade de títulos secundários. Mas eis que a minha camareira fez-me cair em tentação. Dá-se o caso que saiu a edição do meu livro *Canções*, ilustrado por
10 Noêmia e que, ao ser noticiado por Nilo Tapecoara no *Bric-à-brac da vida*, este o publicou com o meu retrato em duas colunas e, abaixo do mesmo, uma notícia que assim principiava, com a primeira linha impressa em letras maiúsculas: MÁRIO QUINTANA, CUJAS CANÇÕES etc. etc...

Ora, na manhã daquele dia, ao servir-me o café na cama, sia Benedita não
15 podia ocultar o orgulho que lhe causava o seu hóspede e repetia: "Cujas canções, hein, cujas canções!"

O seu maior respeito era devido, sem dúvida, à misteriosa palavra "cujas".

Mário Quintana. Poesia completa. Rio de Janeiro: Nova Aguilar, 2005. P. 959.

459) (ADMISSÃO À CARREIRA DE DIPLOMATA – INSTITUTO RIO BRANCO – MRE)

Julgue (C ou E) os próximos itens, relativos a análises de fatos linguísticos do texto.

1) O emprego da vírgula após "No tempo das guerras cisplatinas" (*l.*1 e 2) seria justificado pela prescrição gramatical e estaria adequado ao ritmo do período.

2) Os deslocamentos de termos da oração em "até ficou famoso alguém" (*l.* 2) e em "que assim se apresentava" (*l.*2) contribuem para realçar a atitude do personagem mencionado na frase.

3) O emprego de "Ora", no início do segundo parágrafo, sugere raciocínio silogístico, que se apoia, no texto, em premissas seguidas de prova e em conclusão irônica.

4) Os termos "quem" (*l.*4), "mim" (*l.*7) e "hóspede" (*l.*15) estão empregados em referência a pessoas diferentes.

460) (ADMISSÃO À CARREIRA DE DIPLOMATA – INSTITUTO RIO BRANCO – MRE)

Com base no texto, julgue (C ou E) os seguintes itens.

1) Depreende-se do texto que a palavra "cujas" junto ao nome de Mário Quintana foi entendida pela camareira no sentido empregado no texto que ela lera.

2) O tratamento "sia" (*l*.14) remonta à época do descobrimento do Brasil.

3) A forma "sia" (*l*.14) é redução de **sinhá**, vocábulo sinônimo de **sinhara** – proveniente de **senhora**.

4) Em "sia Benedita não podia ocultar o orgulho que lhe causava o seu hóspede e repetia" (*l*.14 e 15), deveria haver vírgula depois de "orgulho" e antes de "e", em decorrência do sentido explicativo da oração introduzida pelo "que".

461) (ADMISSÃO À CARREIRA DE DIPLOMATA – INSTITUTO RIO BRANCO – MRE)

Considerando os sentidos e aspectos morfossintáticos do texto, julgue (C ou E) os itens a seguir.

1) O mal-entendido narrado na conclusão do texto sugere uma visão irônica quanto à importância dos títulos.

2) Na locução "eis que" (*l*.8), a palavra "eis" perde não só o traço semântico de imprevisão, ou de ocorrência súbita, mas também sua equivalência com a forma **veja**.

3) O pronome "este" (*l*.10) refere-se a seu antecedente, o *"Bric-à-brac da vida"*.

4) Na linha 11, a proximidade imediata entre "com o meu retrato" e "em duas colunas" gera ambiguidade quanto a haver um ou dois retratos do autor.

Texto para as questões 462 a 465.

Como e por que sou escritor,
sem deixar de ser um tanto sociólogo

O que principalmente sou? Creio que escritor. Escritor literário. O sociólogo, o antropólogo, o historiador, o cientista social, o possível pensador são em mim ancilares do escritor. Se bom ou mau escritor é outro assunto.

Como tentativa de oferecer, a esse respeito, um depoimento ou uma confissão
5 de possível interesse sociológico, procurarei fixar aqui algumas das orientações que considero essenciais à afirmação de um escritor como escritor, e que se baseiam até certo ponto na minha própria experiência. Sobre elas, por outro lado, se apoia minha esperança de ser escritor, sem ser, exatamente, beletrista.

Ser escritor é desenvolver uma atividade que nada tem de burocrática. É uma
10 atividade mais de aventura que de rotina. A sociologia da atividade de escritor está ainda por fazer. É uma sociologia difícil de ser traçada, tão diferente tende a ser o escritor de outros homens, quer dos das chamadas profissões liberais, quer dos que vivem de ofícios ou de artes. Ele é um pouco de tudo isso sem pertencer mais especificamente a nenhum desses grupos profissionais. É inseguro. Sabe-se
15 de companhias de seguros que têm segurado por altas somas mãos de pianistas. Mas não, mãos de escritor.

Gilberto Freire. Como e por que sou e não sou sociólogo.
Brasília. EDUnB, 1968, p.165 (com adaptações)

462) (ADMISSÃO À CARREIRA DE DIPLOMATA – INSTITUTO RIO BRANCO – MRE)

Com relação ao texto, julgue (C ou E) os itens subsequentes.

1) A inversão sintática observada em "O que principalmente sou?" (*l*.1) condiz com a estrutura gramatical interrogativa e apresenta-se como legítimo recurso de ênfase.

2) Por meio da expressão "Escritor literário." (*l*.1), o autor critica os escritores que não se dedicam à literatura.

3) A palavra "ancilares" (*l*.3) significa **próximas**, enquanto "beletrista" (*l*.8) equivale a **especialista em redação**.

4) Em "sem ser, <u>exatamente,</u> beletrista" (*l*.8), o vocábulo sublinhado tem sentido de **sobretudo**.

463) (ADMISSÃO À CARREIRA DE DIPLOMATA – INSTITUTO RIO BRANCO – MRE)

Com base, exclusivamente, nas informações contidas no texto, assinale a opção correta.

a) O escritor, como tal, não é diferente de outros homens.

b) A vida de aventuras é essencial para haver êxito na produção literária.

c) O escritor está sujeito à insegurança da liberdade, sendo, portanto, um profissional liberal.

d) Embora difícil, é desejável traçar uma sociologia da atividade do escritor.

e) Na prática do escritor, a rotina de trabalho é irrelevante.

464) (ADMISSÃO À CARREIRA DE DIPLOMATA – INSTITUTO RIO BRANCO – MRE)

Valendo-se exclusivamente das informações contidas no texto, considere a menção ao fato de que, ao contrário das mãos dos escritores, as mãos dos pianistas têm sido objeto de seguro e julgue (C ou E) os itens que se seguem.

1) O texto alude às qualidades artísticas das atividades do pianista e do escritor.

2) O autor valoriza o pianista, mais dependente de suas mãos do que o escritor, já que este pode recorrer ao texto ditado.

3) Na opinião do autor, os pianistas deveriam ser impedidos de fazer seguro, por contrato, das mãos.

4) Enquanto o pianista usa as duas mãos, o escritor usa uma só, o que explica as altas somas pelas quais aquelas são seguradas.

465) (ADMISSÃO À CARREIRA DE DIPLOMATA – INSTITUTO RIO BRANCO – MRE)

No terceiro parágrafo do texto, o autor afirma que a atividade de escritor nada tem de burocrática; com isso, quer significar que ela se distingue por ser:

a) não administrativa

b) de natureza privada

c) desprovida de regras sistemáticas

d) pouco eficiente

e) dotada de base sociológica

Texto para as questões 466 a 468.

Contos do vigário

Passam-se tempos sem que ouçamos falar em contos de vigário. Muito bem. Tornamo-nos otimistas, imaginamos que, se a reportagem não menciona esses espantosos casos de tolice combinada com safadeza, certamente os homens ficaram sabidos e melhoraram.

5 Pensamos assim e devemos estar em erro. Provavelmente esse negócio continua a florescer, mas as vítimas têm vergonha de queixar-se e confessar que são idiotas. Raras vezes um cidadão se resolve a afrontar o ridículo, e vai à polícia declarar que, não obstante ser parvo, teve a intenção de embrulhar o seu semelhante.

O que ele faz depois de logrado é meter-se em casa, arrancar os cabelos, evitar
10 os espelhos e passar uns dias de cama, procedimento que todos nós adotamos quando, em consequência de um disparate volumoso, nos sentimos inferiores ao resto da humanidade. Convenientemente curado, cicatrizado, esquecida a fraqueza, o sujeito levanta-se e adquire consistência para realizar nova tolice. E assim por diante, até a hora da tolice máxima, em que ninguém reincide porque
15 isto é impossível.

Graciliano Ramos. Linhas tortas. Obra póstuma. 11ª ed.
Rio de Janeiro, São Paulo. Record, 1984. P.154.

466) (ADMISSÃO À CARREIRA DE DIPLOMATA – INSTITUTO RIO BRANCO – MRE)

Assinale a opção em que o sinônimo proposto corresponde à acepção com que o termo foi empregado no texto.

a) "combinada" (*l*.3) – organizada
b) "afrontar" (*l*.7) – ofender
c) "declarar" (*l*.7 e 8) – desvendar
d) "embrulhar" (*l*.8) – tapear
e) "logrado" (*l*.9) – alcançado

467) (ADMISSÃO À CARREIRA DE DIPLOMATA – INSTITUTO RIO BRANCO – MRE)

Considerando os sentidos do texto, julgue (C ou E) os seguintes itens.

1) O autor considera que existe má-fé no comportamento da vítima do conto do vigário.
2) Depreende-se do texto que os contos do vigário não são abordados pela imprensa por serem assunto tabu.
3) Na linha 8, a substituição de "não obstante" por **além de** não acarretaria alteração no sentido da frase.
4) O vocábulo "procedimento" (*l*.10) resume, de forma irônica, a sequência de ações descritas nas orações que o precedem no período.

468) (ADMISSÃO À CARREIRA DE DIPLOMATA – INSTITUTO RIO BRANCO – MRE)

Quanto à descrição gramatical de elementos do texto, assinale a opção correta.

a) A forma verbal "Passam-se" (*l*.1) está no plural para atender à regra gramatical de concordância com o sujeito da oração.

b) Em "Tornamo-nos" (*l*.2), a supressão do **s** é prescrita para se evitar o efeito de eco.

c) O verbo "queixar-se" (*l*.6), utilizado no texto como verbo pronominal, conjuga-se facultativamente sem o pronome.

d) Em "nos sentimos inferiores ao resto da humanidade" (*l*.11 e 12), houve transgressão dos requisitos gramaticais para a colocação pronominal.

e) Em "levanta-se" (*l*.13), a partícula "se" indica a indeterminação do sujeito.

469) (ADMISSÃO À CARREIRA DE DIPLOMATA – INSTITUTO RIO BRANCO – MRE)

Julgue (C ou E) os itens abaixo, com base no padrão gramatical e estilístico da modalidade escrita da língua portuguesa culta.

1) O pesquisador cumpriu suas metas rigorosamente dentro do prazo e do orçamento e, portanto, honrou uma vez mais sua própria autobiografia.

2) Os resultados da pesquisa foram divulgados através de relatório impresso e boletim eletrônico, que rapidamente disseminaram-se na comunidade científica, da qual uma maior consciência das questões de pesquisa se tornou cada vez mais evidenciada.

3) Antes de mais nada, é preciso aproveitarmos a oportunidade para ressaltarmos as qualidades textuais do relatório, que inclusive contêm a indicação de planos futuros de aproveitamento comercial dos produtos.

4) Em que pese o bom andamento da pesquisa, contudo, essa comissão sugere a manutenção da mesma equipe, não obstante, a contratação de estagiários, conforme carta com pedido em anexo.

Texto para a questão 470

Situação das Fronteiras quando da Independência

Diante do vai e volta das relações luso-hispânicas, o Brasil independente herdou de Portugal todas as suas questões de limites; com a agravante de que, enquanto Portugal teve que lidar apenas com a Espanha e a França, agora era necessário encetar negociações com a França, a Holanda e a Inglaterra, e com todas as nações sul-americanas, exceto o Chile, muitas das quais pretendiam confinar, simultaneamente, com o novo Império, nas mesmas regiões.

Mauro Pereira de Mello. A questão dos limites entre os estados do Acre e de Rondônia (aspectos históricos e formação do território). *In* Revista Brasileira de Geografia. Rio de Janeiro: IBGE (52), nº 4.

470) (ADMISSÃO À CARREIRA DE DIPLOMATA – INSTITUTO RIO BRANCO – MRE)

A respeito dos vocábulos empregados no texto, julgue (C ou E) os próximos itens.

1) O adjetivo "hispânico", embora seja empregado corriqueiramente como sinônimo de **espanhol**, equivale originalmente a **ibérico**.

2) O verbo "encetar", no texto, está empregado na acepção de **instigar, encorajar, impelir**.

3) No texto, o vocábulo "agravante" é um termo adjetivo, marcado pela terminação típica dessa classe de palavras (-nte).

4) O verbo **confinar** tem a mesma significação no texto e na frase seguinte: **De acordo com o mapa da época, via-se que vários reinos confinavam.**

Texto para as questões 471 a 473

Religião Mestiça

Insulado deste modo no país, que o não conhece, em luta aberta com o meio, que lhe parece haver estampado na organização e no temperamento a sua rudeza extraordinária, nômade ou mal fixo à terra, o sertanejo não tem, por bem dizer, ainda capacidade orgânica para se afeiçoar a situação mais alta.

5   O círculo estreito da atividade remorou-lhe o aperfeiçoamento psíquico. Está na fase religiosa de um monoteísmo incompreendido, eivado de misticismo extravagante, em que se rebate o fetichismo do índio e do africano. É o homem primitivo, audacioso e forte, mas ao mesmo tempo crédulo, deixando-se facilmente arrebatar pelas superstições mais absurdas. Uma análise destas

10 revelaria a fusão de estádios emocionais distintos.

Euclides da Cunha. O homem/Os sertões. *In*: Obra completa.
Rio de Janeiro: Nova Aguilar, 1995, p. 197

471) (ADMISSÃO À CARREIRA DE DIPLOMATA – INSTITUTO RIO BRANCO – MRE)

Com relação ao texto, julgue (C ou E) os itens seguintes:

1) O pronome "lhe", na oração "que lhe parece haver estampado na organização e no temperamento a sua rudeza extraordinária" (*l*.2 e 3), funciona como objeto indireto usado com sentido possessivo.

2) No trecho "Insulado (...) à terra" (*l*.1 a 3), observa-se perfeito paralelismo sintático.

3) Pode-se substituir "por bem dizer" (*l*.3 e 4) pela expressão **por assim dizer**, sem causar prejuízo ao sentido do período.

472) (ADMISSÃO À CARREIRA DE DIPLOMATA – INSTITUTO RIO BRANCO – MRE)

Ainda com relação ao texto, assinale a opção correta.

a) No primeiro parágrafo, a escolha lexical reflete uma visão do mundo que atribui influência determinante do meio sobre o homem.

b) Em "a sua rudeza extraordinária" (*l*.2 e 3), o referente de "sua" é o termo "o sertanejo" (*l*.3).

c) Em "se afeiçoar a situação mais alta" (*l*.4), é opcional a omissão do acento grave indicativo de crase.

d) Os adjetivos contidos no período "É o homem primitivo, audacioso e forte, mas ao mesmo tempo crédulo, deixando-se facilmente arrebatar pelas superstições mais absurdas." (*l*.7 a 9), conforme classificação da gramática tradicional, são termos essenciais das orações a que pertencem.

e) Na referência à "fusão de estádios emocionais distintos" (*l*.10), nota-se um problema de coesão textual, porque os sentidos dos vocábulos "fusão" e "estádios" não se explicam pelo que os antecede.

473) (ADMISSÃO À CARREIRA DE DIPLOMATA – INSTITUTO RIO BRANCO – MRE)

Julgue (C ou E) os itens a seguir, relativos a aspectos semânticos de termos presentes no texto.

1) "Insulado" (*l*.1) integra o campo semântico de **ilha.**

2) O prefixo *extra-*, nos vocábulos "extraordinária" (*l*.3) e "extravagante" (*l*.7), tem efeito de superlativo.

3) Os termos "monoteísmo" (*l*.6), "misticismo" (*l*.6) e "fetichismo" (*l*.7) constituem exemplos do uso do sufixo *–ismo*, que se disseminou para designar movimentos sociais, ideológicos, políticos, opinativos, religiosos e personativos.

4) Na forma verbal "revelaria" (*l*.10), a terminação *–ria* exprime ideia de hipótese ou possibilidade.

Texto para as questões 474 e 475

Religião mestiça (cont.)

A sua [do sertanejo] religião é como ele – mestiça.

Resumo dos caracteres físicos e fisiológicos das raças de que surge, [o sertanejo] sumaria-lhes identicamente as qualidades morais. É um índice da vida de três povos. E suas crenças singulares traduzem essa aproximação violenta
5 de tendências distintas. É desnecessário descrevê-las. As lendas arrepiadoras do caapora travesso e maldoso, atravessando célere, montado em caititu arisco, as chapadas desertas, nas noites misteriosas de luares claros; os sacis diabólicos, de barrete vermelho à cabeça, assaltando o viandante retardatário, nas noites aziagas das sextas-feiras, de parceria com os *lobisomens e mulas sem cabeça* noctívagos;
10 todos os mal-assombramentos, todas as tentações do *maldito* ou do diabo – esse trágico emissário dos rancores celestes em comissão na terra; as rezas dirigidas a S. Campeiro, canonizado *in partibus*[1], ao qual se acendem velas pelos campos, para que favoreça a descoberta de objetos perdidos; as benzeduras cabalísticas para curar os animais, para amassar e vender sezões; todas as visualidades, to-
15 das as aparições fantásticas, todas as profecias esdrúxulas de messias insanos; e as romarias piedosas; e as missões; e as penitências... todas as manifestações completas de religiosidade indefinida são explicáveis.

1 *In partibus infidelium* [Lat.]. 1. Nos países ocupados pelos infiéis. 2. Diz-se do bispo cujo título é meramente honorífico. 3. Por extensão. Não efetivo, nominal. *In*: Ferreira, Aurélio B. de H. Novo dicionário da língua portuguesa.

474) (ADMISSÃO À CARREIRA DE DIPLOMATA – INSTITUTO RIO BRANCO – MRE)

Referentemente a aspectos linguísticos do texto, assinale a opção <u>incorreta.</u>

a) A gramática normativa desautoriza a colocação pronominal enclítica em "sumaria-lhes" (*l*.3), recomendando a forma **sumar-lhes-ia**.

b) O vocábulo "caapora" (*l*.6) é variante do vocábulo caipora, de origem tupi.

c) Estão dicionarizadas as grafias com hífen de **mula-sem-cabeça** e "mal-assombramentos" (*l*.10), mas "*lobisomens*" (l.9) se escreve, obrigatoriamente, sem hífen.

d) Em uma de suas ocorrências no texto, o itálico é meio de realce de expressão latina.

e) A reiteração da conjunção "e" (*l*.16) imprime continuidade e fluidez ao texto, sugerindo movimentos ininterruptos ou rápidos.

ATENÇÃO!

Pela ortografia atual, **mula sem cabeça** se grafa sem hífen. O gabarito oficial aponta acerto na opção **c**, por ser anterior à reforma.

475) (ADMISSÃO À CARREIRA DE DIPLOMATA – INSTITUTO RIO BRANCO – MRE)

A propósito da significação de palavras no texto, assinale a associação correta.

a) "célere" (*l*.6) – perverso

b) "aziagas" (*l*.8) – aflitivas

c) "noctívagos" (*l*.9) – noctíferos

d) "cabalísticas" (*l*.13) – misteriosas

e) "sezões" (*l*.14) – colheitas

476) (ANALISTA MINISTERIAL – MPE/TO)

O mercado da privacidade

Entre outros absurdos da vida norte-americana, importamos a delação premiada, que ameniza a pena, em troca do pecado. Ao incentivar a delação, estimulam-se falsos testemunhos contra pessoas inocentes e se acatam denúncias caluniosas a serviço da inveja e da vingança. Alega-se o presumido benefício maior, na
5 proteção da sociedade contra o crime, mas o efeito real é o de transformar os delatores em trapos – se ainda não os são – e, em muitos casos, causar a morte moral de pessoas honradas.

Sendo, como é, uma aventura da matéria, a vida dos homens só se justifica como o pleno exercício de ser. Liberdade é o direito natural que temos de fazer tudo
10 o que desejarmos, desde que, nesse livre-arbítrio, não causemos danos aos outros. Na síntese política de um mestiço, o mexicano Benito Juarez, o direito alheio é a paz.

A liberdade reclama também aquilo a que hoje chamamos privacidade. Todos nós temos direito a espaços invioláveis aos olhos e aos ouvidos alheios. Seja pelo pudor, por timidez, pelo prazer ou pela conveniência, a nossa vida pessoal deve
15 ser resguardada. Ela é a extensão social de nosso corpo, de nossa alma, com sua única transcendental realidade. Ao incentivar a delação e ao fazer dos registros oficiais um bem de mercado, o Estado deixa de ser o guardião da liberdade.

Mauro Santayana. Jornal do Brasil, 11/6/2006 (com adaptações)

Com referência ao texto acima, julgue os itens a seguir.

1) A ideia defendida nesse texto é a de que o Estado, ao estimular a delação premiada, transforma a privacidade em bem de mercado e deixa de ser guardião da liberdade.

2) Depreende-se do texto que a delação premiada, cujo fundamento advém do direito dos Estados Unidos, contempla o exercício do livre-arbítrio – direito natural de se fazer tudo que se deseja –, mas fere direito alheio.

3) A oração "que ameniza a pena, em troca do pecado" (*l*.2) poderia, com igual correção, estar expressa com a seguinte estrutura: onde, em troca do pecado, ameniza-se a pena.

4) Por comporem oração com sujeito indeterminado, as formas verbais "estimulam-se" (*l*.2) e "se acatam" (*l*.3) poderiam estar, conforme faculta a norma gramatical, flexionadas no singular, tal como ocorre com "Alega-se" (*l*.4).

5) Na linha 6, a oração entre travessões poderia, com correção gramatical e de forma mais enfática, assim ser expressa: se caso ainda não os sejam.

6) Mantém o sentido original do texto a seguinte reescrita do período "Sendo, como é, (...) exercício de ser" (*l*.8 e 9): Somente se a vida dos homens for uma aventura da matéria é que ela poderia justificar o pleno exercício de ser.

7) O trecho "não causemos danos aos outros" (*l*.10) poderia ser corretamente substituído por: não provoquemos prejuízo às outras pessoas.

Privatização da liberdade

Zygmunto Bauman põe o dedo na ferida ao denunciar o limite da liberdade na modernidade capitalista: pode-se tudo (embora a maioria não possa quase nada), exceto imaginar um mundo melhor que este em que vivemos. Quando muito, fica-se no conserto da casa, a reforma do telhado, a pintura das paredes, sem que se
5   questionem a própria arquitetura da casa e, muito menos, o modo de convivência dos que a habitam.

Os mais progressistas até admitem que, na reforma, o quarto de empregada seja deslocado do exterior para o interior da casa. Até aqui o limite da lógica capitalista. Além disso, suprime-se a liberdade de quem ousa propor que não haja
10 quarto de empregada nem empregada.

Segundo Pierre Boudieu, uns olham a sociedade com olhos cínicos e outros, com olhos clínicos. Os primeiros julgam inquestionável o atual modelo de sociedade fundado na apropriação privada da riqueza e dele procuram tirar proveito, considerando justo o que reforça seus privilégios e injusto o que os ameaça. Os
15 "clínicos" enxergam um palmo abaixo do chão em que pisamos e reconhecem as intrincadas relações sociais que produzem, à superfície, tamanha desigualdade entre os 6,5 bilhões de habitantes desta nave espacial chamada Terra.

Frei Betto. In: Caros Amigos, abril/2006, p. 8 (com adaptações)

477) (ANALISTA MINISTERIAL – MPE/TO)

Com relação à compreensão e interpretação do texto acima, bem como a aspectos morfossintáticos, julgue os seguintes itens.

1. A expressão "põe o dedo na ferida" (*l*.1) tem sentido conotativo (figurado).
2. O trecho "sem que se questionem" (*l*.4 e 5) é equivalente tanto a **não se questionando** quanto a **não sendo questionado**.
3. Pelos sentidos construídos no texto, questionar "o modo de convivência" (*l*.5) dos que habitam uma casa corresponde a questionar o modelo atual de sociedade fundado na apropriação privada da riqueza.
4. De acordo com o texto, a apropriação privada da riqueza resulta na privatização da liberdade, o que significa liberdade limitada concedida aos cidadãos.
5. O segundo parágrafo, de forma figurada, trata de inclusão social em uma visão reformista e progressista do Estado.
6. Atenderia à norma gramatical a substituição da forma verbal "haja" (*l*.9) pela forma **existam**.
7. No trecho "considerando justo <u>o que</u> reforça seus privilégios" (*l*.14), o segmento sublinhado corresponde a **o modelo que**.
8. De acordo com o trecho final do texto, as emaranhadas relações sociais são responsáveis pela imensa desigualdade entre os habitantes do planeta.

O ser humano é a medida de todas as coisas. Pelo tamanho do ser humano se mede a vastidão do universo, assim como pelo palmo e pela braça se começou a medir a Terra. Todo o conhecimento do mundo se faz de uma perspectiva humana, todo o julgamento das coisas do mundo se faz por um parâmetro humano. Assim,
5 enaltecer o senso moral do ser humano não é um floreio de linguagem que a única espécie que fala faz, é valorizar este frágil instrumento de medição pelo qual a vida revela seu sentido. O ser humano ou é moral, e julga tudo por um prisma moral, ou é apenas um mecanismo inútil.

O liberalismo pensa estar defendendo o indivíduo quando nega a primazia
10 do social ou quando diz que uma sociedade é apenas um conjunto de ambições autônomas. O culto ao individualismo seria um culto à liberdade se não elegesse como seu paradigma supremo a liberdade de lucrar, e como referência moral a moral do mercado. Se não fosse apenas a última das muitas tentativas de substituir o ser humano como a medida de tudo, e seu direito à vida e à dignidade como o
15 único direito a ser cultuado. Já tentaram rebaixar o homem a mero servo de uma ordem divina, a autômato descartável de engrenagens industriais, a estatística sem identidade de regimes totalitários, e agora a uma comodidade entre outras comodidades, com nenhuma liberdade para escolher seu destino individual e o mundo em que quer viver. Mas o indivíduo só é realmente um indivíduo em uma
20 sociedade igualitária, como só existirá liberdade real onde os valores neoliberais não prevalecerem.

Luís Fernando Veríssimo. Internet: http://www.dhnet.org.br. Acesso em fev./2006

TESTES

478) (DELEGADO DE POLÍCIA SUBSTITUTO/ES)

Em relação ao texto, julgue os itens a seguir.

1) As ocorrências de "a" às linhas 15,16 e 17 são todas de artigos definidos empregados no singular feminino.

2) A substituição de "se mede" (*l*.1 e 2) por **é medida** mantém a correção gramatical e as informações originais do período.

3) Antes da expressão "é valorizar" (*l*.6), subentende-se a ideia anterior "enaltecer o senso moral do ser humano" (*l*.5).

4) O emprego da estrutura **ao negar a primazia do social ou ao dizer que**, em substituição a "quando nega a primazia do social ou quando diz que" (*l*.9 e 10), prejudica a correção gramatical do período e altera as informações originais do texto.

5) Os vocábulos "se" (*l*.11) e "Se" (*l*.13) têm a mesma função condicional.

Na Antiguidade não se conhecia o fenômeno da limitação do poder do Estado. As leis que organizavam os Estados não atribuíam ao indivíduo direitos frente ao poder estatal. Quando Aristóteles definiu "Constituição", tinha diante de si esse tipo de legislação. Não obstante tenha sido Atenas o berço de relevante pensa-
5 mento político, não se imaginava então a possibilidade de um estatuto de direitos oponíveis ao próprio Estado. A formação da pólis foi precedida da formação de um território cultural. Este balizou os limites da cidade grega. Sem garantia legal, os "direitos humanos" padeciam de certa precariedade na estrutura política. O respeito a eles ficava na dependência da virtude e da sabedoria dos governantes.
10 Esta circunstância, porém, não exclui a importante contribuição de culturas antigas na criação da ideia de direitos humanos. Alguns autores pretendem afirmar que a história dos direitos humanos começou com o balizamento do poder do Estado pela lei. Essa visão é errônea. Obscurece o legado de povos que não conheceram a técnica de limitação do poder, mas privilegiaram enormemente a pessoa humana
15 nos seus costumes e instituições sociais.

João Baptista Herkenhoff. Internet http://www.dhnet.org.br>.
Acesso em fev./2006.

---

479) (DELEGADO DE POLÍCIA SUBSTITUTO/ES)

Acerca do texto, julgue os itens subsequentes.

1) A relação sintática entre o período iniciado por "Obscurece" (*l*.13) e o período anterior pode ser explicitada pela conjunção **Contudo**.

2) A expressão "esse tipo de legislação" (*l*.3 e 4) refere-se à legislação que não limitava o poder do Estado e não atribuía ao indivíduo direitos diante do Estado.

3) Pelos sentidos do texto, a relação sintática entre o período iniciado por "O respeito" (*l*.8 e 9) e o período anterior pode ser explicitada por meio da expressão **Apesar de o respeito**.

4) Infere-se das informações do texto que somente os povos que não limitavam o poder apresentaram uma herança de respeito aos direitos da pessoa humana.

Em alguns países do primeiro mundo, há uma ideia de direitos humanos apenas para consumo interno. Observa-se nesses casos uma contradição inexplicável: no âmbito interno, vigoram os direitos humanos, nas relações com os países dependentes, vigoram os interesses econômicos e militares. Esses interesses

5 justificam a tolerância com as violações dos direitos, no campo diplomático, ou o próprio patrocínio das violações. Os mesmos interesses econômicos e militares justificam também o patrocínio da guerra, sob a bandeira de paz. Para que tais desvios não continuem a acontecer, alguns juristas italianos (Salvatore Senese, Antonio Papisca, Marco Mascia, Luigi Ferrajoli e outros) têm defendido que uma

10 nova ordem mundial se constitua, não sob o império dos interesses dominantes, mas tendo, ao contrário, como sujeito da História a família humana presente e futura. Outra contradição é, às vezes, observada no interior de certas nações poderosas: a plena vigência dos direitos humanos, quando se trata de nacionais "puros" e o desrespeito aos direitos humanos, quando as pessoas envolvidas são

15 imigrantes ou clandestinos, minorias raciais e minorias nacionais.

Idem, Ibidem (com adaptações)

480) (DELEGADO DE POLÍCIA SUBSTITUTO/ES)

A respeito do texto, julgue os itens que se seguem.

1) À linha 5, a expressão **tolerância às violações** em lugar de "tolerância com as violações" mantém a correção gramatical e as informações originais do período.

2) Conforme o texto, alguns países de primeiro mundo apresentam uma ideia de direitos humanos que desconsidera os países dependentes e os imigrantes ou clandestinos, as minorias raciais e outras minorias.

3) De acordo com o texto, alguns juristas italianos têm defendido uma nova ordem social em que os interesses econômicos e militares prevaleçam sobre todos os outros direitos.

4) A inserção de uma vírgula após "Observa-se" (*l*.2) e outra após "casos" (*l*.2) prejudicaria a correção gramatical do período.

5) A inserção de **entretanto**, seguido de vírgula, antes de "nas relações" (*l*.3) explicita as relações semântico-sintáticas entre os dois períodos e mantém a correção gramatical do texto.

O Estado moderno, não obstante apresentar-se como um Estado minimalista, é potencialmente um Estado maximalista, pois a sociedade civil, enquanto o outro do Estado, autorreproduz-se por meio de leis e regulações que dimanam do Estado e para as quais não parecem existir limites, desde que as regras

5 democráticas da produção de leis sejam respeitadas. Os direitos humanos estão no cerne desta tensão: enquanto a primeira geração de direitos humanos (os direitos cívicos e políticos) foi concebida como uma luta da sociedade civil contra o Estado, considerado como o principal violador potencial dos direitos humanos,

a segunda e terceira gerações (direitos econômicos e sociais e direitos culturais,
10   da qualidade de vida etc.) pressupõem que o Estado é o principal garantidor dos direitos humanos.

> Boaventura de Sousa Santos. Internet http://www.dhnet.org.br.
> Acesso em fev/2006 (com adaptações).

481) (DELEGADO DE POLÍCIA SUBSTITUTO/ES)

Quanto ao texto, julgue os itens seguintes.

1) A substituição dos parênteses empregados nas linhas 6,7,9, e 10 por travessões prejudica gramaticalmente o texto.

2) O segmento "não obstante apresentar-se" (*l*.1) pode, sem prejuízo para a correção gramatical do período, ser substituído por qualquer uma das seguintes estruturas: **apesar de apresentar-se, embora se apresente, conquanto se apresente, ainda que se apresente.**

3) A expressão dimanam (*l*.3) está sendo empregada com o sentido de **diferem, se opõem.**

4) A palavra "cerne" (*l*.6) está sendo empregada em sentido figurado, com o significado de **a parte essencial, o âmago.**

5) As vírgulas após "Estado" (*l*.8) e após "humanos" (*l*.8) são usadas para isolar oração adjetiva restritiva.

São as narrativas, ora tomadas como mitos, ora como verdades históricas, que construirão a base para a formação de um imaginário nacional. E aqui não me refiro somente aos países que primam por ideologias nacionalistas ou étnicas ou fundamentalistas. Como veremos, a existência da nação moderna depende
5   fortemente desse jogo de evocação do passado, cujas ferramentas principais são a memória e o esquecimento.

Nesse sentido, o passado transforma-se em uma narrativa não fixa, mas permeável por interesses do tempo presente. Ao (re)construirmos o passado de determinado povo, esquecemos e lembramos – conscientemente ou não – de de-
10   terminados fatos, informações e interpretações. Dessa forma, damos voz a uma narrativa que se inscreve tanto no tempo histórico quanto no mítico. A batalha – a meu ver, perdida – de certos historiadores parece ser a de tentar escapar a esses tempos, reafirmando a ligação dos fatos históricos com uma Verdade e conferindo a outros acontecimentos uma suposta função inferior de fábulas ou mitos. Inven-
15   tariar o passado torna-se, para esses estudiosos, tarefa árdua em que ainda está em jogo a busca de uma suposta autenticidade.

> Giovani F. Dealtry. Memória e esquecimento como formas
> de construção do imaginário da nação (com adaptações).

482) (ANALISTA LEGISLATIVO – CÂMARA DOS DEPUTADOS)

Acerca do texto acima, julgue os itens que se seguem.

1) infere-se do texto que fatos históricos e mitos fazem parte da formação do imaginário de uma nação moderna: interesses do tempo presente permeiam narrativas que se constroem no jogo da memória e do esquecimento.

2) Uma narrativa se inscreve no tempo histórico ou no mítico porque, na (re)construção do passado de determinado povo, estão ausentes certos fatos, informações ou interpretações.

3) Preserva-se a correção gramatical, mas altera-se o efeito de sentidos, ao se substituir a proposição "por", na regência do verbo **primar** (*l*.3), pela preposição **em.**

4) Na linha 5, como um dos mecanismos de coesão textual, o pronome relativo "cujas" indica que seu antecedente, "jogo", é retomado como possuidor de "ferramentas principais", expressão esta responsável pelo emprego de "cujas" no feminino plural.

5) De acordo com as regras da norma culta, a preposição imediatamente antes de "determinados" (*l*.9 e 10) pode ser suprimida sem que se prejudiquem as relações de regência e a coerência textual.

A ideia é que homens e mulheres são produzidos socialmente e esta produção se dá em múltiplas instâncias sociais: dá-se através dos discursos, das doutrinas, das imagens, dos símbolos, na escola, na família, na igreja, através da mídia; enfim, ser homem e ser mulher é um processo que não está pronto na hora do nascimento
5   da pessoa. É um processo que se dá ao longo da vida e se dá de acordo com as múltiplas influências e instâncias.

Ser homem ou ser mulher, hoje, é diferente de ser homem e ser mulher no início do século passado. Ser mulher, hoje, branca, de classe média, é diferente de ser mulher negra na África do Sul, hoje. Portanto, há uma transformação dos
10 conceitos de masculino e feminino, não só ao longo do tempo, mas também internamente em uma mesma sociedade e em sociedades diferentes. É um elemento que nos auxilia a fixar a ideia de que existem modelos, muitos projetos, muitas formas de ser homem e de ser mulher.

O que sabemos é que ser homem e ser mulher pode-se dar de muitas formas e
15 que os diferentes modos de ser têm motivações muito mais sociais do que naturais. Não podemos negar que há elementos biológicos na caracterização do masculino e do feminino. Só que esses elementos estão articulados em um social. E, das articulações do biológico com o social, pode-se chegar a uma espécie de naturalização do social.

Todas as reflexões apontam-nos para o quanto, socialmente, as construções
20 de masculino e de feminino não visam nos fazer apenas diferentes, mas desiguais.

Helena Confortin. Discurso e gênero: a mulher em foco (com adaptações).

483) (ANALISTA LEGISLATIVO – CÂMARA DOS DEPUTADOS)

Com referência ao texto acima, julgue os itens a seguir.

1) As preposições que introduzem os termos regidos por "dá-se" (*l*.2) reforçam a variedade das "múltiplas instâncias" (*l*.2): estabelecem relações espaciais e situacionais bem como de instrumento.

2) Pelos sentidos textuais, depreende-se o acréscimo de valor alternativo ao valor aditivo da conjunção "e" nas ocorrências às linhas 4, 5, 7 e 13, onde corresponde a **ou.**

3) O trecho inicial do segundo parágrafo, "Ser homem (...) hoje" (*l*.7), fornece ilustrações e exemplos de como deve ser entendida a expressão "múltiplas instâncias sociais" (*l*.2), que, por sua vez, indica como homens e mulheres são "produzidos socialmente" (*l*.1).

4) Com a expressão "Portanto, há uma transformação dos conceitos de masculino e feminino" (*l*.9 e 10), o texto comprova sua tese: as identidades masculina e feminina são um processo da construção social.

5) Uma reescrita coerente, clara, objetiva, gramaticalmente correta e de acordo com os sentidos do texto para o trecho "Não podemos (...) social" (*l*.16 e 17) é a seguinte: **Na caracterização de masculino e feminino há que haver elementos biológicos: isso não se pode negar articulando em um social.**

6) O pronome pessoal à linha 19 é gramaticalmente facultativo, mas a opção por seu emprego tem o efeito de indicar que os leitores – e seguidores da argumentação – são incluídos no processo de construção textual.

7) O contraste de sentidos entre "diferentes" (*l*.20) e "desiguais" (*l*.20) tem apoio, respectivamente, nos aspectos biológicos e sociais de construção de homens e mulheres. A desigualdade evidencia que somos socialmente construídos.

À primeira vista, soa a exagero de militante de direitos humanos o uso da palavra escravidão para identificar a situação de trabalhadores libertados. Das poucas leis ensinadas nas escolas, a Lei Áurea, que alforriou os escravos negros em 1888, é a mais lembrada. Mas a realidade se sobrepõe a essa primeira impressão.

5 Dezenas de relatórios, diários e anotações de viagem escritos por integran-tes do Grupo Móvel em suas ações de libertação contêm detalhes do cárcere dos trabalhadores, impressões pessoais dos agentes sobre os aspectos ambientais, econômicos e sociais encontrados, depoimentos e inúmeras fotografias.

Reunidos, esses documentos compõem o mais completo guia de viagem por 10 este Brasil profundo, onde a escravidão é real e não uma página da história.

A característica do Plano Nacional de Erradicação do Trabalho Escravo é o desejo de uma República por inteiro contra esse crime e não apenas do governo.

O Brasil é um país com dois calendários – onde práticas do passado continuam a existir. Palácios diferentes, burocratas no lugar de cortesãos, 115 anos a separar 15 uma cena da outra, mas um mesmo tema: a escravidão.

Carta Capital, 19/3/2003, p.28-9 (com adaptações)

484) (ANALISTA LEGISLATIVO – CÂMARA DOS DEPUTADOS)

Com relação ao texto acima, julgue os itens subsequentes.

1) São preservadas a coerência textual, a clareza da argumentação e a correção gramatical ao se acrescentar a expressão **Um conjunto de** imediatamente antes de "Dezenas de relatórios" (*l*.5), desde que ajustada a letra maiúscula e substituído o sinal de acento tônico de "contêm" (*l*.6) por acento agudo.

2) Pelas regras de pontuação, seria correto o emprego de vírgulas imediatamente antes de "escritos" (*l*.5) e logo após "libertação" (*l*.6); mas sua ausência indica que essas palavras delimitam uma restrição.

3) O emprego do pronome relativo "onde" (*l*.13) em função de adjunto adverbial respeita as regras da norma culta porque tem como antecedente um advérbio de lugar: "Brasil".

4) Apesar da extensão e da pontuação, o último período sintático do texto (*l*.14 e 15) é constituído por apenas uma oração porque apresenta apenas um verbo.

> O presidente Luiz Inácio Lula da Silva propôs, durante o encontro dos países desenvolvidos, o G8, que o Fundo Mundial contra a Fome seja financiado a partir de uma taxa sobre o comércio internacional de armamentos. "Isso traria vantagens do ponto de vista econômico e ético", disse Lula ao discursar para 20 chefes de
> 5 Estado presentes à reunião.
> Uma outra possibilidade de combater a miséria, segundo Lula, seria criar mecanismos para estimular o investimento das nações mais ricas a partir de uma porcentagem dos juros pagos pelos países devedores. "A pobreza e a miséria que atingem milhares de homens e mulheres no Brasil, na América Latina e na Ásia nos
> 10 obrigam a construir uma aliança contra a exclusão social."

> Lula propõe taxar venda de armas no combate à fome.
> *In*: Correio Brasiliense, 2/6/2003, p. 3 (com adaptações)

485) (AGENTE DE TRÂNSITO – DETRAN/DF)

Tendo o texto acima por referência inicial e considerando o tema por ele abordado, julgue os itens subsequentes.

1) A correção gramatical e as ideias do texto seriam mantidas caso se substituísse a expressão "a partir de" (*l*.2 e 3) por **com recursos oriundos.**

2) O emprego do modo subjuntivo em "seja financiado" (*l*.2) é decorrência do emprego do verbo "propôs" (*l*.1).

3) O emprego do futuro do pretérito em "traria" (*l*.3) e "seria" (*l*.6) indica situações ainda consideradas hipotéticas, sem realidade efetiva.

4) Preserva-se a coerência textual e a correção gramatical ao se substituir "ao discursar" (*l*.4) por **quando discursou.**

5) A forma verbal "atingem" (*l*.9) está no plural para concordar com "milhares de homens e mulheres" (*l*.9).

6) As aspas utilizadas na citação que finaliza o texto funcionam como realce, porque não há menção a quem proferiu aquelas palavras.

TESTES

Foram três os novos ministros do Supremo Tribunal empossados, mas a posse que tem carga simbólica é a do ministro Joaquim Barbosa, o primeiro ministro negro na mais alta corte do país, que foi ovacionado na cerimônia. Isso muda tudo? Não, mas torna possível o sonho de mudança. Algum dia, no futuro, a elite brasileira
5   terá a cara do Brasil. Aqui e nos Estados Unidos da América (EUA), a diversidade está em debate.

> Miriam Leitão. Força do símbolo. *In*: O Globo, 26/6/2003,
> "Economia", p. 30 (com adaptações)

486) (AGENTE DE TRÂNSITO – DETRAN/DF)

Quanto às estruturas e ideias do texto acima e a aspectos relativos ao tema que ele focaliza, julgue os itens a seguir.

1) Para atender à coerência textual, subentende-se a palavra **posse** antes da expressão "do ministro Joaquim Barbosa" (*l*.2).

2) A forma verbal "foi" (*l*.3) está empregada no singular porque o pronome relativo que a antecede remete a "ministro Joaquim Barbosa" (*l*.2).

3) A pergunta "Isso muda tudo?" (*l*.3) não tem apenas valor argumentativo, já que sua resposta é dada em seguida.

4) A retirada da conjunção "e" (*l*.5), cujo emprego é opcional, não altera as relações semânticas do texto.

Divididos quanto à guerra ao Iraque, os países do *Grupo dos Oito* buscaram cicatrizar o *racha diplomático* e afinar o discurso de repúdio ao terrorismo e à proliferação de armas de destruição em massa.
   Em um comunicado, os líderes dos países disseram que a disseminação de
5   armas nucleares e biológicas, além do terrorismo, era "a ameaça proeminente para a segurança internacional".
   O comunicado citou, como pontos de preocupação, os programas nucleares da Coreia do Norte e do Irã.

> Folha de S. Paulo, 3/6/2003, p. A9 (com adaptações)

487) (AGENTE DE TRÂNSITO – DETRAN/DF)

A respeito do texto acima e de aspectos diversos que podem ser associados ao assunto nele abordado, julgue os itens seguintes.

1) Na linha 1, o emprego de "ao" imediatamente antes de "Iraque" é exigência da construção sintática porque foi usado "à" imediatamente antes de "Guerra".

2) Na linha 4, o deslocamento da expressão "Em um comunicado" para imediatamente após "disseram", com os devidos ajustes no uso de letras maiúsculas e na pontuação, preserva a coerência e a correção gramatical do texto.

3) A palavra "disseminação" (*l*.4) está sendo empregada no sentido de **extinção**.

A China, o país mais populoso do mundo, virou o segundo mercado para as exportações brasileiras, só atrás dos EUA. De janeiro a maio, as vendas ao mercado chinês atingiram US$ 1,774 bilhão, 229,7% a mais que em igual período de 2002. Em 2001, a China era apenas o sexto mercado para o Brasil.

5   A balança comercial brasileira teve saldo recorde nos cinco primeiros meses do ano: US$ 8,045 bilhões. O resultado veio com o aumento das exportações, que cresceram 29,3% em relação a 2002, e a estagnação das importações.

Folha de S. Paulo, 3/6/2003, capa (com adaptações)

488) (AGENTE DE TRÂNSITO – DETRAN/DF)

Com relação às ideias e à estrutura do texto acima, bem como a aspectos diversos associados ao tema nele focalizado, julgue os itens subsequentes.

1) Na linha 1, para preservar os sentidos do texto e transformar o aposto em oração subordinada adjetiva, seria correto inserir o trecho **que é** imediatamente antes de "o país mais populoso".

2) A forma verbal "virou" (*l*.1) está empregada no sentido de **tornou**; por isso, ao ser por esta forma substituída, não se provoca erro gramatical.

3) Pelos sentidos textuais, a substituição da preposição **a**, imediatamente antes de "mercado" (*l*.2), por **em** não altera os sentidos do texto.

4) Pelos mecanismos de coesão, o último período do texto poderia também iniciar por **Esse resultado**.

5) Na linha 7, por preceder a conjunção "e", a vírgula depois de "2002" pode ser omitida, sem prejuízo da correção gramatical do texto.

     O condutor defensivo é aquele que adota um procedimento preventivo no trânsito, sempre com cautela e civilidade. O motorista defensivo não dirige apenas, pois está sempre pensando em segurança, pensando sempre em prevenir acidentes, independente dos fatores externos e das condições adversas que possam

5 estar presentes.

     O condutor defensivo é aquele que tem uma postura pacífica, consciência pessoal e de coletividade, tem humildade e autocrítica.

Educação para o trânsito: direção defensiva. DETRAN/PR. Internet:
<http://www.pr.gov.br/detran/educa/formacao/direcao_defensiva>.
Acesso em 1º/7/2003.

489) (AGENTE DE TRÂNSITO – DETRAN/DF)

Considerando o texto acima, julgue os itens a seguir.

1) Na linha 1, o pronome "aquele" pode, sem prejuízo para a correção gramatical do período, ser substituído por **o**.

2) Da expressão "não dirige apenas" (*l*.2), infere-se que pensar também é uma forma de atividade.

3) A palavra "independente" (*l*.4) está empregada com valor de advérbio.

4) Para se restabelecer o paralelismo sintático na enumeração no último período do texto, seria necessário inserir o vocábulo **tem** imediatamente antes de "consciência pessoal" e imediatamente antes da expressão "de coletividade".

490) (AGENTE DE TRÂNSITO – DETRAN/DF)

Considerando que os fragmentos incluídos nos itens seguintes, na ordem em que estão apresentados, são partes sucessivas de um texto, julgue-os quanto à correção gramatical.

1) Estudo feito pelo Instituto de Pesquisa Econômica Aplicada (IPEA) revela quanto o país gasta a cada ano com batidas, atropelamentos e capotagens.

2) São mais de R$ 5,3 bilhões apenas nas áreas urbanas do Brasil – sem contar desastres em rodovias. A cifra é superior ao orçamento previsto este ano para ministérios como o da Justiça, o de Ciência e Tecnologia, o de Minas e Energia, o das Comunicações e o da Integração Nacional.

3) O trabalho demonstra que o impacto econômico provocado pelas batidas de trânsito não se restringem aos gastos de oficina. Os danos a veículos e sinalizações de trânsito respondem por apenas 30% da conta, algo em torno de R$ 1,5 bilhão.

4) A maior fatia do prejuízo (59%) é gerada pelos custos de atendimento médico-hospitalar onde a incapacidade de produção das vítimas.

5) Os desastres com feridos representam 14% dos acidentes ocorridos no país, mas é responsável por 69% dos custos estimados em mais de R$ 3,6 bilhões.

Dante Accioly. *Falta segurança para pedestres.*
In: Correio Brasiliense, 1º/6/2003, p. 16 (com adaptações).

A violência no trânsito não tem apenas carros e motos como armas fatais. Os pesquisadores do IPEA fizeram um estudo sobre um tipo de acidente que – apesar de frequente e algumas vezes grave – recebe pouca atenção de autoridades e especialistas em segurança viária: a queda de pedestres em ruas e calçadas. O estudo
5 revelou nove quedas por grupo de mil habitantes. O custo médio decorrente de cada uma delas é de R$ 2,5 mil. As principais causas são falhas em calçadas e em sinalizações e ausência de passarelas e faixas de pedestre.

Os pesquisadores recomendam uma série de medidas que podem reduzir a incidência desses acidentes. Além de desobstrução de corredores de pedestres,
10 sugerem pavimentação, sinalização e iluminação de rotas preferenciais para quem anda a pé.

Idem, ibidem.

491) (AGENTE DE TRÂNSITO – DETRAN/DF)

Quanto às ideias e à estrutura do texto acima, bem como ao tema nele focalizado, julgue os itens subsequentes.

1) Se os travessões (*l*.2 e 3) fossem substituídos por vírgulas, o período em que ocorrem se manteria gramaticalmente correto.

2) Imediatamente após a expressão "As principais causas" (*l*.6), subentende-se a ideia explicitada anteriormente: **da queda de pedestres em ruas e calçadas.**

3) Pelas informações e sentidos do texto, as falhas em calçadas e em sinalizações e a ausência de passarelas e faixas de pedestre também podem ser consideradas "armas" da violência no trânsito.

4) Transforma-se a oração explicativa "que podem reduzir a incidência desses acidentes" (*l*.8 e 9) em restritiva pela inserção de vírgula depois de "medidas" (*l*.8).

5) A inserção de sinal de dois-pontos imediatamente após a palavra "sugerem" (*l*.10) não acarreta prejuízo sintático ao período.

Com a renúncia de Carlos Menem, que se negou a disputar o segundo turno das eleições, assumiu a Casa Rosada Néstor Kirchner, líder peronista da Aliança Frente para a Vitória. Kirchner chega ao poder com 22% dos votos recebidos no primeiro turno, disposto a inaugurar uma nova era na política portenha: "Quero
5 uma Argentina normal, com esperança e otimismo."

Menem, que abandonou o processo eleitoral, governou a Argentina por uma década (1989-1999). Seu sucessor, Fernando de la Rúa, renunciou em dezembro de 2001, antes de cumprir seu mandato. Eduardo Duhalde foi eleito pelo Congresso em janeiro de 2002 com a missão de concluir o mandato de De la Rúa, estabilizar
10 o país e marcar novas eleições.

Kirchner assume o país disposto a revitalizar a economia e a lutar contra a corrupção e contra as desigualdades sociais. Depois de visitar o Brasil e receber o apoio de Lula, Kirchner deixou claro que pretende fortalecer as relações econômicas com o país, revigorar o MERCOSUL e investir na integração da América Latina.

Roberto Candelori. Néstor Kirchner. A nova esperança argentina.
In. Folha de S. Paulo, 5/6/2003, p.7 (com adaptações).

492) (AGENTE DE TRÂNSITO – DETRAN/DF)

A respeito do texto acima e do tema nele enfocado, julgue os itens seguintes.

1) A oração "que abandonou o processo eleitoral" (*l*.6) está entre vírgulas por se tratar de informação complementar intercalada na oração principal.

2) Tanto em "Seu sucessor, Fernando de la Rúa" (*l*.7), como em **Fernando de la Rúa, seu sucessor**, o nome próprio exerce a mesma função sintática.

3) A substituição da locução verbal "foi eleito" (*l*.8) pela forma **elegeu-se** provoca erro sintático no período.

4) Na linha 12, a eliminação da segunda ocorrência da palavra "contra" não prejudicaria a correção gramatical do texto.

5) De acordo com as informações do texto, em "relações econômicas com o país" (*l*.13 e 14), pode-se interpretar a expressão "o país" como a **Argentina**.

O Brasil possui a maior área de floresta tropical, a maior biodiversidade, o maior manancial de água doce e um dos mais extensos litorais do mundo. Grande parte desse patrimônio natural ainda conserva sua integridade, mas o uso não sustentável desses recursos nas últimas décadas vem causando sua
5   rápida deterioração.

O Brasil tem feito progressos na promoção da preservação e do uso sustentável do patrimônio natural. Mesmo assim, restam apenas 7% da mata atlântica original; mais de 15% da floresta amazônica já foi destruída e, no cerrado, mais de 50% do bioma foi de alguma forma alterado.

Vinod Thomas. **O meio ambiente e o progresso social.**
In. Folha de S. Paulo, 17/6/2003, "Opinião", p. A3 (com adaptações)

493) (AGENTE DE TRÂNSITO – DETRAN/DF)

Com referência ao texto acima, julgue os itens a seguir.

1) Considerando-se o gênero e o tipo de texto, o emprego reiterado da palavra "maior", no primeiro período, constitui transgressão às normas de clareza e de objetividade.

2) Nas duas ocorrências, o pronome "sua" (*l*.3 e 4) refere-se ao mesmo antecedente: "manancial" (*l*.2).

3) O sinal de ponto e vírgula (*l*.7) pode ser substituído pela vírgula sem prejuízo para a correção gramatical do período.

4) O emprego de vírgulas isolando a expressão "de alguma forma" (*l*.9) mantém o período gramaticalmente correto.

5) As escolhas lexicais e sintáticas do texto configuram linguagem coloquial, informal e inadequada para uma argumentação impessoal a respeito da preservação do meio ambiente.

6) Em face da devastação de que foi vítima, a Amazônia deixou de ser "a maior área de floresta tropical" do país, posição hoje ocupada pela Mata Atlântica.

É voz corrente que a humanidade está vivendo um momento de crise. A excessiva exaltação dos objetivos econômicos, com a eleição dos índices de crescimento como o padrão de sucesso ou fracasso dos governos, estimulou a valorização exagerada da busca de bens materiais. Isso foi agravado pela
5   utilização dos avanços tecnológicos para estimular o consumismo e apresentar maliciosamente a posse de bens materiais supérfluos como padrão de sucesso individual. A consequência última desse processo foi a implantação do materialismo e do egoísmo na convivência humana, sufocando-se os valores espirituais, a ética e a solidariedade.

Dalmo Dallari. Internet:<dhnet.org.br/direitos/sos/discrim/preconceito/policiais.html>

494) (DELEGADO DE POLÍCIA CIVIL/PA)

Assinale a opção que <u>não</u> está de acordo com as ideias do texto acima.

a) A crise que a humanidade está vivendo envolve o abafamento de valores espirituais, da ética e da solidariedade.

b) A busca de bens materiais provém da excessiva valorização dos índices de crescimento como padrão de sucesso das nações.

c) O consumismo foi estimulado por meio dos avanços tecnológicos que apresentam os bens materiais como forma de sucesso individual.

d) O processo de valorização exagerada dos bens materiais atenua a manifestação do egoísmo na convivência entre as pessoas.

Do ponto de vista de sua origem, de sua etimologia, a palavra preconceito significa pré-julgamento, ou seja, ter ideia firmada sobre alguma coisa que ainda não se conhece, ter uma conclusão antes de qualquer análise imparcial e cuidadosa. Na prática, a palavra preconceito foi consagrada como um pré-julgamento
5   negativo a respeito de uma pessoa ou de alguma coisa. Ter preconceito ou ser preconceituoso significa ter uma opinião negativa antes de conhecer o suficiente ou de obter os elementos necessários para um julgamento imparcial. Com base nesses elementos, pode-se estabelecer a seguinte definição: preconceito é a opinião, geralmente negativa, que se tem a respeito de uma pessoa, de uma etnia,
10   de um grupo social, de uma cultura ou manifestação cultural, de uma ideia, de uma teoria ou de alguma coisa, antes de se conhecerem os elementos que seriam necessários para um julgamento imparcial.

Um ponto que merece especial atenção das pessoas é que, não raro, o precon-ceito age no interior da mente, insinuando-se sutilmente, procurando disfarçar sua
15   verdadeira natureza, para que sua influência não seja percebida.

Idem, ibidem

495) (DELEGADO DE POLÍCIA CIVIL/PA)

Assinale a opção em que a justificativa de emprego de sinal de pontuação, no texto acima, está <u>incorreta.</u>

a) Na linha 1, as vírgulas isolam uma expressão explicativa.

b) A vírgula empregada na linha 3 separa oração coordenada assindética.

c) Na linha 8, os dois-pontos indicam a citação de outra voz no texto.

d) No trecho "é que, não raro, o preconceito" (*l.*14 e 15), as vírgulas isolam termo adverbial.

496) (DELEGADO DE POLÍCIA CIVIL/PA)

Considerando os trechos abaixo, que constituem um texto, assinale a opção <u>incor-reta</u> no que se refere ao emprego das classes de palavras e suas flexões.

a) A técnica de estabelecer freios ao poder na linha da tradição ocidental não é o único caminho possível para a vigência dos direitos humanos.

TESTES

b) Não é da essência de um regime de direitos humanos a separação entre o domínio jurídico e os outros domínios da existência humana, como os domínios religioso, moral e social.

c) O Ocidente repetirá hoje os mesmos erros do passado se insistir na existência de um modelo único para a expressão e a proteção dos direitos humanos.

d) Estados Unidos e Europa desrespeitaram a autonomia de destino de cada povo se tentarem impor sua verdade, sua economia, seu modo de vida, seus direitos humanos.

João Baptista Herkenhoff. Internet.<dhner.org.br/inedex.htm> (com adaptações)

497) (DELEGADO DE POLÍCIA CIVIL/PA)

Considerando os trechos abaixo, que constituem um texto, assinale a opção em que há <u>erro</u> de regência.

a) A Inglaterra deu início ao constitucionalismo, como depois veio a ser entendido, quando, em 1215, os bispos e barões impuseram o rei João Sem Terra a Magna Carta. Era o primeiro freio que se opunha ao poder dos reis.

b) O constitucionalismo inglês desencadeou conquistas liberais na sociedade. Apenas o *habeas corpus* bastaria para assegurar à Inglaterra um lugar proeminente na História do Direito.

c) Sabe-se, contudo, da origem feudal dos grandes documentos ingleses: não eram cartas de liberdade do homem comum. Pelo contrário, eram contratos feudais escritos, nos quais o rei, como suserano, comprometia-se a respeitar os direitos de seus vassalos.

d) Não afirmavam direitos humanos, mas direitos de estamentos. Em consonância com a estrutura social feudal, o patrimônio jurídico de cada um era determinado pelo estamento, ordem ou estado a que pertencesse.

Idem, ibidem (com adaptações)

498) (DELEGADO DE POLÍCIA CIVIL/PA)

Considerando os trechos abaixo, que constituem um texto, assinale a opção gramaticalmente correta.

a) Nas declarações de direitos, resultantes das revoluções americana e francesa, o sentido universal, está presente.

b) Os direitos do homem e do cidadão, proclamados nessa fase histórica, quer na América, quer na Europa, tinham, entretanto, um conteúdo bastante individualista, que consagrava a chamada democracia burguesa.

c) Apenas na segunda etapa da Revolução Francesa, sob a ação de Robespierre e da força do pensamento de Rousseau, proclamam-se direitos sociais do homem: direitos relativos ao trabalho e à meios de existência, direito de proteção contra a indigência, direito à instrução.

d) Entretanto, a realização desses direitos cabia a sociedade e não ao Estado. Salvaguarda-se, assim, a ideia, então vigente, de que o Estado devia abster-se em face a tais problemas.

Idem ibidem (com adaptações)

PORTUGUÊS – QUESTÕES COMENTADAS

Os interesses econômicos das grandes potências aconselharam o encoraja-
mento das **reinvidicações** (1) dos trabalhadores, em todo o mundo. Era preciso
evitar que países onde as forças sindicais eram **débeis** (2) fizessem concorrência
industrial aos países onde essas forças eram mais ativas. Era preciso impedir a **vil**
5 (3) remuneração da mão de obra operária, em **prejuízo** (4) das economias então
dominantes. Assim, razões extremamente estreitas e egoístas geraram a contradição de contribuir para o avanço do movimento operário, em escala mundial.

Idem, ibidem (com adaptações)

499) (DELEGADO DE POLÍCIA CIVIL/PA)

Assinale a opção em que o número apresentado corresponde à palavra do texto cuja
grafia <u>não</u> está de acordo com as normas da língua padrão.

a) 1
b) 2
c) 3
d) 4

500) (DELEGADO DE POLÍCIA CIVIL/PA)

A visão dos direitos humanos, modernamente, não se enriqueceu apenas
com a justaposição dos direitos econômicos e sociais aos direitos de liberdade.
Ampliaram-se os horizontes. Surgiram os chamados direitos humanos da terceira
geração, os direitos à solidariedade: a) direito ao desenvolvimento; b) direito a
5 um ambiente sadio e ecologicamente equilibrado; c) direito à paz; d) direito de
propriedade sobre o patrimônio comum da humanidade.

Idem, ibidem (com adaptações)

Em relação ao texto acima, assinale a opção correta.

a) O texto é subjetivo, ressente-se de clareza e de concisão, características próprias do
texto oficial.
b) Trata-se de um texto de natureza narrativa, que apresenta fatos e personagens agindo
no tempo e no espaço.
c) O nível de formalidade, as escolhas vocabulares e a impessoalidade da linguagem do
texto estão adequados a textos de correspondências oficiais.
d) O emprego do pronome "se" em "se enriqueceu" (*l*.1) e em "Ampliaram-se" (l.3)
contribui para tornar o texto pessoal e subjetivo.

Parte 3

GABARITOS E COMENTÁRIOS

GABARITO DOS TESTES RÁPIDOS

1) B	16) A	31) C	46) A	61) B	76) A
2) C	17) C	32) B	47) B	62) B	77) B
3) B	18) A	33) B	48) C	63) C	78) C
4) A	19) B	34) A	49) B	64) A	79) C
5) A	20) C	35) B	50) B	65) A	80) B
6) B	21) A	36) C	51) A	66) B	81) C
7) C	22) C	37) A	52) B	67) C	82) A
8) C	23) C	38) A	53) A	68) B	83) B
9) B	24) B	39) A	54) B	69) B	84) A
10) A	25) A	40) C	55) C	70) A	85) C
11) A	26) B	41) B	56) B	71) B	86) B
12) C	27) B	42) C	57) C	72) C	87) B
13) B	28) C	43) A	58) C	73) C	88) A
14) B	29) A	44) C	59) A	74) B	89) A
15) A	30) C	45) C	60) C	75) A	90) C

91) A	121) B	151) C	181) A	211) B	241) B
92) C	122) C	152) A	182) B	212) B	242) A
93) A	123) B	153) A	183) B	213) A	243) C
94) B	124) A	154) C	184) C	214) A	244) A
95) B	125) B	155) B	185) A	215) C	245) A
96) C	126) B	156) C	186) A	216) A	246) C
97) A	127) C	157) B	187) C	217) B	247) B
98) A	128) A	158) A	188) C	218) C	248) C
99) C	129) C	159) C	189) B	219) A	249) B
100) B	130) B	160) C	190) A	220) B	250) A
101) A	131) B	161) A	191) B	221) B	251) B
102) A	132) A	162) B	192) C	222) A	252) B
103) B	133) C	163) A	193) A	223) C	253) A
104) C	134) B	164) A	194) A	224) B	254) A
105) C	135) C	165) C	195) A	225) B	255) B
106) A	136) C	166) B	196) A	226) A	256) C
107) B	137) A	167) B	197) C	227) C	257) A
108) A	138) A	168) A	198) B	228) A	258) C
109) B	139) B	169) A	199) C	229) B	259) A
110) C	140) B	170) C	200) B	230) C	260) B
111) A	141) C	171) B	201) B	231) A	261) B
112) C	142) B	172) A	202) B	232) B	262) C
113) C	143) C	173) C	203) B	233) A	263) A
114) A	144) A	174) C	204) A	234) A	264) C
115) B	145) C	175) B	205) C	235) C	265) C
116) B	146) C	176) A	206) A	236) B	266) B
117) C	147) C	177) A	207) A	237) A	267) A
118) A	148) A	178) B	208) C	238) C	268) A
119) A	149) B	179) C	209) A	239) C	269) B
120) C	150) B	180) B	210) C	240) A	270) C

271) A	301) C	331) B	361) C	391) C	421) C
272) B	302) B	332) A	362) C	392) B	422) C
273) A	303) B	333) A	363) A	393) B	423) B
274) B	304) A	334) B	364) B	394) A	424) C
275) A	305) B	335) C	365) A	395) B	425) A
276) C	306) A	336) A	366) A	396) A	426) B
277) C	307) B	337) C	367) C	397) A	427) A
278) A	308) C	338) B	368) B	398) C	428) C
279) A	309) A	339) B	369) B	399) B	429) B
280) B	310) C	340) A	370) C	400) A	430) B
281) C	311) A	341) C	371) B	401) C	431) C
282) B	312) A	342) B	372) C	402) C	432) A
283) B	313) C	343) B	373) A	403) A	433) A
284) A	314) B	344) B	374) A	404) A	434) B
285) A	315) A	345) A	375) B	405) B	435) B
286) C	316) B	346) C	376) C	406) A	436) A
287) B	317) B	347) C	377) C	407) B	437) C
288) B	318) C	348) A	378) B	408) C	438) B
289) A	319) C	349) B	379) A	409) B	439) A
290) C	320) B	350) A	380) B	410) B	440) C
291) A	321) A	351) C	381) B	411) A	441) A
292) A	322) B	352) B	382) C	412) B	442) B
293) B	323) A	353) B	383) A	413) A	443) B
294) B	324) C	354) A	384) A	414) B	444) C
295) C	325) A	355) A	385) B	415) C	445) B
296) A	326) C	356) B	386) C	416) A	446) A
297) B	327) C	357) C	387) B	417) A	447) A
298) C	328) B	358) B	388) C	418) C	448) C
299) C	329) C	359) B	389) A	419) B	449) B
300) A	330) A	360) A	390) A	420) A	450) C

451) A	460) A	469) C	478) B	487) B	496) B
452) B	461) A	470) C	479) B	488) C	497) B
453) B	462) B	471) A	480) A	489) A	498) B
454) B	463) C	472) B	481) C	490) A	499) B
455) A	464) A	473) A	482) B	491) B	500) C
456) C	465) B	474) C	483) B	492) A	
457) A	466) A	475) A	484) A	493) B	
458) C	467) B	476) A	485) C	494) C	
459) C	468) B	477) C	486) B	495) A	

COMENTÁRIOS DOS TESTES RÁPIDOS

1) Letra B

Dinâmico qualifica o substantivo **homem**.

2) Letra C

Trata-se do modo como eles falam. É palavra invariável.

3) Letra B

Normalmente, **bem** é advérbio. Neste caso, está precedido de artigo, passando a substantivo.

4) Letra A

A palavra **um** está indicando a quantidade de metros. Não é, pois, um artigo indefinido, e sim numeral cardinal.

5) Letra A

A pode ser várias coisas. Na questão, equivale a **ela** e é objeto direto. Portanto, é pronome pessoal oblíquo átono.

6) Letra B

Tudo e **nada** são sempre pronomes indefinidos. **Que** equivale a **o qual**; por isso, é pronome relativo.

7) Letra C

Você é sempre pronome de tratamento. **Bem**, aqui, equivale a **muito** e acompanha o adjetivo **saudável**.

8) Letra C

Muito, embora pareça, não é advérbio de intensidade, pois acompanha um substantivo. Trata-se de um pronome adjetivo indefinido.

9) Letra B

Às claras indica o modo como ele fez tudo. É, portanto, uma locução adverbial de modo. Atente para o detalhe do acento de crase.

10) Letra A

Sem liga **seguir** e **ajuda** e pode ser encontrada na famosa relação de preposições da língua. **Ajuda** é algo, admite artigo (a ajuda), sendo um substantivo.

11) Letra A

Tal equivale a **essa**, pronome demonstrativo. **Ela** não é pronome reto, e sim oblíquo, pois é o complemento do verbo.

12) Letra C

Onde introduz frase interrogativa e tem nítido valor de lugar. **Sua** indica a posse.

13) Letra B

Bastante acompanha um substantivo. É pronome adjetivo indefinido.

14) Letra B

O período tem duas orações. A primeira, com valor de tempo, é iniciada por uma conjunção temporal.

15) Letra A

A palavra **que**, que tem inúmeros valores, aqui substitui a preposição **de**.

16) Letra A

Concreto é o substantivo que tem existência própria. É o caso de **espírito**. Da mesma forma, alma, Deus etc.

17) Letra C

Salvação é abstrato pois depende de algum ser para existir. Alguém é salvo, naturalmente.

18) Letra A

Elefoa não existe na língua culta. O certo é **elefanta** ou **aliá** (esta, apenas uma espécie).

19) Letra B

Feminino de **frei** é **sóror**. **Freira** é feminino de **frade**.

20) Letra C

Magérrimo não existe na língua culta. O certo é **macérrimo**.

21) Letra A

O correto é **nobilíssimo**

22) Letra C

Coletivo de **ilhas** é **arquipélago**: de **cabras**, **vara**.

23) Letra C

Coletivo de **quadros** é **pinacoteca**; de **abelhas**, **enxame**.

24) Letra B

A palavra está sendo colocada em destaque por **a mais**. Com **a menos**, seria de inferioridade.

25) Letra A

Reptil é oxítona terminada em **il**. Tem o mesmo plural de **barril**. **Répteis** é plural da variante **réptil**, mais usada que **reptil**.

26) Letra B

O plural de **cidadão** é **cidadãos**.

27) Letra B

Diz-se: a cal, o eclipse, a musse.

28) Letra C

Diz-se: o dó, o milhar, a omoplata.

29) Letra A

Para cardeais temos Vossa Eminência; para reis, Vossa Majestade.

30) Letra C

O radical de **falar** (fal) não sofre alterações durante a conjugação: falo, falas, falei, falaste etc.

31) Letra C

Dormir tem alteração na forma **durmo**. **Ficar** é regular porque a alteração em

fiquei é apenas fonética, e não gráfica.

32) Letra B

A desinência modo-temporal SSE caracteriza o imperfeito do subjuntivo.

33) Letra B

A desinência modo-temporal do futuro do pretérito é RIA, que aparece em **esconderíamos**.

34) Letra A

Molhava é imperfeito do indicativo. Na mudança, o verbo **ser** tem de ficar nesse tempo, ou seja, **eram**.

35) Letra B

Em "Pede-se silêncio", o verbo é transitivo direto, e o **se**, uma partícula apassivadora. É a característica desse tipo de voz passiva.

36) Letra C

O sujeito pratica e sofre a ação verbal. O **se** é um pronome reflexivo.

37) Letra A

Colorir e **reaver** não têm conjugação completa no presente do indicativo; não possuem presente do subjuntivo.

38) Letra A

Presente do indicativo de **polir**: pulo, pules, pule, polimos, polis, pulem.

39) Letra A

Futuro do subjuntivo de **ver**: vir, vires, vir, virmos, virdes, virem.

40) Letra C

Na primeira pessoa do singular do presente do indicativo, a letra **e** passa a **i**, na conjugação de **competir**. Isso ocorre também em todas as pessoas do presente do subjuntivo. **Precavenha** não existe. O certo é **mobílie**.

41) Letra B

Presente do indicativo de **mediar**: medeio, medeias, medeia, mediamos, mediais, medeiam. Corrigindo: receemos, tinha freado.

42) Letra C

O fato de a luz ter-se apagado fez com que a criança ficasse com medo, foi a sua causa.

43) Letra A

Pode-se dizer "é bom isto". Assim, a oração do **que** é subordinada substantiva, e a conjunção **que**, integrante.

44) Letra C

Não se pode dizer **novos**, masculino plural, porque não há nenhum substantivo masculino.

45) Letra C

Menos não tem a forma do feminino. **Sós**, porque equivale a **sozinhos**.

46) Letra A

Necessária, porque **presença** está determinada pelo artigo **a**. **Alerta** é palavra invariável.

47) Letra B

Com **o mais**, usa-se **possível**; com **os mais**, **possíveis**.

48) Letra C

Tal concorda com o primeiro membro (meninos); **qual**, com o segundo (pai). Daí, dizer-se **tais qual**.

49) Letra B

Anexo concorda normalmente com a palavra a que se liga na frase. Na questão, **certidões**: certidões anexas.

50) Letra B

Na expressão **todo-poderoso, todo** é invariável. O todo-poderoso, a todo-poderosa etc.

51) Letra A

Qualquer concorda com o substantivo a que se refere. Seu plural se faz no meio: quaisquer.

52) Letra B

Nenhum é pronome indefinido variável, embora não pareça. **Bom**, e não **boa**, porque a palavra maçã não está precedida de artigo definido.

53) Letra A

Já que existe no sujeito uma palavra masculina, é impossível o emprego do adjetivo no feminino plural.

54) Letra B

A palavra **possível** em relação a **o mais** ou **quanto** não pode ir ao plural.

55) Letra C

Meio concorda com o substantivo a que se liga na frase: meio melão, meia maçã. Daí, meias palavras.

56) Letra B

Bastante, quando acompanha um substantivo, é pronome adjetivo indefinido, flexionando-se em número, se for o caso: bastante livro, bastantes livros.

57) Letra C

A expressão **um e outro** pede substantivo no singular. **Anexo** é invariável na locução **em anexo**.

58) Letra C

Mesmo concorda com o substantivo ou pronome a que se refere na frase: eles mesmos, elas mesmas. **Bastante** concorda com o substantivo. Vindo após ele, como no caso, é adjetivo.

59) Letra A

Cor representada por um substantivo é invariável. O certo é "blusas rosa".

60) Letra C

Se um dos elementos que compõem a palavra que designa cor é substantivo, o grupo é invariável (sangue é um substantivo).

61) Letra B

Verbo **haver** significando "existir" não admite plural.

62) Letra B

O verbo **existir** vai normalmente ao plural. Se for o verbo principal de uma locução, seu auxiliar se flexiona para concordar com o sujeito plural.

63) Letra C

É o verbo auxiliar que se flexiona, e não o principal.

64) Letra A

O sujeito da oração é composto e está após o verbo. Nesse caso, o verbo pode concordar com os dois núcleos ou com o mais próximo.

65) Letra A

O **se** é uma partícula apassivadora, sendo **as tarefas** o sujeito da oração. Assim, o verbo deve ir ao plural.

66) Letra B

A forma verbal **Voltei** está concordando com o núcleo mais próximo do sujeito composto.

67) Letra C

O verbo **fazer** indicando tempo decorrido é impessoal, ou seja, não tem sujeito, devendo permanecer no singular.

68) Letra B

O pronome **que** leva o verbo a concordar com seu antecedente, no caso o pronome **eu**.

69) Letra B

O verbo **dar** está concordando com **três horas**, seu sujeito. Na segunda frase, o sujeito é singular: O sino da igreja.

70) Letra A

Sujeito com artigo plural leva o verbo ao plural, mesmo que se trate de uma individualidade, como país, cidade, livro etc.

71) Letra B

No primeiro caso, o nome do estado não tem artigo: verbo no singular. No segundo, o artigo leva o verbo ao plural.

72) Letra C

O auxiliar do verbo **fazer**, que nesse caso é impessoal, deve ficar no singular.

73) Letra C

O termo **aos exames**, com preposição, não é o sujeito, como ocorre nas alternativas anteriores. Assim, o **se** é símbolo de indeterminação do sujeito, devendo o verbo ficar no singular.

74) Letra B

Sujeito formado por dois pronomes leva o verbo ao singular se o primeiro for singular, no caso Algum.

75) Letra A

Os dois pronomes estão no plural. Dessa forma, o verbo pode concordar com o primeiro ou com o segundo.

76) Letra A

A palavra **meio-dia** é singular. O verbo **ser** concorda normalmente com ela.

77) Letra B

Quando o sujeito do verbo **ser** é a palavra **tudo**, ele pode concordar com o próprio sujeito ou com o predicativo.

78) Letra C

Mais de um leva o verbo ao singular. **Mais de dois** em diante, ao plural.

79) Letra C

Jamais se põe o verbo **parecer** e o infinitivo no plural. Ou se flexiona um, ou outro, dependendo da situação.

80) Letra B

Sujeito composto em que um dos núcleos é a palavra **eu** leva o verbo à primeira pessoa do plural.

81) Letra C

Salgadinhos é o sujeito, portanto o verbo deve ir ao plural. O sujeito **Os Sertões** tem artigo plural. O auxiliar do verbo **haver**, quando este significa **existir**, deve ficar no singular.

82) Letra A

Continuar e outros (ser, estar parecer etc.) são de ligação quando acompanhados de um predicativo.

83) Letra B

Pouco é advérbio: **falar** não tem objeto, nem direto nem indireto.

84) Letra A

O pronome **o** é objeto direto; **à praia**, adjunto adverbial de lugar.

85) Letra C

De afeto é objeto indireto. **De avião** e **de frio**, adjuntos adverbiais de meio e causa.

86) Letra B

O verbo **assistir**, significando "ver" "presenciar", exige a preposição **a**.

87) Letra B

Aspirar, com o sentido de "desejar", exige a preposição **a**.

88) Letra A

Perdoar e **pagar** pedem objeto direto de coisa e indireto de pessoa. Assim, **a bicicleta** é objeto direto, e **ao empregado**, indireto.

89) Letra A

Se o primeiro complemento de **preferir** tiver artigo (primeira frase), o segundo deverá ter. Sem artigo no primeiro, o segundo não pode tê-lo (segunda frase).

90) Letra C

No sentido de "vir", **proceder** exige a preposição **de**. Significando "dar início", exige a preposição **a**.

91) Letra A

A coisa a que se dá uma resposta (carta, telegrama, questão etc.) é sempre o objeto indireto do verbo **responder**.

92) Letra C

O verbo **implicar** significando "acarretar", "pressupor" é transitivo direto, não devendo ser usado com a preposição **em**.

93) Letra A

A pessoa não pode ser o sujeito do verbo **custar**, quando ele está seguido de infinitivo.

94) Letra B

Adorar e outros (estimar, louvar, amar etc.) podem ter na palavra **Deus** objeto direto ou objeto direto preposicionado.

95) Letra B

Estimar é transitivo direto; **obedecer**, indireto. O primeiro pede **o**; o segundo, **lhe**.

96) Letra C

O pronome **lhe** é usado quando se quer substituir o pronome possessivo: percebeu suas intenções.

97) Letra A

Verbo transitivo indireto não pode ir à voz passiva. Exceções: obedecer, desobedecer e responder.

98) Letra A

A frase está com dois objetos indiretos: **lhe** e **de que era muito tarde**.

99) Letra C

Com o sentido de "convocar", **chamar** é transitivo direto. Significando "qualificar", direto ou indireto, com predicativo preposicionado ou não.

100) Letra B

Presidir e **satisfazer** podem ser transitivos diretos ou indiretos, indiferentemente.

101) Letra A

Esquecer é transitivo direto. **Esquecer-se**, pronominal, é que pede a preposição **de**.

102) Letra A

Assistir é transitivo indireto quando significa "ver", "presenciar". Não pode, pois, perder sua preposição.

103) Letra B

Gostar exige a preposição **de**, que deve aparecer antes do pronome relativo: de que eu gosto.

104) Letra C

Aspirar, com o sentido de "desejar", exige a preposição **a**, que deve aparecer antes do pronome relativo: a que você aspira.

105) Letra C

Esquecer-se exige a preposição **de**, que deve aparecer antes do pronome relativo: de cujo rosto não me esqueci.

106) Letra A

Pode-se trocar **a fazenda** por **ao sitio**, provando que existe o acento de crase: à fazenda.

107) Letra B

Alguma é pronome indefinido, não permitindo o acento de crase antes.

108) Letra A

Não pode haver acento de crase antes de **este, esta, esse, essa, isto**.

109) Letra B

Trocando-se por masculino, aparece **ao**: Resistimos ao sofrimento.

110) Letra C

Com **vir**, diz-se **da** **Dinamarca** e **da** **Suécia**, por isso aparece **à** nas duas frases.

111) Letra A

Com **vir**, diz-se **da** **Paraíba** e **de** **Santa Catarina**. Por isso, só há acento de crase na primeira lacuna.

112) Letra C

Antes de **essa** é impossível o acento de crase. Já a preposição **a** se une ao **a** do pronome **aquela**: àquela.

113) Letra C

Depois de preposição (após, desde etc.) não se usa acento de crase. Exceção: **até**, embora o acento seja facultativo.

114) Letra A

Nas duas últimas frases, há palavras que impedem o acento de crase: uma e certa.

115) Letra B

Antes dos pronomes adjetivos possessivos (só os femininos, naturalmente) no singular, o acento de crase é facultativo.

116) Letra B

A crase é facultativa diante dos nomes de mulher.

117) Letra C

A crase é facultativa depois da preposição **até**.

118) Letra A

Usa-se acento de crase nas locuções adverbiais formadas por palavras femininas.

119) Letra A

Usa-se acento de crase nas locuções prepositivas formadas por palavras femininas (à frente de, à espera de etc.). **Frete** é palavra masculina, dispensa o acento de crase.

120) Letra C

Não existe acento de crase nas expressões com palavras repetidas.

121) Letra B

Trocando-se a palavra feminina, teríamos **ao namorado**, provando que existe o acento. Não há acento de crase antes de verbo.

122) Letra C

Não há crase antes de pronomes de tratamento começados por **Sua** ou **Vossa**. **A reunião** é o sujeito da oração. Usa-se acento de crase nas locuções adverbiais formadas por palavras femininas: à noite, às escondidas etc.

123) Letra B

Diz-se **graças ao avô**. Diz-se **vir da Itália**.

124) Letra A

Caminho é palavra masculina. Trocando-se **prima** pelo masculino, teríamos **ao primo**.

125) Letra B

A preposição **a**, exigida pelo verbo **ir**, se une ao **a** do pronome **aquela**, dando origem à palavra **àquela**.

126) Letra B

Não se usa acento de crase antes dos pronomes pessoais.

127) Letra C

Nomes de cidades dispensam o acento de crase. Note que se diz **Virei de Cuiabá**. Porém, havendo uma determinação da palavra, aparecerá o acento, pois se pode então dizer **da quente Cuiabá**.

128) Letra A

Partir não é palavra feminina. Diante de **que**, escreve-se **à** quando há equivalência com **ao** ou **a aquela que**: ao que está no cofre, a aquela que está no cofre.

129) Letra C

Não há equivalência com **ao** ou **a aquela que**.

130) Letra B

À **direita** é locução adverbial de lugar, formada por palavra feminina.

131) Letra B

Não se acentuam as oxítonas terminadas em **u**.

132) Letra A

Não se acentuam as oxítonas terminadas em **i**.

133) Letra C

Após é oxítona terminada em **o** (seguida de **s**, que não influi), devendo ser acentuada.

134) Letra B

A terminação **ens** pertence à regra das oxítonas (parabéns, vinténs etc.). **Totens** é paroxítona, não podendo então ser acentuada.

135) Letra C

Acentuam-se as paroxítonas terminadas em **x**.

136) Letra C

Acentuam-se as oxítonas terminadas em **i**, seguidas ou não de **s**.

137) Letra A

Não se acentuam as paroxítonas terminadas em **ens**, como se viu na questão 134. A forma do singular, **hífen**, é acentuada.

138) Letra A

Lê é flexão do verbo **ler**, portanto um monossílabo tônico terminado em **e**. Os outros são monossílabos átonos.

139) Letra B

Acentua-se a letra **i** quando é a segunda vogal de um hiato, é tônica e está sozinha na sílaba.

140) Letra B

Não se acentuam os ditongos abertos (no caso ói) quando estão no meio da palavra.

141) Letra C

O **nh** de **rainha** impede o acento da segunda vogal do hiato. O **ú** de **baú** é a segunda vogal do hiato, tônica e sozinha na sílaba.

142) Letra B

Depois de um ditongo, as letras **i** e **u** não podem ser acentuadas, a menos que estejam no final da palavra, como em **Piauí**. **Feiura** não leva acento.

143) Letra C

Ter e seus derivados levam acento circunflexo na terceira pessoa do plural do presente do indicativo.

144) Letra A

A palavra é **protótipo**. Sua sílaba tônica é a antepenúltima.

145) Letra C

A palavra é **condor**. Sua sílaba tônica é a última.

146) Letra C

A palavra é **filantropo**. Sua sílaba tônica é a penúltima.

147) Letra C

Pode-se dizer **projétil** ou **projetil**, sem mudança de sentido.

148) Letra A

Ruim é apenas oxítona. Pode-se dizer **zangão** ou **zângão**, **sóror** ou **soror**.

149) Letra B

Ímprobo é apenas proparoxítona. Pode-se dizer **Oceania** ou **Oceânia**, **acrobata** ou **acróbata**.

150) Letra B

Róseo é acentuada por se tratar de uma paroxítona terminada em ditongo.

151) Letra C

O verbo **pôr** tem acento diferencial de intensidade. O acento serve para diferençá-lo da preposição **por**.

152) Letra A

A forma verbal **partí**, que aparece numa formação de ênclise, está mal acentuada, pois se trata de uma oxítona terminada em **i**.

153) Letra A

Numa mesóclise, deve-se observar as duas partes do verbo. Há erro de acentuação em **estuda-lo-ás** porque **estuda** é oxítona terminada em **a**, devendo ser acentuada: estudá-lo-ás.

154) Letra C

Polens fica sem acento porque é uma paroxítona terminada em **ens**, terminação da regra das oxítonas.

155) Letra B

Em **raiz**, a letra **z**, na sílaba, impede o acento. Em **raízes**, o **i** fica sozinho na sílaba, ganhando então o acento gráfico.

156) Letra C

O certo é lasanha.

157) Letra B

O certo é baliza.

158) Letra A

O certo é granizo.

159) Letra C

Correção: berinjela e égide.

160) Letra C

Correção: lambuzar e artesanato.

161) Letra A

Correção: jenipapo e logística. **Logística** não tem relação com **loja**.

162) Letra B

Cachimbo, capixaba e mochila

163) Letra A

Charque, enxoval e enxada. Depois de **en** usa-se normalmente **x**.

164) Letra A

Argamassa, açafrão e maciço

165) Letra C

Esgotar, esplêndido e extirpar.

166) Letra B

Extravagante, misto e extenuar

167) Letra B

Casimira, heterogêneo e crânio

168) Letra A

Privilégio, embutir e cadeado

169) Letra A

Boteco, bueiro e rebuliço

170) Letra C

Bússola, femoral e jabuti. **Fêmur** é com **u**; **femoral**, com **o**.

171) Letra B

O certo é omoplata.

172) Letra A

O certo é ervanário. Se o derivado de **erva** for com **b**, terá **h**: herbívoro, herbário etc.

173) Letra C

Correção: ojeriza.

174) Letra C

Correção: esdrúxulo.

175) Letra B

Correção: hombridade.

176) Letra A

Correção: muxoxo.

177) Letra A

Correção: distorção e paralisia.

178) Letra B

Correção: jerimum e analisar.

179) Letra C

Correção: capucho, justapor e paçoca.

180) Letra B

Correção: trejeito e tigela.

181) Letra A

Separação certa: boi-a-da.

182) Letra B

Não há sílaba sem vogal. Separação certa: ads-tra-to.

183) Letra B

A vogal **i** é tônica, portanto trata-se de um hiato: har-mo-ni-a.

184) Letra C

Separam-se os grupos consonantais impróprios (não terminam em **r** ou **l**): eu-ca-lip-to.

185) Letra A

A letra **s** do prefixo forma sílaba com a vogal que segue: tran-sa-tlân-ti-co.

186) Letra A

A vogal **a** é tônica, portanto trata-se de um hiato: sa-bi-á.

187) Letra C

O **b** do prefixo **sub** forma sílaba com a vogal que segue: su-bo-fi-ci-al.

188) Letra C

Não há sílaba sem vogal. O **p** não pode ser destacado da palavra.

189) Letra B

Correção: mi-o-só-tis e se-rei-a.

190) Letra A

Correção: su-pe-ra-bun-dan-te e su-bli-me (o **sub** não é prefixo).

191) Letra B

Correção: su-bá-rea e o-á-sis.

192) Letra C

Correção: a-biu-zei-ro e ci-u-mei-ra.

193) Letra A

As vogais finais são átonas. Portanto, trata-se de um ditongo: ju-ris-pru-dên-cia.

194) Letra A

As vogais finais formam um tritongo: de-si-guais.

195) Letra A

Correção: plei-te-ar.

196) Letra A

Não há hífen quando a vogal final do prefixo é diferente da vogal inicial da palavra. Correção: semiarco.

197) Letra C

Mesma vogal: o/o. Correção: auto-organização.

198) Letra B

Vogais diferentes: o/a. Correção: neoamericano.

199) Letra C

Contra pede hífen antes de **a** e **h**. Correção: contrapeso.

200) Letra B

Vogais diferentes: o/e. Correção: microeconomia.

201) Letra B

Supra pede hífen antes de **a** e **h**. Correção: suprarrenal e suprapartidário.

202) Letra B

Correção: neoinglês e arquissecular.

203) Letra B

Correção: pseudorrubi e protoariano.

204) Letra A

Correção: infrassom e coautor. **Co** nunca se usa com hífen.

205) Letra C

Sub pede hífen antes de **h**, **b** ou **r**. Correção: submundo e subsolo.

206) Letra A

Ab e **ob** pedem hífen antes de **h**, **b** ou **r**.

207) Letra A

Aquém, na opção B, também pede sempre hífen.

208) Letra C

Correção: supraespinal e pseudoágata.

209) Letra A

Correção: sobre-esforço, semirreta e hiperacidez.

210) Letra C

Correção: anteprojeto e infraestrutura. Todas as outras estão corretas.

211) Letra B

Correção: sobreolhar e sobrecasaca. Na opção A, corrija-se para interestelar; na C, para antissocial.

212) Letra B

Correção: ponto e vírgula. O único sinal de pontuação com hífen é **dois-pontos**.

213) Letra A

Correção: jardim de infância.

214) Letra A

Correção: cartão-postal.

215) Letra C

A palavra tem hífen: livre-arbítrio. Cabra-cega é nome de um jogo. Cabra cega é uma cabra que não enxerga.

216) Letra A

República, no lugar de **Brasil**, grafa-se com maiúscula.

217) Letra B

Fatos históricos pedem letra maiúscula: Guerra do Paraguai.

218) Letra C

Os nomes de prêmios importantes e históricos se grafam com maiúscula: Prêmio Nobel de Literatura.

219) Letra A

Nomes de instituições nacionais ou internacionais se grafam com maiúscula: Senado.

220) Letra B

Nomes de empresas em geral exigem iniciais maiúsculas: Jornal da Tarde.

221) Letra B

Atos das autoridades da República (lei, decreto etc.) escrevem-se com maiúscula quando seguidos da numeração: Lei 1020.

222) Letra A

Substantivo, em função de aposto, que acompanha o nome de uma personalidade histórica, se escreve com inicial maiúscula: Ivã, o Terrível.

223) Letra C

Nomes de profissões, títulos ou ocupações grafam-se com inicial minúscula: deputado, professor, engenheiro, pedreiro etc.

224) Letra B

Nomes de eras históricas grafam-se com inicial maiúscula: Idade Média, Renascimento etc.

225) Letra B

Via Dutra é o nome de uma rodovia, portanto nome próprio. Também a palavra **Via** tem de ter inicial maiúscula.

226) Letra A

Não existe **apto**, apesar de seu largo uso.

227) Letra C

Não existe a redução **mi**, oficialmente, para **minuto**.

228) Letra A

Os símbolos técnicos não admitem ponto nem **s** de plural.

229) Letra B

Apenas o **a** do feminino é usado em elevação. Admite-se, para essa palavra e outras, que o **a** fique abaixo, no mesmo tamanho das outras letras: profa., sra. etc.

230) Letra C

O acento se mantém na abreviatura: méd.

231) Letra A

Para **quilo**, temos **kg**.

232) Letra B

A forma **pg.** é abreviatura de **pago** ou **pagou**.

233) Letra A

Não há estado brasileiro cuja sigla seja RD.

234) Letra A

PA é a sigla de Pará. De Paraná é PR.

235) Letra C

A sigla de Tocantins é TO. TC não é sigla de estado brasileiro.

236) Letra B

Dispensa comentários.

237) Letra A

Dispensa comentários.

238) Letra C

Dispensa comentários.

239) Letra C

Correção: Departamento Estadual de Trânsito.

240) Letra A

Correção: Comitê de Política Monetária.

241) Letra B

Mesma pronúncia, grafia diferente.

242) Letra A

Palavras muito parecidas. Nem a pronúncia nem a grafia são iguais.

243) Letra C

Descrição significa "ato de descrever". **Sessão** é "reunião".

244) Letra A

Sidra é um "tipo de bebida". **Cozer** é o mesmo que "cozinhar".

245) Letra A

Conjuntura é "contexto", "situação". **Incipiente** quer dizer "o que está começando".

246) Letra C

Despercebido significa "sem ser notado". **Flagrante** é "evidência"; **em flagrante** é "no ato".

247) Letra B

Mandado é "ordem judicial". **Estada** é a "permanência de alguém em algum lugar".

248) Letra C

Segar significa "ceifar", "cortar". **Censo** é "recenseamento".

249) Letra B

Azado é "oportuno", "propício". **Apóstrofo** é o "sinal gráfico que indica supressão de letra".

250) Letra A

Vultosa quer dizer "grande", "volumosa". **Infringir** é "transgredir".

251) Letra B

Eminente significa "destacado", "importante". **Imergir** quer dizer "mergulhar", "afundar".

252) Letra B

Preito é "homenagem". **Conserto** significa "reparo".

253) Letra A

Cerração é equivalente a "nevoeiro". **Assuar** quer dizer "vaiar".

254) Letra A

Abacate e **uva** têm algo em comum quanto ao sentido: são frutas.

255) Letra B

Bola e **boneca** têm em comum o fato de serem brinquedos.

256) Letra C

Barreiras na frase tem sentido figurado: são as dificuldades do dia a dia. **Progresso** está usado no seu sentido usual, não figurado, ou seja, denotativo.

257) Letra A

Perder a cabeça, literalmente, é "ser decapitado". Na frase tem sentido figurado, conotativo. **Elefante branco**, evidentemente, tem sentido figurado. Não dá para imaginar o animal na frase. A expressão indica algo inútil, que incomoda, geralmente presente de alguém.

258) Letra C

Ninguém pode ter mãos de veludo; há uma comparação implícita na expressão: mãos macias como o veludo. Uma criança, ao pé da letra, não pode ser uma joia; há igualmente uma comparação implícita: preciosa como uma joia.

259) Letra A

Palavra formada por elementos gregos. **Poli** é "muito", "excesso"; **sem** é "sentido".

260) Letra B

Questão de dicionário. Dispensa comentários.

261) Letra B

Questão de dicionário. Dispensa comentários.

262) Letra C

Questão de dicionário. Dispensa comentários.

263) Letra A

Questão de dicionário. Dispensa comentários.

264) Letra C

Questão de dicionário. Dispensa comentários.

265) Letra C

Questão de dicionário. Dispensa comentários.

266) Letra B

Questão de dicionário. Dispensa comentários.

267) Letra A

Questão de dicionário. Dispensa comentários.

268) Letra A

Questão de dicionário. Dispensa comentários.

269) Letra B

Questão de dicionário. Dispensa comentários.

270) Letra C

Questão de dicionário. Dispensa comentários.

Obs.: As últimas onze questões (260/270) referem-se ao significado das palavras, ou seja, à sinonímia. Não couberam comentários a elas pois o significado é algo incontestável, que se verifica em um dicionário. Não há, em outras palavras, o que explicar.

271) Letra A

Não se começa um período com o pronome átono, embora esse hábito linguístico esteja enraizado no português do Brasil.

272) Letra B

As conjunções subordinativas (quando conforme, para que etc.) exigem próclise. Depois de uma vírgula, usa-se ênclise, e não próclise. Isso não ocorre quando há uma segunda vírgula, ficando um termo então isolado por duas vírgulas. Por exemplo, "Eu sei que, depois de tudo isso, me prejudicarei bastante".

273) Letra A

A conjunção subordinativa integrante (que ou se) exige próclise.

274) Letra B

A frase só admite essa colocação, pois não se começa o período com pronome átono, nem se usa ênclise com o particípio.

275) Letra A

Nunca e **alguém** são palavras atrativas (advérbio e pronome indefinido, respectivamente). Dessa forma, na segunda frase deveria ocorrer uma próclise.

276) Letra C

A vírgula depois do vocativo não permite a próclise. Da mesma forma, a vírgula após **errei** leva à obrigatoriedade da ênclise.

277) Letra C

Como é conjunção subordinativa conformativa. Exige próclise.

278) Letra A

A palavra **Não**, advérbio, não permite a ênclise ao verbo auxiliar, que aparece junto dela. Pode-se dizer "Não lhe quero explicar" ou "Não quero explicar-lhe". A colocação da frase "Não quero lhe explicar" é polêmica.

279) Letra A

Nas frases optativas (exprimem um desejo do falante) usa-se obrigatoriamente a próclise.

280) Letra B

Gerúndio precedido de **em** exige próclise: em se falando, em se explicando etc.

281) Letra C

Os pronomes pessoais retos tornam a próclise facultativa.

282) Letra B

As conjunções coordenativas (e, mas, porém, portanto etc.) tornam a próclise facultativa.

283) Letra B

Verbo no futuro do presente ou no futuro do pretérito não permite a ênclise. Usa-se a mesóclise, caso não haja palavra atrativa.

284) Letra A

Como se disse no comentário da questão anterior, não se pode usar a ênclise com o verbo no futuro do presente.

285) Letra A

O advérbio **nunca** exige o emprego da próclise.

286) Letra C

Não se separa o sujeito do verbo por meio de uma vírgula.

287) Letra B

Não se separa o verbo de seu complemento, seja objeto direto, seja objeto indireto.

288) Letra B

Expressões que servem para retificar ou explicar (isto é, ou seja etc.) ficam, quando estão no meio da frase, entre vírgulas.

289) Letra A

Quem é pronome interrogativo, portanto a frase é interrogativa. No final deve aparecer o ponto de interrogação, e não o ponto de exclamação. Mas os dois sinais podem ser usados ao mesmo tempo, se quisermos conferir também um valor exclamativo: Quem faria uma coisa dessas!?

290) Letra C

As conjunções coordenativas pedem vírgula antes delas, e não depois. Se estiverem após o verbo, aí sim, ficarão entre vírgulas: Estudou muito; estava, portanto, preparado. É o que ocorre com a frase da alternativa B.

291) Letra A

Os adjuntos adverbiais antecipados podem ser isolados ou não por vírgula.

292) Letra A

A frase é nitidamente exclamativa. Falta o ponto de exclamação.

293) Letra B

Na primeira parte da frase, fala-se algo sobre alguém (eu). Na segunda, fala-se algo semelhante sobre outra pessoa (ele). O ponto e vírgula marca aí uma pausa intermediária entre a vírgula e o ponto.

294) Letra B

A vírgula está separando o sujeito oracional do seu verbo. Como já se disse, não se separa sujeito de verbo por meio de uma vírgula.

295) Letra C

Há uma vírgula separando o sujeito do verbo.

296) Letra A

Na frase dada, **a enfermeira**, entre vírgulas, funciona como aposto explicativo. O mesmo se dá na frase da opção C, igualmente correta, pois o adjunto adverbial **depois** pode ficar entre vírgulas. Na alternativa B, **a enfermeira** é o sujeito da oração, sendo **Margarida** o vocativo. Nota-se, então, que a frase não pode ficar sem vírgulas, como na opção A, que é o gabarito.

297) Letra B

Meu amor, na opção B, é vocativo, portanto a vírgula está correta.

298) Letra C

A expressão **sem conjunto** está devidamente colocada entre vírgulas, pois pode ser retirada do período. As vírgulas são facultativas. O que não pode é ser usada apenas uma.

299) Letra C

Todos é sujeito de **venham**, não sendo possível o emprego da vírgula.

300) Letra A

A palavra **descontraído**, que pode ser retirada do período, deve ficar entre vírgulas, ou sem vírgula alguma.

301) Letra C

Se é partícula apassivadora, sendo possível dizer "o bolo foi comprado", onde **o bolo** nitidamente é o sujeito.

302) Letra B

Frase na voz passiva analítica (verbo ser e particípio). O agricultor pratica a ação verbal: é o agente da passiva.

303) Letra B

Nele completa o sentido de nome substantivo, que é **confiança**.

304) Letra A

Pintou é verbo transitivo direto. Seu complemento, sem preposição, é objeto direto.

305) Letra B

Agradecer é transitivo indireto (agradecer a alguém), sendo o **lhe** seu objeto indireto. **Amigo** é a pessoa a quem se dirige a palavra, ou seja, o vocativo da oração.

306) Letra A

O **lhe** é complemento do adjetivo **útil**, correspondendo a **a ele** (útil a ele); portanto, é complemento nominal. **Útil** qualifica o sujeito da oração.

307) Letra B

Muito é pronome adjetivo indefinido, pois acompanha um substantivo; então, é adjunto adnominal, como todo pronome adjetivo. **Na adega** é o lugar onde há vinho.

308) Letra C

Como **do bolo** é introduzido por preposição, não pode ser o sujeito da oração. O **se** é índice de indeterminação do sujeito, estando, logicamente, indeterminado o sujeito da oração.

309) Letra A

A terminação verbal nos diz que o sujeito é **nós**. É, portanto, um sujeito simples. Como não está escrito, costuma-se dizer que é oculto. Não existe a classificação de sujeito oculto. O correto é dizer que o sujeito é simples e está oculto, implícito na desinência verbal ou outra coisa que o valha. Mas a classificação, mesmo, é simples.

310) Letra C

Verbo de ligação mais predicativo.

311) Letra A

Verbo intransitivo, sem predicativo.

312) Letra A

Do sábio é adjunto adnominal porque o sábio praticou a ação de inventar, ou seja, não é termo passivo. Se o fosse, teríamos um complemento nominal, como ocorre nas alternativas B e C. Compare com a questão seguinte.

313) Letra C

Da casa é complemento nominal porque a casa é termo passivo, sofreu a ação de inventar. Pode-se dizer "venderam a casa", onde **a casa** é objeto direto, ou seja, um complemento do verbo.

314) Letra B

Alegre qualifica o objeto direto **a mãe**. Não é adjunto adnominal, e isso se nota porque, invertendo-se a frase, teríamos "deixou alegre a mãe", em que **alegre** não fica junto do substantivo **mãe**.

315) Letra A

Trata-se de uma explicação do substantivo **coisa**. É comum o uso de dois-pontos quando o aposto está no final do período.

316) Letra B

A crise foi a causa de ele ficar pobre. Ou seja, ficou pobre por causa da crise.

317) Letra B

Termo contrário ao que o verbo expressa. Se fazia calor, não deveria ter colocado o paletó.

318) Letra C

O telefone será o meio utilizado para a conversa.

319) Letra C

De acordo com equivale a "conforme". Ocorre adjunto adverbial de conformidade quando a expressão indica acordo com o que se diz no verbo.

320) Letra B

Trocando o **que** pelo antecedente, teremos "ele cultivava a flor". Como **a flor** é objeto direto, a palavra **que**, que substitui **flor**, é igualmente objeto direto.

321) Letra A

Veja: nasci no bairro. **No bairro** é adjunto adverbial de lugar, da mesma forma que **em que**, seu substituto.

322) Letra B

Veja: ele tinha medo da prova. **Da prova** é complemento nominal. Logo, **de que** é complemento nominal.

323) Letra A

Veja: o trem partiu. **O trem** é sujeito. Logo, **que** é sujeito.

324) Letra C

Negro é o nome do rio. Em frases desse tipo, a palavra funciona como aposto apelativo ou especificativo.

325) Letra A

Uma flor é o sujeito da oração. Na ordem direta: uma flor nasceu.

326) Letra C

Os substantivos **verduras** e **legumes** não têm determinantes (artigo, adjetivo etc.), que seriam adjuntos adnominais.

327) Letra C

Por carta é o meio utilizado para a conversa: adjunto adverbial de meio.Observe que o verbo auxiliar é **ter**, e não **ser**. Isso quer dizer que a frase não está na voz passiva.

328) Letra B

De barro é adjunto adnominal, e não complemento nominal, pois se liga a um substantivo concreto. Além disso, a expressão indica uma qualidade, a matéria que constitui a panela, o que é típico do adjunto adnominal.

329) Letra C

Promovido não é predicativo. Faz parte da locução verbal da voz passiva. Note que é possível passar para a ativa: promoverão o bom trabalhador.

330) Letra A

A expressão entre vírgulas é aposto da palavra **Mário**, que é, então, o sujeito da oração. Nas outras opções, **Mário** é a pessoa a quem se dirige a palavra.

331) Letra B

A oração de apenas um verbo chama-se absoluta.

332) Letra A

Quando ela apareceu começa por **quando**, conjunção que nunca é coordenativa. Sua oração indica o tempo, o momento em que sorrimos, sendo, portanto, subordinada adverbial temporal.

333) Letra A

Ou é sempre conjunção coordenativa. Inicia oração coordenada sindética alternativa. No caso do período, já que a conjunção aparece repetida, as duas orações são alternativas.

334) Letra B

Não dançar é ideia adversa, contrária ao ato de ir ao baile. **Todavia** é sempre adversativa.

335) Letra C

Depois de imperativo, **que**, **pois** e **porque** são conjunções coordenativas explicativas. A oração indica explicação, e não causa.

336) Letra A

A conjunção **pois**, entre vírgulas, é sempre coordenativa conclusiva. A oração é coordenada sindética conclusiva.

337) Letra C

Oração adjetiva é iniciada, normalmente, por pronome relativo. A oração da opção C equivale a **isto**, classificando-se, então, como substantiva. Ela completa o sentido da oração principal, não é um adjunto adnominal como a oração adjetiva.

338) Letra B

Os dois últimos períodos têm orações adjetivas. Restritiva é aquela em que não há vírgula antes do pronome relativo, preposicionado ou não.

339) Letra B

Todos os períodos têm orações adjetivas. Observe que, no segundo, a oração está entre vírgulas, sendo a única explicativa.

340) Letra A

Como equivale a **conforme**; indica acordo com a principal.

341) Letra C

A permissão é uma condição para que se apresente a proposta. **Caso** equivale a **se**.

342) Letra B

Enquanto é conjunção temporal, e não proporcional, como possa parecer. Sua oração indica tempo concomitante: o pai lia no momento em que o filho estudava.

343) Letra B

O fato de ter boa vontade fez com que ele fosse elogiado, foi a causa do elogio. **Como** equivale a **porque**.

344) Letra B

A alegria da mulher foi o objetivo, a finalidade de ele ter comprado a geladeira. **Para que** é a principal conjunção subordinativa final.

345) Letra A

Desmaiar foi a consequência de estar tão fraco. A oração consecutiva indica consecução, consequência, e é geralmente introduzida por **que**, havendo na oração principal **tão, tal, tanto** ou **tamanho**.

346) Letra C

Alguém está sendo comparado com a irmã. É comum o verbo da oração comparativa estar subentendido (é o mesmo da principal).

347) Letra C

Parece isto. O **isto** é o sujeito, daí a oração ser substantiva subjetiva.

348) Letra A

Espera-se isto. O **isto** é o sujeito. Note que o **se** é partícula apassivadora.

349) Letra B

Gosto disto. O **disto** é objeto indireto. Logo, a oração é substantiva objetiva indireta.

350) Letra A

O correto será isto. O **isto** é predicativo. Logo a oração é substantiva predicativa. Tal oração só ocorre, como no caso da questão, depois do verbo **ser**, tendo este o seu sujeito.

351) Letra C

Sabíamos isto. O **isto** é objeto direto. Logo, a oração é substantiva objetiva direta.

352) Letra B

Gritou é oração principal porque a oração seguinte indica a causa do que ocorre nela, classificando-se como oração subordinada adverbial causal.

353) Letra B

O **que** da opção B é pronome relativo (equivale a **o qual** e tem um antecedente, **Camões**); a oração é subordinada adjetiva explicativa. Na opção C, uma coisa pouco comum: oração apositiva entre vírgulas.

354) Letra A

Equivale a "se treinassem mais, eles teriam vencido", com a conjunção condicional **se**.

355) Letra A

Falar ao telefone é a finalidade de ela ter saído. Ou seja, saiu para que pudesse falar ao telefone. **Para que** é conjunção final.

356) Letra B

Equivale a "você perdeu o emprego porque brincou". **Porque** é conjunção causal. O fato de ter brincado fez com que perdesse o emprego, foi a causa da perda.

357) Letra C

Equivale a "embora se alimentasse bem, não engordava". **Embora** é conjunção concessiva.

358) Letra B

Logo equivale a "portanto"; inicia uma oração coordenada sindética conclusiva. A primeira, também coordenada, que não tem conjunção, chama-se assindética.

359) Letra B

A oração iniciada por conjunção ou pronome relativo é desenvolvida. **Quanto** é conjunção subordinativa proporcional; então, a oração se classifica como subordinada adverbial proporcional e, como vimos, é desenvolvida.

360) Letra A

Consta isto. O **isto** é sujeito. Assim, a oração é subordinada substantiva subjetiva.

361) Letra C

Narração é um tipo de texto centrado no acontecimento, no fato. O texto se diz narrativo.

362) Letra C

Uma dissertação completa deve apresentar pelo menos três parágrafos, correspondentes a introdução, desenvolvimento e conclusão. O texto se diz dissertativo.

363) Letra A

Descrição é um tipo de texto centrado na coisa, no objeto. Observe os detalhes das árvores e do chão. É um texto que se diz descritivo.

364) Letra B

Neste trecho, nota-se a opinião do autor sobre a vida. É texto centrado na ideia; apesar de muito pequeno, tem traços dissertativos, devendo ser classificado como uma dissertação.

365) Letra A

Quando o narrador é um dos personagens, a linguagem passa a ser em primeira pessoa (eu), já que ele está participando da trama.

366) Letra A

Na mudança do discurso direto para o indireto, ocorrem certas adaptações, para que a frase mantenha o sentido original. O presente do indicativo (preciso) passa ao imperfeito do indicativo (precisava), e o advérbio **aqui** se altera para **ali** ou **lá**.

367) Letra C

No trecho, podem-se ver personagens, tempo, lugar e enredo. É, sem dúvida, uma pequena narração.

368) Letra B

Usa-se **isto** e **este** com relação a algo que aparecerá no texto. É emprego catafórico do pronome.

369) Letra B

Com relação a dois substantivos passados no texto, usa-se aquele (ou aquela) em relação ao mais afastado; este (ou esta), em relação ao mais próximo. É um modo interessante de evitar repetição de palavras. **Júlia** é o substantivo mais afastado das lacunas, sendo trocado por **aquela**. **Rodrigo**, o mais próximo, sendo trocado por **este**.

370) Letra C

O sentido da primeira oração é de concessão. Usando-se **porquanto**, que equivale a "porque", a frase fica sem coesão e sem coerência. **Conquanto** é sinônimo de **embora** e deveria aparecer no lugar de **porquanto**.

371) Letra B

A menina está sendo comparada com um anjo, mas sem os elementos típicos da comparação. Trata-se de uma metáfora. Dizendo-se "Minha filha é pura como um anjo", haveria uma comparação ou símile.

372) Letra C

Exagero. Não pode haver tantas lágrimas a ponto de inundar as faces. Hipérbole é a figura do exagero.

373) Letra A

Suavização. Poderia ter sido dito que ele é estúpido, por exemplo. Eufemismo é a figura da suavização.

374) Letra A

Repetição. Só se pode pisar com os pés. Pleonasmo é a figura da repetição, de palavras ou ideias.

375) Letra B

Personificação. As estrelas estão sendo tratadas como pessoas, quando se diz que elas estão sorrindo. A prosopopeia também é conhecida como personificação.

376) Letra C

Troca de palavras. Não se estuda o autor, e sim sua obra. A metonímia é uma troca de palavras (autor/obra, todo/parte etc.).

377) Letra C

Perna não tem barriga. O desconhecimento da palavra **panturrilha** levou as pessoas a, por analogia, chamar aquela região de barriga da perna. Esse tipo de emprego é conhecido como catacrese. (pé da mesa, leito do rio etc.)

378) Letra B

O comum aqui seria o emprego do futuro do pretérito (compraria). Essa troca de tempos verbais, para criar expressividade, chama-se enálage.

379) Letra A

Antonímia. O emprego de palavras ou expressões que se opõem (antônimos) chama-se antítese.

380) Letra B

Concordância ideológica. **Vossa Senhoria** é palavra feminina; por conhecer a pessoa, pode-se, desviando-se da concordância tradicional, usar o masculino (magnânimo). É uma concordância feita com a ideia, e não com uma palavra do texto; chama-se silepse de gênero.

381) Letra B

Desestruturação. A palavra **Eu** não tem função sintática, está deslocada, usada apenas para chamar a atenção do leitor. Adiante temos o pronome **me**, que aparentemente a repete. Mas não é possível trocar **me** por **eu**; assim, temos um anacoluto. Se, em vez de **eu**, fosse **a mim**, a frase teria um pleonasmo, já que a troca entre ambos seria possível.

382) Letra C

Repetição e exagero. Só se pode chorar lágrimas; ninguém chora vinho ou guaraná. E, naturalmente, é um exagero que elas sejam de sangue; trata-se de uma maneira de dizer que o sofrimento é intenso.

383) Letra A

Chamamento e comparação implícita. O vocativo corresponde à figura conhecida como apóstrofe (chamamento, invocação). Os pais estão sendo comparados a um tesouro, sem os elementos típicos de um comparação: é a metáfora.

384) Letra A

Mistura de sentidos. O som se percebe pela audição; o colorido, pela visão. É a sinestesia.

385) Letra B

A ausência do conectivo **e**, que deveria aparecer ligando as duas últimas orações, constitui uma figura conhecida como assíndeto.

386) Letra C

A repetição do conectivo **e** constitui uma figura conhecida como polissíndeto. Pode-se dizer que é o oposto do assíndeto.

387) Letra B

O adjetivo **negro** está ligado a **voo**, quando na realidade negros são os urubus. A essa figura se dá o nome de hipálage.

388) Letra C

Rosto não tem maçãs. Entende-se que as bochechas são vermelhas como maçãs. É uma comparação não enunciada, ou seja, a metáfora.

389) Letra A

O pronome **te** repete o grupo inicial, **a ti**. Note que é possível trocar um pelo outro: ninguém diria isso a ti. É o pleonasmo.

390) Letra A

A expressão substitui uma única palavra: Recife. A isso se dá o nome de perífrase.

391) Letra C

Equivalendo a "por que motivo", no início ou no meio da frase, escreve-se **por que**.

392) Letra B

Equivalendo a "por que motivo", no final da frase, grafa-se **por quê**.

393) Letra B

Palavra substantivada pelo artigo.

394) Letra A

Equivalendo a "para que", grafa-se **porque**. É uma conjunção.

395) Letra B

Nos dois casos, a palavra equivale a "por que motivo", portanto separados os elementos. No início, sem acento; no final, com.

396) Letra A

Mera substituição de amendoim por nozes. Usa-se **em vez de**.

397) Letra A

Usa-se **mau** quando se trata do antônimo de **bom**. A locução em português culto é sempre **sob medida**; aqui, **sob** corresponde mais ou menos a "de acordo com".

398) Letra C

Com ideia de envolvimento, usa-se **sob**. Correspondendo a "a respeito de", a palavra é **sobre**.

399) Letra B

Más é o feminino plural de **mau**; no texto, está qualificando **pessoas**. **Mas** é sinônimo de **porém**: porém incomodavam a todos.

400) Letra A

Tampouco quer dizer "também não": também não escreve. **Sob** tem vaga ideia de dependência.

401) Letra C

Porque equivale a **pois**; assim, é uma conjunção. Na segunda coluna, aparece **tão pouco**, ou seja, um advérbio de intensidade (tão) modificando outro advérbio, também de intensidade (pouco). Note que não se poderia dizer **também não**, o que justificaria o emprego de **tampouco**. Veja a frase na ordem direta: Não consegue viajar porque recebe tão pouco.

402) Letra C

Em princípio quer dizer "em tese", "teoricamente". **Por quê** equivale a "por que motivo", usado no final da frase.

403) Letra A

A cerca de quer dizer "a aproximadamente".

404) Letra A

Acerca de significa "sobre", "a respeito de".

405) Letra B

Há cerca de significa "há aproximadamente", com o verbo **haver** indicando tempo decorrido.

406) Letra A

Sob transmite ideia de influência. **De encontro a** denota oposição, choque: o carro chocou-se com o muro.

407) Letra B

Ao invés de transmite ideia de oposição, não apenas de substituição. **Sobre** quer dizer "em cima de".

408) Letra C

Mal significa "assim que". **Porque** equivale a "pois": é conjunção.

409) Letra B

É o radical do verbo **casar**, que se divide da seguinte maneira: cas/a/r.

410) Letra B

Árvore é palavra indivisível. **Impor** tem prefixo (im-); **amor**, sufixo (-or).

411) Letra A

Palavra derivada do verbo **dedicar**, cujo radical é **dedic**, sendo o **a** sua vogal temática. Para formar o substantivo, juntou-se o sufixo -**ção**.

412) Letra B

Nos nomes, a vogal temática é **a**, **e** ou **o**, desde que átonas. O **u** de **angu** pertence ao radical da palavra.

413) Letra A

Liguemos é presente do subjuntivo, que não tem vogal temática. A letra **e** é sua desinência modo-temporal.

414) Letra B

A desinência **va** caracteriza o imperfeito do indicativo dos verbos da primeira conjugação: é uma desinência modo-temporal. **Mos** é a desinência que caracteriza a primeira pessoa do plural: é uma desinência número-pessoal.

415) Letra C

Em **bondosamente**, a desinência **a** está no meio, pois a palavra é derivada de **bondosa**. Em **camas** o **s** é desinência nominal de número. **Orquídea** é palavra indivisível: o **a** não indica gênero.

416) Letra A

O **i** liga os dois radicais da palavra (boc e abert). O **i** de **cobrissem** é o mesmo do infinitivo, **cobrir**, ou seja, sua vogal temática.

417) Letra A

A vogal que aparece no presente do subjuntivo (**a** ou **e**), logo após o radical, é desinência modo-temporal.

418) Letra C

O sufixo de **facilidade** é **dade**, ligado ao radical pela vogal de ligação **i**.

419) Letra B

No presente do indicativo, logo após a vogal temática, aparecem as desinências número-pessoais: vende**s**, leva**mos** etc. Na primeira pessoa, a desinência **o** liga-se diretamente ao radical: and**o**, quer**o** etc.

420) Letra A

O sufixo **al**, presente em grande número de palavras da língua, está ligado ao radical (cafe) por meio da consoante de ligação **z**.

421) Letra C

Alomorfe é alteração de um elemento mórfico: radical, vogal temática etc. O radical **feroz** passou a **feroc**, que é então um alomorfe.

422) Letra C

A vogal temática de **voltar** é **a**, pois o verbo é da primeira conjugação. Em **voltou**, a vogal se transformou em **o**, que é um alomorfe.

423) Letra B

O verbo primitivo é **pôr**. Ganhou os prefixos **com** e **re**.

424) Letra C

Beleza forma o verbo **embelezar**, com o sufixo **ez**. **Embelezar** dá origem a **embelezamento**, com o sufixo **mento**. Assim, temos na palavra os sufixos **ez** (verbal) e **mento** (nominal).

425) Letra A

Divisão da palavra: des/cr/e/nça, sendo **cr** o radical de **crer**, e **e** a vogal temática desse verbo.

426) Letra B

Rever é derivado de **ver**, sendo o **re** um prefixo.

427) Letra A

Ao tema (radical mais vogal temática) do verbo **dormir** se junta o sufixo **tório**.

428) Letra C

À palavra **legal** juntaram-se o prefixo **i** e o sufixo **dade**.

429) Letra B

À palavra **mole** juntaram-se o prefixo **a** e o sufixo **ec** (mais a terminação **er**, do infinitivo). Diferentemente do que ocorreu na questão anterior, os afixos foram colocados ao mesmo tempo, ou seja, não se pode retirar apenas um, mas os dois. Note que não existe **amole** nem **molecer**. A isso se dá o nome de parassíntese, e a palavra se diz parassintética.

430) Letra B

Ambas as palavras têm dois radicais, portanto são compostas. Existe aglutinação pois houve alteração nos elementos que as constituem.

431) Letra C

A palavra **neblina** não se formou de outra. **Marinho** e **deter** formaram-se de **mar** e **ter**.

432) Letra A

Entardecer, na frase, deixou de ser verbo, pela anteposição do artigo. Houve mudança de classe gramatical.

433) Letra A

Hibridismo é a união de elementos provenientes de línguas distintas, como ocorre em **cosmonauta**, em que **cosmo** é de origem grega, sendo latina a origem de **nauta**.

434) Letra B

Luta provém do verbo **lutar**, com a retirada da terminação verbal **ar** e a inclusão da vogal temática nominal **a**. A palavra, como se vê, reduziu-se.

435) Letra B

Ambas as palavras têm dois radicais. Em **mandachuva** os dois elementos são colocados um ao lado do outro; diz-se, então, que houve justaposição. Em **petróleo** percebe-se alteração do radical da primeira: **petr**, em lugar de **pedr**; houve aglutinação dos radicais.

436) Letra A

A conversão é também chamada de derivação imprópria. Ao se dizer **o não**, o advérbio **não** passa a ser um substantivo.

437) Letra C

Em **pingue pongue** temos um radical dobrado, repetido, com leve alteração no segundo: é o redobro ou reduplicação. **Combate** veio de **combater**, com redução do verbo: é a derivação regressiva.

438) Letra B

O primeiro radical da palavra é latino; o segundo, grego. Em **biologia**, os dois são gregos; em **piscívoro**, latinos.

439) Letra A

Não se pode retirar ao mesmo tempo os elemento **en** e **ar**, pois não se encontra uma palavra. **Ar**, terminação verbal (vogal temática e desinência do infinitivo), aqui assume a função de um sufixo.

440) Letra C

Os radicais da palavra não sofreram alteração alguma, nem se acrescentou algum elemento de ligação.

441) Letra A

Assistir significando "ver", "presenciar" exige a preposição **a**. O certo é **à novela**.

442) Letra B

O verbo **namorar** é transitivo direto; seu complemento não aceita a preposição **com**.

443) Letra B

Verbo **dar** indicando horas concorda com o numeral: já deram três horas. Nesse caso, **três horas** é o sujeito da oração.

444) Letra C

Não se começa a frase com pronome pessoal oblíquo átono (me, te, se, o, lhe, nos, vos).

445) Letra B

A palavra é **necropsia**, sendo **si** a sílaba tônica. Não tem sentido o acento.

446) Letra A

Prefixo terminado por vogal não pede hífen quando a palavra a que ele se une começa por **r** ou **s**, que devem ser dobrados: autorretrato, suprassumo etc.

447) Letra A

A palavra certa é **sucinto**.

448) Letra C

O prefixo **co** nunca pede hífen: coautor, coerdeiro etc.

449) Letra B

Eis uma questão bem delicada. O verbo **convir** não pode flexionar-se no plural para concordar com **gestos**, porque seu sujeito, na realidade, é **não fazer**. Veja: O que convém? Não fazer gestos. Em outra ordem, mais clara: Fazer gestos não convém. Ou seja, aproveitando um truque já utilizado na obra: isto não convém, onde **isto** é, nitidamente, o sujeito.

450) Letra C

O verbo **esquecer** é transitivo direto, não aceitando a preposição **de**. Ela só pode ser usada se o verbo é pronominal: não me esqueci de você.

451) Letra A

Azaleia é forma popular; o certo é azálea. Correção das demais: haverá e nos chamou.

452) Letra B

Correção: frente a frente. Na última frase, é impossível o uso de **preto** por causa da palavra **leite**. Pode-se dizer: leite e café preto, onde o adjetivo aparece como um reforço da palavra **café**, o que se conhece como epíteto de natureza. Mesmo nessa ordem, **preto** não poderia ir ao plural, pois estaria qualificando também o leite.

453) Letra B

Na opção A, a segunda vírgula dever ser retirada, pois separa o sujeito do verbo. Na C, o erro é de regência: **chegar** pede a preposição **a**, e não **em**.

454) Letra B

Não se diz preferir mais, menos, mil vezes etc. Falta o acento na forma verbal: mobíliem.

455) Letra A

O acento de crase é facultativo diante da palavra **França**; por isso, a frase está correta. O certo, nas outras, é **convier** e **canjica**.

456) Letra C

A palavra certa é **bússola**. **Proibido** deveria ir ao feminino para concordar com a palavra **conversa**, que está precedida do artigo **a**; também corrige a frase a simples retirada do artigo.

457) Letra A

Vagem se grafa com **g**. **Édson** é o vocativo da oração; falta, pois, uma vírgula após essa palavra.

458) Letra C

O verbo **precaver-se** não possui presente do subjuntivo; portanto, deveria ser usado um sinônimo em seu lugar. O certo é **mendigo**.

459) Letra C

Particípio não admite ênclise; corrija-se para **só lhe tenho trazido**. O certo é **látex** (paroxítona terminada em **x**).

460) Letra A

Fazer indicando tempo decorrido não pode ir ao plural. Há uma vírgula entre o verbo e o objeto direto; ou se retira a vírgula depois de **Percorri**, ou se põe uma após **dias**.

461) Letra A

Não há sílaba sem vogal. Separação correta: tungs-tê-nio.

462) Letra B

Há uma pausa logo após a palavra **muito**, por causa do grupo **o que**, onde o pronome **o** é um tipo especial de aposto. Ali deve ser, portanto, colocada uma vírgula.

463) Letra C

Atrasado mantém o **s** da palavra primitiva (atrás). A permanência de alguém em algum lugar é **estada**, e não **estadia**, que se refere a veículos.

464) Letra A

Os ditongos abertos **éi, éu** e **ói** só se acentuam quando no final da palavra; por isso assembleia não tem acento. A forma verbal **chegaste** está concordando por atração com o núcleo mais próximo do sujeito composto.

465) Letra B

O prefixo **micro-** (falso prefixo) termina por vogal. Como **região** começa por **r**, esta letra deve ser dobrada: microrregião.

466) Letra A

Palavras como **tudo** e **nada** funcionam como aposto resumitivo quando englobam substantivos que passaram no texto, normalmente constituindo o sujeito composto. **Fato** é aposto referente a uma oração inteira (veja o comentário da questão 462). **Helena** é aposto apelativo ou especificativo.

467) Letra B

As aulas é o sujeito da oração, devendo o verbo ir ao plural. O artigo **Os**, que determina Estados Unidos, leva o verbo ao plural.

468) Letra B

Probo significa "honesto". Assim, **ímprobo** é "desonesto". Nas outras alternativas, os vocábulos são sinônimos.

469) Letra C

Esmoler é o que dá esmolas, não o que pede.

470) Letra C

A palavra é Via Láctea, um nome próprio.

471) Letra A

Falta o acento de crase na locução prepositiva. Correção: à procura de. Note que **procura** é substantivo feminino.

472) Letra B

Comprimento e **cumprimento** são vocábulos muito parecidos. Não se trata de homônimos, porque são diferentes a pronúncia e a grafia. Na opção A, temos homônimos homófonos; na C, homônimos homógrafos (**ate** é flexão de **atar**).

473) Letra A

Para bispos, o tratamento é Vossa Excelência; para reitores de universidades, Vossa Magnificência.

474) Letra C

Correção: amaríssimo.

475) Letra A

Verbo **querer** não tem flexão com a letra **z**. Correção: quis. **Intervir** é derivado de **vir**, que tem como particípio **vindo**, e não **vido**; assim, o verbo derivado, **intervir**, não possui a forma **intervido**. Correção: intervindo.

476) Letra A

O advérbio **não** impede que a forma verbal **deseja** tenha pronome enclítico. As duas frases seguintes estão corretas, mas ainda seria possível a colocação do pronome em ênclise ao infinitivo: alguém não quis ajudar-me. A colocação diferente, estranha para alguns, porém correta, da opção B, é uma espécie de próclise conhecida como apossínclise, isto é, o pronome átono entre duas palavras atrativas.

477) Letra C

A palavra **se** pertence ao verbo, que é essencialmente pronominal. Não existe **queixar**, simplesmente. O **se** é classificado como parte integrante do verbo.

478) Letra B

Correção: sultana.

479) Letra B

Dó pode ser a nota musical ou significar "compaixão". É sempre palavra masculina. **Faringe** é palavra feminina. Não a confunda com **laringe**, que pode ser masculina ou feminina.

480) Letra A

Chamar com o sentido de "convocar" é transitivo direto. O certo é **o funcionário**.

481) Letra C

Não se flexiona a palavra composta designativa de cor quando um de seus elementos é substantivo. Correção: amarelo-canário.

482) Letra B

Anexo qualifica **fotos**. Deve ir ao feminino plural: anexas.

483) Letra B

A crase é facultativa diante dos nomes de mulher, desde que haja uma palavra que peça a preposição **a**; no caso da questão, o verbo **mandar**.

484) Letra A

O acento serve para diferençar o substantivo do verbo: forma (com som aberto: fórma). No entanto, o acento circunflexo pode ser omitido sem prejuízo da correção.

485) Letra C

O auxiliar do verbo **existir** tem de ir ao plural, pois o sujeito da oração é **polêmicas**. O sujeito do verbo **custar** é a oração infinitiva. Correção: Custou-me (ou a mim) entender o assunto.

486) Letra B

Trata-se do aparelho, portanto com hífen: ar-condicionado. A palavra **ontem** nos garante que se trata de passado; logo, o certo é **pôde**, pretérito perfeito.

487) Letra B

O telegrama é algo a que se dá uma resposta; o certo é **ao telegrama**. Não se flexiona o verbo principal, e sim o auxiliar; o certo é **Devem existir**.

488) Letra C

O superlativo absoluto é analítico quando ao adjetivo se liga uma palavra como **muito**, **bastante** etc. Com acréscimo de sufixo, temos o sintético: muito alto (analítico), altíssimo (sintético).

489) Letra A

Trabalho certo significa "trabalho correto"; **certo trabalho** quer dizer "determinado trabalho". **Várias peças** é o mesmo que "muitas peças"; **peças várias** equivale a "peças variadas, diferentes".

490) Letra A

Bastantes talheres significa "muitos talheres"; **talheres bastantes** é o mesmo que "talheres suficientes".

491) Letra B

O certo é **mimeógrafo**.

492) Letra A

No presente do indicativo, o verbo **adequar** só se conjuga na primeira e na segunda pessoas do plural; não possui nenhuma pessoa do presente do subjuntivo. Assim, não existe a palavra **adequo**, que deve ser substituída por algum sinônimo.

493) Letra B

O certo é aterrissar.

494) Letra C

A bons espetáculos, introduzido por preposição, não pode ser o sujeito da oração; o **se** é índice de indeterminação do sujeito, e o verbo fica no singular.

495) Letra A

Sessão quer dizer **reunião; seção, departamento**. O emprego foi trocado.

496) Letra B

O verbo é **viajem**, terceira pessoa do plural do presente do subjuntivo. O substantivo é **viagem**. Houve troca de letras.

497) Letra B

Tempo futuro: **a**, e não **há**. **Manaus** é nome de cidade: na sua frente não pode aparecer **à**. **Porque** é o mesmo que "pois".

498) Letra B

O certo é **deverá encontrá-lo**, já que **for** é flexão de futuro.

499) Letra B

Nomes de instituições se grafam com iniciais maiúsculas. Correção: Instituto de Educação.

500) Letra C

Embora **tórax** se escreva com **x**, o adjetivo derivado se grafa com **c**: torácico.

GABARITO DAS QUESTÕES DE CONCURSOS

1) C	30) C	59) D	88) C	117) D	146) D
2) B	31) D	60) A	89) E	118) A	147) E
3) E	32) A	61) B	90) C	119) E	148) D
4) B	33) A	62) C	91) E	120) B	149) C
5) C	34) C	63) E	92) E	121) C	150) A
6) C	35) B	64) C	93) B	122) E	151) A
7) B	36) E	65) E	94) A	123) D	152) D
8) B	37) B	66) B	95) C	124) D	153) C
9) E	38) D	67) A	96) C	125) B	154) D
10) B	39) B	68) D	97) E	126) A	155) A
11) D	40) A	69) A	98) A	127) B	156) D
12) E	41) B	70) B	99) B	128) C	157) C
13) A	42) E	71) D	100) D	129) C	158) C
14) D	43) E	72) B	101) C	130) D	159) D
15) B	44) B	73) E	102) E	131) B	160) A
16) D	45) C	74) C	103) A	132) B	161) D
17) B	46) A	75) A	104) D	133) D	162) C
18) D	47) C	76) B	105) A	134) A	163) C
19) A	48) C	77) E	106) B	135) E	164) C
20) D	49) A	78) D	107) A	136) D	165) B
21) D	50) B	79) C	108) E	137) D	166) C
22) D	51) D	80) A	109) D	138) C	167) A
23) B	52) C	81) D	110) A	139) C	168) C
24) C	53) E	82) C	111) C	140) A	169) D
25) E	54) C	83) B	112) E	141) A	170) A
26) A	55) D	84) D	113) D	142) B	171) D
27) C	56) B	85) A	114) E	143) C	172) B
28) E	57) C	86) D	115) D	144) D	173) A
29) E	58) D	87) D	116) B	145) E	174) A

175) A	205) D	235) B	265) C	295) C	325) E
176) B	206) B	236) A	266) D	296) D	326) E
177) D	207) D	237) E	267) C	297) E	327) A
178) B	208) C	238) A	268) C	298) D	328) E
179) A	209) D	239) A	269) A	299) E	329) B
180) E	210) A	240) D	270) D	300) D	330) C
181) B	211) A	241) E	271) C	301) B	331) E
182) A	212) A	242) E	272) B	302) E	332) C
183) E	213) B	243) C	273) E	303) A	333) E
184) E	214) C	244) A	274) E	304) E	334) D
185) A	215) E	245) C	275) D	305) B	335) C
186) C	216) D	246) C	276) A	306) E	336) A
187) E	217) C	247) D	277) C	307) D	337) E
188) E	218) B	248) B	278) E	308) A	338) B
189) C	219) E	249) D	279) A	309) A	339) B
190) E	220) A	250) E	280) D	310) A	340) A
191) C	221) E	251) A	281) D	311) E	341) C
192) D	222) A	252) E	282) A	312) C	342) C
193) C	223) C	253) D	283) C	313) D	343) A
194) D	224) C	254) C	284) E	314) E	344) B
195) C	225) A	255) B	285) E	315) A	345) C
196) C	226) D	256) E	286) E	316) B	346) C
197) A	227) D	257) C	287) A	317) D	347) B
198) A	228) C	258) B	288) C	318) B	348) A
199) D	229) D	259) A	289) D	319) C	349) E
200) A	230) E	260) E	290) D	320) A	350) E
201) C	231) D	261) C	291) C	321) D	351) A
202) A	232) D	262) E	292) E	322) B	352) C
203) A	233) B	263) A	293) A	323) D	353) B
204) B	234) C	264) A	294) A	324) D	354) D

PORTUGUÊS – QUESTÕES COMENTADAS

355) C	380) C	405) A	430) C	455) D	480) C C E E C
356) B	381) D	406) D	431) E	456) E	481) E C E C E
357) D	382) B	407) E	432) A	457) A	482) C E C C C
358) D	383) D	408) B	433) A	458) E	483) C E C C E C C
359) B	384) A	409) C	434) D	459) C C C E	484) C C E E
360) D	385) B	410) D	435) A	460) E E C E	485) E C C C E E
361) D	386) C	411) E	436) C	461) C E E C	486) C C C E
362) A	387) C	412) E	437) C	462) C E E E	487) E C E
363) C	388) D	413) E	438) E	463) D	488) C E E C E
364) A	389) B	414) B	439) D	464) C E E E	489) C C C E
365) D	390) A	415) C	440) A	465) C	490) C C E E E
366) C	391) C	416) A	441) C	466) D	491) C C C E C
367) C	392) D	417) A	442) E	467) C E E C	492) C E E C E
368) B	393) A	418) B	443) E	468) A	493) E E C C E E
369) A	394) B	419) E	444) D	469) E E E E	494) D
370) D	395) D	420) C	445) C	470) C E E C	495) C
371) B	396) D	421) B	446) D	471) C E E	496) D
372) C	397) D	422) C	447) B	472) A	497) A
373) C	398) A	423) D	448) E	473) C E C C	498) B
374) B	399) C	424) B	449) C	474) A	499) A
375) B	400) A	425) A	450) D	475) D	500) C
376) A	401) A	426) C	451) B	476) C C E E E E C	
377) C	402) C	427) B	452) B	477) C E C C C C E C	
378) D	403) D	428) E	453) C	478) E C C E C	
379) C	404) B	429) C	454) A	479) E C E E	

COMENTÁRIOS DAS QUESTÕES DE CONCURSOS

1) Letra C

Subjetivo e objetivo são adjetivos que se opõem. O primeiro indica algo que depende de opinião; o segundo passa uma ideia de aceitação geral. Dizer, por exemplo, que uma mesa é de madeira é algo objetivo: todos estão vendo que ela é de madeira. Dizer, no entanto, que a mesa é bonita é algo subjetivo, no momento em que eu, falante, posso achá-la bonita, e outras pessoas não concordarem. Na letra C da questão temos "civilizações brilhantes". Eu posso achá-las brilhantes, enquanto outras pessoas possuem opiniões diferentes. Não é possível um consenso, por isso o adjetivo tem valor subjetivo.

2) Letra B

Os homens estavam sem consciência de uma determinada coisa; é o estado em que eles se encontravam. No momento em que passam a tê-la, há naturalmente uma mudança de estado: falta de consciência / consciência.

3) Letra E

Observe que **pela sua capacidade natural** equivale a "por causa de sua capacidade natural". Há, dessa forma, uma noção de causa na palavra **pela**. Na opção E, **pela disposição das mulheres** equivale a "por causa da disposição das mulheres". Igualmente, a palavra **pela** encerra valor nocional de causa.

4) Letra B

Na frase do enunciado, temos um caso de voz passiva analítica ou verbal: verbo **ser** mais o particípio do verbo principal. O mesmo se dá na opção B, em que se lê "foram assassinados". Em nenhuma outra opção há algo pelo menos parecido.

5) Letra C

Questão de regência verbal. Na frase, o verbo **pagar** é transitivo direto e indireto: pagar alguma coisa a alguém. O objeto direto é **um tributo**, que só pode ser trocado por **o**, e não **lhe**, já que este atua como objeto indireto. Como a forma verbal **pagam** termina por **m**, o pronome **o** deve passar a **no**; por isso, teremos **pagam-no**, o que já garantiria a letra C. O objeto indireto **à sociedade** só admite a troca por **lhe** ou **a ela**. Observe que todas as alternativas apresentam **lhe** ou **a ela**. O que decide mesmo é a primeira palavra, **no**.

6) Letra C

Na letra A o correto é **senão**, equivalente, na frase, a "ou". Na B, deve-se escrever **a fim de**, sinônimo de "para"; **afim** quer dizer "semelhante": pessoas afins. Na D, o correto é **a cerca de**, que significa "a aproximadamente"; não tem sentido o emprego do verbo **haver**, que poderia aparecer em frases do tipo "Há cerca de cem pessoas no auditório" ou "Não nos vemos há cerca de dois meses". Na E, o correto é "nada a ver" ou "nada que ver".

7) Letra B

No item 1 o verbo **gostar** pede a preposição **de**, que então fica antes do pronome relativo: de que. No item 2, **aspirar**, que significa "desejar", exige complemento introduzido pela preposição **a**: ao cargo. No 3, **abdicar** pede a preposição **de**: da luta pelo poder (também é correto sem a preposição: abdicam a luta pelo poder). No 4, **obedecer** exige a preposição **a**, que deve então ser usada antes do pronome relativo: a que.

8) Letra B

O gabarito é a letra B porque "com nós" está seguido de uma palavra de reforço, que é "dois"; errado seria dizer "sempre ocorre com nós". Na opção A, deve-se dizer "contigo" ou "com você"; "consigo" só pode ser usado como reflexivo: ele trouxe consigo os livros. Na C, deve-se empregar "eu", já que se trata do sujeito do verbo **examinar**: para eu examinar / para que eu examine. Na D, o correto é "seus", uma vez que os pronomes de tratamento (no caso Vossa Senhoria) pedem sempre palavras de terceira pessoa. Na E, o certo é "entre mim e ela", porque o pronome **eu** deve ser usado quando se tratar do sujeito da oração, o que não ocorre aqui; compare com a alternativa C.

9) Letra E

Questão de interpretação de textos. O que justifica a resposta é o adjetivo **compulsória**. Algo compulsório é algo que se impõem a alguém ou a uma coletividade.

10) Letra B

A expressão **graças a** só pode ser usada em relação a coisas positivas. Uma poça de lama não poderia estar enquadrada nesse conceito, a menos que ela propiciasse uma coisa boa. Por exemplo, "Graças a uma poça de lama, ele escapou da morte".

11) Letra D

Os verbos terminados em **ear**, como custear, passear, nomear, pentear, recear etc., apresentam o ditongo **ei** nas formas rizotônicas (eu, tu, ele e eles, nos dois presentes). Assim, temos para custear: custeio, custeias, custeia, custeamos, custeais, custeiam; custeie, custeies, custeie, custeemos, custeeis, custeiem. Na opção D aparece **custie**, um absurdo. O certo, como se viu pela conjugação, é **custeie**.

12) Letra E

Jamais se diz **tratam-se de**, sendo esse **se** um índice de indeterminação do sujeito, o que elimina a possibilidade de a expressão seguinte ser o sujeito. Na frase original temos o artigo indefinido **um** (equivale ao pronome **algum**), e não o numeral. Assim, não tem sentido, na pluralização da frase, usar o numeral **dois**.

13) Letra A

A palavra **vários**, colocada antes do substantivo, é pronome adjetivo indefinido, equivalendo a "muitas implicações", ou seja, uma quantidade vaga, imprecisa. Empregada depois, é adjetivo e significa "diversos", "variados". Assim, "várias implicações" é o mesmo que "muitas implicações", enquanto "implicações várias" quer dizer "implicações variadas".

14) Letra D

Um corpo decapitado é aquele que perdeu a cabeça. Dizer cabeça decapitada é fazer uso de uma redundância, já que a raiz de **decapitada** é **capit**, que significa **cabeça**. É algo assim como dizer hemorragia de sangue ou hepatite de fígado.

15) Letra B

O correto é dizer "vendem-se ovos". Isso ocorre quando o verbo é transitivo direto e a palavra **se** equivale a "alguém", daí muitas pessoas acharem que se trata de sujeito indeterminado. A ideia é a seguinte: alguém vende ovos e não se sabe quem. Outra coisa que pode ajudar é a troca por **ovos são vendidos**. A palavra **se**, nesse tipo de frase, é pronome apassivador, que alguns chamam de partícula apassivadora. Veja outros exemplos:

Perderam-se as fichas. (as fichas foram perdidas) Pede-se silêncio. (silêncio é pedido) Construiu-se o banheiro. (o banheiro foi construído) Levantaram-se os muros. (os muros foram levantados)

Obs.: A palavra ou expressão que parece ser o objeto direto é o sujeito da oração.

Por isso ora o verbo está no singular, ora no plural.

16) Letra D

Ambiguidade ou anfibologia é o duplo sentido de algumas frases. Na alternativa A, fica a dúvida: aniversário do funcionário ou do chefe? Na B, não se sabe se eles casaram um com o outro ou cada um com uma outra pessoa. Na C, fica a interrogação: quem estava correndo, Pedro ou José? Na E, não se sabe se os turistas já estavam na casa quando o guia entrou, ou se entraram com ele.

17) Letra B

P.S é abreviatura de *post scriptum*, que significa "escrito depois".

18) Letra D

Questão de regência que trata do emprego de **o** e **lhe**, em frases em que eles são pleonásticos, ou seja, repetem o objeto direto ou indireto exigido pelo verbo. Levando-se em conta que **o** é objeto direto e **lhe**, indireto, a resposta só pode ser a opção D, pois **conhecer** é transitivo direto. Aliás, isso se percebe pela palavra inicial: o menino, sem preposição.

19) Letra A

Naturalmente, o leitor não poderia acertar a questão, que é, na verdade, uma brincadeira do programa. Vejamos as duas leituras possíveis:

1. Metade de dois mais dois

Metade de dois (que é um) mais dois é igual a três.

2. Metade de dois mais dois

Metade da soma (dois mais dois = quatro). Assim, a metade de quatro corresponde a dois, que foi a resposta do ouvinte. Se ele dissesse três, o locutor diria dois. Não tinha como acertar.

20) Letra D

A questão trata da concordância nominal atrativa opondo-se à gramatical. O gabarito é a letra D porque o adjetivo, por estar imediatamente antes dos substantivos, deveria concordar com o mais próximo, a chamada concordância atrativa. Veja as possibilidades:

iluminada praça e largo iluminado largo e praça

praça e largo iluminados (ou iluminado)

largo e praça iluminados (ou iluminada)

Obs.: Caso se trate de nomes próprios ou de parentesco, haverá a concordância gramatical, mesmo se o adjetivo estiver antes.

Ex.: Chegaram os animados Osvaldo e Gabriel.

Encontrei os esforçados sobrinho e tio.

21) Letra D

O verbo **fazer** é impessoal, portanto não vai ao plural, quando indica tempo, seja decorrido ou meteorológico. Se estiver formando locução verbal, seu auxiliar também ficará no singular. Assim, o correto na letra D é "Vai fazer duas semanas que lá estive". Com a forma simples, teríamos "Faz duas semanas que lá estive". Diz-se que a oração do verbo **fazer** não tem sujeito.

22) Letra D

É necessário cuidado especial com esta questão. Observe que logo na letra A aparece a conjunção **mas**, que é sinônima de "porém", da mesma forma que **todavia**. Pode o candidato achar que há duas respostas. Acontece que o enunciado diz "sem alteração na forma da frase". Se usarmos o **mas**, terá ele de iniciar a frase, o que implicará alteração na ordem. Assim, **todavia**, que pode ficar, da mesma forma que **porém**, no meio da oração, é a palavra que se deseja. Por isso o gabarito é D, e não A.

23) Letra B

A ciência não é construída, constrói, é agente da ação verbal, diferentemente dos outros termos sublinhados. Veja bem: a energia é produzida por alguém; a mudança é decidida por alguém; o processo produtivo é fragmentado por alguém; a indústria é localizada por alguém.

24) Letra C

Existem dois tipos de espaço: o rural e o urbano; juntos são dois espaços. O mesmo se verifica na alternativa C: há duas bandeiras: a francesa e a inglesa; juntas, constituem duas bandeiras. Veja outros exemplos.

As literaturas alemã e inglesa.

Os governos estadual e municipal. As línguas árabe e portuguesa.

25) Letra E

Na opção E, temos as seguintes formações:

extrema + mente = extremamente

instantânea + mente = instantaneamente

Assim, os advérbios foram formados com base em palavras femininas: extrema e instantânea.

26) Letra A

Questão de vocabulário; indiscutível, portanto. Um bom dicionário resolve. Convém alertar, no entanto, para a forma precisa da expressão. *Grosso modo*, que é termo italiano utilizado em português, não pode estar precedido da preposição **a**, como tanto se vê por aí. Está errada uma frase do tipo "Aqui existem, a grosso modo, as soluções requeridas". Corrija-se para "Aqui existem, grosso modo, as soluções requeridas".

27) Letra C

Questão de interpretação de textos. No primeiro período, afirma-se que o homem criou coisas que servem de prolongamento de seu corpo. No último período, temos a conclusão do assunto. Nos períodos intermediários, aparecem os exemplos que buscam explicar o que foi de início colocado, ou seja, quais são essas coisas que servem de prolongamento do corpo: a bomba atômica; indumentária e casas; a mobília; lentes, televisão, livros etc.

28) Letra E

Não há, no texto, menção alguma ao perfume como extensão do olfato. A questão é simples, exigindo apenas uma leitura atenta.

29) Letra E

A opção E apresenta uma flagrante inversão de sentido. Como se vê ali, o acocorar-se e sentar-se no chão são substitutos da mobília. Logicamente é o contrário: a mobília é que é substituta do acocorar-se e sentar-se no chão. A mobília, obviamente, surgiu depois, exatamente como um prolongamento do corpo.

30) Letra C

Os atos de acocorar-se e sentar-se no chão não podem ser simultâneos. Há necessariamente uma disposição no tempo, mínima que seja. Assim, primeiro o homem se acocora, depois se senta no chão.

31) Letra D

A palavra **extensões** se liga pelo sentido a **materiais**; inclusive, os dois termos concordam entre si. Não se pode deslocar o substantivo **extensões**, tornando-o um adjetivo, para a palavra **exemplos**. O sentido muda radicalmente, uma vez que os exemplos não são extensivos.

32) Letra A

Na frase "Condições especiais de visitação por tempo limitado", encontra-se o fenômeno da ambiguidade. O que ocorre é que o adjunto adverbial **por tempo limitado** pode referir-se tanto a **visitação** como a **condições**. O item 1 apresenta o primeiro sentido possível: o tempo da visitação é que é limitado; o item 2 mostra o segundo sentido possível: as condições é que têm tempo limitado. Os itens III e IV destoam completamente, pois tomam a palavra **tempo** com o sentido atmosférico, ou seja, tempo bom ou ruim; não há semelhante ideia na frase original.

33) Letra A

A contradição ocorre entre o verbo **incluir** e o advérbio **fora**. Incluir é colocar dentro. Se digo, por exemplo, que ele foi incluído no processo, entende-se que ele está no processo, ou seja, dentro do processo. É absurdo tentar incluir fora.

34) Letra C

Exceder dá origem ao substantivo **excesso**, e não **exceção**, que provém da palavra **exceto**. A letra B poderia enganar, pois o verbo se grafa com **s**, enquanto o substantivo, com **x**. Mas a relação de sentido entre ambos é evidente.

35) Letra B

Temos aqui um problema de flexão verbal, por sinal bastante comum no dia a dia das pessoas. O verbo **ver**, no futuro do subjuntivo, passa a letra **e** para **i** em todas as pessoas: se eu vir, se tu vires, se ele vir, se nós virmos, se vós virdes, se eles virem. O mesmo ocorre com os verbos derivados de **ver**: revir, revires, revir, revirmos, revirdes, revirem. Assim, na alternativa B, o correto é "Se ele vir, eu também verei".

36) Letra E

A alternativa E nos diz que o fascínio romântico foi deixado pelas sociedades do passado, o que não é verdade. Segundo a frase original, as ruínas monumentais é que foram deixadas pelas sociedades do passado, e isso inspirou um fascínio romântico em todos nós.

37) Letra B

O sentido do texto é o seguinte: as sociedades do passado minaram a si mesmas porque danificaram o meio ambiente. Em outras palavras, a danificação do meio ambiente é a causa de elas terem minado a si mesmas.

38) Letra D

Questão de vocabulário. Quorum é o número mínimo de presentes necessário para que algo aconteça.
Obs.: A palavra pode ser grafada com acento, por ter sido aportuguesada: quórum.

39) Letra B

Não existe na língua culta a vítima fatal. Fatal é o acidente. Nesse tipo de frase, não se deve usar só, somente ou apenas, sob o risco de se concluir que seria mais interessante, pelas proporções do acidente, que muitas outras pessoas morressem. O texto ficaria mais bem redigido da seguinte maneira: "O acidente na pista do aeroporto causou algumas vítimas, entre as quais três morreram". Na hipótese de todas as vítimas terem morrido, poder-se-ia escrever: "O acidente fatal causou três vítimas".

40) Letra A

Pobre Santo Agostinho! O texto, mal construído, diz-nos que Santo Agostinho ficava rezando, por muito tempo, para aperfeiçoar seus defeitos. Isto é, ele queria que suas falhas fossem cada vez maiores, aperfeiçoadas. Na realidade, o que se queria dizer é que ele lutava para aperfeiçoar-se, eliminando sempre e sempre seus erros. E o colégio, sem um bom revisor de português, inverteu as coisas. Repito: pobre Santo Agostinho!

41) Letra B

A resposta dessa questão é óbvia e, de certa forma, não depende do texto. A não interferência em problemas internos de outros países é algo sabido de todos. A interferência ocorre quando o presidente brasileiro pede perdão para as multas dos imigrantes brasileiros ilegais, que é assunto interno de Portugal. Talvez a letra A traga algum problema. Acontece que numa reunião em que as pessoas estão sozinhas, simplesmente conversando como dois bons amigos, pode surgir naturalmente um assunto de ordem pública. Nada impede que isso aconteça, até mesmo porque provavelmente ninguém ficará sabendo.

42) Letra E

Realmente há diferença entre "pobres brasileiros" e "brasileiros pobres". No texto a ideia é de falta de dinheiro para pagar a multa, portanto os brasileiros, nessas condições, são pobres. A primeira expressão pode sugerir outras coisas, como fazer oposição entre os pobres do Brasil e os pobres de Portugal, ou dar à palavra **pobres** uma conotação de infelicidade. Está realmente errado o emprego de perdoar. Mas a explicação é inadequada; o verbo pede a preposição **a** quando seu complemento é pessoa.

43) Letra E

Trata-se de uma questão pouco clara. O que se quer dizer com "cujo significado depende da enunciação" é que esses termos só se realizam num dado contexto. As noções de tempo (hoje) e lugar (aqui) são referenciais que isoladamente não têm qualquer valor. Da mesma forma **eu** e **minha família**. Só o contexto lhes dará um conteúdo. Já o pronome **isso**, que tem valor anafórico, ou seja, substitui algo que vem antes dele, não tem relação direta com a situação em que o texto é produzido. Veja que os outros termos são livres, não estão presos a outros dentro do texto. **Isso** é apenas um elemento conector, isto é, faz a ligação com elementos anteriores a ele. Pode-se dizer que é desprovido de significação no contexto.

44) Letra B

Primeiramente, se o tratamento passa a ser "vocês", o pronome oblíquo tem de ser **se**, o que elimina as letras C e D. Na opção E, a concordância está errada, pois o sujeito é plural: vocês. A resposta é a letra B, e não A, porque o imperativo afirmativo da terceira pessoa do plural (vocês) é retirado do presente do subjuntivo: que eles unam / unam-se vocês.

45) Letra C

Curiosa esta questão. **Menos de dois**, pela regra da concordância verbal, leva o verbo ao plural. Acontece que **menos de dois** é **um**, o que sugeriria o emprego do verbo no singular.

46) Letra A

A frase, por ser publicitária, deixa claro que a lata é bonita. Seria estranho pensar que o anunciante chamasse a atenção do público consumidor para a feiura da lata. Assim, ao fazer uma lata bonita, foi possível fazer o confronto: beleza da lata / qualidade do produto. Então, valoriza-se sobremaneira o refrigerante, ao afirmar que sua qualidade é mais importante do que aquela beleza que todos percebem na embalagem.

47) Letra C

O verbo **reaver** é derivado de **haver**. Portanto, deve conjugar-se como ele. O futuro do subjuntivo de **haver** é **houver**; de **reaver**, **reouver**. Desse modo, o correto é "... e o torcedor reouver a confiança no time".

Obs.: O verbo **reaver** é defectivo, isto é, não se conjuga em todas as pessoas e tempos. No presente do indicativo faz **reavemos**, **reaveis**; não tem presente do subjuntivo.

48) Letra C

Na frase "Ou vai ou racha", a palavra indica alternativa: ou acontece uma coisa ou outra. Na alternativa C, existem duas opções: ou ele faz o que deve, ou perde o emprego; entende-se que se ele fizer o que deve não perderá o emprego. Observe que a palavra **ou** pode ser colocada nos dois membros, como na frase do enunciado. Quando isso ocorre, temos, normalmente, um problema de alternativas.

49) Letra A

Vejamos cada situação:

1. Funções sintáticas

Número passa de núcleo do sujeito a predicativo; o mesmo se dá com **exemplar**.

2. Classes gramaticais

Número passa de substantivo a adjetivo (questionável); **exemplar** passa de predicativo a núcleo do sujeito.

Obs.: Dizemos "questionável", pois para muitos a palavra **número** continua como substantivo. Como a palavra passa a ter funções de adjetivo, a banca entendeu que a classe teria também mudado.

3. Significados

Número significa, primeiro, a numeração da revista; depois, algo engraçado.

Exemplar significa, primeiro, que serve de exemplo; depois, volume, fascículo.

50) Letra B

A expressão tem sentido literal: refere-se à certeza de que um dia ele realmente vai morrer. Não há nada, no texto, que sugira a possibilidade de sucesso profissional.

51) Letra D

Raciocine assim: por causa do envolvimento das mulheres nos crimes, as crianças são tratadas por elas como objetos descartáveis. Ou seja, o envolvimento das mulheres é a causa; o tratamento dado às crianças, a consequência. Ajuda também a entender a questão o fato de a conjunção **e** equivaler a "logo", "portanto": portanto tratam as crianças como objetos descartáveis.

52) Letra C

A oração "Quando percebem" é adverbial temporal e traz o verbo no presente do indicativo. A conjunção **quando**, nessa frase, é sinônima de "assim que". O ato de desesperar-se passa a ser uma consequência imediata e lógica. A ideia é a seguinte: assim que percebem, desesperam-se.

53) Letra E

O verbo **haver**, quando significa "existir", não admite plural, nem permite que seu auxiliar, no caso de uma locução, se flexione. Isso ocorre nas opções A, B e D, que apresentam frases corretas. Nas alternativas C e E, o verbo passa a ser **existir**, que é pessoal, ou seja, tem sujeito e com ele deve concordar. Dessa forma, a letra E apresenta erro, pois na frase "Deve existir tantas famílias..." o sujeito é **tantas famílias**, plural, devendo o verbo auxiliar ir ao plural: devem existir.

54) Letra C

O verbo **adotar** é transitivo direto. Assim sendo, as alternativas A e B apresentam erro de regência verbal, pois o complemento verbal é o pronome **lhes**, que não pode funcionar como objeto direto. A letra E contém erro, pois o pronome **los** só poderia ter sido usado se o r final do verbo tivesse caído. O gabarito é a letra C pois o objeto direto é **los**, usado em função da queda do **r** final. Essa alternativa é indiscutível. Porém, a colocação do pronome **os**, solto entre os dois verbos, é defendida por alguns gramáticos. Não há dúvida de que, em um concurso, a resposta tem de ser aquela que não envolve qualquer tipo de polêmica. Por isso está correta a banca ao assinalar como resposta a opção C.

55) Letra D

Veja a divisão das orações do período:
[Os políticos só falam de assuntos] [de que lhes tragam votos.]
Na segunda oração aparece o pronome relativo **que**. O verbo da oração é **trazer**, transitivo direto e indireto: trazer alguma coisa a alguém. O objeto direto é **votos**; o indireto, **lhes**. Então não tem cabimento o emprego da preposição antes do pronome **que**. Esse pronome, na realidade, é o sujeito da oração. É só trocá-lo por seu antecedente: os assuntos lhes tragam votos, onde **assuntos** é, nitidamente, o sujeito da oração.

56) Letra B

Os pronomes demonstrativos **este, esta, isto** costumam referir-se a coisas que ainda aparecerão no texto; diz-se que têm valor catafórico. Por outro lado, **esse, essa** e **isso** usualmente referem-se a coisas já passadas no texto; diz-se que têm valor anafórico. Assim, percebe-se que a resposta só pode ser A ou B. O sentido do texto mostra que o pronome **esse** (na contração **desse**) refere-se a todas as informações em conjunto, não apenas ao que vai dito na última oração citada (não destruir telefones públicos). É claro que o comportamento diz respeito a todas as boas ações praticadas.

57) Letra C

As palavras grafadas erroneamente são: atravez, atraz, crâneo e baroneza. Devem ser corrigidas para através, atrás, crânio e baronesa. **Baronesa**, cabe dizer, é feminino de **barão**. Palavras desse tipo grafam-se com **esa** ou **isa**, dependendo do caso. Assim, temos princesa, duquesa, baronesa, poetisa, diaconisa, episcopisa etc. A terminação **eza** ou **ez** aparece em substantivos abstratos derivados de adjetivos. Assim, temos beleza, grandeza, nobreza, palidez, estupidez, viuvez etc.

58) Letra D

Nas alternativas A, B, C e E, a palavra **se** é pronome apassivador. Observe que os verbos são transitivos diretos e se admite a troca pela voz passiva verbal: o regime foi desfeito, a visão foi solidificada, o direito do marido foi justificado, o sinal vermelho ser respeitado. Na letra D, que é a resposta, o verbo pede a preposição **por**, não mais cabendo a troca pela passiva verbal. O **se**, nesse caso, é índice de indeterminação do sujeito.

59) Letra D

Na letra D houve a troca de **surtir** por **sortir**, que são parônimos. **Surtir** significa "resultar", e **sortir**, "abastecer". Assim, a frase correta é "As leis não devem surtir o efeito desejado". As outras palavras duvidosas são despercebidas (sem ser notadas), flagrante (o ato), infligir (aplicar) e atuar (agir). Seus parônimos são desapercebidas (desprevenidas), fragrante (aromático), infringir (transgredir) e autuar (processar).

60) Letra A

O Banco Mundial serve, na frase, de exemplo de instituição internacional que se mostrou ineficaz. Cuidado! A palavra **como** não indica comparação (tal qual), nem causa (porque).

61) Letra B

Questão de ortografia. Uma simples consulta ao dicionário resolve. A grafia correta é **tessitura**. A questão está baseada na grafia de uma grande quantidade de palavras que apresentam o dígrafo **sc**. Sim, dígrafo, porque em todas elas o **s** não é pronunciado.

62) Letra C

A frase do enunciado está em ordem inversa, no momento em que o adjunto adverbial (daqui a mais ou menos 1 bilhão de anos) se encontra no início do período. A vírgula que ali aparece já foi considerada obrigatória; hoje, por força do uso, vem sendo considerada facultativa.

63) Letra E

Analisemos cada observação feita sobre a concordância nominal. A letra A está errada porque **inviável** concorda com **sobrevivência**, e não com **criatura**. A letra B está errada porque **tornará** concorda com **elevação**, núcleo do sujeito, que está anteposto, e não posposto. A letra C não está correta pois **qualquer** é palavra variável em número: quaisquer. Também não está correta a letra D pois o numeral **terceiro** concorda, sim, com **planeta**. Veja bem: terceiro planeta / terceira estrela.

64) Letra C

Na C está errada a flexão de **forçadas**, uma vez que qualifica um masculino e um feminino. Nesse caso, existe predominância do masculino sobre o feminino; o certo seria "cuidado e proteção forçados". Esse tipo de concordância se chama gramatical ou lógica. Também seria correto dizer "cuidado e proteção forçada", a chamada concordância atrativa. Veja os comentários da questão **20**.

65) Letra E

O verbo **observar** é transitivo direto, sendo **os** o seu complemento, pois o objeto direto é plural: os astros.

66) Letra B

A única palavra que tem relação com **sol** é insolação. Vale dizer que pertencer à mesma área semântica não significa que as palavras devam ter o mesmo radical ou raiz. Basta, para tal, que estejam de alguma forma ligadas pelo sentido. Por exemplo, pertencem à mesma área semântica ou campo semântico as palavras **nuvem**, **chuva**, **água** e **enchente**.

67) Letra A

Os radicais gregos **eol** (de Éolo, o deus do vento) e **termo** significam, respectivamente, "vento" e "calor".

Obs.: De emprego mais amplo é o radical, também grego, **anemo**. Por exemplo, anemômetro, anemofobia etc.

68) Letra D

Um bom recurso para resolver esse tipo de questão é transformar a frase numa construção da voz passiva verbal. Vejamos, pela ordem: qualquer um deles é utilizado; petróleo é queimado; várias áreas são inundadas; barragens são construídas. Percebe-se, assim, que os termos sublinhados têm valor passivo. No caso da letra D, os rios é que possuem uma fauna; o termo sublinhado, então, é o agente. Observe, também, que a opção D é a única em que o elemento não provém de um verbo, o que facilitou um pouco a solução.

69) Letra A

A conjunção **e** na expressão **mais eficientes e menos caras** indica tão somente adição, equivalendo a "além de". Note que nas alternativas B, C e D há um relacionamento de proporção entre um trecho e outro, o que não existe na frase do enunciado. Já na opção E, percebe-se o valor de condição atribuído ao primeiro elemento, o que igualmente não ocorre na frase destacada.

70) Letra B

Os substantivos correspondentes aos adjetivos **renováveis** e **poluidores** são **renovação** e **poluição**, ambos com o sufixo **-ção**.

71) Letra D

No início do texto temos o período "As crianças brasileiras, em geral, chegam à escola com problemas de desnutrição crônica". Ou seja, há outras situações que, por serem menos representativas, não são citadas. Isso só é possível por causa do emprego de **em geral**, que tem a característica exatamente de desprezar dados periféricos, menos importantes.

72) Letra B

O segundo período do primeiro parágrafo traz informações científicas precisas, como a necessidade de a criança, no início de sua vida, adquirir os dez bilhões de neurônios de que o cérebro precisa. Dessa forma, a resposta só pode ser a letra B.

73) Letra E

As vírgulas citadas aparecem no primeiro período do texto: "As crianças brasileiras, em geral, chegam à escola com problemas de desnutrição crônica". A expressão está colocada entre o sujeito e o verbo; diz-se que ela está intercalada, pedindo então as duas vírgulas. Na realidade, são vírgulas facultativas. O que não se pode fazer é usar apenas uma delas.

74) Letra C

A expressão **do cérebro** é complemento nominal da palavra **constituição**. O complemento nominal é um termo passivo, como qualquer complemento. O cérebro não constitui nada, mas é constituído por alguma coisa. Todos os outros termos são adjuntos adnominais dos substantivos que acompanham.

75) Letra A

Os pronomes relativos do texto são, pela ordem, **cujo**, **que** e **que**. Antecedente é o substantivo ou pronome substantivo colocado antes do pronome relativo e por ele substituído na oração adjetiva. Observe o relacionamento antecedente / pronome relativo: produtos cujo, lugares que, nomes e números que.

76) Letra B

Nas opções A, C e E temos o emprego do verbo **haver** com o sentido de "existir": existem bastantes redatores; não sei o que existe por trás das notícias; ainda existe muito o que fazer. Na opção D, verificamos o emprego de **haver** com o sentido de "tempo decorrido", quando então equivale a "fazer": chegaram faz pouco. Na opção B está errado o emprego de **haver**, uma vez que ali deve ser usada a preposição **a**.

77) Letra E

A conjunção **porque** pode ser coordenativa explicativa ou subordinativa causal. No primeiro caso, inicia oração coordenada; no segundo, subordinada. A oração introduzida por **porque**, na frase da opção E, indica a causa do que ocorre na primeira oração, que é a principal do grupo. Não se trata de uma simples explicação, mas do motivo, da causa. Veja como se faz: o fato de eu ser mais velho faz com que eles confiem em mim, ou seja, é a causa da confiança que eles depositam em mim.

78) Letra D

As três primeiras alternativas são claras. Nelas, **lei**, **Justiça** e **opinião** são termos passivos. Pode-se dizer: a lei é aplicada por alguém, a Justiça é distribuída por alguém e opinião é formada por alguém. Na opção D, não temos essa ideia de passividade, pois o **Judiciário** possui a verdade, é termo ativo. Observe bem, e isso pode ser importante para outras questões semelhantes, que **verdade** não é termo derivado de verbo. Na opção E, poderíamos entender que os **advogados** são deslocados por alguém, ou que eles se deslocam por si mesmos. No primeiro caso, o termo é passivo; no segundo, ativo. Como a opção D só admite uma interpretação, não há dúvida de que ela é a resposta da questão.

79) Letra C

Esta questão pode confundir, apesar de sua simplicidade. As palavras **conjunturais** e **conjectura** aparentemente se relacionam. Acontece que o substantivo que dá origem a **conjuntural** é **conjuntura**, que significa "situação", "contexto". **Conjectura** (é preferível grafar esta palavra sem o **c**) significa "hipótese".

80) Letra A

Por ser uma abreviatura, a palavra deve ser seguida de ponto, apesar de nunca, em português, aparecer com sua forma extensa. A vírgula antes dela é facultativa, embora, por conter a palavra **e** (*et*, no latim), talvez seja preferível não usá-la. Quando ela termina uma frase, o ponto abreviativo passa a valer também como final, o que impede a utilização de um segundo ponto. No entanto, outros sinais de pontuação serão utilizados normalmente após a palavra. Veja os exemplos.

Comprei frutas, legumes, verduras etc.

Recebemos mesas, cadeiras, armários etc., mas não pudemos iniciar as atividades. Estavam nervosos, angustiados, ansiosos etc.; resolveram, contudo, participar.

81) Letra D

Na opção A, a forma verbal **podem**, no plural, constitui erro de concordância, pois seu sujeito é **todo fato**, no singular; além disso, falta clareza ao texto. Na B, à qual também falta clareza, há erro de regência verbal no emprego da preposição **em**, pois o verbo **furtar-se** exige **a**; outro erro é o emprego da locução **a partir de**, em relação a uma pessoa. Na C, há erro de concordância na forma verbal **trazem**, no plural, quando seu sujeito é **que**, com um antecedente no singular, o pronome demonstrativo **o**; há também um erro de regência no emprego do verbo **comprazer-se**, que pede as preposições **em** ou **com**, e não **de**, como no texto (se comprazer de algum princípio ético). A alternativa E traz um texto extremamente confuso, impenetrável.

82) Letra C

Na opção A, o certo é "podem", para concordar com **aqueles**, que é o seu sujeito. Na B, o correto é "espere", para concordar com **qualquer gesto**, que é o sujeito da oração (o **se** é partícula apassivadora). Na D, o correto é "costuma", porque a concordância é com **repetição**, núcleo do sujeito. Na E, o certo é "deriva", pois a concordância se faz com **a descrença**, sujeito da oração.

83) Letra B

Na alternativa A, o verbo **aspirar**, que significa "almejar", exige a preposição **a**; portanto, o correto é "a que o jovem Drummond aspirava". Na C, deve-se escrever "a que chega o autor", pois se trata apenas da preposição **a**, e não de uma contração; **à que** estaria correto se correspondesse a "ao que" ou "a aquela que". Na D, o correto é "àquela", pois a palavra **jus** pede a preposição **a**: fazer jus a alguma coisa; ocorre, então, a crase entre a preposição **a** e o **a** inicial do pronome **aquela**. Na E, está errado o emprego da preposição **de**, porquanto se deixa claro alguma coisa, e não de alguma coisa.

84) Letra D

Na letra A, a segunda vírgula está separando o sujeito do verbo. Na B, não existem as duas primeiras vírgulas, pois o termo isolado é adjunto adnominal, que não pede pausa (há situações excepcionais em que isso acontece). Ainda nessa alternativa, a expressão **em vez de uma nota alta** deve ficar entre vírgulas ou dispensar as duas; o emprego de uma única vírgula é errado, pois separa o verbo **dar** de seu objeto direto. Na C, em primeiro lugar, está errado o emprego da vírgula após **dignidade**; em segundo, falta uma vírgula após a palavra **quando**, pois o predicativo **descontente com a falta do professor**, por estar intercalado, exige as duas vírgulas. Na E, em primeiro lugar, falta uma vírgula após **Drummond**, por se tratar de um termo intercalado; em segundo, deve ser retirada a vírgula depois da palavra **decisiva**, que a está separando de seu complemento nominal. Convém ainda dizer que a expressão **a partir de então**, de valor adverbial, pode ficar entre vírgulas ou sem vírgula alguma, que é o caso do texto.

85) Letra A

A palavra **nenhuma**, por ser pronome indefinido, não permite o acento de crase na palavra **a** que a antecede. Pode-se provar isso trocando-a pelo masculino correspondente: a nenhum pensamento. Caso se dissesse **ao nenhum**, haveria acento de crase antes de **nenhuma**. Veja que, se trocarmos **conclusão** por um masculino, teremos **ao**: para se chegar ao pensamento. Esse truque de trocar-se a palavra feminina por uma masculina só não deve ser aplicado quando se tratar de uma locução: às claras, à frente de, à medida que etc.

86) Letra D

Na frase do enunciado, usa-se **que** pois o verbo **criar** não pede preposição, sendo esse **que** o seu objeto direto. Com o emprego de **deu ensejo**, faz-se necessária a preposição **a** (dar ensejo a alguma coisa). Assim, o trecho passa a ser "pelas rotas comerciais a que a exploração do ouro deu ensejo".

87) Letra D

As altas autoridades do governo, como os senadores, recebem o tratamento de Vossa Excelência. Os pronomes de tratamento, sem nenhuma exceção, levam o verbo à terceira pessoa do singular. Não só o verbo, mas também toda palavra a eles relacionada, como os pronomes oblíquos e os pronomes possessivos.

88) Letra C

Na frase destacada, a expressão **sem as instituições** tem claro valor de condição, equivalendo a "se não houvesse as instituições". Não letra C, temos uma oração condicional, com a conjunção **se** subentendida: (se) não fossem as instituições.

89) Letra E

Na alternativa A, o certo seria "obsolescência" e "constitui"; na B, "denegrirem"; na C, "banalização"; na D, "convergem".

90) Letra C

O imperfeito do subjuntivo correlaciona-se com o futuro do pretérito. Por exemplo: se eu <u>pudesse,</u> também <u>iria.</u> No enunciado da questão, temos: "Caso não fossem necessárias as instituições", com o emprego de **fossem**, imperfeito do subjuntivo. Na oração principal que vai completar o período, tem de parecer o futuro do pretérito. Nas opções A, B, D e E, o tempo empregado é o futuro do presente. Só na C, que é o gabarito, aparece o futuro do pretérito: teríamos (tê-las-íamos).

91) Letra E

A forma verbal **têm**, destacada no enunciado da questão, pede objeto direto: ter alguma coisa (medo). **Ter**, portanto, é verbo transitivo direto. Isso apenas se dá na opção E, pois **conhecer** é igualmente um verbo transitivo direto: conhecer alguma coisa (nada). Nas outras alternativas, os verbos são, respectivamente: intransitivo, transitivo indireto, de ligação e transitivo indireto.

92) Letra E

Na letra A, o correto é dizer "são os poetas" e "devem ser"; na B, "está" (seu sujeito é **o encanto**); na C, "acontece" (concorda com **o**, antecedente do pronome **que**); na D, "acabam" (seu sujeito é **turistas**). Ainda com respeito à opção D, convém dizer que a oração "de tudo ver apressadamente" é o complemento nominal de **desejosos**, o que torna facultativa a concordância do infinitivo: de tudo ver ou de tudo verem.

93) Letra B

A resposta se encontra no primeiro parágrafo, principalmente no trecho "que já parecem surgir do berço com as mãos e a alma preparadas".

94) Letra A

A resposta aparece nítida no trecho "ele não trazia consigo essa marca misteriosa dos que foram escalados para morrer cedo".

95) Letra C

Observemos o trecho: "uma certeza que nos contagia, mas que continuamos aparentemente a ignorar, tanto é grave esse reconhecimento". O fato de ser tão grave esse reconhecimento (da certeza que essas pessoas têm da morte precoce) faz com que continuemos aparentemente a ignorar. Percebe-se, também, que é plenamente possível o emprego de **porque**: porque é tão grave esse reconhecimento.

96) Letra C

Para que se passe da voz ativa para a passiva, ou vice-versa, é necessário que o verbo seja transitivo direto, com exceção de **obedecer, desobedecer** e **responder**, que admitem tal transformação. Mas existem alguns verbos que, mesmo transitivos diretos, não podem ir para a passiva. É o que ocorre com o verbo **haver**, na opção C. Vejamos a mudança da voz nas outras alternativas, pela ordem: fazem recriações semânticas; uma nação já é constituída pela quantidade dos micreiros; essa tribo é olhada por alguns velhos homens de letras; uma matéria tinha sido abortada pela jovem repórter citada.

97) Letra E

Nas alternativas A, B e C aparecem os verbos **advir, deter** e **entreter**; o primeiro é derivado de **vir**; os dois últimos, de **ter**. Os verbos derivados conjugam-se da mesma forma que os primitivos. Por isso, o correto é **advierem** (vierem), **detiver** (tiver) e **entretiveram** (tiveram). Na opção D, o erro está em **imisque**. O verbo é **imiscuir-se** (intrometer-se), empregado no presente do subjuntivo. Assim, a forma correta é **imiscua**.

98) Letra A

O verbo, como se sabe, concorda com seu sujeito. Nesta questão, há inversões em cada alternativa, o que pode levar o candidato a não perceber esse relacionamento. Na opção A, que é o gabarito, o sujeito é **os líderes do governo**, o que leva à forma verbal **presumam**, no plural. Em nenhuma outra opção isso acontece. Por exemplo, na B o sujeito é a oração "ponderar as palavras de Einstein".

99) Letra B

Na correlação dos tempos verbais, o imperfeito do subjuntivo pede, na outra oração, o futuro do pretérito. Isso ocorre na opção B, pois a forma verbal **fossem** está em perfeita correlação com **gerariam** e **garantiriam**, ligadas pela conjunção aditiva **nem**.

100) Letra D

Com exceção da letra D, que está perfeita e, por isso mesmo, é o gabarito, todas as alternativas apresentam erros grosseiros de construção. Na opção A, salta aos olhos o afastamento indevido ocorrido entre **Esse livro** e a parte final, iniciada pela palavra **composto**. Na B, o erro de regência contido em **com que**. A C é absurda, com seu emprego descabido do pronome **cujo** (vale lembrar que **cujo** sempre acompanha substantivo). Na E, entre outras coisas, estaria faltando a coisa que se evidencia na responsabilidade social do livro (nos trechos destacados, fala-se na responsabilidade social de Einstein, e não do livro).

101) Letra C

Vamos analisar separadamente cada uma das três orações sublinhadas no enunciado da questão.

- evitar as guerras

O verbo **evitar** é transitivo direto, sendo **as guerras** seu objeto direto. Como tal, ele não aceita **lhes** como complemento. Pode-se dizer **evitá-las** ou **evitar a elas**, sendo **a elas** um objeto direto preposicionado. **As evitar** apresenta erro de colocação pronominal, já que **evitar** não forma locução verbal com **caber**, e sim introduz uma oração com valor de sujeito. Dessa forma, ficam eliminadas as opções D e E.

- desencadeia as guerras

O verbo **desencadear** é transitivo direto; seu objeto direto é **as guerras**. Não se pode usar **lhes**, que é sempre objeto indireto. O pronome indefinido **alguém** exige o uso da próclise. Assim, pode-se dizer **as desencadeia** ou **a elas desencadeia**, sendo **a elas** objeto direto preposicionado. Como se vê, também a opção B fica eliminada.

- deter as guerras

Igualmente, **deter** é transitivo direto. Já vimos que só restam como possíveis respostas as opções A e C. Neste caso, o correto será dizer "as deter", por causa da palavra **como**, que exige próclise. Eliminando-se, então, a alternativa A, temos como resposta da questão a letra C.

102) Letra E

Na alternativa A, o correto é "pode-se compreender", já que o sujeito é oracional. Na B, deve-se dizer "se esclareceu", para concordar com **motivo**, núcleo do sujeito. Na C, o certo é "têm", pois seu sujeito é **incontáveis situações**, no plural. Na D, deve-se corrigir para "aplica-se", porque o núcleo do sujeito é **razão**, no singular.

103) Letra A

Na alternativa B, o certo é "tivessem" e "teriam". Na C, "faltarão", "deixem" e "venhamos". Na D, "haverá". Na E, "depositará", "alimentarão" e "poderá fazer".

104) Letra D

Veja como fica a pontuação nas quatro opções.

a) Paralisada pelo veneno da vespa, nada pode fazer a lagarta, a não ser assistir, viva, à sua devoração pelas larvas que saem dos ovos ali chocados.

b) Nada pode fazer a lagarta, paralisada pelo veneno da vespa, senão assistir, viva, à sua devoração pelas larvas que saem dos ovos e passam a se alimentar das entranhas das vítimas.

c) A pobre lagarta, paralisada pelo veneno da vespa, assiste, sem nada poder fazer, à sua devoração pelas larvas, tão logo saiam estas dos ovos que a compulsória hospedeira ajudou a chocar.

e) Sem qualquer poder de reação, já que paralisada pelo veneno da vespa, a lagarta, compulsoriamente, chocará os ovos e depois se verá sendo devorada pelas larvas que abrigou em suas entranhas.

105) Letra A

Na opção A, que está perfeita, usa-se **por que** pois equivale a "por que motivo", sendo então um advérbio interrogativo; o verbo **aspirar**, quando significa "desejar", pede a preposição **a**. Na B, o correto é "porquê", pois se trata de um substantivo; está errado o emprego da preposição **de**, devendo-se corrigir para "parece que". Na C, foi indevidamente utilizada a preposição **de**, já que **cujo ventre** é o sujeito da oração. Na D, deve-se fazer a correção para "por que" (= por que motivo) e "aos" (imputar alguma coisa a alguém). Na E, o correto é "a que" ou "aos quais".

106) Letra B

A expressão **ao contrário** expressa apenas diferença, e não concessão. Ser contrário é estar em desacordo, é ter ideias diferentes. **Segundo** e **conforme** são sinônimos; podem ser conjunções conformativas ou preposições acidentais, que é o caso da questão.

107) Letra A

Na opção B, o certo é "opõe-se", concordando com **todo e qualquer método científico**; na C, "devem" e "supõe", sendo o **se**, nos dois casos, a partícula apassivadora; na D, o correto é "desanima", para concordar com **um eventual tropeço**; na E, "cabe", para concordar com **reformular**.

108) Letra E

Em "o de que vou aqui tratar", **o** equivale a "aquilo"; a preposição **de** é exigida pelo verbo **tratar**; **vou tratar** equivale a "tratarei". Nas quatro primeiras alternativas, existem erros de regência verbal.

109) Letra D

Na opção A, o segundo elemento está errado, pois se trata apenas da preposição **a**. Na B, o primeiro elemento está errado, pois não pode haver crase antes de verbo. Na C, está errado o segundo elemento, porque não há crase antes de pronome indefinido. Na E, está incorreto o primeiro elemento, pois se trata do objeto direto do verbo **preferir**, ou seja, a coisa preferida; deve-se escreve "as".

110) Letra A

É uma questão bem fácil, porquanto todas as alternativas contêm graves erros de estruturação. A alternativa B não tem sentido: não é a impressão do autor que é educativa. Na C, totalmente desarticulada, a oração iniciada por **que** está pessimamente colocada no texto. Na D, está mal empregada a expressão **haja vista**. Na E, **acarreta** é empregado indevidamente regendo a preposição **em**, embora se trate de verbo transitivo direto.

111) Letra C

O verbo deve concordar com seu sujeito. Apenas na alternativa C o sujeito está no plural: as correções teóricas de Hawking. Assim, deve-se dizer "importam" (as correções importam).

112) Letra E

Questão de ortografia, relativamente simples. Estão erradas as palavras **expontâneo** e **gosando**. Correção: espontâneo e gozando. Muitas palavras com **es** inicial enganam as pessoas. Por exemplo, **esplendor** e **esplêndido**, muitas vezes grafadas indevidamente com **ex**.

113) Letra D

Está errada a flexão de plural do verbo **dever**. Trata-se de um verbo transitivo direto na voz passiva pronominal, sendo o **se** partícula apassivadora. O que parece objeto direto (boa parcela) é, na realidade, o sujeito da oração; um sujeito passivo, como se percebe ao fazer a transformação para "boa parcela do desequilíbrio é devida às oscilações".

114) Letra E

Vamos mostrar os erros de flexão que aparecem em todas as alternativas. Na A, o correto é "requeiram", presente do subjuntivo de **requerer**; a forma **abstermos-nos** está errada porque o **s** cai diante do pronome **nos** (sinônimo de "a nós"); na realidade, o correto, nessa frase, é a próclise (nos abstermos), exigida pela palavra **como**. Na B, o certo é "prover" e "impuser". Na C, o certo é "convier" e "far-se-á" (mesóclise: fará + se); também está incorreto o emprego de **adeque**, forma inexistente na língua, já que o verbo **adequar** não possui o presente do subjuntivo, algo bastante comum entre os verbos defectivos. Na D, um único erro: **comporam**; corrija-se para "compuseram".

115) Letra D

Vejamos os erros de ortografia presentes nas alternativas. Na A, o correto é "propiciou". Na B, "se imiscuíssem" (se intrometessem). Na C, "dissentir" (discordar). Na E, "emergentes".

116) Letra B

Subordinar-se exige a preposição **a**: alguém se subordina a alguém ou a alguma coisa. **Irradiar-se** exige **de**: alguma coisa se irradia de alguém ou de alguma coisa. Assim ficaria, então, o trecho: Tudo se liga, e os países subordinam-se, cada vez mais, aos grandes centros de onde se irradiam as forças do imperialismo econômico.

117) Letra D

Na alternativa A, está errada a palavra **mixto**, que deve ser grafada com **s**: misto; está mal empregado o advérbio **onde**, pois não há ideia precisa de lugar que o justifique; também não está bem empregado o pronome **este**, em face da distância do termo a que ele se refere; melhor seria dizer **ele**. Na B, temos uma redação extremamente confusa, desconexa. Na C, além da gritante falta de clareza, temos erro em **por ventura**, que deve ser escrita em uma só palavra (porventura) e na regência da palavra **imputados** (o certo é **aos índios**). Na E, o certo é "se contraditar a acusação", pois **contraditar** é transitivo direto, sendo o **se** partícula apassivadora.

118) Letra A

Na B, está errada a primeira expressão; o certo é "a que". Na C, o erro se encontra na primeira expressão; o correto é "de que". Na D, há erro na primeira expressão, que deve ser corrigida para "cuja língua", uma vez que não se usa artigo nem antes nem depois do pronome relativo **cujo**. Na E, está errada a primeira expressão, que deve ser corrigida para "da qual".

119) Letra E

A palavra **mediante**, do item II, é sinônima de "por meio de", e não de "salvo". A palavra **só** equivale a "somente", e não a "sozinho", sentido que ela apresenta na frase do item III. Assim, apenas o item I está correto.

120) Letra B

Quase todo o texto mostra o privilégio de sua boa situação social. Logo no primeiro parágrafo isso fica evidente: "Fui ali recebido com os agrados e as condescendências que reservavam para o neto do prefeito da terra".

121) Letra C

Esta questão praticamente dispensa comentários, por causa do sentido de cada expressão destacada. A passividade do jovem fica evidente no emprego dos verbos **mandar** e **botar**, cujo paciente é ele próprio, assim como na construção da voz passiva.

122) Letra E

O regime de exceção de que fala o texto se evidencia nos itens III e IV. Se existia um copo separado para o jovem, é porque ele era uma exceção, ou seja, era destacado dos demais. Da mesma forma, ele não se sentava, como os outros, em caixões de gás, mas em um "tamborete de palhinha", naturalmente mais confortável.

123) Letra D

A resposta aparece, nítida, no trecho "eu me sentia bem com todo esse regime de miséria".

124) Letra D

Um pouco de atenção na leitura é suficiente para acertar esta questão. A forma **veio pedir**, do passado, pede o imperfeito do subjuntivo, também do passado. Veja uma outra frase, menor: Ele veio pedir que eu falasse. Se usarmos o presente, teremos "vem pedir que eu fale", já que **fale** também é presente.

125) Letra B

Na mudança da voz ativa para a passiva analítica, o objeto direto passa a sujeito, e o sujeito, a agente da passiva. Veja abaixo.

<u>O poder público</u> deverá colocar <u>suas fichas</u>...
sujeito   obj. direto

<u>Suas fichas</u> deverão ser colocadas <u>pelo poder público</u>...
sujeito   agente da passiva

A concordância deve ser respeitada, e o tempo verbal não pode ser trocado. Assim, a forma passiva do verbo é **deverão ser colocadas**.

126) Letra A

Fragmentar pede objeto direto, que pode ser **las** (com a queda do **r**) ou **a elas**, um objeto direto preposicionado; eliminam-se, assim, as opções D e E. O pronome **quem** exige próclise: as haverá; no entanto, como se trata de uma locução, admite-se a próclise ao verbo principal: haverá de as administrar. A opção C fica eliminada, pois **lhes** é objeto indireto, não pode ser complemento de **administrar**, que é transitivo direto. A terceira expressão sublinhada só pode se substituída pelo que aparece na opção A. Na letra B, cujas primeiras substituições apresentadas estão corretas, não seria possível o emprego de **lhes**, pois ele não pode substituir expressão iniciada por **de** (dessas verbas).

127) Letra B

Na opção A, o correto é "que" e "a"; na C, "a que" e "cuja"; na D, "para os quais" (para onde) e "nos quais" (em que ou onde); na E, "a que" e "cujo" (retirando-se o artigo **o**: cujo mérito).

Obs.: O verbo **alocar**, de formação recente na língua, é transitivo direto: alocar alguma coisa. Na opção D, usa-se **nos quais** (em que, ou onde) pois os recursos serão alocados nos centros de excelência.

128) Letra C

Há dois erros na letra A: crase antes de artigo indefinido e antes de verbo. Existe um erro na letra B: nunca há crase antes do pronome **cuja**. Há dois erros na letra D: o **a** antes de **que** é somente a preposição exigida pelo verbo **obedecer**; não há crase na locução prepositiva **a despeito de** porque **despeito** é masculino. Existe um erro na letra E: não há crase antes de **todo** pois, além de ser pronome indefinido, é masculino.

129) Letra C

Na letra A, o correto é "morava", porque o sujeito é singular: uma boa parte da criançada; se, em vez de **criançada**, tivéssemos **crianças**, a concordância seria dupla: morava ou moravam. Na B, o certo é "chegavam", pois o sujeito é plural: aqueles agrados e bajulações. Na D, o correto é "tivessem", pois o sujeito é plural: eles (os meninos). Na E, o certo é "deixasse", pois o sujeito é singular: quem.

130) Letra D

A enumeração é feita no momento em que há dois substantivos constituindo o aposto; esses substantivos têm a finalidade de explicar dois termos anteriores: motivo econômico e motivo político.

131) Letra B

Estão grafadas incorretamente as palavras **sansionou** e **repecurção**. O correto é "sancionou" e "repercussão".

132) Letra B

Na letra A, o sentido foi alterado, porque se afirma que não havia motivo, quando o texto original diz "Não sem razão...". Na C, o sentido também foi alterado no momento em que se diz que os fascistas desejavam, quando eles na realidade reprimiam. As duas últimas alternativas não correspondem à frase original, limitando-se a fazer comentários sobre ela.

133) Letra D

Houve, na frase destacada, é transitivo direto, sendo **tamanho poder linguístico** o seu objeto direto. Só na opção D isso acontece, já que **falam** é também transitivo direto; seu objeto direto é **apenas o seu idioma**.

134) Letra A

Estão erradas as palavras **estirpados** e **disimados**. Corrija-se para "extirpados" e "dizimados".

135) Letra E

Na letra A, o certo é "não devem ser entendidas", para concordar com **línguas**, que é o sujeito da oração; o certo é "utilizem", pois seu sujeito é o pronome relativo **que**, com antecedente plural: grupos; o infinitivo pode ser plural ou singular: comunicar-se ou comunicarem-se, porquanto inicia uma oração adverbial reduzida. Na B, o correto é "Acontecem", pois seu sujeito é plural: catástrofes naturais. Na C, o certo é "É comum", porque seu sujeito é oracional: línguas apresentarem...; a concordância não pode ser feita com a palavra **línguas**, mas com toda a oração que ela inicia; dependendo do antecedente considerado, **pode ser** concorda com **conjunto** ou com **falares**, quando então vai ao plural: **podem ser**. Na D, o certo é "nelas ocorrem", porque o sujeito é **alterações**, e **nelas** se refere a **línguas**; está correta a concordância **Define-se línguas** porque se trata do vocábulo em si, podendo subentender-se **palavra**: Define-se a palavra línguas.

136) Letra D

A enumeração é feita por meio de três substantivos: línguas, crenças e conhecimentos, este último com alguns determinantes. Eles explicam, enumerando, a palavra **resgate** e constituem um aposto enumerativo.

137) Letra D

Na letra A, o certo é "precisam" (as comunidades). Na B, o certo é "São bastante variados" (os conhecimentos). Na C, o correto é "consideram" (grupos). Na E, o certo é "precisam ser" (políticas), com a flexão de plural do auxiliar, e não do principal; o correto é "depende" (o ciclo).

138) Letra C

Estão errados os vocábulos **incomprenção** e **regeitando-os**. Corrija-se para "incompreensão" e "rejeitando-os".

139) Letra C

A palavra **agrária** leva acento por ser paroxítona terminada em ditongo; **países**, por causa da letra **i** que constitui hiato com a vogal anterior. Estão nessa mesma regra **domínio** e **saído**.

140) Letra A

Nos dois primeiros casos, a simples troca por palavra masculina resolve o problema: conceder aos homens, ir aos postos. Como aparece **aos**, deve-se escrever **às**. Na última lacuna, o certo é "a", porque **homens**, além se ser masculino, está no plural; basta uma situação dessas para que não se empregue **à** ou **às**.

141) Letra A

A questão está baseada na voz verbal. Na letra A, que é o gabarito, passou-se da passiva pronominal para a passiva analítica: se pensava e se entendia / era pensado, era entendido. O sentido, naturalmente, não se alterou. Na letra E, que poderia confundir, também houve alteração de voz: tinha escrito (ativa) / teriam sido escritos (passiva). A opção não serve como resposta porque, ao se trocar o tempo verbal, alterou-se o sentido.

142) Letra B

Observe que se pode subentender "porque está" na primeira parte da frase. Esse segmento inicial indica a causa do que ocorre no segundo, que, portanto, encerra um efeito. Veja: o homem não é capaz... porque está fatalmente integrado na sociedade.

143) Letra C

Algo que vem à cabeça, de maneira repetida, é recorrente. A palavra não é verbo, mas um nome derivado de **recorrer**.

144) Letra D

Na letra A está mal empregado o pronome **onde**, pois não há ideia alguma de lugar que justifique a sua utilização; deve-se dizer "em que". Na B, o correto é "que" (ou a qual), sem a preposição **a**, pois o **que** é o sujeito da oração; também está errado o emprego de **cujo**, que não pode ser antecedido ou seguido de artigo (o certo é "cujo período"). Na C, o correto é "a que" ou "à qual", porque **compelidos** pede a preposição **a**; pode-se dizer **com os quais**, **para os quais** ou **para com os quais**, de acordo com a regência do adjetivo **severa**. Na E, o certo é, nos dois casos, "da qual", porquanto o substantivo **defensores** e o verbo **arrepender-se** pedem a preposição **de**.

145) Letra E

Antítese é uma figura de linguagem que consiste no uso expressivo de antônimos. Ambas as frases apresentam essa figura. Na primeira, temos a oposição entre **guerra** e **paz**; na segunda, entre **unidas** e **divididas**.

146) Letra D

É uma questão simples de semântica. A parte proposta para a substituição tem rigorosamente o mesmo sentido da outra, mas com palavras e construções muito diferentes. Nas outras opções, há flagrantes mudanças de sentido. Na A, por exemplo, **inteiramente similar** é bem distinto de "não muito diferente". Na B, **obliterar** não equivale a "aplacar". Na C, a frase original tem valor de causa, enquanto a outra indica concessão. A alternativa E, por absurda, dispensa comentários.

147) Letra E

A locução verbal utilizada no texto aparece com seus componentes afastados. Entenda-se: "Possa prevalecer o espírito que motivou Alfred Nobel...". Assim, **poder** atua como auxiliar de **prevalecer**.

148) Letra D

O pronome **cujo** só pode ser empregado em ligação com um substantivo, já que ele é sempre pronome adjetivo. Assim, não tem cabimento seu emprego na letra D. Como o mundo se tranquiliza com alguma coisa, o correto é dizer "com as quais".

149) Letra C

Esses três verbos são derivados, devendo seguir a conjugação de seus primitivos: vir, por e ter. Se colocarmos em seu lugar os verbos primitivos, teremos **vir** (infinitivo pessoal), **terão** (futuro do presente) e **puseram** (pretérito perfeito). Repondo-se os prefixos, chegamos às formas verbais **intervir**, **obterão** e **propuseram**, que se acham na opção C.

150) Letra A

Na letra B, é preciso corrigir para "às atribulações", "à sessão" e "a lápis". Na C, para "A despeito", "aquela" e "a soluçar". Na D, para "a jovem" e "a uma". Na E, para "a distância", "às profundas" e "a que".

151) Letra A

Não há dúvida de que a palavra está mal empregada. A oração começada por ela tem valor de condição, pedindo **caso** ou **se**. Só na alternativa A encontra-se esse valor de condição. Na opção D, temos a junção de duas condicionais, um vício bastante comum hoje em dia. Pode-se dizer **se acaso**, o mesmo que **se porventura**, mas não **se caso**.

152) Letra D

A palavra **mal** deve ser trocada por **mau**, que é o contrário de **bom**: mau desempenho/ bom desempenho. A regência do verbo **comunicar** está perfeita, embora também se admita a que é proposta. A oração iniciada pelo pronome relativo **que** é adjetiva restritiva, não admitindo, pois, a vírgula. O verbo **dispor** deve, na frase, concordar com **terceiros**, antecedente do pronome relativo **que**: terceiros que não dispõem.

153) Letra C

Não se separa o sujeito de seu verbo por meio de uma vírgula. É o que ocorre na primeira linha do texto. A oração **que datava do século passado** é adjetiva explicativa, uma vez que existe apenas um Código Comercial. Dessa forma, está realmente faltando uma vírgula depois de Comercial.

154) Letra D

Na opção A, não existe o acento de crase por causa da preposição **perante**. Na B, o correto é "em face dos sócios e da sociedade". Na C, está errado o emprego da combinação **aos**, porque a preposição **ante** não admite após ela outra preposição; o certo é "os terceiros". Na E, está faltando o acento de crase; o correto é "à sociedade".

155) Letra A

Na opção B, o certo é "não podem os mesmos ser responsabilizados", pois a referência é a **administradores**. Na C, há erro de regência verbal, pois o verbo **haver** pede **em**; deve-se dizer, portanto, "em que haja". Na D, o erro é de colocação pronominal, já que o particípio não admite ênclise; corrija-se para "tenha-se mostrado". Na E, está mal empregado o pronome **onde**; corrija-se para "pela qual".

156) Letra D

Na opção A, o correto é "tivessem sido criados", porque o sujeito é **dois mecanismos**. Na B, há erro de concordância nominal, porque os adjetivos **passível** e **pendente** devem ser empregados no plural para concordar com **malefícios**: malefícios passíveis e pendentes. Na C, está errada a forma verbal **mostram**, pois o núcleo do sujeito é **incidência**, singular; o correto é "mostra". Na E, está errada a forma verbal **excluir**, já que seu sujeito é **esses controles**, plural; a palavra **se** é uma partícula apassivadora, sendo correto dizer "de se excluírem esses controles".

157) Letra C

A alternativa A está errada porque o primeiro **que** é conjunção integrante (observe que ele está depois de um verbo, podendo sua oração ser trocada por **isto**). Na letra B é absurda a explicação dada, pois o antecedente do pronome é uma palavra plural, e é com ela que o verbo deve concordar. Na D, a afirmativa está errada pois o **de** é exigido pelo substantivo **sinal**, e não pelo verbo. Na E, o sentido da palavra é "clareza", "nitidez"

158) Letra C

Nesse tipo de questão, devem-se procurar os trechos que poderiam ser o início de um texto. Só os dois últimos poderiam fazê-lo, o que elimina as alternativas D e E. O gabarito é a letra C porque há uma ligação lógica entre o quarto e o primeiro trechos, que então recebem, respectivamente, os números 1 e 2, disposição essa só encontrada na opção C.

Obs.: Esse método (verificar qual ou quais os trechos que podem iniciar um texto) à vezes leva à eliminação de três ou até quatro alternativas; eliminando-se quatro, nem se faz necessário quebrar a cabeça na tentativa de colocar em ordem.

159) Letra D

Na alternativa A, o certo é "definem", para concordar com **contratos**. Na B, o correto é "preveem", para concordar com **contratos**. Na C, o correto é "eficientes", para concordar com **empresas**. Na E, o certo é "às Leis" (anteriores **aos** projetos).

160) Letra A

Questão confusa. Procure, para não se perder, resolvê-la pela ordem das lacunas a serem preenchidas. Que palavra, das propostas ao lado dos parênteses, preenche a primeira lacuna? A palavra **que** (que entrou em operação); coloque assim o número 1 nos parênteses correspondentes à palavra **que**. Faça o mesmo com a segunda lacuna, que receberá a palavra **ou** (ou foram licitados com sucesso); dessa forma, coloque nos parênteses da palavra **ou** o número 2. Seguindo assim, chegaremos à numeração constante na alternativa A.

161) Letra D

A palavra **porque** deixa o texto com erro gramatical. Deve-se escrever "por que estava ali", uma vez que se trata do advérbio interrogativo de causa. Uma maneira prática de verificar tal coisa é a troca por **por que motivo**. Sempre que isso ocorrer, a palavra será escrita em separado: por que.

162) Letra C

A forma verbal **há**, no texto, indica tempo decorrido. Pode ser substituída por **faz**, igualmente no singular, e não **fazem**, pois a oração não tem sujeito.

163) Letra C

O correto é "às operações" (aos trabalhos de carga).

164) Letra C

Na opção A encontramos o verbo **recorrer**, que rege a preposição **a**: quem recorre recorre a alguém, e não com alguém; assim, o certo é "e a eles recorriam os colegas". O erro da opção B é de concordância verbal, pois o sujeito da forma verbal **tenham** é **fluência**, no singular; a palavra **se** é uma partícula apassivadora (note que o verbo é transitivo direto), devendo-se então corrigir para "é que se tenha fluência". O verbo **impor**, na alternativa D, é transitivo direto e indireto: quem impõe impõe alguma coisa a alguém; dessa forma, o correto no trecho é "a quem se impõe o desafio". Na alternativa E aparece um erro de concordância verbal, porque o pronome relativo **que** leva o verbo a concordar com o antecedente, **as estratégias**, no plural; o certo, pois, é "as estratégias que funcionam".

165) Letra B

O sujeito do verbo **servir** é composto, tendo como núcleos as palavras **intensificação** e **ampliação**; por isso, o correto é "serviram", que se propõe no item II. O verbo **intervir**, na terceira pessoa do plural do presente do indicativo, é **intervêm**. Assim, está correta a substituição por "interferem", seu sinônimo, proposta no item V.

166) Letra C

As duas expressões, bastante conhecidas, têm sentidos diferentes, podendo ser consideradas antônimas. **Ir de encontro a** é "ir de maneira contrária". **Ir ao encontro de** é "ir de maneira favorável". Assim, devemos dizer "O carro foi de encontro ao poste" (bateu no poste) e "Seus pensamentos vêm ao encontro dos meus" (estão de acordo com os meus). Se dissermos "Seus pensamentos vêm de encontro aos meus", estaremos mostrando uma discordância de pensamentos, não uma concordância.

167) Letra A

Os verbos terminados em **ear**, como **nortear**, apresentam o ditongo **ei** nas formas rizotônicas: norteio, norteias, norteia, norteiam; norteie, norteies, norteie, norteiem.

168) Letra C

Na opção A, está errada a vírgula após **setor**, pois separa o sujeito do verbo; também não é correto o emprego de **alguns**, que se refere a **empresas**, feminino. Na B, o correto é "ficarão", para concordar com **empresas**. Na D, o correto é "há muito tempo", pois se trata do verbo **haver**, e não da preposição **a**. Na E, o certo é "encontram", verbo transitivo direto usado com a partícula apassivadora **se**; como o sujeito é plural, o verbo tem de ir ao plural: que se encontram os avanços mais notáveis (que os avanços mais notáveis são encontrados).

169) Letra D

Na letra A, o correto é "perante o qual", porque o antecedente do pronome relativo é **delito**, singular. Na B, o certo é "em face do comedimento". Na C, deve-se dizer "decepções que o mundo nos oferece", não tendo cabimento nem a preposição **a** nem o pronome **se**. Na E, o correto é "nem sequer", pois a palavra **sequer** deve ser usada com palavra negativa; também está errado o pronome **lhes**, já que o referente dele (cidadão), sendo singular, pede **lhe**: falta-lhe.

170) Letra A

Com exceção da alternativa A, todas apresentam erros gramaticais evidentes. Por exemplo, o emprego de **por que** (duas palavras), nas opções B, C e E, quando o correto é "porque", sinônimo de "pois". O que decide entre A e D é o emprego de **o**, igual a "isso", na opção A. Na D, aparece **a**, que não se justifica.

171) Letra D

O correto é "contrataram", para concordar com **compradores** (do serviço que os compradores contrataram). Também ocorre erro de regência no final do trecho. Corrija-se para "nem mais nem menos do a que têm direito", ou, mais agradável e claro, "nem mais nem menos daquilo a que têm direito".

172) Letra B

A afirmativa da opção A está errada pois o Vocabulário não dá liberdade normativa, uma vez que registra as palavras da língua sem a pretensão de estabelecer o que é certo ou errado, competência da Gramática Normativa. Na opção C, há erro pois os dois nomes compostos pertencem a diferentes classes gramaticais: científico-tecnológico é adjetivo; cultura-nação, substantivo. Na alternativa D, os demonstrativos **aquela** e **esta** referem-se, respectivamente, aos substantivos **cultura** e **civilização**, nada tendo a ver com as pessoas gramaticais no espaço; são, na realidade, elementos anafóricos. Na opção E, o erro é considerar **dele** um pronome possessivo.

173) Letra A

Fazendo a correção, temos, respectivamente: acerca dos, a fim de, faz-se e discutirmos.

174) Letra A

A metáfora é uma figura de linguagem que consiste numa comparação implícita. Se disséssemos "O tempo é como um tecido invisível", teríamos uma comparação ou símile; sem o **como**, um metáfora.

175) Letra A

Intervir é derivado de **vir**, conjugando-se como ele. Como se diz **vieram**, diz-se **intervieram**. Isso ocorre com todos os verbos derivados, como compor, impor, repor, manter, deter, provir, advir, rever, antever, desfazer, condizer etc. São exceções **requerer** e **prover**, que têm conjugação diferente. **Dever** e **precaver** não são derivados, como parece.

176) Letra B

Cerca de significa "aproximadamente". Na primeira frase, o correto é "há cerca de um ano", pois se trata do verbo **haver** indicando tempo decorrido. Na segunda, o **a** é preposição, não havendo, portanto, erro gramatical.

177) Letra D

Quando a um verbo terminado em **s** segue-se o pronome **o** (e flexões), ocorre a queda desse **s**, passando o pronome a **lo** (e flexões); assim, o correto é "devemo-lo". Cuidado especial requer a colocação pronominal que aparece na letra E; a próclise ocorre em função do pronome relativo **que**, afastado do verbo por uma expressão entre vírgulas.

178) Letra B

A expressão **a partir de então** só poderia aparecer logo após a menção feita a um determinado tempo, que no caso é "há 100.000 anos". Qualquer outra colocação deixa o texto incoerente e gramaticalmente incorreto.

179) Letra A

A chave dessa questão é a primeira lacuna. Nitidamente, **ordenado** pede a preposição **por** (ordenado por um hormônio), o que elimina três opções. O que distingue a opção C da A são as palavras **questionado** e **acerca de**. Talvez **questionado** cause algum problema, porém **acerca de**, que significa "sobre", deixa o texto absolutamente sem sentido.

180) Letra E

Apenas o terceiro trecho poderia ser o início do texto, porquanto todos os outros remetem a algo que já foi citado. Assim, a resposta só pode ser C ou E, pois é nessas alternativas que o número 1 aparece em terceiro lugar. A resposta é a letra E porque a ligação do terceiro trecho (número 1) só pode ser com o quinto (número 2), o que elimina a opção C.

181) Letra B

O verbo **caber** exige a preposição **a**, que deve ser usada antes do pronome relativo. Assim, o correto é dizer "a quem cabe transformar a vontade governamental em lei". Também seria correto "a que" ou "ao qual". Vale lembrar que o pronome **quem** sempre se refere a pessoas; o Congresso, no caso, é a reunião de deputados e senadores, podendo ser antecedente do pronome **quem**.

182) Letra A

O que se encontra é o exemplo, não cabendo, pois, a substituição por **é encontrada**. Pode-se, isto sim, substituir por **é encontrado**.

183) Letra E

A segunda vírgula do texto está errada, pois a palavra **e** não a permite; também está mal empregada a vírgula após a conjunção **porquanto**, que exige a que está antes dela, mas não permite a que se lhe segue. Aliás, só se usa vírgula depois de conjunção se houver alguma expressão intercalada, ou seja, entre vírgulas.

184) Letra E

As quatro primeiras opções são de gramática e estão perfeitas. A letra E, de compreensão textual, tem sua resposta no trecho "O sentido de ser campeão se construiu e consolidou ao longo do século XX", ou seja, não apenas em vinte anos.

185) Letra A

O texto fala do êxito econômico desses países, não de hegemonia política, que é outra coisa. Aliás, destaca os Estados Unidos dos demais, quando afirma "Entretanto, por razões óbvias, foram os Estados Unidos, com o sucesso do New Deal, que marcaram uma nova época em nossa civilização".

186) Letra C

Havia mudado é uma locução verbal, cujo auxiliar é o verbo **haver**, que não é, como se afirma na opção C, impessoal. O sujeito da oração é **o corpo político**, que, indo ao plural, exigirá que a locução verbal também se pluralize: Os corpos políticos haviam mudado.

187) Letra E

O item I está errado porque o verbo **permitir** deve concordar com **transferência**: "É a transferência... que permite combinar...". Como os outros itens não têm erro de concordância verbal, a resposta é a letra E.

188) Letra E

Está sendo usada a preposição **em** após o verbo **grassar**, como se a ineficiência fosse o lugar em que grassou o descaso com a coisa pública. Na realidade, o que grassa é **a ineficiência** (ela se espalha), sendo o sujeito da oração. Veja abaixo outras frases com esse verbo.

As margaridas grassavam nos campos ensolarados. Aquela doença grassou rapidamente na região. Grassam no interior muitos boatos.

189) Letra C

A palavra **resposta** rege a preposição **a** (resposta a alguma coisa). Assim, como o substantivo **crise** está determinado pelo artigo, deve escrever-se "à crise". Observe que se pode dizer **resposta ao problema**.

190) Letra E

A expressão **não obstante** tem valor concessivo; seu emprego causa incoerência, pois a oração tem sentido causal, exigindo palavras como **pois, porquanto, porque** etc.

191) Letra C

Em **tratam-se** há um erro de concordância. Nessas condições (com a palavra **se** e regendo a preposição **de**), o verbo **tratar** fica sempre no singular: trata-se de simples anotações, trata-se de enganos perigosos etc.

192) Letra D

A vírgula do número 4 está separando o complemento nominal (para uma boa administração) da palavra regente (imprescindível), o que é inadmissível em português.

193) Letra C

O item II está errado porque falta concordância entre o verbo **demonstrar** e seu sujeito, cujo núcleo é **esclarecimentos**; o correto é "demonstram". O item III contém erro de concordância nominal; está errada a expressão **haja visto**, que deve ser corrigida para "haja vista".

194) Letra D

Há erro de concordância no emprego do verbo **envolver**, que está no plural quando seu sujeito é singular; o correto, portanto, é "envolve": a sistemática envolve.

195) Letra C

A questão está baseada nos elementos conectores que aparecem no início de cada trecho. A palavra **também** serve para incluir novas informações, sem que se quebre a estruturação sintática do período. Tal não ocorre com **apesar disso**, **na medida em que**, **portanto** e **em compensação**, que deixam o texto desconexo.

196) Letra C

A conclusão que se tira, na opção C, introduzida pela palavra **pois**, é válida. A sequência, no entanto, é confusa. Em **substitui-lo**, além do erro de acentuação gráfica (não foi usado o acento), temos o uso indevido de **lo**, uma vez que a questão do homem é substituída pela questão da tecnologia, o que leva ao pronome **la**. Mesmo fazendo essa correção, o trecho ainda não daria prosseguimento lógico ao texto destacado.

197) Letra A

Além de não haver relação direta entre os dois termos, seria impossível a palavra **realidade** retomar a expressão destacada na letra A, uma vez que tal expressão aparece depois dela. Só é possível retomar algo que já passou no texto.

198) Letra A

No item III afirma-se que seria correta a regência nominal **dependência com**. Está errado, pois o substantivo **dependência** rege a preposição **a**: dependência a alguma coisa. Já a forma verbal **concerne** tem apenas um complemento: ao agravamento das condições de trabalho e de vida. A segunda expressão, dada também como complemento de **concerne**, liga-se, na realidade, a **tanto no**: tanto no... quanto na dependência tecnológica, cultural e ideológica.

199) Letra D

Na alternativa A, deve ser retirada a vírgula antes de **que**, pois essa palavra inicia oração adjetiva restritiva; a presença da vírgula daria uma ideia, equivocada, de que todas as ações individuais ou coletivas buscam. Para as alternativas B e C, vale o comentário feito anteriormente, ou seja, as orações são restritivas, e não explicativas, estando erradas, respectivamente, as vírgulas depois de **poder** e **instrumentos**. O comentário vale também para a opção E, que apresenta duas orações adjetivas restritivas; assim, devem ser eliminadas as vírgulas colocadas após **imagens**, **ser humano**, **adversário** e **vidas**.

200) Letra A

O texto fala, de ponta a ponta, da necessidade de a energia ser usada de maneira positiva. O melhor título, realmente, é o que aparece na letra A.

201) Letra C

A resposta encontra-se, clara, no trecho "Pequenas e médias hidrelétricas e também algumas muito grandes, como a Xingó, no Nordeste, têm um impacto socioambiental positivo". Ou seja, as médias e as grandes estão incluídas, o que contraria a afirmativa da opção C.

202) Letra A

O emprego da palavra **como** levaria necessariamente ao aparecimento de uma outra oração, o que não ocorre. Além disso a pontuação está errada, devendo ser utilizada a vírgula, e não o ponto e vírgula.

203) Letra A

Na opção B, o correto é "finalizadas", para concordar com **negociações**. Na C, o certo é "parceiros", para concordar com **concessionárias** e **governos**. Na D, o certo é "gratuito", para concordar com **acesso**. Na E, deve-se escrever "têm", para concordar com seu sujeito, que está no plural: **mais de doze milhões de brasileiros**.

204) Letra B

A palavra **importância** rege a preposição **para**: importância para o desenvolvimento; isso seria suficiente para resolver a questão. Na última lacuna, a regência de novo nos ajuda e nos dá certeza da resposta: relacionados à preservação (relacionados ao desenvolvimento).

205) Letra D

O certo é "Assegurava-se", pois o sujeito é singular: o direito. O **se** é partícula apassivadora, admitindo-se a troca para **o direito era assegurado**.

206) Letra B

O correto é "deles", porque o termo tem como referente a palavra **reatores**.

207) Letra D

Na primeira lacuna seria impossível usar **tais** ou **aquelas**, pois esses termos precisariam de algo antes. Na segunda, o verbo **ajudar** aparece seguido de um infinitivo, situação em que exige a preposição **a**. Na terceira, o verbo **minimizar** é transitivo direto, sendo, assim, seu complemento acompanhado apenas por um artigo. Na quarta, aparece o verbo **haver**, no presente do indicativo, porque adiante se encontra "para que se processe". Na quinta, o emprego mais lógico é mesmo o do artigo definido.

208) Letra C

Os relacionamentos de causa e efeito apontados podem ser localizados no texto. Opção A: linhas 1 a 3; opção B: linhas 5 e 6; opção D: linhas 9 e 10; opção E: linhas 7 e 8. A opção certa é a C, porque nada no texto relaciona, em termos de causa e consequência, o acesso à multiculturalidade ao acesso às telas do computador.

209) Letra D

O verbo **viver**, na linha 11, é transitivo direto, sendo seu objeto direto o pronome relativo **que**. Na linha 15 esse mesmo verbo aparece como intransitivo, acompanhado de dois adjuntos adverbiais: **como** (de modo) e **em um mundo multicultural** (de lugar). A opção A está errada porque **são** concorda com o predicativo **mudanças**. A opção B está errada porque, se fizermos a substituição sugerida, teremos **existe**, e não **existem**, estabelecendo-se a concordância com a palavra **questionamento**, núcleo do sujeito. Na opção C, **têm**, no plural, concorda com **modos**; a propósito, com acento ou sem acento qualquer forma verbal é sempre tônica. O erro da opção E consiste no fato de que a variação existente em **torcíamos/torcemos** é apenas de tempo, uma vez que o modo é o mesmo nas duas formas verbais, ou seja, indicativo.

210) Letra A

Em **pelos quais**, temos a preposição **por** mais o pronome relativo **os quais**. Assim, é possível fazer a troca de **os quais** por **que**, pronomes sinônimos, desde que se mantenha a preposição **por**, exigida na frase.

211) Letra A

Na opção B, o pronome **nenhum**, no singular, leva os verbos seguintes ao singular: afirmou, relatou e ouviu. Na C, há erro de concordância nominal, pois a palavra **instauração**, por estar determinada pelo artigo **a**, leva o adjetivo a flexionar-se em gênero: ser necessária a instauração. Na D, **uma nota** leva o particípio do verbo **publicar** ao feminino, por se tratar da locução da voz passiva: foi publicada uma nota. Na E, outro erro de concordância nominal: **anexo**, por ser um adjetivo, concorda normalmente com o substantivo a que se refere: seguia anexa a cópia.

212) Letra A

Os verbos derivados de **ter** e **vir** levam acento circunflexo na terceira pessoa do plural do presente do indicativo, da mesma forma que os primitivos. No singular, tais verbos seguem as regras gerais da acentuação, ou seja, por serem oxítonos, levam acento agudo. Está errada a forma verbal **detêm**, na opção A, porque seu sujeito é singular; o correto, dessa forma, é "detém": cada indivíduo detém.

213) Letra B

Há dois erros de regência no trecho. A oração começada pelo primeiro **que** é predicativa, não sendo correto o emprego da preposição **de**; corrija-se para "A estimativa é que metade das empresas não declarou". Está errado o emprego de **em** após **constam**, pois a expressão **cerca de 40 mil empresas** é o sujeito da oração; o certo, portanto, é "constam cerca de 40 mil empresas".

214) Letra C

O único trecho que poderia iniciar o texto é o quarto. Assim, a resposta só pode ser a letra C, pois só nela encontramos o 1º. no quarto espaço. Quando isso ocorre, nem é preciso tentar colocar os trechos em ordem.

215) Letra E

A vírgula citada na alternativa E se deve ao fato de a oração iniciada pelo **que** ser adjetiva explicativa, e não restritiva.

216) Letra D

Num é contração da preposição **em** com o artigo indefinido **um**. Seu emprego é legítimo, culto, e o falante fica livre para optar por **num** ou **em um**, tanto na língua oral quanto na escrita.

217) Letra C

A expressão **não obstante a unidade básica** dispensa a conjunção **contudo**, cujo emprego, no trecho, constitui erro gramatical. Também há erro na forma verbal **acentuem**, pois seu sujeito é singular: tendência; o certo é "que se acentue tendência".

218) Letra B

A primeira lacuna é preenchida com **a** (preposição), porque não poderia haver artigo antes de **partir**. A segunda, com o artigo **a** (a democracia/o governo). As quatro seguintes, com a contração **à** (observe que, trocando por palavra masculina, aparece **ao** em todas elas). A penúltima lacuna, com a preposição **a**, pois não poderia ocorrer **à** antes do artigo indefinido, além de tratar-se de masculino. A última, com **à** (observe o aparecimento de **ao**, na troca por um substantivo masculino).

219) Letra E

O verbo **prever** está indevidamente flexionado, pois o núcleo de seu sujeito é **participação**, palavra com a qual deve concordar: prever-se a participação. O **se** é partícula apassivadora, sendo possível a mudança para **a participação ser prevista**.

220) Letra A

A opção B está errada porque o verbo **entender** é transitivo direto, não admitindo que seu complemento, por ser oracional, se inicie pela preposição **de**. A alternativa C está errada pois o verbo **garantir**, pela lógica, só pode ter como complemento **a segurança nacional do país**. Está errada a opção D porque o núcleo do sujeito de **deverá** é singular. A alternativa E, por absurda, dispensa comentários.

221) Letra E

O erro da opção E consiste no emprego de **requerendo**. A substituição seria perfeita se não houvesse esse verbo: como também a impessoalidade.

222) Letra A

O pronome relativo **o qual**, antecedido de **a partir de**, tem como antecedente a palavra **equilíbrio**.

223) Letra C

Não está correto o emprego da preposição **a** antes do pronome **cujos**, pois ele faz parte do sujeito da oração: **cujos direitos legais**. Isso fica bem claro se trocarmos **cujos** por **seus**: seus direitos legais os resguardam. A troca por um pronome possessivo é uma boa maneira de verificar se **cujo** (e flexões) está bem empregado.

224) Letra C

Na opção A, fala-se em pensamento religioso, enquanto o texto aponta para os valores éticos do indivíduo. A opção B não serve porque faz menção ao confronto moral/ética, que não tem apoio no texto. Na D, fala-se que "a ciência também produz", enquanto o texto em momento algum cita a ciência. O mesmo ocorre na opção E, que alude ao avanço dos conhecimentos científicos.

225) Letra A

A palavra **Se** é uma conjunção subordinativa, sendo impossível sua retirada do texto. Isso apenas seria possível se transformássemos a oração em reduzida de gerúndio: Constituindo o trabalho...

226) Letra D

O erro da opção D é o emprego do presente do subjuntivo do verbo **estabelecer** no lugar do presente do indicativo; o correto é "estabelece", uma vez que não há qualquer ideia dúbia no ato de estabelecer, o que pediria algum tipo de conectivo (que estabeleça) ou um advérbio de dúvida (talvez estabeleça).

227) Letra D

A primeira lacuna se preenche com **vem**, porque o sujeito da oração é singular: **o trabalho**. A segunda com **convém**, no singular, porque a concordância do verbo se faz com o antecedente (significado) do pronome relativo **que**, sujeito da oração. A terceira, com **obtém-se**, no singular, para concordar com seu sujeito, **o conceito de cultura do trabalho**, sendo a palavra **se** um pronome apassivador; a ênclise é obrigatória por estar o verbo no início do período, ou seja, sem palavra atrativa que justificasse a próclise. A quarta é problema de ortografia: um bom dicionário mostra a grafia correta da palavra.

228) Letra C

Particípio não admite ênclise. O correto é "e se estruturado".

229) Letra D

O verbo **incluir** é transitivo direto, empregado na voz passiva pronominal. O sujeito é singular, e a palavra **se** classifica-se como pronome apassivador. O certo é "também se inclui" (a demarcação também é incluída).

230) Letra E

O correto é "emergiu". O verbo **emergir** significa, a princípio, "sair do líquido". Por extensão de sentido, é usado com o significado de "surgir". **Imergir**, seu parônimo, significa "entrar no líquido", "submergir".

231) Letra D

Tratar, com o pronome **se** e regendo a preposição **de**, não pode ir ao plural. O certo é "Trata-se".

232) Letra D

O certo é "constitui" e "envolve", pois o núcleo do sujeito é **cooperação**, singular.

233) Letra B

Há dois erros de pontuação. Falta uma vírgula após **futuro**, para marcar a omissão do verbo (é), escrito anteriormente; é o que se conhece como zeugma. Está errada a vírgula colocada depois de **Israel**, pois separa o verbo de seu sujeito.

Obs.: Nos casos de zeugma, entendem alguns autores que a vírgula é facultativa.
Parece-nos mais adequado, em termos de concursos públicos, considerá-la obrigatória.

234) Letra C

O uso do presente, nos casos destacados, tem um sentido amplo, genérico. Não há como inferir, por seu emprego, que a menção é apenas àqueles em que as ações fiscais foram concluídas. Faltam elementos, informações precisas que permitam tal conclusão. Essas formas verbais referem-se aos cartórios de um modo geral, destacando uma característica negativa de boa parte deles no território nacional.

235) Letra B

Não se usa vírgula após um pronome relativo, a menos que apareça adiante uma outra, de tal forma que, juntas, isolem um termo intercalado na oração. Isso poderia dar-se, no texto da questão, da seguinte forma: um contribuinte que, por qualquer motivo, não tenha capacidade econômica... Observe que a expressão **por qualquer motiv**o ficou entre vírgulas.

236) Letra A

Na opção B, a troca não é possível porque não é o mercado que comporta oscilações, mas a absorção dos jovens. A proposta da letra C é absurda, deixaria a frase desconexa. Cuidado com a opção D, perigosa; **conquanto** é sinônimo de "embora"; **apesar de**, não; caso se use **apesar de**, que é locução prepositiva, e não uma conjunção, ficará errada a forma verbal **sejam**. Está errada a alternativa E, porque **afetam** concorda com o sujeito composto: a estreiteza do mercado de trabalho e a baixa remuneração.

237) Letra E

Uma coisa conflita com outra. O verbo **conflitar** não admite a forma pronominal.

238) Letra A

Questão estranha, com aparência de difícil. Apenas aparência. Observe que o pequeno texto apresentado foi dividido em quatro partes, a cada uma cabendo uma letra. **Descumprir a lei** (A), que é o sujeito de **gera**, leva a **gera o risco** (B). A palavra **risco**, que está em B, leva a dois complementos nominais (risco de quê?): **da punição prevista pelo Código Penal** (C) e **de sofrer sanções civis** (D).

239) Letra A

O item II está errado porque existe, sim, a avaliação das pessoas, como se vê entre as linhas 2 e 5. O item III, bastante confuso, não deve ser aceito como verdadeiro pois, com se vê no primeiro período, moral e ética não são fatos ou institutos jurídicos (o item fala de institutos diversos, entre os quais podem incluir-se, naturalmente, os jurídicos).

240) Letra D

O valor adjetivo, obviamente, é mantido ao se empregar a oração desenvolvida. Porém, a oração deve continuar como explicativa, entre vírgulas. Se a transformarmos em adjetiva restritiva, como sugere a opção, ou seja, sem as vírgulas, o texto não ficará correto.

241) Letra E

Apresenta-se alguma coisa a alguém, o que elimina as três primeiras opções. A pessoa é guardiã de alguma coisa, o que elimina a alternativa D. Assim, a resposta fica sendo a letra E.

242) Letra E

Na opção A, o certo é "fossem", para concordar com o sujeito composto: os pesquisadores e os arqueólogos. Na B, o certo é "houver", pois o verbo **haver**, significando "existir", não admite plural. Na C, o correto é "comentou", para concordar com **nenhuma**. Na D, o certo é "descobriu", porque a palavra **ou** indica exclusão, ou seja, apenas um dos dois descobriu.

243) Letra C

Na opção A não se usa o acento porque o **a** está antes de verbo. Na B, antes de palavra no plural. A opção D tem dois **as**: o primeiro é apenas o artigo; o segundo liga palavras repetidas, quando então é somente uma preposição. Na E, a palavra é apenas um artigo.

244) Letra A

A conjunção **como** equivale a "porque", situação em que se classifica como subordinativa causal. A oração indica, então, a causa do que ocorre na outra.

245) Letra C

O correto é "acreditam" porque o sujeito é plural: **90% de seus habitantes**. Nas frases com números percentuais, se houver a seguir palavra no singular, podem ocorrer as duas concordâncias: 90% da população aprovou, 90% da população aprovaram. Não é o caso desta questão, em que segue a palavra **habitantes**, também no plural.

246) Letra C

Na frase em destaque, **trabalho** é substantivo. Na opção C, **resultados** também é substantivo (observe o emprego do artigo **os**).

247) Letra D

O **lhe** da frase em destaque corresponde a um pronome possessivo; poderíamos perfeitamente dizer "examinava as mudanças do seu rosto". Quando isso ocorre, ele é analisado como adjunto adnominal, mesma função sintática de **de uma criança**. Para alguns autores, o pronome átono nessas condições é objeto indireto de posse, termo não abonado pela Nomenclatura Gramatical Brasileira.

248) Letra B

Proscrever é "afastar". **Restabelecer** significa mais ou menos o contrário, podendo ser considerado um antônimo.

249) Letra D

As duas orações do período se opõem, são antagônicas. Assim, deve-se usar uma conjunção concessiva, como **embora**, **conquanto** etc.

250) Letra E

O sentido real da frase é que as pessoas estão envelhecendo. Assim, houve troca da parte (pessoas) pelo todo (mundo). A esse tipo de substituição dá-se o nome de metonímia. A metonímia ocorre em inúmeras situações, sempre havendo troca entre termos que têm uma relação real, objetiva.

251) Letra A

Manter e **propor** são verbos derivados de **ter** e **por**. Como se diz, nos tempos verbais das frases dadas, **tiver** (futuro do subjuntivo) e **puseram** (pretérito perfeito), seus derivados são **mantiver** e **propuseram**. Em outras palavras: conjuga-se o verbo primitivo no tempo solicitado e coloca-se o prefixo.

252) Letra E

As quatro primeiras palavras levam acento por serem paroxítonas terminadas em ditongo. Já **raízes** é acentuada por causa da letra **i**, segunda vogal do hiato, que é tônica e está sozinha na sílaba. O mesmo vale para a letra **u**, em palavras como **saúde** e **baú**.

253) Letra D

O verbo **assistir**, com o sentido de "ver", pede objeto indireto introduzido pela preposição **a**; se o objeto é representado por um pronome relativo, antes deste se coloca a preposição. Por isso, a primeira lacuna se preenche com **a que**. A palavra **incompatível** rege a preposição **com**; dessa forma, a segunda lacuna só pode ser preenchida por **com as**.

254) Letra C

Na opção A, o certo é "contigo" ou "com você", pois **consigo** só pode ser empregado como reflexivo. Na B, deve-se usar "eu", por se tratar do sujeito do infinitivo **divulgar**. Na D, o correto é "o", e não **lhe**, porque o verbo **ver** pede objeto direto. Na E, o correto é "fora de mim", já que o verbo está na primeira pessoa do singular: **fiquei**. Na alternativa C, que é o gabarito, também se poderia dizer "fui eu que a levei".

255) Letra B

Os prefixos **anti-** e **ante-** têm sentidos diferentes. O primeiro significa "contra"; o segundo, "antes". Nas outras opções, os prefixos têm, respectivamente, os seguintes significados: negação, negação, metade e posição abaixo.

256) Letra E

Ambiguidade ou anfibologia é o duplo sentido que algumas frases apresentam, por terem sido mal construídas. Na opção E, o mau emprego de **suas** não me deixa saber a quem pertencem as declarações: aos senhores ou ao professor?

257) Letra C

Para dar mais expressividade à frase, às vezes se troca o imperfeito do subjuntivo (fosse) pelo pretérito mais-que-perfeito (fora). A esse artifício se dá o nome de **enálage**. Outras trocas de tempos verbais podem ocorrer por conta da enálage, mas é preciso ter cuidado, pois nem sempre é permitido fazer a substituição.

258) Letra B

É comum na língua portuguesa o advérbio de intensidade modificar outro advérbio, não necessariamente de modo, como ocorre na opção B. Assim, pode-se dizer: bastante longe, muito provavelmente, bem devagar etc.

259) Letra A

Em concordância nominal, estuda-se que **mesmo** e **próprio** concordam com o termo a que se ligam na frase. Assim, diz-se "ele mesmo", "ela mesma", "ele próprio", "elas próprias", "a mesma comida", "as próprias roupas" etc. Portanto, o correto na opção A é "Ela mesma examinou as pérolas".

260) Letra E

O sujeito da oração é **A pérola**; o predicado, **estava murcha**. Nota-se que o adjetivo **murcha**, colocado dentro do predicado, qualifica o sujeito. A isso, em análise sintática, se dá o nome de predicativo o sujeito.

261) Letra C

Eis o verbo **ver** no futuro do subjuntivo: vir, vires, vir, virmos, virdes, virem. Observa-se que a letra **e** passa a **i** em todas as pessoas. Na segunda lacuna, aparece o verbo **querer**, também no futuro do subjuntivo. Ei-lo, então: quiser, quiseres, quiser, quisermos, quiserdes, quiserem. Nota-se que o radical passa a **quis**. Por isso, a resposta só pode ser a alternativa C.

262) Letra E

As orações que aparecem destacadas nos três itens são subordinadas substantivas, aquelas que admitem a troca por **isto**. Assim, poderíamos dizer "Não sabia isto", "Lembrava-se disto" e "Mas logo viu isto". Analisando-se o pronome **isto**, verifica-se facilmente que ele é objeto direto nos itens I e III; no item II, introduzido por preposição obrigatória, funciona como objeto indireto. Dessa forma, a resposta só pode ser a letra E.

263) Letra A

Na opção B, o certo é "fez", para concordar com **cada um**, que integra o seu sujeito. Na C, o correto é "Restam", para concordar com seu sujeito, que é plural: **muitas dúvidas**. Na D, o correto é "Faz", porque o verbo **fazer**, indicando tempo decorrido, não admite plural. Na E, temos um verbo bastante especial: parecer. Quando seguido de infinitivo, permite duas concordâncias: eles parecem perceber e eles parece perceberem. Ou seja, **parecer** no plural e **infinitivo** no singular, e vice-versa. O que não pode ocorrer é que os dois fiquem no plural, como na opção E.

264) Letra A

Questão de ortografia, cuja resposta um bom dicionário comprova. Importante é que não se confunda **extático** (enlevado, em êxtase) com **estático** (paralisado, imóvel).

265) Letra C

O verbo **aprovar** é transitivo direto, sendo o pronome **que** seu objeto direto. O verbo **concordar**, diferentemente dos outros quatro, é transitivo indireto, exigindo a preposição **com**. Assim, não poderia ele ser empregado na frase dada, pois ocasionaria erro de regência: que todos concordam. O correto seria "com que todos concordam".

266) Letra D

Corrigindo as palavra erradas, temos, pela ordem: álcool, década, eólico, consciente, sofrível e refém. Apenas **consciente** não tinha problema de acentuação, mas de ortografia propriamente dita.

267) Letra C

Fora modifica o verbo **está**, passando-lhe uma ideia de lugar; é, pois, um advérbio de lugar. **Civilizado** qualifica o substantivo **mundo**; é, por isso, um adjetivo.

268) Letra C

A troca pelo verbo **existir** é clara: existe outro valor. Quando isso acontece, **haver** é impessoal, ou seja, não tem sujeito, nunca podendo, por isso, ir ao plural. É um dos casos mais conhecidos da nossa concordância verbal.

269) Letra A

A alternativa B está errada porque os pronomes relativos atraem os pronomes átonos; corrija-se para "que se reúnem". A opção C está errada porque a palavra **mim** não pode ser sujeito; o certo é "para eu fazer". Na D ocorre outro erro de colocação pronominal: o pronome **me** está começando o período; usa-se, nesse caso, a ênclise: deixe-me falar com ela. Na E, mais um erro de colocação pronominal: a pausa trazida pela vírgula não permite a próclise; o certo é "retirando-se". Também se pode entender que o gerúndio pede ênclise, a menos que esteja precedido de **em** (em se falando).

270) Letra D

O que se diz na opção A aparece claramente entre as linhas 18 a 20. A afirmativa da opção B encontra-se entre as linhas 3 e 4. A da opção C, na linha 21. O que se afirma na opção E aparece, nitidamente, nas linhas 13 e 14.

271) Letra C

A alternativa A está errada porque, com sua pontuação, o *e-mail* é pior, e não a situação, como se vê no original. A opção B contém erro porque diz que o *e-mail* é um transtorno, quando transtornos são os vírus. O erro da D é que **acrescentar** não é, necessariamente, "piorar". A letra E, para muitos, também serviria de resposta, sendo sutil a diferença. Na frase original enfatiza-se o fato de o *e-mail* ser uma avenida para os vírus, enquanto na opção E fala-se, de maneira vaga, em meios eletrônicos.

272) Letra B

A carta comum foi melhorada pelo sedex, da mesma forma que o correio o foi pelo *e-mail*.

273) Letra E

A oração iniciada pela conjunção **como** tem um nítido valor de causa, encerrando a segunda uma consequência; assim, pode-se usar, em seu lugar, **já que** ou **porque**, também causais. O segundo **como** é um advérbio interrogativo de modo, que equivale a "de que modo", "de que maneira".

274) Letra E

O sinal de @ aparece sempre no meio do *e-mail*, dividindo-o em duas partes. O *e-mail* 2 traria um identificação mais nítida dessas partes.

275) Letra D

Na opção A, o correto é "escolherá", para concordar com **cada um**. Na B, "Ocorreram", para concordar com o sujeito da oração: importantes desenvolvimentos tecnológicos. Na C, pode-se dizer **parecem conhecer** ou **parece conhecerem**; jamais se usa o verbo **parecer** e o infinitivo no plural. Na E, o verbo **haver**, que significa "existir", não permite que seu auxiliar vá ao plural; o certo, portanto, é "deve haver". Na letra D, que é o gabarito, temos o verbo **acessar** concordando com **população**, apesar da palavra **100**. Também seria correto dizer "acessam", por causa desse numeral. Sem o substantivo **população**, seria obrigatório o plural: 100% acessam.

276) Letra A

Medida, seja lá do que for, não pode ser tímida. A timidez é típica do ser humano. Assim, pode-se dizer que a palavra tem um valor conotativo, figurado. Trata-se de uma prosopopeia ou personificação.

277) Letra C

Nas duas primeiras alternativas, está errada a vírgula antes de **e**. Na D, após **decreto**, deve-se usar um ponto e vírgula e suprimir-se o travessão. Na E, deve ser retirada a vírgula, porque as orações adjetivas restritivas, no meio do período, não admitem vírgula, nem antes, nem depois. Na C, que é o gabarito, também caberia a vírgula, mais usada no dia a dia; admite-se, ainda, o ponto, grafando-se a conjunção **mas** com inicial maiúscula.

278) Letra E

A palavra **se** na frase em destaque é pronome apassivador. Veja que é possível a troca por "telhado não é aberto". Na opção E, pode-se trocar por "tempo é perdido", onde igualmente o **se** é pronome apassivador. Embora a questão esteja calcada num texto, que não foi apresentado, pode-se chegar à resposta usando-se esse critério da substituição. De qualquer forma, pode-se perceber que nas três primeiras alternativas o **se** é conjunção condicional. Provavelmente também o é na opção D, que, no entanto, não apresenta a oração principal.

279) Letra A

Guarda-chuva é palavra formada por um verbo e um substantivo. Quando isso ocorre, só a segunda palavra se flexiona. Quanto às demais, que estão erradas, pode-se dizer o seguinte:

1. O certo é azul-turquesa.

Na indicação das cores, quando um dos elementos é substantivo, o composto é invariável.

2. O certo é escolas-modelo.

Em compostos formados por dois substantivos, quando o segundo modifica o primeiro, como se fosse um adjetivo, só o primeiro vai ao plural.

3. O correto é surdos-mudos.

É a exceção da regra que diz que, nos compostos formados por adjetivos, só o último se flexiona: luso-brasileiros.

4. O certo é pores do sol.

Nos compostos em que os elementos são ligados por preposição, só o primeiro se flexiona. Vale dizer, ainda, que, na palavra **pôr do sol**, **pôr** é substantivo, e não verbo.

280) Letra D

Infinitivo e gerúndio admitem ênclise; particípio, não. Pode-se dizer **falar-lhe** e **falando-lhe**, mas não **falado-lhe**.

281) Letra D

Na opção A, o certo é "Houve", pois o verbo **haver** significa "existir", quando então é impessoal. Na B, o certo é "bombardearam", pois a concordância se faz com o artigo **Os**. Na C, o correto é "apresentou", para concordar com **cada um**. Na E, o certo é "Aconteceram", para concordar com o sujeito, cujo núcleo é plural: fatos. O gabarito é a letra D porque o sujeito da oração, estando num gradação, pode levar o verbo ao singular ou ao plural. Alguns autores, é bom que se diga, não admitem a forma do plural. Trata-se de uma questão polêmica, que pode dar margem a recursos. No caso desta questão, o processo da eliminação leva o candidato, sem dúvida, à resposta certa.

282) Letra A

As duas vírgulas iniciais, obrigatórias, isolam um aposto explicativo. A vírgula depois de **quebradas** se justifica pela presença da palavra **como**, lida com pausa. As outras frases apresentam erros grosseiros.

283) Letra C

O verbo **haver** não admite plural quando significa "existir". Também o auxiliar, no caso de uma locução verbal, permanece no singular. Assim, o correto é "devia haver".

284) Letra E

O verbo **ser**, quando indica tempo, é impessoal; da mesma forma, **fazer**, indicando tempo decorrido ou meteorológico (caso da frase). Assim, as duas orações não têm sujeito. A classificação precisa é oração sem sujeito, e não sujeito inexistente, como querem alguns.

285) Letra E

O primeiro **que** da frase inicia uma oração subordinada substantiva predicativa; é uma conjunção subordinativa integrante. O segundo introduz uma oração subordinada adverbial comparativa (os termos comparados são água doce e água salgada); é uma conjunção subordinativa comparativa.

Obs.: É comum, nas orações comparativas, o verbo estar subentendido; no caso da questão, o verbo **ser** (mais leve que a salgada é).

286) Letra E

Questão de ortografia. A consulta a um bom dicionário comprova.

287) Letra A

A expressão que aparece após a vírgula dá uma explicação a respeito da palavra **plâncton**; é o aposto explicativo. Não tente, por favor, simplificar excessivamente as coisas. Nem tudo que aparece entre vírgulas é aposto, e nem todo aposto aparece entre vírgulas.

288) Letra C

Evidentemente só pode ser **estão**, pois o sujeito é plural: Os cientistas. As outras lacunas são preenchidas pelos verbos **ser** e **vir** no presente do subjuntivo (o sentido não permite o indicativo): seja e venha.

289) Letra D

O plural de **conclusão** é **conclusões**. **Cidadão** é a única que não faz o plural dessa forma, e sim com o simples acréscimo da letra **s** indicativa do plural: cidadãos. As outras: anões (ou anãos), leões, mamões e corações.

290) Letra D

Está errado o acento na primeira frase porque **cada**, como pronome indefinido, não o permite; observe que, se trocarmos a palavra **criança** por **garoto**, teremos **a cada garoto**, e não **ao cada garoto**. O acento da segunda está correto porque a preposição **a**, exigida pelo verbo **chegar**, se une ao **a** do pronome **aquela** (a aquela = àquela). O da terceira está correto pois se trata de uma locução prepositiva com palavra feminina: à custa de.

291) Letra C

Entenda-se: os meninos temiam as sabatinas por uma razão, que era a palmatória. Daí escrever-se **por que** (ou pela qual).

292) Letra E

Nas três primeiras frases, o erro é a falta de concordância entre o verbo e seu sujeito. Nelas, o certo é dizer "existem" (ambientes), "evoluíram" (escolas) e "persistiram" (costumes). Na opção D, o erro é a flexão de **haver**, que, com o sentido de **existir**, não pode ir ao plural; o certo é "Havia".

293) Letra A

A ideia de oposição caracteriza o relacionamento da oração coordenada inicial com a coordenada sindética adversativa que a segue. **Mas** é conjunção adversativa, indicando a sua oração oposição à anterior.

294) Letra A

Mesmo não aparecendo o texto da questão, a resposta só pode ser A, uma vez que só as demais palavras podem aparecer como sinônimas de **perspectiva**.

295) Letra C

O verbo **haver**, com o sentido de "existir", forma oração sem sujeito. Nas outras, o sujeito é **A casa**, **nós**, **a vida**, **uma casa**.

296) Letra D

Manter (e demais derivados de ter) na terceira pessoa do plural do presente do indicativo leva acento circunflexo: mantêm. O radical do pretérito mais-que-perfeito de **caber** passa a **coub**. Assim, temos "os livros não couberam".

297) Letra E

O prefixo **super-**, na palavra dada, significa "demais"; **contra-**, "oposição". Nas palavras da opção E, **arqui-** e **anti-** têm essas mesmas significações. Veja, entre parênteses, o sentido de cada prefixo da questão: hiper- (excesso), mega- (grande), poli- (multiplicidade), des- (negação), ultra- (em excesso), hemi- (metade), além- (da parte de lá), endo- (interno).

298) Letra D

Na letra A, pode-se dizer também **resultam**, para concordar com **objetos**. Na B, que apresenta uma concordância atrativa, também é correto dizer **trabalhariam**. Na C, por causa do pronome **quem**, é válido dizer **ensinei**, para concordar com **eu**. Na E, pode-se fazer a concordância com **muitos**: poderão. Na D, não há concordância opcional, pois o verbo **haver**, com o sentido de "existir", não admite ir ao plural.

299) Letra E

A única frase que está na voz ativa é a da alternativa E. Observe que o sujeito está indeterminado (podem comprar), já que a frase original, na voz passiva, não apresenta o agente da passiva.

300) Letra D

Deter é derivado de **ter**, por ele devendo ser conjugado. Não se diz **tesse**, e sim **tivesse**; portanto, não existe **detesse**, e sim **detivesse**.

301) Letra B

Segundo é um conectivo (preposição ou conjunção) de valor conformativo, ou seja, inicia termo que indica acordo com outro trecho da frase. Só a palavra **mediante** não possui esse sentido.

302) Letra E

Questão de sinonímia. É só fazer a troca que se verifica a resposta: "*software* idêntico pode ser comprado" e "ainda que com uma fração".

303) Letra A

O verbo **abraçar** pede objeto direto, ou seja, termo que não é introduzido por preposição obrigatória. Diz-se: o pai abraçou o Jefferson, e não ao Jefferson. Igualmente devemos dizer **abraçou-o**, e não **abraçou-lhe**. É oportuno lembrar que o pronome **lhe** jamais funciona como objeto direto.

304) Letra E

Desdizer é derivado de **dizer**, por ele sendo conjugado; é correto, então, escrever **desdisseram**, pois está calcado em **disseram**. O erro da alternativa está no verbo **intervir**, derivado de **vir**, devendo seguir sua conjugação; assim, como se diz **vieram**, deve-se dizer **intervieram**, e não **interviram**.

305) Letra B

A palavra **se**, usada na alternativa B, é um pronome apassivador. O sujeito da oração é **as crianças** (as crianças já não são vistas), devendo o verbo concordar com ele. Assim, o correto é "não se veem".

306) Letra E

Não é uma questão bem feita, mas que, por eliminação, pode ser resolvida. É claro que **centrifugar** nada tem a ver com **concentrar**, deixando o texto absurdamente mal construído. No entanto, está bastante forçado o emprego de **vice-posição**, neologismo desnecessário e, mesmo, estranho.

307) Letra D

A palavra **até**, na frase do enunciado, é uma preposição e indica limite. Na opção D, ela é uma palavra denotativa e indica inclusão.

308) Letra A

Na alternativa A, existem dois motivos para não se usar o acento de crase na palavra **a**: antes de pronome indefinido e de palavra plural. Em **todas** ocorrem os dois impedimentos.

309) Letra A

Vossa Excelência é pronome de tratamento usado para as maiores autoridades do país, entre elas, os governadores. Por ser pronome de tratamento, leva o verbo à terceira pessoa, devendo também estar nessa pessoa qualquer palavra que a ele se refira. Logo, deve-se dizer: Vossa Excelência, em sua magnanimidade, falará a todos pela manhã. Ou seja, **sua** (e não vossa), **falará** (e não falareis).

310) Letra A

O certo é "reformados", pois o sujeito da oração tem como um dos núcleos um substantivo masculino. Em concordância, estuda-se que o masculino tem prevalência sobre o feminino; no entanto, é possível concordar o adjetivo com o núcleo mais próximo. Pode-se, então, dizer: Foram reformados os trens e as estações ou Foram reformadas as estações os trens.

311) Letra E

A crase é facultativa antes dos pronomes possessivos femininos no singular. É necessário, claro, que alguma palavra na frase peça a preposição **a**. No caso da questão, é o adjetivo **essenciais**.

312) Letra C

Na opção C, que é a resposta, houve erro na construção da mesóclise. Esse tipo de colocação pronominal ocorre quando o verbo está no futuro do indicativo (do presente ou do pretérito). O verbo **trazer** altera seu radical para **tra**: trarei, trarás, trará etc.; traria, trarias, traria etc. Assim, temos a forma **trar-lhe-ia**, e não **trazer-lhe-ia** (o futuro do pretérito não é trazeria).

313) Letra D

A palavra **paralisar** se grafa com **s** porque não apresenta o sufixo **izar**, como as demais. Note que todas as outras são palavras derivadas. Os derivados de **paralisar** mantêm a letra **s**: paralisia, paralisação etc.

314) Letra E

O verbo **infringir** significa "transgredir", "violar". Bem parecido com ele é **infligir**, que tem o sentido de "aplicar" (pena ou castigo). São dois parônimos muito conhecidos e frequentadores assíduos de concursos públicos. Uma leitura atenta da alternativa E mostra que as duas palavras foram trocadas.

315) Letra A

O raciocínio é o seguinte: se alguém sofre, há uma causa, ou seja, não se sofre sem um motivo, uma causa. Assim, a falta de alguns dos requisitos mínimos para uma vida decente faz com que haja o sofrimento, é a sua causa.

316) Letra B

Escreve-se **por que**, em duas palavras, quando é possível a troca por "por que motivo" ou "pelo qual" (e flexões). No primeiro caso, trata-se de uma advérbio interrogativo de causa; no segundo, do pronome relativo **que** antecedido pela preposição **por**. Na alternativa B, deveria ser escrito **por que**, pois equivale a "pelos quais".

317) Letra D

As formas verbais que aparecem com pronome átono enclítico ou mesoclítico devem ser, para efeito de acentuação gráfica, consideradas à parte. Assim, na alternativa B, leva-se em conta a forma verbal **distraí**, acentuada por causa do hiato cuja segunda vogal é **i** tônico, sozinho na sílaba. O mesmo não se dá com **puní**, na opção D, pois a letra **i** não forma hiato; trata-se, simplesmente, de uma palavra oxítona terminada em **i**, que não pode ser acentuada.

318) Letra B

O pronome de tratamento devido às grandes autoridades do governo, entre elas os ministros, é Vossa Excelência, usado quando se fala com a pessoa. A variante, Sua Excelência, deve ser empregada quando se fala a respeito dela, no caso da questão, o ministro da Educação. Por isso, o gabarito só pode ser a letra B.

319) Letra C

Na opção C, o correto é o emprego das vírgulas, por se tratar de uma coordenação de termos. São eles: iniciativa, esforço e participação. Seria cabível o ponto e vírgula se houvesse uma outra série de termos coordenados, ligada à primeira. Veja o exemplo abaixo.

Ele trouxe camisa, bermuda, casaco; sua irmã, vestido, saia e chinelos.

320) Letra A

O erro da alternativa A é bastante sutil. Ele se encontra na flexão de plural do verbo **rever**; o correto é **rever**, e não **reverem**. Acontece que se trata do verbo principal de uma locução verbal, cujo auxiliar é a forma **terão**. A dificuldade da questão é exatamente perceber que se trata de uma locução, pois várias palavras aparecem intercaladas entre o verbo auxiliar e o verbo principal. Ora, flexiona-se apenas o primeiro, o auxiliar. Então o correto é "terão de rever".

321) Letra D

Quando um nome próprio designativo de livros ou topônimos (países, cidades etc.) é empregado com artigo plural, o verbo vai ao plural, não importando o fato de tratar-se de uma unidade. O termo **Os Estados Unidos** sempre exige verbo no plural. Dessa forma, o correto é "que também convivem".

322) Letra B

A conjunção **pois** só é sinônima de "portanto" quando aparece depois do verbo, ou seja, entre vírgulas; nesse caso, ela é conjunção coordenativa conclusiva. O **pois** da frase é causal, correspondendo às outras palavras dadas nas alternativas.

Veja abaixo um exemplo em que **pois** e **portanto** têm o mesmo valor.

O atleta correu oitenta quilômetros; estava, pois, muito cansado.

Se a conjunção **pois** for usada no início de sua oração, a frase não terá sentido.

Portanto, sim, pode ficar antes ou depois do verbo. Observe abaixo.

O atleta correu oitenta quilômetros; estava, portanto, muito cansado.

O atleta correu oitenta quilômetros, portanto estava muito cansado.

323) Letra D

Embora é a principal conjunção subordinativa concessiva. A conjunção **desde que** pode ser condicional ou temporal. Uma não pode ser usada pela outra. Veja exemplos com **desde que**.

Você será contratado desde que se esforce. (condicional)

Somos amigos desde que nos conhecemos. (temporal)

324) Letra D

Na mudança da voz verbal, não pode ocorrer alteração de sentido. No caso da questão, houve alteração do tempo verbal. Na frase original, temos um verbo flexionado no presente do indicativo (é votada); na frase proposta, no pretérito perfeito (votou). O certo, portanto, seria "vota-se".

325) Letra E

O pronome átono **o** funciona como objeto direto; **lhe**, como indireto. O verbo **criar** é transitivo direto, sendo **o tempo liberado** seu objeto direto. Assim, ao substituir o termo, deve-se usar **o**, e não **lhe**: criá-lo.

326) Letra E

A questão está baseada na flexão de verbos derivados. Tais verbos seguem a conjugação de seus primitivos. Os verbos da questão são os seguintes: reaver (de haver), rever (de ver), entreter (de ter), contrapor (de pôr) e convir (de vir). Na opção E, **convir** está no futuro do subjuntivo. Nesse tempo, o primitivo, **vir**, conjuga-se desta forma: vier, vieres, vier, viermos, vierdes, vierem. Para conjugar seus derivados, basta colocar o prefixo. Portanto, **convir** se conjuga assim: convier, convieres, convier, conviermos, convierdes, convierem. Corrija-se, então, para "quando isto lhes convier".

327) Letra A

Ocorre o superlativo relativo quando se destaca um determinado ser do grupo a que pertence. O adjetivo aparece precedido de artigo: o mais alto, o menos alto. **Maior** quer dizer "mais grande"; **o maior**, portanto, equivale a "o mais grande". Cuidado para não confundir com o grau comparativo: mais alto que, menos alto que etc., em que dois seres aparecem comparados. Vale também dizer que **menor** significa "mais pequeno", formando por isso graus (comparativo ou superlativo) de superioridade, e não inferioridade.

328) Letra E

Chama-se dígrafo a união de duas letras para representar um único som, um único fonema. Sempre que isso ocorre, há diminuição do número de fonemas em relação ao número de letras. Em **carrancudo**, há dois dígrafos: **rr** e **an**; assim, a palavra, que tem 10 letras, apresenta 8 fonemas. **Assinalados**, **China** e **aquela** têm, respectivamente, os dígrafos **ss**, **ch** e **qu**. Em **palmatória**, que não tem dígrafo, o número de letras é o mesmo do de fonemas.

329) Letra B

Eis aqui uma questão de vocabulário, o qual se aprende nos dicionários. Não há o que discutir: **ortodoxa** não se grafa com **h** inicial.

330) Letra C

O pronome **me** que aparece em **certificou-me** é objeto direto, uma vez que a oração seguinte, iniciada por preposição, é o objeto indireto. Assim, não é possível a troca pelo pronome **lhe**, que nunca é objeto direto.

O verbo **certificar** (da mesma forma que avisar, prevenir, informar e cientificar) permite duas construções, ambas com dois objetos. Veja abaixo.

Certifiquei-o do ocorrido. (o: objeto direto; do ocorrido: objeto indireto)

Certifiquei-lhe o ocorrido. (lhe: objeto indireto; o ocorrido: objeto direto)

331) Letra E

O verbo **haver**, significando "existir", é impessoal e, por isso, não admite plural. Assim, na letra E, o correto é "mas inúmeros outros havia para atender", ou seja, existiam para atender.

332) Letra C

O verbo **poder**, na opção C, está conjugado no futuro do pretérito. Portanto, não é correto o emprego da ênclise, e sim da mesóclise. O certo é "poder-se-ia ouvir".

333) Letra E

Todas as vírgulas da frase separam termos usados numa coordenação. É impossível trocar qualquer uma delas por ponto e vírgula.

334) Letra D

O relacionamento entre as duas partes do período é de causa e consequência. A ideia é a seguinte: o fato de barco de lazer ser um produto supérfluo faz com que ele seja taxado com uma altíssima carga tributária; ou seja, a oração iniciada pelo gerúndio indica a consequência do que vem antes.

335) Letra C

Na opção A, temos o verbo **mandar** seguido de infinitivo; quando isso ocorre, ele é verbo causativo, e o infinitivo não pode ter como sujeito um pronome reto, e sim um oblíquo; o certo é "mandaram-no entrar". O mesmo ocorre com os outros causativos (deixar e fazer) e os sensitivos (ver, sentir e ouvir). Na opção B, temos uma contração indevida de **de** e **ele**; o certo é "de ele executar", pois não se deve contrair a preposição com o sujeito. Na opção D, o erro consiste na queda da letra **s** diante do pronome **te**; isso apenas ocorre com o pronome **nos**, como na frase "Esforçamo-nos muito". Na última opção, o advérbio a ser usado é **onde**, pois o verbo da oração pede a preposição **em**: reunir-se em. Usa-se **aonde** com verbos que peçam a preposição **a**, como na frase "Não sei aonde iremos". Na frase C, que é o gabarito, a dúvida poderia ser o pronome **consigo**; ele está bem empregado porque se refere ao próprio sujeito. Erradas ficam as frases do tipo "Quero falar consigo", em que o correto seria "contigo" ou "com você".

336) Letra A

A palavra **ciência** rege a preposição **de**, e não **em**. Tem-se ciência de alguma coisa. Na frase da alternativa A, existe o pronome relativo **que**, na frente do qual se empregou, erroneamente, a preposição **em**. Corrija-se para "de que tenho ciência".

337) Letra E

O erro da alternativa E consiste no emprego do acento de crase antes de um pronome indefinido. Note que, se trocarmos **toda** por seu masculino, diremos **a todo**, e não **ao todo**. A opção A oferece um risco maior por causa da inversão da frase. Também aqui é válida a troca por um masculino. Se, em lugar de **crônicas**, dissermos **contos**, teremos **aos contos**, e não **os contos**.

338) Letra B

Quando o sujeito da oração é constituído por um pronome indefinido ou interrogativo mais uma palavra no plural (geralmente pronome pessoal ou substantivo), a concordância se faz com o primeiro pronome, se ele é singular. No caso da questão, temos o pronome **quem**, com o qual, então, deve o verbo concordar. O correto é "tratou", e não **trataram**. Se o primeiro pronome fosse plural, seguido de um pronome pessoal também plural, a concordância seria optativa.

Ex.: Quais dentre <u>nós poderemos</u> participar?

<u>Quais</u> dentre nós <u>poderão</u> participar?

Obs.: A letra B é o gabarito oficial. No entanto, também há erro na opção C, pois a expressão **um ou outro** exige verbo no singular.

339) Letra B

Os verbos **propor**, **obter** e **intervir**, que aparecem, respectivamente, nas opções A, D e E, são derivados, devendo seguir a conjugação dos primitivos. Assim, o certo é "propuserem" (de puserem), "obtiveram" (de tiveram) e "intervier" (de vier). O verbo **requerer** não segue integralmente a conjugação de **querer**, nunca assumindo seu radical a forma **quis**. Logo, o correto, na opção C, é "requererem". O verbo **crer**, no pretérito perfeito, é: cri creste, creu, cremos, crestes, creram. Por isso, o gabarito é a letra B.

340) Letra A

A primeira frase está na voz passiva analítica ou verbal, formada pelo verbo **ser** e o particípio do verbo principal. A segunda, na voz passiva sintética ou pronominal, formada pela palavra **se**, partícula apassivadora. As duas correspondem, na voz ativa, a "Vaiaram Collin Powell pela afirmação que fez".

341) Letra C

A frase da alternativa C apresenta erro de regência nominal, já que o substantivo **confiança** pede complemento nominal introduzido pela preposição **em**, e não **de**. O certo é "em cujo conteúdo".

342) Letra C

A letra C é a única que não apresenta conectivo com valor de concessão. Em vez disso, é empregada a conjunção **como**, com valor de causa. Aliás, o **como** jamais assume a função de conjunção concessiva. Nas outras opções, temos **por mais que**, **mesmo**, **apesar de** e **ainda que**.

343) Letra A

A conjunção temporal **enquanto** transmite essa ideia de concomitância, ou seja, as duas orações apresentam fatos verbais que se desenvolvem ao mesmo tempo.

344) Letra B

Procedente é o que procede, o que tem cabimento. **Precedente** é o que precede, ou seja, vem antes; pode referir-se, como ocorre na primeira frase, a um fato passado que serve de pretexto para outros posteriores. A troca das palavras, nas frases dadas, é evidente.

345) Letra C

Na opção C, o verbo **contratar** está no futuro do pretérito, que exige a mesóclise, como se vê na frase. Não se usa ênclise com o verbo no futuro, tanto do presente, quanto do pretérito; por outro lado, a próclise só seria admissível se houvesse palavra atrativa antes da forma verbal.

346) Letra C

Os prefixos gregos **arqui-** e **hiper-** expressam, nas palavras dadas, ideia de superioridade. Nas outras opções, temos, pela ordem: anti- (oposição), sub- (posição inferior), co- (companhia), contra- (oposição), vice- (em vez de), sobre- (posição acima), ante- (anterioridade), recém- (ocorrido há pouco). Desses, o único de origem grega é anti-; os outros provêm do latim.

347) Letra B

A palavra **três** recebe acento gráfico por ser um monossílabo tônico terminado em **e** (no caso, seguido de **s**); **itinerário**, por se tratar de uma paroxítona terminada em ditongo; **autônomo**, por ser proparoxítono. Seguem as mesmas regras **pá** (monossílabo tônico terminado em a), **íeis** (paroxítona terminada em ditongo) e **átimo** (proparoxítona).

348) Letra A

O verbo **aludir**, que aparece na letra A, exige complemento introduzido pela preposição **a**. Assim, o correto é "a que aludiam os cronistas da época", sendo **a que** o objeto indireto. Ninguém "alude por", e sim "alude a".

349) Letra E

Os verbos terminados em **ear** acrescentam um **i** nas formas rizotônicas, ou seja, as que têm a vogal tônica dentro do radical, o que ocorre normalmente no presente do indicativo e no presente do subjuntivo. O particípio desses verbos, consequentemente, não pode apresentar tal vogal. O certo é **receado**.

350) Letra E

Nas quatro primeiras opções, a palavra **junto** é adjetivo e como tal se flexiona normalmente. Na opção E, constitui com a preposição **a** um locução, situação em que ela fica invariável. Corrija-se para "junto ao portão", sendo **junto a** uma locução prepositiva.

351) Letra A

Não existe "frio estival", pois **estival** refere-se exatamente ao calor, ao verão. Nas outras opções temos, pela ordem: uxória (da esposa), discente (de alunos), cutâneas (da pele), capilares (dos cabelos).

352) Letra C

A palavra **crianças** é feminina, o que elimina a opção D, pois **adolescentes** pode ser masculina ou feminina. Acontece que **crianças** só admite um artigo, embora possa referir-se a pessoas do sexo masculino; é o que se conhece como palavra sobrecomum. **Meninas** corresponde ao masculino **meninos**, sendo assim eliminada a opção B. Entre **cobras** e **testemunhas**, fica-se com a segunda, pois **cobras** é animal, ou seja, trata-se de um substantivo epiceno. **Testemunhas**, que se refere tanto a homens quanto a mulheres, é sobrecomum, da mesma forma que **crianças**.

353) Letra B

A opção B diz que a Baía de Guanabara se transformou numa tragédia ambiental, quando, pelo que se vê no trecho do enunciado, a tragédia é a consequência da transformação da Baía num imenso mar de óleo.

354) Letra D

As alternativas B e C trazem os verbos na voz passiva sintética, e não analítica; além disso, estão erradas porque não pode haver agente da passiva nesse tipo de passiva, o que ocorre nas duas frases. O gabarito é a letra D porque o sujeito da voz ativa, **a própria citação**, passa a agente da passiva, e o objeto direto, **uma escolha**, se transforma no sujeito.

355) Letra C

A supressão da vírgula após **despontava** acarreta erro pois o sujeito, **a graúna**, fica separado de seu verbo por meio de uma vírgula. Outro erro de pontuação é a retirada da vírgula antes de **mas**, porque as conjunções coordenativas a exigem. Já a expressão **Neste cenário**, por ser um adjunto adverbial, pode vir ou não separada por uma vírgula no início do período.

356) Letra B

Quando um substantivo é empregado com valor de adjetivo, só o primeiro elemento do composto se flexiona: personagens-símbolo. O mesmo se dá com **força-tarefa**, cujo plural é **forças-tarefa**. As demais palavras são formadas por um substantivo e um adjetivo, devendo, então, flexionar-se os dois elementos: cabras-cegas, bananas-nanicas e capins-cheirosos.

357) Letra D

A oração destacada no enunciado é subordinada adverbial final; por ter o verbo no infinitivo e estar introduzida por uma preposição, diz-se reduzida de infinitivo. Nas três primeiras alternativas, mantém-se o sentido original de finalidade (o **porque** da opção C equivale a "para que"). Já na D, a preposição **por** passa a introduzir uma oração com valor de causa: subordinada adverbial causal reduzida de infinitivo. Vale também dizer que nas opções B e C as orações são desenvolvidas, e não reduzidas, já que são introduzidas por conjunções.

358) Letra D

A oração em destaque começa pelo pronome relativo **que**, sendo então classificada como subordinada adjetiva restritiva. Esse tipo de oração funciona como adjunto adnominal da oração principal, pois equivale a um adjetivo ligado ao substantivo (neste caso, **fábrica**) que antecede o pronome relativo.

359) Letra B

A palavra **psicólogos** é formada por dois radicais de origem grega: **psico** (alma) e **logo** (que estuda). Nas outras, encontramos, respectivamente, os sufixos **-ista, -or** e **-agem**.

360) Letra D

A oração destacada começa por uma conjunção coordenativa adversativa. Isso também se dá com as frases das opções A (porém), B (mas) e C (entretanto). Esse tipo de oração se classifica como coordenada sindética adversativa. Na opção D, temos uma oração reduzida com valor de causa: oração subordinada adverbial causal reduzida de gerúndio.

361) Letra D

A palavra **relaxar** deixa de ser verbo por estar determinada pelo adjetivo **tranquilo**: o tranquilo relaxar; equivale, dessa forma, a "relaxamento".

362) Letra A

A palavra **onde**, na frase dada, é pronome relativo, equivalente de "em que" ou "no qual"; essa substituição ocorre apenas na opção A, que é, por isso mesmo, o gabarito. Na letra C, o erro consiste na ausência da preposição **em**, tendo sido usado apenas o pronome relativo **a qual**, e não **na qual**.

363) Letra C

Vamos usar o trecho que nos interessa na frase da alternativa C em outra ordem, que facilitará a explicação: não se pode combater a ilusão. Usando-se o truque de substituir por palavra masculina, teremos "não se pode combater o sonho", o que nos diz que está errado o acento de crase antes de **ilusão**. A palavra **ilusão** pode ser classificada sintaticamente de duas formas: sujeito ou objeto direto. Isso acontece quando os verbos **poder** e **dever** estão seguidos de infinitivo e empregados com a palavra **se**. Veja abaixo as duas situações.

a) Não se pode combater a ilusão

Primeira oração: não se pode

Segunda oração: combater a ilusão (oração subjetiva); **ilusão** é objeto direto de **combater**.

b) Não se pode combater a ilusão

Oração única, em que temos uma locução verbal (pode combater), sendo **ilusão** o seu sujeito.

364) Letra A

O editor, pelo que se vê na frase original, ficou devendo ao escritor; portanto, ele não tem um crédito, e sim um débito.

365) Letra D

O emprego de um pronome é anafórico quando se refere a algo passado no texto. Assim, entende-se: "que serve ao relógio de incidência objetiva" e "é natural que chamemos a coisa abstratamente objeto".

366) Letra C

O plural de **escrivão** é apenas **escrivães**. Vejamos como se flexionam em número as demais palavras: verão: verões e verãos; ancião: anciões, anciãos e anciães; corrimão: corrimões e corrimãos.

367) Letra C

Na realidade, não apenas o pronome **o** é anafórico, mas também a forma verbal **fiz**. Entenda-se: "eu descubro, como descobri precedentemente" (como descobri / como o fiz).

368) Letra B

A última oração do trecho destacado no enunciado é subordinada adverbial concessiva, introduzida pela conjunção **embora**. Nas alternativas A, C e D, mantém-se o sentido concessivo com o emprego de, respectivamente, **conquanto**, **não obstante** e **apesar de que**. Na B, empregou-se indevidamente a conjunção **porquanto**, equivalente de "porque", com valor causal. É preciso cuidado para não confundir **conquanto** (embora) com **porquanto** (porque), que são palavras bem parecidas.

369) Letra A

Não se usa acento de crase antes de pronomes indefinidos, uma vez que a situação não permite o emprego do artigo feminino **a**. Como o pronome **toda** é feminino, poder-se-ia fazer a troca por um termo masculino, quando então teríamos **a**, e não **ao**: a todo trabalho já publicado. Observe que a simples troca por palavra masculina mostra que as outras frases estão corretas: "referência ao artigo", "visava ao aproveitamento", "Aos textos do Direito Natural".

Para que não fiquem dúvidas, vale dizer que o pronome indefinido (também o artigo indefinido) dispensa o acento de crase, independentemente de ser masculino ou feminino. Propus a troca apenas para ratificar a ideia e aproveitar a explicação para as demais alternativas, pois a troca do feminino pelo masculino é um dos recursos utilizados para descobrir se existe ou não o acento.

370) Letra D

A frase destacada no enunciado encontra-se na voz passiva analítica, sem o agente da passiva. Dessa forma, não se conhecerá o sujeito da voz ativa, que ficará indeterminado.

Observe que na opção D, gabarito da questão, o verbo está na terceira pessoa do plural sem o sujeito presente na frase, o que se conhece como sujeito indeterminado. Se disséssemos, por exemplo, "eles conferiram", estaríamos acrescentando uma informação, o que não pode ser feito, pois o sentido das frases tem de ser o mesmo.

371) Letra B

Os numerais que se referem a séculos, anos, papas, soberanos e divisões de uma obra são lidos como ordinais até o número dez; de onze em diante, como cardinais. Assim, deve-se dizer "século dezenove" e "Eduardo sétimo".

372) Letra C

A palavra **calçado** tem sentido geral; **sapatos**, sentido específico, ou seja, sapatos são um tipo de calçado. A letra D pode também sugerir isso, no entanto as palavras **casa** e **residência** podem ser rigorosamente sinônimas, quando então desaparece a distinção entre geral e específico. Alguém diz "minha casa" e "minha residência", sem qualquer distinção entre ambas. Se, por outro lado, a pessoa diz que vai pôr o calçado, não se entende que ela vai, necessariamente, pôr os sapatos; talvez ela ponha os tênis ou os chinelos.

373) Letra C

Na frase dada comparam-se os brincos com o adorno. A figura se chama comparação ou símile.

374) Letra B

Um homem pobre é uma pessoa com pouco dinheiro; um pobre homem é uma pessoa infeliz. Outros adjetivos se prestam a isso, como **grande**, talvez o mais conhecido. Veja a diferença entre livro grande (livrão) e grande livro (livro importante, ótimo).

375) Letra B

A opção A pode ser verificada no início do terceiro parágrafo: "Colecionar quando criança tem lá suas vantagens. Ensina-nos a organizar e controlar as coisas, decidir a vida e a morte de cada objeto". A alternativa C aparece justificada, claramente, no trecho: "Para Blom, o hábito de juntar quinquilharias tem justificativas históricas, filosóficas e psicológicas", bem como nas linhas subsequentes. A opção D pode ser encontrada na passagem: "Desde que o ato de colecionar deixou de ser restrito a reis e aristocratas, há cinco séculos, é difícil dizer o que ainda não virou coleção"; a chave aqui é a palavra **restrito**. Em nenhuma parte do texto se diz que o colecionador gasta dinheiro com coisas inúteis, como consta na alternativa B.

376) Letra A

Questão de vocabulário, que um bom dicionário resolve. Realmente, **bugigangas** e **quinquilharias** têm o mesmo significado: objetos de pouco ou nenhum valor ou utilidade.

377) Letra C

A resposta se encontra, clara, no trecho: "É por isso que muitas crianças param de colecionar na puberdade, quando o sexo passa a ser um novo caminho para se relacionar com o mundo e as coleções são substituídas por pessoas, tratadas com a mesma importância e intimidade". (final do terceiro parágrafo)

378) Letra D

Questão muito fácil, sem dúvida. Aliás, questão que não depende da leitura de outros parágrafos. O autor começa com uma interrogação direta, cuja resposta vai aparecer nas explicações que ele apresenta dentro do próprio parágrafo.

379) Letra C

Ambiguidade é duplo sentido, um vício de linguagem que empobrece qualquer texto. A redação apresentada na alternativa C sugere que Blom juntava quinquilharias ou que alguém o fazia para ele. O que gera a ambiguidade, aqui, é a colocação do termo **para Blom** ao lado de **quinquilharias**. Note que, nas outras opções, ele aparece em posições diferentes.

380) Letra C

A conjunção **desde que** na frase em destaque é temporal, iniciando oração subordinada adverbial temporal. Na alternativa C, ela tem valor de condição, equivalente a "caso"; a oração é subordinada adverbial condicional. Muitas outras conjunções têm mais de um valor, sendo necessário ler com atenção o texto, pois só ele determina o significado da palavra que se está analisando.

381) Letra D

Na última alternativa, aparece um erro de concordância nominal. **Ataque** e **crítica** são substantivos de gênero diferente, devendo os adjetivos que seguem ficar no masculino plural, uma vez que o gênero masculino prevalece sobre o feminino. A presença da palavra **ataque** força a utilização do masculino plural: ataque e crítica impiedosos e devastadores.

382) Letra B

É improcedente o emprego do pronome relativo **onde**, pois não há no texto a noção precisa de lugar. É um vício que convém evitar. Veja abaixo alguns exemplos com o pronome relativo **onde**.

A casa onde ocorreu a festa é muito antiga. (ocorreu em algum lugar) Mostrou-me a gaveta onde guardara o dinheiro. (guardara em algum lugar)

O bairro onde nos conhecemos tem muitos restaurantes. (nós nos conhecemos em algum lugar)

Com relação à frase da questão, é impossível dizer "ele se apoiava em algum lugar".

383) Letra D

O verbo **visar** é transitivo indireto quando significa "pretender", "ter em vista", "almejar". Significando "assinar" ou "mirar" é transitivo direto. O correto, portanto, na opção D, é "visou os cartões de ponto".

384) Letra A

O erro se encontra nos parênteses, pois a palavra que está sendo determinada pelos adjetivos é **ordem**. Assim, deve-se corrigir para "de ordem médico-sanitária, sociológica, etc."

385) Letra B

Na frase destacada no enunciado, os dois-pontos servem para introduzir uma oração subordinada substantiva apositiva. Na letra B, a oração iniciada pelo **como** é o aposto da palavra **pergunta**, portanto também uma oração apositiva.

386) Letra C

Entende-se **cujos termos** como "termos do *slogan*", daí dizer-se que o pronome une os dois substantivos.

387) Letra C

A frase destacada está na voz passiva analítica, porém sem o agente da passiva. Assim, na voz ativa o sujeito deverá estar indeterminado. É o que ocorre na opção C, em que **confundem** é forma verbal na terceira pessoa do plural, sem o sujeito expresso na frase. Veja os comentários da questão 370.

388) Letra D

O verbo **imaginar** pede, na frase, a preposição **em**. O certo é "em que imaginam olhos". Nas outras opções, todas corretas, temos, pela ordem: confundir com, referir-se a, encontrar em.

389) Letra B

O erro de pontuação da alternativa B é um dos que mais aparecem em concursos públicos: a separação do sujeito e do verbo por meio de uma vírgula. Para que o texto fique perfeito, é necessário retirar a vírgula depois de **mentais**. Outro erro frequente é a separação do verbo e do objeto, seja direto, seja indireto. Veja os exemplos abaixo.

Os dois irmãos construíram, um belo barco. (verbo e objeto direto)

Sempre me referi, aos benefícios que alcancei. (verbo e objeto indireto)

390) Letra A

O adjetivo **inevitável** refere-se a "pequenas alterações psicológicas", cujo núcleo é o substantivo **alterações**; com este deve concordar o adjetivo citado. Dessa forma, o correto, segundo a norma culta da língua, é "inevitáveis". Poderíamos deslocar a palavra, o que nos daria a expressão "pequenas e inevitáveis alterações psicológicas". No entanto, infelizmente, também há erro de concordância na opção C, pois a expressão **um e outro** pede substantivo no singular e adjetivo no plural; o certo é "Uma e outra alteração psicológicas".

391) Letra C

Para essa questão, é necessário verificar-se o sentido lógico do texto. O que reconhece a proteína e reage contra o vírus é, obviamente, o corpo, o organismo. Assim, o trecho em que se passa tal ideia é, sem dúvida alguma, aquele da alternativa C, porque o pronome **este** só pode referir-se ao nome mais próximo, que é **organismo**.

O emprego de **aquele**, na opção B, também desfaz a ambiguidade, mas deixa o trecho sem coerência, por se referir ao HPV.

392) Letra D

O plural da palavra destacada é bactérias-vacina, pois o substantivo **vacina**, aqui, tem função adjetiva. As três primeiras palavras são formadas por substantivo mais adjetivo, situação em que os dois elementos vão ao plural: águas-vivas, carros-fortes, gatos-pingados. Em **homem-chave**, o substantivo **chave** atua como adjetivo, flexionando-se, então, apenas o primeiro elemento do grupo: homens-chave.

393) Letra A

A palavra **com**, no trecho, equivale a "por causa de", tendo, portanto, valor semântico de causa. Veja, abaixo, um trecho menor, mais simples, em que o **com** assume o mesmo valor.

Perdeu tudo com as chuvas. (Perdeu tudo por causa das chuvas.)

394) Letra B

Na alternativa B, ao se fazer a troca, surge uma ênclise que não é correta, em virtude da presença da palavra **que**. O correto é "não teve que se convencer". No entanto, há controvérsias quanto a essa posição da banca examinadora. Como o **que**, nesse caso, é uma preposição acidental, para alguns a ênclise também seria correta, o que deixaria a questão sem resposta, já que não se encontra erro nas outras opções. Mas é claro que, em tais circunstâncias, a resposta só poderia ser a letra B.

395) Letra D

O acento de crase em **à altura** se justifica por se tratar de uma locução adverbial de modo com substantivo feminino. O mesmo ocorre com **às ocultas**, na alternativa D.

396) Letra D

Nas três primeiras opções, percebemos a presença das conjunções finais **porque** (equivalente a "para que"), **a fim de que** e **de tal sorte que**. Na D, o que se encontra é o pronome relativo **que**, o qual introduz oração subordinada adjetiva restritiva. Lembre-se do seguinte: pronome relativo sempre inicia oração subordinada adjetiva.

397) Letra D

O termo **ao dragão** é objeto indireto do verbo **dar**. O que dificulta o entendimento da frase é a inversão dos termos. Numa ordem mais adequada, teríamos "tinha que dar sua população ao dragão para comer" (ou seja, para que o dragão a comesse).

398) Letra A

Veja a pronúncia das quatro palavras: ibéro, ensêjo, labarêda, interêsse. No caso de **interesse**, verbo, o timbre é aberto: interésse.

399) Letra C

O trecho nos passa dois sentidos distintos. Primeiro que o cavaleiro se preparou para enfrentar o dragão, segundo que ele foi preparado por outras pessoas para enfrentá-lo.

400) Letra A

A dúvida maior dessa questão seria o plural de **evita-rabo**. A regra diz que nos compostos formados por verbo mais substantivo apenas o segundo elemento se flexiona: evita-rabos. Outras palavras desse tipo: arranha-céus, guarda-chuvas, quebra-cabeças.

401) Letra A

Diante de um particípio, não se usa a forma **melhor**, e sim os dois advérbios em separado: mais bem. Veja abaixo exemplos das duas situações.
Ela é melhor do que a prima.
Ela é mais bem preparada do que a prima. Este funcionário é melhor do que aquele.
Este funcionário é mais bem orientado do que aquele.

402) Letra C

Usa-se o acento indicativo de crase, ou acento grave, quando existe a fusão de dois **as**, sendo o primeiro necessariamente a preposição. Na locução adverbial **a distância**, não existe artigo, por isso não cabe o acento de crase. Porém, se a distância for especificada, haverá o acento, por se tratar então de uma locução prepositiva com palavra feminina. Veja os exemplos abaixo.
Os pesquisadores ficaram a distância.
Os pesquisadores ficaram à distância de cinquenta metros.

403) Letra D

Na última opção encontramos o verbo **haver** com o sentido de "existir". Quando isso ocorre, **haver** é impessoal, não admitindo a flexão de número. O certo é "talvez houvesse alguns bastante jovens". Havendo verbo auxiliar, também este ficará no singular. Exemplo: Não deve haver dificuldades.

404) Letra B

O verbo **provir** é derivado de **vir**, seguindo integralmente a sua conjugação. Assim, se dizemos **vim**, **viesse** e **vier**, teremos de dizer **provim**, **proviesse** e **provier**. Aliás, com exceção de **prover** e **requerer**, pode-se afirmar que todos os verbos derivados seguem a conjugação de seus primitivos. Dessa forma, existe erro na alternativa B, devendo-se corrigir para "provierem" (de vierem).

405) Letra A

Numa locução verbal, só o verbo auxiliar se flexiona: podemos estudar, estavam falando, tens trabalhado. Está, portanto, errada a flexão de número que aparece na opção A, pois as duas formas verbais foram ao plural. O certo é "podem beneficiar-se", com a flexão apenas do verbo auxiliar.

É necessário muita atenção com as frases mais longas, nas quais às vezes se afasta o auxiliar do principal, com a intercalação de termos. Vejamos abaixo um exemplo.

Nossos amigos não puderam, depois de tantos desencontros, comparecerem à festa. (errado)

Nossos amigos não puderam, depois de tantos desencontros, comparecer à festa. (certo)

406) Letra D

Os dois-pontos às vezes são empregados para introduzir uma explicação. É o que ocorre no enunciado da questão e na frase da alternativa D. Note-se que é possível substituí-los pela conjunção **porque**.

407) Letra E

O jogo de ideias a que se refere o enunciado tem como base o emprego de orações que trazem entre si uma relação de proporção. Ocorre o mesmo na alternativa E, na qual a conjunção **à medida que** introduz oração subordinada adverbial proporcional.

408) Letra B

Foram utilizadas na substituição as expressões **quanto a**, **no que tange a** e **contrárias a**, sendo a palavra **a** uma preposição. Como as palavras que surgem após as expressões são femininas, há, nos três casos, a contração dos dois **as**, dando origem ao acento de crase. Note que, se trocarmos os substantivos femininos por masculinos, ficará evidenciada a presença da crase, marcada então pelo acento diante da palavra feminina: quanto <u>ao</u> recolhimento, no que tange <u>ao</u> desgosto, armas contrárias <u>ao</u> sofrimento.

409) Letra C

Estão erradas as seguintes palavras, na ordem de aparecimento; entre parênteses, as formas corretas: Conclue (Conclui), florece (floresce), saude (saúde); coloçais (colossais), abundancia (abundância); bossalidade (boçalidade), detém (detêm), despossuidos (despossuídos); fenomeno (fenômeno), rechasse (rechace).

410) Letra D

Expressões do tipo **a maioria de**, **a maior parte de**, **grande parte de**, **um grande número de** etc., quando seguidas de palavras no plural, podem levar o verbo ao singular ou ao plural. Assim, na frase da opção D, é possível usar o verbo no singular: "Um grande número desses filhos de Deus jamais viu...".

411) Letra E

Questão simples baseada no valor semântico das preposições. Dispensa comentários, com exceção da palavra **segundo**, que corresponde a "conforme", sempre conjunção (ou preposição acidental), com valor de conformidade.

412) Letra E

Corrigindo as formas verbais das quatro primeiras frases, temos: triunfará, venha, existam, decairíamos.

413) Letra E

Questão de regência verbal e colocação pronominal. Na primeira frase, o correto é o emprego da ênclise, pois o verbo inicia o período, ou seja, não há palavra atrativa que justifique a próclise. Na segunda, a posição do pronome é proclítica, em virtude da atração exercida pelo pronome relativo **que**; o pronome átono tem de ser **o**, pois o verbo **afligir** pede objeto direto.

414) Letra B

A única frase em que o sentido não se altera é a da opção B, porque o que não se instala é incompatível. As alternativas A e C, além de alterarem o sentido original, apresentam erros de regência verbal. Nos dois casos, a preposição a ser utilizada é **a**: à pobreza e à escassez.

415) Letra C

Oportunamente e **recentemente** são advérbios de tempo.

416) Letra A

No enunciado da questão, **prêmio Nobel da Paz** é aposto de Martin Luther King Jr. Na opção A temos a mesma situação de vírgula, pois **o papa alemão** funciona como aposto de Bento 16. Esse tipo de aposto, chamado explicativo, quando usado no meio da oração, fica entre vírgulas ou entre travessões.

Obs.: A palavra **prêmio** aparece no enunciado da questão com inicial minúscula, o que não é aconselhável.

417) Letra A

Deve-se usar o pronome relativo **cujo** quando o sentido é de posse, cabendo, mesmo, a troca por um pronome possessivo. Se é possível dizer "seu nome saiu nos jornais", é correto o emprego de **cujo**. Pode ser que antes do pronome **cujo** apareça uma preposição, exigida pela regência. Veja o exemplo abaixo.

Manuel, de cuja palavra não duvidamos, nos ajudou muito. (Não duvidamos de sua palavra.)

418) Letra B

Vejamos todos os erros da questão. Na opção A, não se deve contrair a preposição **em** com o artigo **o**, pois este integra o sujeito da oração; o certo é "em o Presidente". Na alternativa C, deve-se usar o pronome reto **eu**, por se tratar do sujeito de sua oração; o correto é "Para eu construir". Na D, como ocorreu na opção A, é indevida a contração **do**, pois esse **o** integra o sujeito; corrija-se para "Apesar de o advogado ter". Na E, o certo é "Falta conferir", porque o infinitivo inicia a oração que atua como sujeito do verbo **faltar**, que, então, tem de ser singular.

419) Letra E

A resposta só poderia ser a opção E porque só ali aparece uma contração de dois pronomes oblíquos, a palavra **lha**. Trata-se da união de **lhe**, objeto indireto, e **a**, objeto direto, ambos complementos do verbo **contar**: contar alguma coisa (a) a alguém (lhe).

420) Letra C

Quanto a é uma locução prepositiva, em que **a** é uma preposição simples que deve unir-se com o **a** inicial de **aquele**: àquele (a aquele). Na segunda lacuna usa-se **à** por causa da presença da preposição e do artigo, o que se comprova trocando-se por uma palavra masculina, quando então aparece **ao**: com vistas ao caráter. Na terceira lacuna aparece tão somente a preposição **a**, pois antes de verbo não existe artigo e, consequentemente, o acento indicativo de crase.

421) Letra B

No item I existe erro apenas em **Meretíssimo**, que deve ser grafado com **i** na segunda sílaba: Meritíssimo; porém está correta a palavra **Cível**. A palavra **ainda**, do item II, não exclui a possibilidade da leitura, apenas nos diz que ela até aquele momento não ocorreu, mas nada impede que venha a ocorrer. Está correto o item III, já que a palavra **e**, na frase, é conjunção adversativa, e não aditiva. Está correto o item IV, no qual a palavra **o** não é pronome oblíquo (não equivale a **ele**), mas pronome demonstrativo; o verbo **fazer**, na frase, é o que se conhece como verbo vicário.

422) Letra C

A única frase em que os três verbos foram trocados pelos substantivos correspondentes está na opção C: desejar (o desejo), lutar (a luta), obter (a obtenção). **Desejoso** é adjetivo, e não substantivo.

423) Letra D

Questão de semântica, baseada no emprego de homônimos e parônimos. Na letra A, o certo é "conjuntura". Na B, "diferia"; na C, "instância"; na E, "expiariam".

424) Letra B

Um truque simples, porém importante, para reconhecer o valor de uma oração substantiva, é a troca por **isto**. Aliás, essa troca serve, inclusive, para que classifiquemos a oração subordinada como substantiva. Fazendo a troca na frase dada, teremos "É importante isto", onde, com facilidade, se verifica que a palavra **isto** é o sujeito. Assim, classificaremos a oração, sem medo de errar, como subordinada substantiva subjetiva.

425) Letra A

Ilustríssimo é um termo usado para pessoas às quais cabe o pronome de tratamento **Vossa Senhoria**: aquelas que ocupem cargos importantes aos quais não se aplique um tratamento específico. **Sua Excelência** (ou Vossa Excelência, quando falamos com a pessoa) é pronome de tratamento dado a funcionários que ocupem cargos muito elevados no governo, como, no caso da questão, um secretário de estado. **Magníficos** é uma forma de tratamento devida aos reitores de universidades, para os quais se emprega o pronome de tratamento **Vossa Magnificência**.

426) Letra C

Na alternativa A, o certo é "transmitir-lhes-ei", pois verbo no futuro do presente ou do pretérito não admite ênclise. Na B, o correto é "que se cumpram", pois a conjunção subordinativa **que** atrai o pronome átono. Na D, o certo é "não lhe causou", pois os advérbios, desde que não tenham pausa, exigem a próclise. Na E, deve-se escrever "Transmita-me", uma vez que não se começa o período com pronome átono.

427) Letra B

Na opção A, o correto é "as mais variadas possíveis", ou "o mais variadas possível", porque, nesse tipo de frase com a palavra **possível**, a concordância desta se faz com o artigo. A expressão **em anexo**, da alternativa C, é invariável, tendo sido usada indevidamente no plural. O advérbio **meio** é, como todo advérbio, invariável, devendo ser empregado sempre no masculino singular. O pronome **qualquer**, na última opção, deve ir ao plural, para concordar com o substantivo a que se refere: quaisquer dúvidas.

Obs.: Alguns gramáticos admitem a flexão do advérbio **meio**. Como a letra B está inquestionavelmente correta, a flexão **meia** foi considerada errada. Convém tomar cuidado com esses casos polêmicos da língua portuguesa, fazendo a questão por eliminação.

428) Letra E

A questão mistura ambiguidade e pontuação. A antecipação de **Da plateia** deixa claro tratar-se de um adjunto adverbial de lugar, o que permite a eliminação do duplo sentido. Tal colocação também ocorre na opção D, que, no entanto, apresenta um erro de pontuação: separação de sujeito e verbo por meio de uma vírgula.

429) Letra C

Denotativamente, **enxurrada** é "grande quantidade de água em movimento". Em **enxurrada de diamantes**, a palavra assume um valor conotativo ou figurado.

430) Letra C

Século é palavra acentuada, por ser proparoxítona. **Poderão** é a forma verbal que compõe, como verbo auxiliar, a locução verbal; como o sujeito está no plural, deve o verbo auxiliar flexionar-se em número, para concordar com ele. A frase pede o pronome relativo **onde**, que equivale a "nas quais".

431) Letra E

O sujeito da oração, **As Nações Unidas**, mesmo referindo-se a uma entidade, leva o verbo ao plural, por causa do artigo **as**. Antes de verbo usa-se a preposição **a**, e não a contração **à**. **Dissuadir** se grafa com o dígrafo **ss**.

432) Letra A

A forma verbal **Faz** fica no singular para concordar com **produção**, núcleo do sujeito. Se trocarmos **exportação** por uma palavra masculina, obteremos **ao**: destinadas ao aproveitamento; assim, diante do feminino, usaremos **à**: destinadas à exportação. **Excessivo** (com dois dígrafos) é a grafia correta da palavra.

433) Letra A

O verbo **abastecer** pede objeto direto; por isso, é correto o emprego de **os**, e não **lhes**.

434) Letra D

Eis as palavras com erro de grafia; nos parênteses, a forma correta: rescesão (recessão), expontaneidade (espontaneidade); indiscreção (indiscrição); infração (inflação), espectativas (expectativas); sugeitaram-se (sujeitaram-se), despêndio (dispêndio).

435) Letra A

O item I está errado porque o pronome **mim** não pode atuar como sujeito; o certo é "para eu ler". O item III está errado porque o pronome **consigo** é sempre reflexivo, só podendo, então, referir-se ao próprio sujeito; na frase dada, o certo é "contigo" ou "com você". O item IV não está correto pois o pronome **eu** só deve ser usado como sujeito; o certo é "sem mim".

436) Letra C

Na alternativa A, a ênclise está errada, uma vez que o advérbio **nunca** exige próclise. Na B, a próclise não está correta, pois não se começa frase com pronome átono. O erro da opção D é a ênclise, havendo antes do verbo o advérbio **não**, que exige próclise. Está errada a colocação enclítica da opção E, porquanto o particípio nunca permite a ênclise.

437) Letra C

Questão muito simples. A ideia, sem dúvida, é que a banda passa ao mesmo tempo em que canta.

438) Letra E

Na alternativa A, por duas vezes separou-se o sujeito do verbo por meio de uma vírgula; devem ser retiradas as vírgulas após **juiz** e **sentença**. Na B, deve ser retirada a vírgula após **uma** (é impossível a pausa no meio da expressão). A opção C contém cinco erros de pontuação; devem ser retiradas as vírgulas após **juiz**, **somente**, **mas** e **não**; além disso, é preciso colocar uma vírgula antes de **mas**. Na opção D devem ser retiradas as vírgulas depois de **mas** e **não**; está faltando uma vírgula antes de **mas**. Em todas as frases, vale ainda dizer, a oração "ouvindo somente uma das partes" precisa ficar entre vírgulas.

439) Letra D

Está errada a opção A, pois não se começa frase com pronome átono. Está errada a B, pois as palavras negativas (**nem**, neste caso) exigem próclise. Não está correta a alternativa C, porque a conjunção subordinativa **se** exige próclise. Está errada a opção E, porque a conjunção integrante **que** exige próclise.

440) Letra A

A palavra **obrigado** concorda com o pronome ou substantivo a que se refere; quem agradece é ela, daí a forma feminina. **Certo**, na frase, é advérbio, por isso fica no masculino singular. **Sensatos**, masculino plural, porque qualifica dois substantivos, sendo um masculino; admite-se, também, a concordância atrativa, com a palavra mais próxima: meu ponto de vista e minha argumentação sensata.

441) Letra C

Soube, para concordar com **nenhum**, que é singular; se o pronome fosse plural (nenhuns), caberiam duas concordâncias: souberam ou soubemos. **Por que**, pois se trata do advérbio interrogativo de causa, numa interrogação indireta; simplifica-se isso tudo, se observarmos que é possível a troca por "por que motivo". **Eminente** completa a lacuna, pois significa "destacado", "importante"; seu parônimo, **iminente**, quer dizer "prestes a acontecer". **Mal**, porque é o contrário de **bem**.

442) Letra E

Antes de **esta** e **essa** não se usa **a** craseado, pois tais palavras não são antecedidas por artigo; a palavra **a**, na sua frente, será sempre preposição. **À disposição** é uma locução adverbial com palavra feminina, daí o **a** com acento grave. Na última lacuna, temos o verbo **haver** indicando tempo decorrido.

443) Letra E

Aspirar, com o sentido de "sorver", "inspirar", é transitivo direto; o correto é "aspira-se um ar poluído". **Visar**, significando "assinar", "rubricar", é transitivo direto; o certo é "visou o cheque". **Preferir** não aceita **do que** nem termos de intensidade, como **mais**, **mil vezes** etc.; o correto é "Prefiro o carro branco ao preto". **Simpatizar** não é verbo pronominal; o correto é "Eu simpatizo com você".

444) Letra D

A palavra **triste** só é empregada, denotativamente, em relação a pessoas ou animais. Uma rosa não pode ser triste; trata-se de uma figura de linguagem conhecida como prosopopeia ou personificação.

445) Letra C

Na opção A, o certo é "discrição" (de discreto); **descrição** é "o ato de descrever". Na B, o correto é "flagrante" (evidente); **fragrante** é "aromático". Na C, que é o gabarito, **descriminado** equivale a "inocentado"; seu parônimo, **discriminado**, significa "separado". Na D, o certo é "eminente" (importante, destacado); **iminente** é "o que está prestes a acontecer". Na E, o correto é "deferiu" (concedeu); **diferiu** é "adiou" ou "foi diferente".

446) Letra D

Eis as palavras grafadas erroneamente, com a forma correta nos parênteses. Toráxico (torácico), analizar (analisar); guizado (guisado), quizesse (quisesse); pixar (pichar), candidíaze (candidíase); homoplata (omoplata).

447) Letra B

A alternativa **A** está errada porque não existe crase antes de pronomes de tratamento iniciados por **Vossa** ou **Sua**. Há erro na opção C porque não se emprega acento de crase antes de palavra masculina. Está errada a opção D já que não se usa acento grave, indicador de crase, antes de verbo. Na opção E, está errada a expressão **à cabo** pois, além de tratar-se de uma locução adverbial de instrumento, que não se usa com acento, a palavra **cabo** é masculina.

Obs.: Alguns autores admitem a crase com as locuções adverbiais de instrumento, desde que formadas por palavras femininas. Por ser algo polêmico, convém resolver a questão por eliminação.

448) Letra E

Eis a correção de cada alternativa. "Se eu vir" (o verbo **ver** se grafa com **i** no futuro do subjuntivo), "Se você requerer" (o verbo não segue integralmente a conjugação de **querer**, jamais apresentando a forma irregular **quis**), "quando vocês refizerem" (conjuga-se como **fazer**, o verbo primitivo), "Se os reservatórios contiverem" (conjuga-se como **ter**, o verbo primitivo).

449) Letra C

O verbo **fazer**, indicando tempo decorrido, é impessoal, não podendo flexionar-se em número; o certo é "Fazia dois meses". O verbo deve concordar com o núcleo do sujeito, **audiência**, que é singular; o correto é "prejudicava". O sujeito, **75% das pessoas**, que é plural, leva o verbo ao plural; o certo é "morrem" e "fumam" (este, na oração adjetiva, cujo verbo deve concordar com o antecedente do pronome relativo). O sujeito composto, **suspeição e dúvida**, leva o verbo ao plural; o correto é "foram levantadas".

450) Letra D

Na opção A, para uma perfeita correlação de tempos, deve-se dizer "teria sido"; na B, "seria"; na C, "terão"; na E, "volte".

451) Letra B

Vejamos as palavras erradas, com a devida correção entre parênteses. Espectativa (expectativa), decada (década); aciramento (acirramento), convivencia (convivência); naufragio (naufrágio), esplosões (explosões); consórsio (consórcio), tres (três).

452) Letra B

A palavra **entretanto** é conjunção coordenativa adversativa. Liga uma oração coordenada sindética adversativa à outra coordenada, dita inicial ou assindética. Não aparece, no trecho, a oração inicial, mas a presença de **entretanto** nos permite semelhante análise.

453) Letra C

O pronome interrogativo **o que** (ou, simplesmente, **que**) leva o verbo **ser** a concordar com o predicativo; corrija-se para "O que são audácias". O auxiliar do verbo **haver**, quando este significa "existir", não pode flexionar-se; correção: "Deve haver". Palavras como **tudo** e **nada**, resumindo um sujeito composto, levam o verbo ao singular e se classificam como apostos resumitivos; o certo é "nada o fazia chorar". O **se**, na frase da opção E, é uma partícula apassivadora, já que o verbo é transitivo direto; sendo, então, **trabalhadores e aventureiros** o sujeito da oração, devemos corrigir para "Veem-se".

454) Letra A

Na passagem da voz ativa para a passiva, ou vice-versa, não pode haver mudança de sentido; por isso, o tempo verbal tem de ser mantido, o que não ocorre nas opções B e C. O pretérito imperfeito do indicativo se mantém na frase da alternativa A, que é o gabarito. Nas duas últimas, as frases se encontram na passiva sintética, além de o sentido da frase original ter sido alterado.

455) Letra D

Na primeira alternativa, deve ser utilizada a ênclise, por se tratar de início de período. Nas opções B e C, o certo é o emprego da próclise, já que em ambas existem palavras atrativas: todos e não. Na última, a conjunção subordinativa integrante **que** exige a próclise.

456) Letra E

O verbo **ignorar** é transitivo direto, havendo, portanto, erro no emprego de **às**. O verbo **gostar** exige a preposição **de**, que deveria ter sido usada antes do pronome **que**: de que gostei. O verbo **falar**, na frase da terceira opção, pede a preposição **de**; o certo é "de que se fala". Finalmente, o verbo **aspirar**, com o sentido de "almejar", exige a preposição **a**, que deve anteceder os dois substantivos que compõem o objeto indireto; deve-se fazer a correção para "ao triunfo" e "à rapidez".

457) Letra A

Não se usa acento de crase antes de pronome de tratamento iniciado por **Vossa** ou **Sua**. Não se usa acento de crase antes de palavra masculina, a menos que esteja oculta uma palavra feminina, o que não ocorre na frase da opção C. Delega-se competência a alguém, por isso falta o acento grave da palavra **a**: à secretária (ao secretário). Na última frase, encontra-se um **à** na frente do verbo, o que não é possível na língua culta.

458) Letra E

Na primeira frase, a palavra **mim** é empregada como sujeito do verbo **desistir**; na função de sujeito, emprega-se sempre o pronome **eu**, como na letra E, que é gabarito. O verbo encontrar pede objeto direto, daí estar errado o emprego de **lhe**. Não se diz **com nós**, e sim **conosco**, a menos que apareça um termo de reforço, como **mesmos**, **próprios**, **dois** etc.: com nós mesmos, com nós próprios. O pronome átono **o** não deve ficar solto entre os dois verbos; o correto é "vou encontrá-lo".

459) C, C, C, E

Item 1
Trata-se de um adjunto adverbial antecipado; a vírgula, nesse caso, é facultativa.

Item 2
A colocação de **alguém** e **assim** chama a atenção do leitor para a atitude do personagem. É comum, em obras literárias, esse tipo de valorização, de ênfase.

Item 3
Item confuso, sem dúvida. Não está clara a ideia silogística (premissa maior, premissa menor, conclusão), pois ela aparece espalhada em todo o texto.

Item 4
Os três termos referem-se ao próprio autor do texto, construído em primeira pessoa.

460) E, E, C, E

Item 1
O fato de a camareira ter destacado o trecho **cujas canções** evidencia que a palavra **cujas** não foi devidamente compreendida, uma vez que não é palavra fundamental para o entendimento de um texto.

Item 2

O item é explicado pelo que se afirma no seguinte.

Item 3

A afirmação constante neste item pode ser comprovada por um bom livro especializado no assunto. Praticamente impossível, ao candidato leigo, acertá-lo conscientemente, pois o texto, por si só, não permite fazê-lo.

Item 4

A oração iniciada pelo **que** é adjetiva restritiva, não pedindo vírgulas. Se fosse semelhante a um aposto, ou seja, dando ao antecedente uma simples explicação, ficaria entre vírgulas, classificando-se como adjetiva explicativa. Veja os exemplos abaixo.

O homem que se esforça progride mais. (uma simples restrição do antecedente) O homem, que é um ser racional, não deveria agir assim. (explicação sobre o antecedente)

461) C, E, E, C

Item 1

O fato de uma palavra, estranha para a camareira, chamar-lhe a atenção, tira o valor real do título, que era apenas **Canções**.

Item 2

Nenhuma das duas coisas ocorre. O que a camareira fez foi algo imprevisível para o autor, que não poderia esperar que ela se fixasse na palavra **cujas**; da mesma forma, continua na expressão a ideia de "veja", "observe", "note" etc., preparando o leitor para o que iria acontecer mais adiante, ou seja, a colocação curiosa da mulher.

Item 3

O pronome **este** liga-se, anaforicamente, a Nilo Tapecoara.

Item 4

O item é claro no que toca à ambiguidade do trecho destacado. Ela seria desfeita com a seguinte redação: "este o publicou, em duas colunas, com o meu retrato".

462) C, E, E, E

Item 1

A estrutura gramatical interrogativa tem por base o pronome interrogativo **o que**. A antecipação do advérbio **principalmente** deixa mais enfática a introdução do texto, que discorrerá exatamente sobre a principal atividade do autor.

Item 2

A expressão apenas transmite a ideia de que existem diferentes tipos de escritores, alguns literários (poetas, romancistas etc.), outros não literários (historiadores, cientistas etc.).

Item 3

Ancilares significa "auxiliares"; **beletrista**, "aquele que cultiva as belas-artes".

Item 4

Exatamente, no texto, significa "precisamente", "rigorosamente". Não tem nenhuma relação com **sobretudo**, que significa "principalmente".

463) Letra D

A resposta se encontra, nítida, no trecho "A sociologia da atividade de escritor está ainda por fazer. É uma sociologia difícil de ser traçada..." (l. 10 e 11)

464) C, E, E, E

Item 1

A alusão às qualidades artísticas do escritor ocorre, principalmente, no trecho "Ele é um pouco de tudo isso..." (l. 13). Quanto ao pianista, tais qualidades são inferidas no final do texto: as vultosas quantias com que os seguros protegem as mãos do pianista.

Item 2

Nada no texto faz alusão ao fato de o escritor poder recorrer ao texto ditado.

Item 3

Afirmação absurda, sem nenhum respaldo no texto.

Item 4

Embora o texto não o diga diretamente, o seguro das mãos do pianista se deve ao fato de ele ter nelas seu instrumento de trabalho, enquanto o escritor não depende tanto assim delas, pois pode escrever seus livros utilizando-se de outros meios. Também não procede, nem tem apoio no texto, o fato de o escritor usar apenas uma das mãos, perdendo por isso o direito de fazer seguro. Enfim, nada que consta no item 4 aparece no texto.

465) Letra C

Burocracia é exatamente esse número excessivo de regras sistemáticas e inúteis que atravancam o serviço, principalmente nas atividade do governo. A atividade de escritor não está presa a nenhum tipo de burocracia, pois ele trabalha onde quer, determina seu próprio horário e ritmo etc.

466) Letra D

Questão de vocabulário, que a consulta a um bom dicionário resolve. **Embrulhar** é termo típico do Brasil para "enganar", "tapear".

467) C, E, E, C

Item 1

O texto refere-se aos casos de conto do vigário em que a vítima estava tentando ganhar alguma coisa que, em condições normais, não lhe seria possível; cega por tal possibilidade, acaba sendo enganada por alguém. Isso fica evidente no trecho "... e vai à polícia... o seu semelhante." (l.7 e 8)

Item 2

Eles não são abordados pela imprensa porque as pessoas têm vergonha de assumir a bobagem feita, escondendo o fato.

Item 3

Haveria substancial mudança de sentido, pois **não obstante** tem valor concessivo (cria oposição), enquanto **além de** tem valor de acréscimo. "Embora seja parvo" é muito diferente de "além de ser parvo".

Item 4

Procedimento ali é "meter-se em casa", "arrancar os cabelos", "evitar os espelhos", "passar uns dias de cama".

468) Letra A

A supressão do **s** se deve à presença do pronome **nos**; nada tem a ver com eco, que é a repetição de sons vocálicos, como em "o irmão do alemão é cristão". O verbo **queixar-se** nunca se conjuga sem o pronome **se**; é verbo essencialmente pronominal. A colocação do pronome **nos** está correta, pois ele é atraído pela conjunção **quando** (quando... nos sentimos). **O sujeito**, colocado imediatamente antes de **levanta-se**, é o seu sujeito; não procede, então, dizer que o **se** é partícula de indeterminação, já que o sujeito não está indeterminado.

469) E, E, E, E

Item 1

Redundância: autobiografia só pode ser própria. Corrige-se eliminando a palavra **própria**.

Item 2

Erro de colocação pronominal. O pronome relativo **que** atrai o pronome átono **se**. Correção: "que rapidamente se disseminaram".

Item 3

O erro está na forma verbal **contêm**. O pronome relativo **que** leva o verbo a concordar com **relatório**, que é singular. O certo, portanto, é "contém".

Item 4

Há vários erros no trecho. A locução prepositiva é **em que pese a**, com a preposição simples **a** no final; dessa forma, o certo é "em que pese ao bom andamento da pesquisa". Em **manutenção da mesma equipe** há uma redundância; corrija-se para "manutenção da equipe". O sentido lógico do texto pede "além de" (sem vírgula depois), e não "não obstante".

470) C, E, E, C

Questão de vocabulário. A consulta aos dicionários resolve-a de maneira inquestionável.
Item 1
Afirmação indiscutível quanto à palavra **hispânico**.

Item 2
Encetar, no texto, significa "começar".

Item 3

A palavra **agravante** é substantivo; observe-se a anteposição do artigo **a**.

Item 4

Afirmação correta. Nas duas frases, **confinar** significa "ter como limite ou fronteira".

471) C, E, E

Item 1

O pronome **lhe**, muitas vezes, equivale a um possessivo. No caso da questão, poder-se-ia escrever "na sua organização e no seu temperamento". Alguns acham que esse pronome funciona com adjunto adnominal; outros preferem classificá-lo como objeto indireto de posse, termo que não consta na NGB (Nomenclatura Gramatical Brasileira). Veja abaixo alguns exemplos mais simples.

Peguei-lhe a mão. (peguei a sua mão)

Toquei-lhe o rosto e os cabelos. (toquei o seu rosto e os seus cabelos)

Descobri-lhe a dignidade. (descobri a sua dignidade)

Item 2

Falta paralelismo sintático quando os termos **nômade** e **mal fixo à terra** são empregados isoladamente, enquanto, mais acima, **insulado** e **em luta aberta** estão seguidos de outros termos, inclusive de orações subordinadas adjetivas. Veja abaixo exemplos mais simples dessa construção; entre parênteses, propostas de como estabelecer o paralelismo.

Comprei cadernos ótimos e livros. (cadernos ótimos e livros interessantes)

Tenho novidades para você e boas notícias. (e boas notícias para todos)

Encontrei meu amigo, que há muito não via, e minha amiga. (e minha amiga, com quem estive ontem)

Item 3

Por bem dizer equivale a "para dizer a verdade". Na expressão **por assim dizer** há uma noção de modo (dizendo desse modo) que não se percebe na anterior.

472) Letra A

O referente do pronome **sua** é **meio**. A palavra **situação** está sendo tomada com sentido vago, podendo-se dizer **a uma situação**; por não existir o artigo **a**, o acento de crase é proibido. Adjetivo nunca é termo essencial; os termos essenciais são o sujeito (jamais representado por adjetivo) e o predicado (sempre com a presença de um verbo). Todos os adjetivos destacados são adjuntos adnominais, ou seja, termos acessórios da oração. Não há qualquer problema de coesão envolvendo os termos **fusão** e **estádios**.

473) C, E, C, C

Item 1

Insulado é o adjetivo referente a **ilha** (latim *insula*).

Item 2

O prefixo **extra-**, nas duas palavras, traduz a ideia de "fora de".

Item 3
Perfeita a explicação a respeito do sufixo **-ismo**.

Item 4
Ria é a desinência modo-temporal do futuro do pretérito, que realmente exprime ideia de hipótese ou possibilidade.

474) Letra A
A colocação de **sumaria-lhes** está perfeita, pois se trata do verbo **sumariar**, no presente do indicativo. Não é, como pode parecer, o futuro do pretérito, que, este sim, não admitiria a ênclise. Convém dizer aqui que, atualmente, **mula sem cabeça** grafa-se sem hífen. O item foi dado como correto pois o gabarito é anterior à reforma ortográfica.

475) Letra D
Questão de vocabulário, cuja solução se encontra nos bons dicionários. Os únicos sinônimos, sem dúvida alguma, são as palavras **cabalísticas** e **misteriosas**.

476) C, C, E, E, E, E, C
Item 1
A afirmação deste item encontra-se, claramente, no último período do texto.

Item 2
A resposta deste item pode ser conferida nas linhas 1 a 4, 13 a 18.

Item 3
Na substituição proposta ocorreriam dois erros: o emprego de **onde**, que não é sinônimo de **que**, e a má colocação pronominal, pois o correto seria "se ameniza", próclise forçada pelo pronome relativo **onde**.

Item 4
Nos dois casos, o sujeito não está indeterminado. A palavra **se** é partícula apassivadora, sendo **falsos testemunhos** o sujeito do primeiro verbo, e **denúncias caluniosas** o do segundo. Assim, é impossível a flexão de singular, pois o verbo deve concordar com seu sujeito.

Item 5
É errado o emprego de **se caso**, duas conjunções condicionais. O que se poderia usar é **se acaso**, o mesmo que "se por acaso". São muito parecidas essas duas palavras, requerendo um certo cuidado.

Item 6
A substituição proposta traz um sentido de condição que não existe na frase original. Basta ver o reforço apresentado pela oração **como é**.

Item 7
Causar dano é o mesmo que "provocar prejuízo"; **aos outros** tem o mesmo sentido de "às outras pessoas". Dessa forma, não há alteração de sentido.

477) C, E, C, C, C, C, E, C

Item 1

Evidentemente não há, no texto, ferida no sentido real do termo, ou seja, denotativo. A expressão **pôr o dedo na ferida** tem sentido figurado, equivalendo a "referir-se a coisa que magoa, fere, entristece".

Item 2

A segunda expressão proposta traria erro de concordância nominal; teria de ser "não sendo questionada".

Item 3

Há, sem dúvida alguma, um paralelo entre questionar a convivência dentro de uma casa e questionar o modelo atual da sociedade, uma vez que a família pode ser entendida como uma espécie de sociedade em miniatura.

Item 4

A resposta se encontra no segundo parágrafo do texto.

Item 5

Item bastante nebuloso, confuso. A figura da empregada, parece-nos, deve ser entendida de maneira mais ampla, daí o emprego figurado de que fala o item.

Item 6

O verbo **haver**, com o sentido de "existir", não vai ao plural, pois o termo que o acompanha é seu objeto direto. Se usarmos o verbo **existir**, a expressão **quarto de empregada nem empregada** passa a sujeito da oração, levando-o ao plural: existam.

Item 7

A palavra **o** da expressão **o que** não tem nenhuma relação com **modelo**. Entende-se: considerando justo tudo aquilo que reforça seus privilégios.

Item 8

A resposta, realmente, surge nítida no trecho citado.

478) E, C, C, E, C

Item 1

A palavra **a**, nos trechos citados, é preposição, exigida pelo verbo **rebaixar**.

Item 2

O **se**, aqui, é uma partícula apassivadora, podendo-se fazer a troca por "Pelo tamanho do ser humano é medida a vastidão do universo". Esse é um truque bastante utilizado para provar que o **se** é partícula apassivadora.

Item 3

O trecho destacado, **enaltecer o senso moral do ser humano**, já tinha aparecido, seguido de **não é**. Adiante, vai-se dizer o que ele é, quando então fica subentendido; é possível, claro, reescrevê-lo, mas seria uma repetição desnecessária.

Item 4

Ao negar (oração reduzida) é o mesmo que "quando nega" (oração desenvolvida); **ao dizer** (oração reduzida) tem o mesmo sentido de "quando diz" (oração desenvolvida). Portanto, não há prejuízo gramatical nem alteração das informações originais.

Item 5

Nas duas situações, **se** equivale a "caso". Trata-se de uma conjunção subordinativa condicional.

479) E, C, E, E

Item 1

O relacionamento entre os trechos citados é de explicação. A conjunção que poderia ligar os dois é **porque**.

Item 2

Item perfeito, inquestionável. É a anáfora, elemento importante de coesão textual.

Item 3

Mesmo que o sentido do período iniciado por **O respeito** fosse de concessão – e não é –, a expressão **Apesar de o respeito** não poderia ser utilizada porque o verbo da oração deveria estar no infinitivo, e não flexionado no pretérito imperfeito (ficava).

Item 4

Não há, no texto, qualquer passagem que abone a afirmação deste item.

480) C, C, E, E, C

Item 1

O substantivo **tolerância** pede complemento iniciado pelas preposições **com** ou **a**.

Item 2

A resposta deste item acha-se em dois trechos distintos: "Observa-se... econômicos e militares." (linhas 2 a 4) e "e o desrespeito... e minorias nacionais." (linhas 13 a 15)

Item 3

É o contrário, pelo que se verifica no trecho "alguns juristas... e futura." (linhas 8 a 11)

Item 4

As vírgulas manteriam correto o texto, pois a expressão **nesses casos** é um adjunto adverbial intercalado entre o verbo e seu sujeito, situação em que as vírgulas são facultativas.

Item 5

Os dois períodos mantêm uma relação semântico-sintática de oposição, adversidade, sendo cabível o emprego de **entretanto** para ligá-los.

481) E, C, E, C, E

Item 1

Parênteses e travessões podem ser usados, uns pelos outros, para isolarem palavras ou expressões de natureza explicativa.

Item 2

Todas as estruturas propostas têm valor semântico de concessão, da mesma forma que **não obstante**; a oração assim estruturada é subordinada adverbial concessiva.

Item 3

O sentido de **dimanam**, verbo **dimanar**, é "provêm", verbo **provir**.

Item 4

Cerne é a parte central, o núcleo de um tronco. Em sentido figurado, a parte essencial, o âmago, como diz o item.

Item 5

Se a oração fosse adjetiva restritiva, não haveria vírgulas. Ela é adjetiva explicativa reduzida de particípio.

482) C, E, C, C, C

Item 1

A resposta se encontra, clara, no primeiro parágrafo.

Item 2

No segundo parágrafo, verifica-se que nos esquecemos de determinados fatos, informações e interpretações, mas eles existiram.

Item 3

Item problemático, confuso, passível de anulação. **Primar por** significa "distinguir-se", sentido que o verbo tem no texto. **Primar em** significa "ser hábil". Assim, ao se fazer a troca, pode-se entender que ocorre mudança de sentido. No entanto, há registros mais antigos do emprego de **primar em** com o sentido de "distinguir-se", o que levaria à anulação do item. Talvez seja preferível, realmente, ficar-se com a regência mais moderna e comum da língua, o que pode, quem sabe, corresponder à ideia da banca.

Item 4

Afirmação perfeita. O pronome **cujo** tem valor possessivo e concorda com o substantivo a que se liga na frase, sendo **jogo** o seu antecedente. Entenda-se: suas ferramentas ou ferramentas do jogo.

Item 5

Na realidade, a presença dessa preposição é que deixa o texto gramaticalmente incorreto. Sua ausência o corrige.

483) C, E, C, C, E, C, C

Item 1
Entende-se que se dá a produção de múltiplas instâncias sociais por meio de doutrinas, discursos, símbolos etc. Há, sequencialmente, vários termos introduzidos por preposição, com valores adverbiais variados, exatamente como explicado neste item.

Item 2
Não há acréscimo de valor alternativo na palavra **e** da linha 5. Nas outras, sim.

Item 3
No trecho destacado, as múltiplas instâncias sociais são, no caso da mulher, ser branca e de classe média, em contraste com o fato de ser negra na África do Sul.

Item 4
A conjunção **portanto** é conclusiva e está usada com perfeição no texto, servindo a oração que ela inicia para comprovar a tese defendida pela autora.

Item 5
Segundo o trecho original, o que não podemos negar é a existência de elementos biológicos; já no reescrito, o que não se pode negar é a articulação em um social, o que é muito diferente.

Item 6
Nos corresponde a "a nós", sendo esta uma palavra que engloba a autora e os leitores.

Item 7
A ideia é que somos, homens e mulheres, diferentes biologicamente (sexos diferentes), e desiguais em termos de participação efetiva na sociedade, já que dependemos dessa construção social.

484) C, C, E, E

Item 1
Se iniciarmos o período por **Um conjunto de**, deveremos grafar **dezenas**, com inicial minúscula, pois a palavra não mais estará no começo: um conjunto de dezenas de relatórios. Por outro lado, o verbo da oração deverá concordar com a palavra **conjunto**, núcleo do sujeito: contém.

Item 2
As vírgulas citadas são facultativas, pois as expressões colocadas no meio do período, lidas ou não com pausa, o permitem. No entanto, seu emprego evidencia uma explicação, o que muda o sentido do trecho original, que é de restrição.

Item 3
O erro deste item é a justificativa: Brasil não é advérbio, e sim substantivo.

Item 4
Há verbos subentendidos. Na realidade, são três as orações do período. No entanto, entre os estudiosos existem controvérsias quando se trata de termos ocultos.

485) E, C, C, C, E, E

Item 1

A partir de indica o ponto inicial. **Com recursos oriundos** limitaria o financiamento à taxa citada.

Item 2

A oração iniciada pelo **que** é objeto direto de **propôs**, construção que pede o presente do subjuntivo: propôs que seja financiado.

Item 3

Esse é o valor semântico do futuro do pretérito.

Item 4

A oração iniciada por **ao discursar** é subordinada adverbial temporal reduzida de infinitivo. A oração desenvolvida que corresponde a ela é iniciada por **quando**: quando discursou...

Item 5

Atingem vai ao plural para concordar com os antecedentes do pronome relativo, **pobreza** e **miséria**. Um truque interessante é trocar o pronome **que** por seus antecedentes: A pobreza e a miséria atingem...

Item 6

A frase foi proferida pelo presidente Lula.

486) C, C, C, E

Item 1

A palavra **a**, antes de **de**, é pronome demonstrativo, havendo sempre um termo subentendido entre eles: é a posse do ministro Joaquim Barbosa.

Item 2

O pronome relativo **que** leva o verbo a concordar com o antecedente.

Item 3

Perguntar e dar a resposta a seguir é um recurso estilístico de ênfase conhecido como **sujeição** ou **subjeção**.

Item 4

Com a conjunção **e**, o advérbio **aqui** se refere a um lugar diferente dos Estados Unidos; sem ela, muda radicalmente o sentido, pois as duas palavras passam a indicar o mesmo lugar.

487) E, C, E

Item 1

São coisas diferentes. O acento de crase na expressão **à guerra** ocorre por causa da presença da locução prepositiva **quanto a**. A combinação **ao** se deve à regência da palavra **guerra**: fazer guerra a.

Item 2

As expressões adverbiais lidas com pausa podem ficar em diferentes partes do período, desde que se respeitem o emprego de maiúsculas e a pontuação. No caso deste item, poderíamos escrever: Os líderes dos países disseram, em um comunicado, que a disseminação de armas...

Item 3

Seu sentido é de "propagação", "espalhamento".

488) C, E, E, C, E

Item 1

A oração subordinada adjetiva explicativa assemelha-se a um aposto. Ao introduzirmos o pronome relativo mais o verbo, criamos uma oração com esse valor e classificação.

Item 2

O sentido de **virou**, no texto, é "tornou-se", e não "tornou". A forma pronominal é verbo de ligação, da mesma forma que **ficou**. A troca proposta deixa o texto sem sentido.

Item 3

As vendas no mercado chinês seriam aquelas feitas dentro da própria China. É diferente de vendas ao mercado chinês, ou seja, aquelas feitas, no Brasil, para o mercado daquele país asiático.

Item 4

Sim, porque o pronome **esse**, que tem valor anafórico, é normalmente usado em relação a coisas passadas no texto.

Item 5

A oração subordinada adjetiva explicativa, iniciada pelo **que**, exige as duas vírgulas. Retirar uma delas é cometer erro de pontuação.

489) C, C, C, E

Item 1

Aquele e **o** são dois pronomes demonstrativos. O primeiro sempre o é; o segundo, em certas circunstâncias, como neste caso, em que equivale a outro demonstrativo.

Item 2

Sim, porque o motorista tem de pensar sempre em segurança, não apenas em dirigir o carro.

Item 3

O item está correto porque realmente a palavra assume, no texto, valor de advérbio. Mas é erro gramatical, pois na frase, de acordo com a norma culta, deveria ter sido usada a palavra **independentemente**.

Item 4

É impossível inserir a forma verbal **tem** imediatamente antes da expressão "de coletividade", porque o condutor defensivo possui dois tipos de consciência: a pessoal e a de coletividade, ou seja, **tem** só pode aparecer antes de **consciência**, que é o termo de significação ampla.

490) C, C, E, E, E

Item 1
Trecho perfeito.

Item 2
Trecho perfeito.

Item 3
O sujeito do verbo **restringir** é **o impacto econômico**, singular, não se justificando a forma verbal no plural. O correto é "não se restringe".

Item 4
Está mal empregada a palavra **onde**, sendo que não tem sentido toda a expressão por ela iniciada.

Item 5
O sujeito do verbo **ser** é **eles** (os desastres com feridos), não tendo cabimento a forma do singular. O correto é "mas são responsáveis...".

491) C, C, C, E, C

Item 1
Os travessões citados destacam um adjunto adverbial, o que mais usualmente se dá com as vírgulas. Ambos os sinais de pontuação podem ser utilizados nessas situações.

Item 2
Item perfeito, sem margem a dúvidas. Basta conferir o que se diz nas linhas 4 a 6.

Item 3
Chega-se a essa conclusão lendo-se as linhas 1, 6 e 7.

Item 4
A oração citada é adjetiva restritiva, e não explicativa. Houve, aqui, uma troca: o que pede vírgulas é a oração explicativa.

Item 5
O termo que aparece após a forma verbal **sugerem** é o seu objeto direto. A colocação do sinal de dois-pontos não altera a análise, nem causa incorreção ao texto, embora seja desnecessário e até mesmo preferível não utilizá-lo.

492) C, E, E, C, E

Item 1
Sim. Trata-se de oração subordinada adjetiva explicativa.

Item 2
No trecho original, **Fernando de la Rúa** é um aposto explicativo da palavra **sucessor**. Na nova frase, ocorre o contrário: **seu sucessor** é aposto de Fernando de la Rúa, que passa, então, a sujeito de **renunciou**.

Item 3

Elegeu-se e **foi eleito** são exemplos de voz passiva do verbo **eleger**. No primeiro caso, temos a voz passiva sintética ou pronominal; no segundo, a voz passiva analítica ou verbal.

Item 4

Uma preposição pode aparecer apenas uma vez, ou seja, antes do primeiro núcleo. Sua repetição, a seguir, é enfática.

Item 5

Não teria sentido o presidente da Argentina fortalecer as relações econômicas com seu próprio país. Relações econômicas, evidentemente, existem entre países diferentes. No caso deste item, ele pretende fortalecer as relações argentinas com o Brasil.

493) E, E, C, C, E, E

Item 1

O emprego da palavra **maior** não prejudica em nada a clareza textual.

Item 2

O pronome **sua** refere-se, nas duas ocorrências, a **patrimônio**.

Item 3

O autor optou pelo emprego do ponto e vírgula em virtude da extensão do texto, porém ele fica também perfeito com a vírgula.

Item 4

De alguma forma é adjunto adverbial, colocado no meio do período, situação em que as vírgulas são facultativas.

Item 5

Não há registro no texto da linguagem informal, coloquial ou de alguma forma inadequada.

Item 6

O texto não afirma isso. Aliás, eis aqui uma situação em que conhecimentos extratexto ajudam a resolver a questão.

494) Letra D

Ocorre exatamente o contrário, como se verifica no trecho "A consequência última... e a solidariedade." (último período)

495) Letra C

O sinal de dois-pontos foi utilizado para introduzir uma oração que funciona como aposto da palavra **definição**.

496) Letra D

Não tem sentido o emprego da palavra **se**, que deve ser substituída por **ao**.

497) Letra A

O verbo **impor** é transitivo direto e indireto. Quem impõe impõe alguma coisa a alguém. Assim, falta a preposição **a** do objeto indireto. O certo é "os bispos e barões impuseram ao rei João Sem Terra a Magna Carta."

498) Letra B

Na opção A, errou-se no emprego da vírgula antes de **está**, porque separa o sujeito de seu verbo. Na C, está errada a palavra **à**, porque não se usa acento de crase antes de palavras masculinas; note-se que **meios**, além de substantivo masculino, está no plural, o que também impede o acento da palavra **à**. Na D, existem dois erros: a falta do acento de crase no **a** antes de sociedade e a falta da preposição **de** na expressão **em face de** (foi usada a preposição **a**).

499) Letra A

A grafia correta é **reivindicações**.

500) Letra C

O texto é bastante claro e conciso e nada tem de subjetivo, pois as ideias são passadas de modo impessoal. É dissertativo, por se basear em ideias, e não em acontecimentos e personagens. Finalmente, a palavra **se** não tem a capacidade de conferir, por si só, subjetividade a um texto.

BIBLIOGRAFIA

ACADEMIA BRASILEIRA DE LETRAS. *Vocabulário ortográfico da língua portuguesa*. 5. ed. São Paulo: Global, 2009.

BECHARA, Evanildo. *Moderna gramática portuguesa*. 37. ed. Rio de Janeiro: Lucerna, 1999.

CUNHA, Celso e CINTRA, Lindley. *Nova gramática do português contemporâneo*. 2. ed. Rio de Janeiro: Nova Fronteira, 1985.

FERNANDES, Francisco. *Dicionário de regimes de substantivos e adjetivos*. 17. ed. Porto Alegre: Globo, 1980.

_____ *Dicionário de verbos e regimes*. 33. ed. Porto Alegre/Rio de Janeiro: Globo, 1983.

FERREIRA, Aurélio Buarque de Holanda. *Novo dicionário Aurélio da língua portuguesa*. 4. ed. conforme a nova ortografia. Curitiba: Editora Positivo, 2009.

HOUAISS, Antônio, VILLAR, Mauro de Salles e FRANCO, Francisco Manoel de Mello. *Dicionário Houaiss da língua portuguesa*. 1. ed. com a nova ortografia da língua portuguesa. Rio de Janeiro: Objetiva, 2009.

REIS, Otelo. *Breviário da conjugação de verbos*. 53. ed. revista e atualizada. Rio de Janeiro: Francisco Alves, 1994.

Rua Alexandre Moura, 51
24210-200 – Gragoatá – Niterói – RJ
Telefax: (21) 2621-7007
www.impetus.com.br

Esta obra foi impressa em papel offset 75gr/m^2